武则天画像

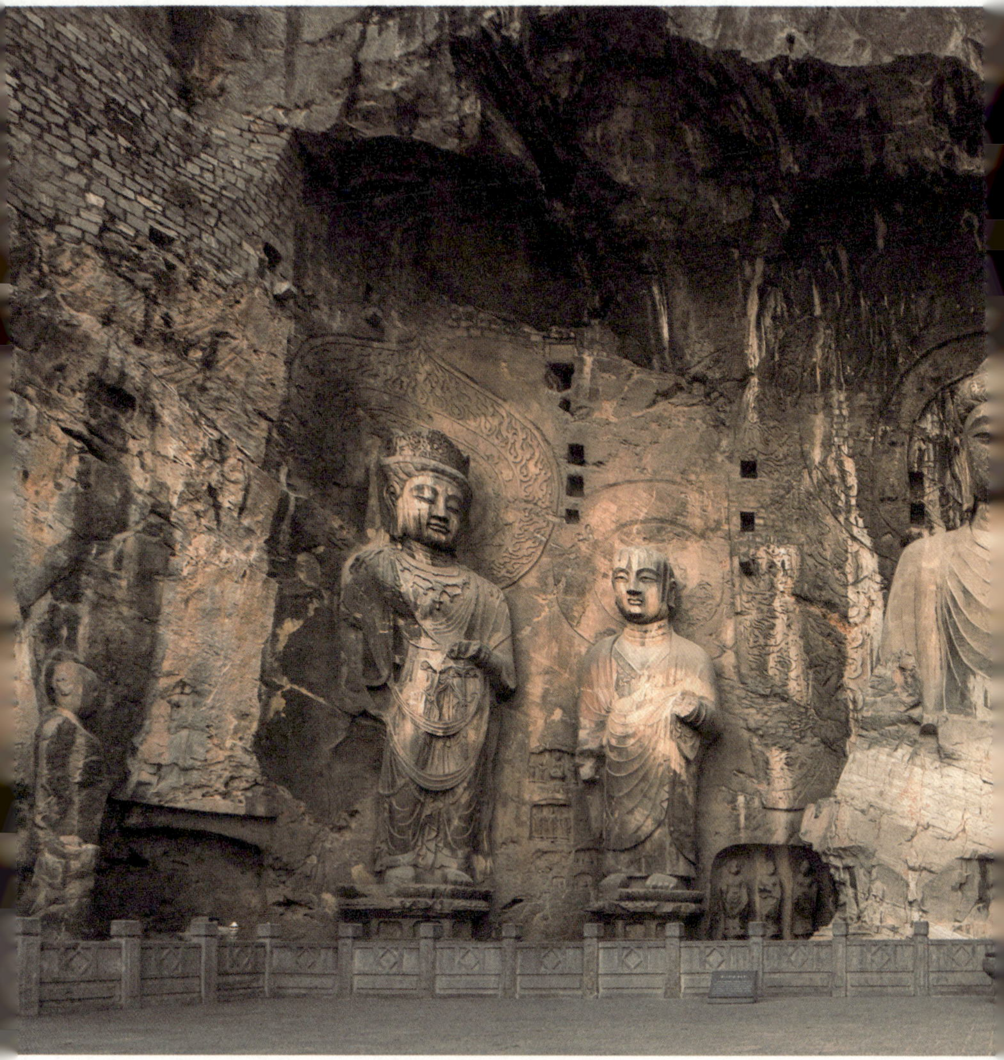

洛阳龙门石窟卢舍那大佛

无字碑

乾陵

六十一蕃臣像

章怀太子李贤墓

章怀太子李贤墓壁画·观鸟捕蝉图

武则天

Wu

Zetian

蒙曼 著

浙江教育出版社·杭州

新版序

流光似电,《蒙曼说唐——武则天》也迎来了再版时刻。这当然体现了读者诸君对我的厚爱,但更多地,还应该归功于武则天独特的魅力——这几年,关于这位女皇的话题就没消停过,《武则天秘史》也罢,《武媚娘传奇》也罢,或旧事重提,或故事新编,争为红颜作传,不让青史成灰。

吸引人的,除了武则天的传奇人生之外,怕是还有人们对女权或隐或现的关切吧。如今,从剩女到丈母娘,从女职工的三年产假到女博士的三胎不多,只要涉及女性议题,总能在各大网站占据一个显赫的位置。武则天是女权主义者吗?有多少次,我也被追问这个问题。记得初版宣传的时候,我曾小心翼翼地回答说:不是,女权主义是个很现代的概念,不早于十八、十九世纪,而武则天追求更多的是政治权力,等等。但今天,若容我重新作答,我会说,虽然武则天未尝接受过女权主义的教育,但她若生在今天,一定是个女权主义者。

是的,武则天即便身为皇帝,也未曾给其他女性安排一官半职,让她们名正言顺地出头露面。即便是她最欣赏的上官婉儿,也只能封为才人,以高宗妃嫔的身份担当机要秘书;即便是她最疼爱的太平公主,也一定是"内与谋,外畏检",才能够在武周的天空下找到容身之所。武则天并不曾清晰地反对过男权,事实上,几乎所有的女权主者，都曾经拥护过男权，因为大多数人就是在这样的环境下被教育长大的。"古生女，弄之瓦，明卑弱，卧床下。"这样的观念，我们不陌生，武则天更不陌生。女性本身没有出路，只有讨得男性喜欢，才有出路。而讨喜的办法，就是使自己符合男性对女性的价值判断——柔软娇媚，依人从人。换句话说，就是没有独立人格，在精神上介于人与动物之间。谁说武则天没有过这样的时代呢？当那个十四岁的女孩走入大内深宫的时候，太宗赐号武媚娘，不也曾是她人生最大的成就吗？

然而，男性的标尺其实极端狭隘和冷血，即使是一代圣君唐太宗也不能免俗——设若武媚娘一味妩媚下去，也终有年老色衰的悲凉时刻；而一旦武媚娘展现出教训狮子骢的坚强，她的前途就更加万劫不复——所谓伸头是一刀，缩头也是一刀，十二年冰冷的才人生涯，大概这才是最沉痛的教训。

所以，当武则天真的可以自己选择的时候，她坚决抛弃了武媚娘这个名字。媚成就不了她的事业，媚也不是她的人生。站在高山之巅，她是则天。她不相信自己不行，无论是智力，还是体力、精力。她也一步步证明了自己的能量，无论是战斗力，还是建设力、创造力。构建跟这个世界的联系的，不再是唐太宗或唐高宗的妻，也不再是唐中宗或唐睿宗的母，而是她自己——武曌：日月凌空，阴阳同体。她的成就确实未曾带来制度性的变更——无论是女皇帝还是女大臣，在此后的一千年都成为绝响；但是，她的成就已经足够重要，重要到让此后一千年、两千年乃至无穷尽的年代里，人们引她为证据。

她为如下事实作证：三才者，天地人；三光者，日月星。这个人，不是男人也不是女人，就是人，天地之间有灵有肉的人而已。先有了人，然后才有个体差异的你我她他、芸芸众生。这个信仰，在武则天的所有智谋之上，也在武则天的所有奇迹之上。这个信仰，还有基于这个信仰的一切实践，照亮历史，更照亮未来。

目录

引子 / 001

第一章　则天家世

一、山西文水的小门户 / 004

二、家族崛起 / 006

三、童年故事 / 011

第二章　初入宫廷

一、见天子庸知非福 / 015

二、狮子骢事件 / 017

三、非凡的预言 / 018

四、太宗不爱武则天 / 020

第三章　狐媚惑主

一、流落尼姑庵 / 026

二、爱上父皇的才人 / 029

三、病榻偷情 / 034

四、尼寺传情 / 034

五、执手激情 / 036

第四章　后宫风云

一、后妃争宠 / 038

二、重返后宫 / 042

三、晋位昭仪 / 044

四、淑妃失宠 / 046

五、武昭仪的野心 / 047

第五章　冲击后位

一、小公主死亡之谜 / 050

二、收买长孙国舅 / 055

三、后宫巫蛊案 / 059

四、宸妃风波 / 060

第六章　殿廷对决

一、谁在支持武昭仪 / 063

二、殿廷上的闹剧 / 067

第七章　正位中宫

一、此陛下家事 / 074

二、三种力量的角逐 / 078

三、六宫新主 / 083

第八章　两种命运

一、王萧之死 / 086

二、改立太子 / 092

三、重组外廷 / 094

第九章　国舅之死

一、国舅谋反案 / 098

二、案中案 / 101

三、血雨腥风 / 105

第十章　母仪天下

一、提高家族地位 / 109

二、打造公众形象 / 113

三、理顺家庭关系 / 114

四、一朝理政 / 118

第十一章　帝后争锋

一、李义府失势 / 121
二、上官仪伏诛 / 125

第十二章　垂帘听政

一、二圣临朝 / 132
二、封禅泰山 / 134
三、魏国夫人之死 / 137
四、武后避位 / 139

第十三章　晋升天后

一、自封天后 / 142
二、培植外戚 / 143
三、建言十二事 / 147

第十四章　李弘之死

一、有其父必有其子 / 152
二、母子冲突 / 155
三、李弘死亡疑团 / 158

第十五章　李贤之废

一、天后摄政事件 / 163
二、母子斗法 / 167
三、太子谋反案 / 170

第十六章　高宗宾天

一、病笃离乡 / 174
二、客死东都 / 177
三、费解的遗诏 / 179

第十七章 废黜儿皇

一、太后图谋夺权 / 184

二、李哲一朝被废 / 187

三、李旦糊涂接班 / 191

第十八章 扬州叛乱

一、酒馆里的密谋 / 193

二、请看今日之域中,竟是谁家之天下 / 197

三、平定反叛 / 200

第十九章 诛杀裴炎

一、意外的逼宫 / 205

二、莫须有的谋反 / 206

三、朝堂立威 / 211

第二十章 燕啄皇孙

一、疯狂的石头 / 216

二、宗室联反 / 218

三、燕飞来,啄皇孙 / 222

第二十一章 女皇登基

一、标新立异的改革 / 226

二、祥瑞满天飞 / 229

三、声势浩大的请愿 / 232

四、一代女皇 / 234

第二十二章 风声鹤唳

一、告密吃香 / 237

二、酷吏横行 / 240

三、鬼朴来了 / 242

第二十三章 请君入瓮
一、以其人之道还治其人之身 / 248
二、恶人自有恶人磨 / 250
三、酷吏时代的终结 / 256

第二十四章 大柱擎天
一、英雄不问出处 / 259
二、君子满朝 / 263

第二十五章 夺嫡大战
一、武承嗣的野心 / 271
二、李旦的桃花劫 / 275

第二十六章 重立庐陵
一、立子还是立侄 / 281
二、男宠的枕边风 / 284
三、庐陵王东山再起 / 286

第二十七章 嵩呼万岁
一、封禅嵩山 / 292
二、金简祈福 / 295
三、沉湎享乐 / 298
四、调和李武 / 300

第二十八章 小宝兴衰
一、小混混一步登天 / 303
二、太后的"贤内助" / 304
三、一错再错 / 307
四、小宝之死 / 310

第二十九章　二张乱政

一、莲花似六郎 / 315

二、面首也干政 / 317

第 三 十 章　政坛博弈

一、拥张与倒张 / 326

二、张昌宗贪污案 / 331

三、神秘的飞书 / 333

第三十一章　神龙政变

一、二张的敌人们 / 336

二、突发的政变 / 342

第三十二章　白发余威

一、虎落平阳 / 347

二、余威犹存 / 349

三、生荣死哀 / 353

第三十三章　无字丰碑

一、悠悠千载无字碑 / 357

二、是非功过任评说 / 359

三、一半是火焰，一半是海水 / 363

后记 / 369

引 子

历史是用文字记载下来的。而根据法国哲学家福柯的看法，文字中早已渗透了权力的改造。一切历史形象，也因此都在文字中扭曲、变形。这样看来，尽管岁月留痕，但洛阳奉先寺的卢舍那大佛还是被改造最少的历史证物——据说，这尊意为光明普照的慈悲之佛，正是依据武则天的形象塑造的。北魏以来，从荒凉边塞走来的皇帝们，一方面拜倒在佛祖脚下，另一方面也把自己想象成法力无边的佛祖。他们留下了开窟造像的传统："凿石造佛，如朕帝身。"和他们一样，武则天也要当皇帝佛。

然而，世俗和神圣毕竟不能完全等同。佛祖拈花一笑间，礼佛的女尼幻化成了乾元殿上的皇帝，曾经的妩媚与威严也升腾为庄严与慈悲，方额广颐的女皇凝固为"相好希有，鸿颜无匹，大慈大悲，如月如日"的大佛。千载之下，当我们仰望十七米高的卢舍那大佛，内心的震撼无与伦比。这究竟是艺术的魅力，还是女皇的威灵？

同样的还有无字碑。在中国画中，留白是一种意境。碑上留白岂不是远胜于心中留白！"乾陵松柏遭兵燹，满野牛羊春草齐。惟有乾人怀旧德，年年麦饭祀昭仪。"麦饭就是心头的丰碑。

一千多年来，人们在卢舍那大佛前礼拜，在乾陵无字碑前沉思。

沉思的背后，是历史上那个活色生香的女子。有人说她"雷霆其武，日月其文"，也有人说她"鬼神不容，人神共愤"。然而，她只在苍穹间微笑。

追究起来，她是一个抑郁难平的女子。她的才华和能力超越了时代所允许她发挥的范围，这真是英雄的悲哀。"自恨罗衣掩诗句，举头空羡榜中名"的鱼玄机，"我报路长嗟日暮，学诗谩有惊人句"的李清照，时代和传统曾经让多少女杰扼腕叹息。然而，历史眷顾了武则天。皇皇盛唐，是中国古代历史上有着令人神往的宽容与开放，容得下更多的激情与梦想的朝代。武则天的勇气和智慧就在这样的环境下绽放。

红尘一世，她寂寞过，抗争过，成功过，也失败过。她亲身经历过一个君明臣直、彪炳史册的贞观治世，也亲手推动了一个典章焕然、风流富贵的开元盛世。她的时代就在这之间，她的功业也就在这之间。今天，就让我们翻开史册，看看究竟是怎样的巨手，在传递着历史的雄奇与苍凉吧！

第一章

则天家世

武则天也许是中国历史上最有影响力的女性了。她先后嫁了两位皇帝,也是一对父子——唐太宗和唐高宗;生了两位皇帝,也是一对兄弟——唐中宗和唐睿宗;同时自己还是中国历史上独一无二的女皇帝。有关这个女人富有传奇色彩的一生,有许许多多的谜团需要我们解开。诸如:她如何从唐太宗的才人变成唐高宗的皇后?她为什么会突破人伦的底线,杀死自己的亲生儿女?她又如何能在一个几千年来由男性统治的世界里成为声威赫赫的一代女皇?她的大周王朝如日中天,为什么又戛然而止,不能传之后世呢?她推翻了李唐王朝,建立了武周政权,为什么李唐的子孙却始终将她视为自己的皇帝,对她尊奉有加呢?……凡此种种,扑朔迷离。兴亡千古,得失一瞬,当厚重的历史演化成老百姓茶余饭后的谈资时,女皇的举手投足,便都成了人们津津乐道的话题。她真的那样刚硬狠毒吗?她真是个狡诈淫乱的女人吗?她有着怎样的智慧和能力,才能缔造出那样一个绚丽多彩的皇皇盛世呢?她的生命轨迹又会留给我们什么样的思考和启示呢?诸多谜团,众说纷纭,就让我们从最初的那个谜团开始探幽之旅吧!作为一个非凡人物,武则天究竟有着怎样不同寻常的身世呢?

一、山西文水的小门户

说到武则天的出身,我们首先会面临一个籍属问题。我们中国人填履历表,往往要填写籍贯。对于武则天来说,这个问题自然也避免不了。根据名人效应的原则,一个人只要出了名,愿意攀附他做老乡的人就多了,而他的故乡也就在众说纷纭中变得暧昧不明起来,甚至成为各地方争夺文化资源的一个聚焦点。比如大名鼎鼎、逍遥梦蝶的庄子,就有过类似的遭遇。庄子是战国时期著名的思想家,按照《史记》的记载,他是宋国蒙城人,可是蒙城究竟在今天什么地方?山东、河南、安徽各省为此争执不休,庄子也就依违在几个省市之间,成了不同地方的形象大使。

那武则天呢?作为中国历史上独一无二的女皇帝,自然更有攀附的价值了。所以关于她的故乡,就出现了三种不同的说法。哪三种呢?第一是并州,也就是在今天的山西;第二是长安,也就是今天的陕西西安;第三是利州,在今天的四川。这三个地方都留下了与武则天相关的遗迹和各种离奇的传说。利州那儿有一个龙潭,传说武则天的母亲曾经在那儿游玩,忽然水中跃出一条金龙,围着她盘旋而上,嬉戏交欢,武则天的母亲就怀孕了,生下了武则天。这样一个故事用我们现代话来说叫作"人兽情未了",但是,按照古代的说法,可就叫作"神灵感孕"了。它传达给人们的信息就是,武则天的出身太神奇了,她的父亲不是一介凡人,而是龙,她是一个龙种,所以以后来才能成为真龙天子。这个传说后来还被晚唐大诗人李商隐写进了《利州江潭作》一诗里:

神剑飞来不易销,碧潭珍重驻兰桡。

自携明月移灯疾，欲就行云散锦遥。
河伯轩窗通贝阙，水宫帷箔卷冰绡。
他时燕脯无人寄，雨满空城蕙叶凋。

在诗题后面，他自己注明利州是"感孕金轮所"，"金轮圣王"为武则天当皇帝时臣子们给她上的尊号，"感孕金轮所"就是说武则天是在利州由母亲感孕而生的。可见，武则天生于利州的说法流布之广。

既然伟人们需要神道设教，所以类似的故事在中国古代比比皆是。根据《史记》的记载，上古三代时商王朝的创始人商汤就是"感孕而生"的。有了这个先例，以后凡是伟人名家的出生，都会有些光怪陆离的感应神话。武则天的降生传说也是如此。

可是，传说固然有其荒唐性，不足采信，但也都有它真实的一面，这样的传说之所以在上述几个地方流传，关键是这三个地方都和武则天有关联。其中并州是她的祖籍，长安是出生地，而利州则是她度过童年时代的地方。中国人一贯重视祖籍，那么我们就应该说武则天是并州文水人，也就是现在的山西省文水县人。文水在现代还出了一个女英雄刘胡兰，所以说这可是一个盛产女英雄的地方啊。

当时，文水武氏还是个当地小姓。何谓小姓呢？就是介乎世家大族和平头百姓之间的门户。祖上做过几任官，但是官不大；有一定的社会声望，可是也不会太高。武则天就出生在这么一户人家。她的父亲叫武士彟，家中兄弟四个，他排行第四，三个哥哥都是老实巴交的农民。武士彟是一个有野心的人，他可不想一辈子当个修理地球的土财主。他想发财，想换一种生活方式。什么生活呢？据《太平广记》记载，武士彟经商去了，做了木材商人。武士彟年轻的时候，正赶上隋炀帝统治时期。隋炀帝是位雄才大略的皇帝，但有个毛病，就是好大喜功，喜欢大搞基本建设，到处修建离宫别馆。特别是他修建东都洛阳时，建筑木材的需求量特别大。武士彟是个精明人，他看准了这个商机，开始做起长途贩运木材的生意，借此发家，一夜暴富。

但是中国古代是个身份制社会，老百姓根据所从事的行业被分成四个等级。第一等是士，就是知识分子，这是最高级的，因为有可能做官。第二等是农，因为我们是一个农业国家，以农为本，所以农民比较受重视。第三等是工，就是手工业者，靠手艺吃饭的人。第四等也是最末一等，那才是商，靠商品流通来赚钱，自己不生产任何东西，当时人们认为这叫投机取巧，对商人曾经有过很多歧视性的政策。举一个极端的例子，魏晋南北朝的时候，对商人特别歧视，商人出门不能骑马，不能坐车，甚至穿鞋时两只鞋都不能一个颜色。比方说你左脚穿只白鞋，那右脚就得穿只黑鞋，让人们老远一看就知道，这个人是个商人，是个下等人。这就叫只富不贵，虽然有钱，可是社会地位并不高。

武士彟是个有理想的人，他不愿意这样一辈子老遭人鄙视，他不满足仅仅当个富翁，他还要改变自己的身份。

二、家族崛起

怎么改变身份呢？经过一番考虑，武士彟决定走从军这条路。从军大概是科举制实行以前，寒门子弟最主要的起家途径了。首先，从军不需要家世背景，只要勇敢、身强体壮就可以；其次，从军周期短，打一场胜仗后，就可能得到提拔。当时有很多从军起家的故事，最著名的比如唐朝的薛仁贵，他本来就是一个普通农民，既没钱，也没什么背景，在唐太宗征高丽的时候白衣从军，因为作战勇敢受到唐太宗的赏识，一下子就提拔为五品的将领。后来，他在西北战场大显身手，留下了"将军三箭定天山，壮士长歌入汉关"的佳话。

这样的故事在当时非常具有典型性，武士彟也想走这条路。可是他和薛仁贵不同，他有钱。薛仁贵没钱，所以从一个士兵做起；武士彟有钱，有钱能使鬼推磨，当然不用从普通士兵做起了。从军伊始，他就当了一个小小的武官，这个官职的名称叫鹰扬府队正，是隋朝府兵制体系下所有常任军官中最低级的官员，管五十个人，相当于我们现在说当排长了。

武士彟当官的地方，是在他的家乡文水。就在这任职务上，他结识了后来的大唐帝国开国皇帝——唐高祖李渊。这是在隋炀帝大业十一年（615年），李渊奉炀帝之命讨伐反叛，路过武士彟当官的地方。武士彟一看，有大人物经过，这以后有利用价值啊，赶紧巴结，他又有钱，所以好酒好肉款待李渊，宾主尽欢，给李渊留下了很好的印象。但是，李渊随即离开了。又过了两年，大业十三年（617年），天下大乱，群雄蜂起，许多人都预感到隋朝大厦将倾，想推翻隋炀帝的统治。当时的隋炀帝，正在江都（就是现在的扬州）巡游，故都难回，怎么办呢？北边总得有人镇守，于是隋炀帝就派李渊担任太原留守——整个太原地区的军政第一把手，防守整个北方地区。李渊到了太原以后，不由得想起了武士彟当年的热情款待。现在有条件了，提拔他一下吧。于是提拔他当了行军司铠参军，掌管武器兵仗。武士彟当上行军司铠参军之后，跟李渊的来往就频繁了。他很快就发现李渊这个人雄心勃勃，想趁天下大乱当皇帝。顶头上司图谋造反，武士彟该怎么办呢？经过一番思考和权衡，他决定力挺李渊。力挺当然得用行动表现出来，武士彟为此做了三件大事。

第一，献兵书，献符瑞。武士彟先搜罗了一些古代兵书，然后总结了其中的经验教训，编了一本"精装版"的兵书，献给了李渊。这个礼物献得好不好呢？那简直是正合李渊心意。那个时候，造纸术和印刷术还不发达，书本身就是相当宝贵的文化资源，兵书尤为可贵，谁想问鼎皇权，都得借鉴一下别人行军打仗的经验啊，所以李渊收到这个礼物，异常高兴。那么，武士彟献了什么符瑞呢？史书没有记载。但是，按照《新唐书·武士彟传》的说法，他曾经"梦帝骑而上天"，当然这个梦是从他自己口中说出的。很明显，这是对李渊剖明心迹，表示愿意效犬马之劳。只有龙才能上天，武士彟等于在向李渊表态，您就是真龙天子啊。这是第一个意思：我支持您，很看好您。第二个意思：您要是想当真龙天子，就应该重用我，我愿为您效犬马之劳。李渊也是个明白人，听完这个梦，哈哈大笑，说这话你可千万别跟别人说，天知地知你知我知。大概所谓的献符瑞都是这一类的事情。

第二，协助李渊发展势力。隋炀帝虽然派李渊当太原留守，可是对任何将领，皇帝都不能全盘相信，所以还是给他安排了两个副手，一个叫王威，一个叫高君雅。这两个人干什么呢？名义上协助李渊，其实是在监视李渊。很快，他们就发现李渊收罗了一些不法之徒，于是起了疑心，想暗中调查一下李渊的用心。武士彟财力雄厚，出手大方，朋友众多，他在投靠李渊之前，就和王威、高君雅有交情，也算是他们的心腹，听说他们要调查李渊招纳亡命之徒这件事，就找到这两人，对他们说："此皆唐公客，若尔，必有大嫌。"意思是说，你们作为唐公（李渊，李渊被封为唐国公）的副手，这样不信任他，这要是给他知道了，以后还怎么处理上下级关系？这两个缺乏警惕性和办事魄力的副手也是一对草包，没什么心眼，一听武士彟说得合情合理，也就罢手了。这样一来，就为李渊赢得了宝贵的时间，进一步扩充实力。

第三，倾尽家私，举族从军。武士彟倾其所有，把万贯家产都献给李渊。我们知道，革命需要本钱啊，有了钱才能招兵买马，李渊此刻也需要大量金钱，武士彟的投资非常及时。此外，武氏一门人才济济，补充到李渊队伍中，也给李渊提供了干部力量。李渊称帝后，武士彟的哥哥武士稜官至司农少卿，另一个哥哥武士逸官至益州行台左丞，可见武氏一门在李渊起兵的过程中确实贡献良多。

武士彟这么做，有没有冒险性呢？当然有了。跟着李渊起兵，有可能获得成功，从而享受荣华富贵，但也有可能赔上身家性命。做这样的决定不光需要有头脑，更需要有孤注一掷的勇气。他冒险了，也成功了。李渊所率军队在太原起兵后，势如破竹，很快攻下了隋朝的都城大兴（唐朝改叫长安，今陕西西安），推翻了隋朝的统治。李渊当上了大唐帝国开国皇帝，历史上称为唐高祖。李渊做了皇帝后，论功行赏。武士彟虽然没有什么战功，但是一直主持军需，保障后勤，也成了十七位太原元谋功臣之一。李渊让他继续发挥特长，做库部郎，仍然主管财物，后来经过几次升迁，成为三品的工部尚书，主管工程水利建设，是个部长级的要员，那是高官了。这时武士彟的政治梦基本实现了，地位已经发生了显著的变化。

隋唐时代是个身份制社会，人们固然尊重你的政治地位，但是也非常看重你的出身。当了高官后的武士彟不久就发现，同僚从内心里瞧不起他，经常在背后嚼舌头，说你看他现在趾高气扬的样子，他以为自己是谁啊？他原来就是个木头贩子，是个暴发户。这让他感到很郁闷，真是太伤自尊了。他还要进一步取得社会认可。怎样才能让自己的社会地位再提高一步呢？

这次，他选择了婚姻这个途径。武士彟年轻时娶了一个姓相里的女子为妻。相里氏跟武士彟生活多年，已经有了两个儿子，一个叫武元庆，一个叫武元爽。在武士彟当工部尚书的时候，这位相里夫人一病不起，死了。一般来说，中年丧妻是人生的一大不幸，可是对于当官的人来讲就未必尽然了。陈世美当了官之后，不就巴不得秦香莲死吗？可是秦香莲偏偏不死，最后逼得陈世美没办法，要把她杀死。相里夫人倒是挺识趣的，没等武士彟厌倦她，她就先死了，于是，武士彠身边就出现空缺了。

谁来填补这个空缺呢？唐高祖李渊亲自给他做媒来了。李渊为什么对武士彠这么好？根据《册府元龟》的记载，主要是由于武士彠工作太勤勉，把唐高祖给感动了。唐高祖说："此人忠节有余，去年儿夭，今日妇亡，相去非遥，未常言及，遗身殉国，举无与比！"说这个人太忠诚了，去年儿子夭折，今天老婆又死了，可是他没有向组织上开过口，没有要过钱、没有要过假期，还是这么勤勤恳恳地干工作，如果大家都像他这么好好干，我们这个帝国肯定会兴旺发达啊！所以，李渊下定决心帮他娶个好媳妇。经过千挑万选，最后就选中了杨氏夫人。

杨氏夫人是什么背景？她是隋朝四贵之一观王杨雄的侄女，杨达的女儿。她的伯父和父亲都是隋朝的宗室，也都做过宰相，她算是正宗的金枝玉叶。杨夫人少有大志，小的时候不喜欢做女红，喜欢阅读文史书籍，因此被家里的长辈认为是"隆家之女"。但奇怪的是，这么优秀的女孩在婚姻方面却是高处不胜寒，她跟武士彠结婚的时候，"芳龄"已经四十有四了。这个年纪即使从今天的眼光来看，也早过了谈婚论嫁的时候了。为什么杨夫人这么晚婚呢？按照武则天当皇后以后的说法，是因为杨夫人信仰佛教，本来抱定独身主义，后来遇到她优秀的父亲才改变主意的。但是也有人怀疑杨夫人不是初婚，是二婚。也许正是因为再婚，并且已经人老珠黄，她才肯委曲求全，下嫁给一个新朝的暴发户。无论如何，这次婚姻可是强强联手，武士彠有政治地位，杨夫人有身份背景，正可谓优势组合。

晚婚的杨夫人生育能力颇为了得，以四十多岁的大龄，还一连生下了三个女儿。大女儿后来嫁给了贺兰氏，以后我们还要提到；三女儿后来嫁给一个姓郭的，很快就死了；二女儿就是我们的主人公武则天。

三、童年故事

俗话说，名不正则言不顺。既然主人公已经登场，我们有必要先给她正一下名，交代一下为什么叫她武则天。其实"则天"二字，并非她的本名，而是她晚年退位之后，新皇帝李显给她的尊号"则天大圣皇帝"中的前两个字。此前她并没有用过这个名字，甚至闻所未闻。她去世后，谥号"则天大圣皇后"，到了玄宗天宝年间，又追尊为"则天顺圣皇后"，但是无论怎么变，"则天"这两个字一直保留着，成为唐朝人对她的一个基本评价。这个评价非常高，什么是"则天"？《论语》说"惟天为大，惟尧则之"。"则天"就是取则于天，取法于天。美则美矣，但毕竟是尊号，不是名字。

那么她有没有自己的名字呢？她当皇帝前后，为了造舆论，曾经给自己取了个名叫"武曌"。这个"曌"字是她新造的，意思是"日月当空"，说自己像太阳和月亮一样普照着万里江山。这是一个很有气魄的名字，但取这个名字已经是她六七十岁当皇帝前后的事情了。那么，现在通过各种影视剧深入人心的"武媚娘"是不是她的本名呢？其实也不是。那是她在给唐太宗当才人的时候太宗给起的名字，我们下一章还要提到。那么，在入宫之前，就是武则天小时候，父母管她叫什么名字呢？史书上没有明确的记载，已经湮没无闻了。这样说来，一千多年来如雷贯耳的武则天，居然是一个无名英雄。在她死后的一千多年里，人们一般管她叫"武后"。

近代以来，因为女权运动的兴起，人们觉得中国历史上就出了这么一位独一无二的女皇帝，有大力表彰的必要，再叫她"武后"就不能彰显她作为女皇帝的身份了。那究竟叫她什么好呢？当时的人们觉得"则天"这个尊号非常有气势，恰如其分地反映了她的丰功伟绩，所以就开始叫她"武则天",后来约定俗成,"武则天"就渐渐成为她的通用之名了。我们今天为方便起见,还是按照近代以来的习惯,就管她叫"武则天"。

按照咱们中国人的叙事习惯,伟人一般从童年时期就会表现得与众不同,所谓"三岁看老"嘛。那么童年的武则天有没有特别神奇的地方呢?有关武则天的童年生活,留下来的记载不多,但是有一件事情被记录了下来,显得颇为奇异。

据《新唐书·袁天纲传》记载,在她小的时候,父亲武士彟就任利州都督。当地有一个相面大师叫作袁天纲,曾经给她看过相。袁天纲有一次路过武则天家,巧遇杨夫人。袁天纲一见,马上说,夫人您生得骨法不凡,家中必有贵子。哪个当母亲的听到这种说法不高兴啊?杨夫人马上把袁天纲请到家里,想让他看看到底哪个孩子是贵子。按照当时的习惯,先看儿子。武元庆和武元爽就被拉出来了,袁天纲看了看,说,这两个郎君长得不错,以后是保家之子。接着,又把大女儿给叫出来,袁天纲又看了看,说,这个小娘子生得也不错,以后肯定是个贵夫人,可惜呢,不利其夫。她大富大贵之后,丈夫却得不着好。再接着,奶妈就把武则天给抱出来了。武则天当时还特别小,穿着一身男孩的衣服。其中的缘由我们也明白,母亲生了三个女儿,挺盼着要儿子的。可是没有儿子怎么办呢?先把这个女儿当男孩打扮着吧。袁天纲一看这小孩儿,脸色骤然一变。杨夫人和武士彟都感觉到了,马上就问,袁先生,您看我们这个孩子怎么样啊?袁天纲摇摇头,说,看不好,你得让她下地走两步。武则天就走了两步,忽闪着一双大眼睛看着袁天纲。袁天纲说,哎呀,不得了,这个郎君生得是龙睛凤颈,这是大富大贵的样子,他怎么会是个男孩呢?如果是女孩,必定为天下之主啊。

这段神奇的记载是否可靠呢?有人认为是真的。日本人原百代在她写的《武则天传》里头,就把这个事情看成是武则天一生力量的基础,认为武则天正是靠了这次算命结果的鼓舞,才在以后的人生中百折不挠,直到最后走上皇帝的宝座。但是我觉得这个故事和汉高祖斩白蛇起义一样,都是帝王神话,不足为凭。在我看来,不是因为这次神奇的算命,武则天才有了日后的皇位,而恰恰是因为她最后当上了皇帝,才有了这个神奇的预言。换言之,这是后来编造的,而且没准儿是武则天自己授意编造的。

史籍有关武则天童年的记载少之又少,就有这么一件挺神奇的事儿,又还不可信,那么,武则天的童年究竟是怎么度过的呢?我觉得,她就像同时代的所有官僚人家的少女一样,过着无所用心、养尊处优的生活。如果说有什么不一样的话,那就是她比一般的少女多走了一些路,也多读了一些书。武则天的父亲武士彟曾任三品的工部尚书,在长安当官,唐高祖晚年,他转任扬州大都督府长史,从此离开了京城。此后,他陆续担任过豫州都督、利州都督、荆州都督,最后死在荆州都督任上。按照中国人的习惯,死后灵柩要运回自己的老家并州。从我们今天的地理概念来看,扬州在江苏,豫州在河南,利州在四川,荆州在湖北,并州在山西。由于武士彟四方为官,武则天也就追随着父亲跑遍了半个中国。我们姑且称之为"行万里路"。又因为她的母亲杨夫人喜欢文史、不擅女红,家庭的耳濡目染,母亲的言传身教,必然对女儿有着潜移默化的影响,所以武则天也像母亲一样熟读文史,我们姑且称之为"读万卷书"。读万卷书、行万里路当然是增长见识与才干的最佳手段,这使得武则天较之一般官僚人家的少女更加聪明和勇敢。勇敢和聪明确实都是好事,但是,如果武则天一直在这样的家庭里长大,然后依据门当户对的原则嫁给一个门户相当的人家,她的智慧和勇气也终究会消磨在琐碎的日常生活中,不会对环境产生太大的影响,更不会有机会载入史册之中。当然,就我个人看来，那样的日子也不错，我们现在不是也说"平平淡淡才是真"吗？

但是天有不测风云，人有旦夕祸福。上天没有给武则天过这种平淡生活的机会，她的幸福童年在十二岁的时候突然结束了，那是在贞观九年（635年）。唐高祖李渊因病去世，武士彠闻知死讯，心里非常悲痛，没多久也呕血而死，享年五十九岁。家主去世，新寡的杨氏夫人带着三个女儿扶柩回到并州老家。由于武士彠是三品大员，所以当时担任并州都督的李勣亲自监护葬礼。我们以后会讲到，这个人在武则天的生命中将产生极其重要的影响，不过此时的他只是例行公事而已。武则天当时肯定不会注意到李勣的存在，因为她还沉浸在悲痛之中，她悲痛的不仅仅是父亲的去世，还有家庭生活的骤然改变。回到并州后，武则天原来所熟悉的那个简单的核心家庭一下子变成了钩心斗角的联合家庭。父亲死后，家里原来潜藏着的各种矛盾一下子爆发了。武士彠与前妻生的两个儿子武元庆和武元爽，对继母杨氏和她的三个女儿非常不客气。这个我们容易理解，因为三个小姑娘还都没出嫁，按照唐朝的习惯，出嫁还要分割财产。武元庆和武元爽一想到这儿，便对这三个妹妹不由得讨厌起来。此外，武氏是一个大家族，一般来说，在中国古代，族人在处理这种家庭矛盾的时候，通常向男不向女。为什么呢？男孩是自家人，还要在大家庭里共同生活，而女孩子迟早要嫁出去的。武氏族人对杨夫人母女也非常刻薄，特别是武士彠的两个堂哥，一个叫作武惟良，一个叫作武怀运，对这娘儿几个态度极其恶劣。从养尊处优的高干子弟一下子变成任人欺凌的弱势女子，武则天心里充满了阴影。这样的命运，还有没有发生转机的可能呢？

第二章

初入宫廷

光阴荏苒,一晃武则天已经长成十四岁的美少女,她的美到底属于哪一类型呢?根据史书记载,武则天生得"方额广颐",宽阔的额头,丰满的下巴。按照我们今天的看法,宽额头意味着智慧,丰满的下巴则意味着坚毅的性格,符合一般人对武则天的判断。不过在唐朝,方额广颐本来就是美人的标准之一,所以在当时的人看来,小小的武则天已经出落成一个美人坯子了。

一、见天子庸知非福

自古以来美丽就是女人改变命运的重要资本。杨夫人看着女儿丰丽的小脸,也不禁开始动起重振家声的念头。她一有这个念头,整个杨氏家族就开始行动了。当时,杨氏一族至少有两三个女子都正当着太宗的妃嫔,这些人就开始在宫里宣传起武则天的美貌来。一来二去,当然就传到了唐太宗的耳朵里。唐太宗当时正是后宫寂寞,决定征召她进宫当才人。那正是:武家有女初长成,一朝选在君王侧。这"才人"是个什么称号呢?古代普通男子有妻有妾,皇宫里呢,当然也有高下贵贱之分。皇帝的嫡妻,也就是大老婆,叫皇后。在皇后之下，皇帝的小老婆们也就是妃嫔，也是分等级的，并且每个等级都有固定的员额。第一等叫妃，有四人，为一品；妃之下是二品的嫔，共九人；嫔之下，第三等是婕妤，九人；婕妤之下是四品的美人，也是九人；再往下就是第五品的才人，还是九个人。

进宫是好事还是坏事？这很难说清楚。一方面，十四岁的小姑娘，进宫就封为五品才人，确实是很荣耀的事情。另一方面，"后宫佳丽三千人"，皇帝身边的女人很多，可是真正能够得宠的人却寥寥无几，所谓"三千宠爱在一身"，中奖率很低啊。大部分妃嫔都是寂寥一生，出头没什么指望，所以一般的父母都不舍得让女儿去冒险。杨夫人虽有心让女儿改变命运，但事到临头还是难以割舍，听到这个消息后，日夜啼哭。但是武则天不这么想，她觉得家里的生活前景很暗淡，如果进了宫，也许会有新的机会。大概是她父亲武士彟喜欢冒险的基因遗传给了她吧，她愿意去冒险。

临上车进宫的时候，武则天对母亲回眸一笑，说："见天子庸知非福？"您怎么知道见皇帝不是一件好事呢？从这一点我们就可以看出，这个十四岁的小姑娘，已经表现出不一般的见识和胆量。

就这样，贞观十一年（637年），武则天带着改变命运的梦想，正式进入了宏伟壮丽的大唐宫殿。刚进宫的时候，唐太宗确实喜欢过她，还给她起了个名字叫"武媚娘"，因为这个小姑娘长得是娇媚动人啊。这个名字初听起来也许会觉得不错，可是不能太认真，为什么呢？《武媚娘》其实是从隋朝开始就流行的一首歌曲的名字，犹如若干年前流行过的歌曲《村里有个姑娘叫小芳》。如果给女朋友起个名字叫"小芳"，在那个时代就会让人觉得有失庄重。透过这个名字，我们也可以看出，武则天在唐太宗心目中，就是可以随玩随丢的一个小玩意儿。喜欢了一段时间以后，军国大事一忙，太宗就把她丢到脑后去了。武则天可是带着梦想进宫的，她怎么能够容忍皇帝把自己忘了呢？她要寻找机会，在皇帝面前表现自己。

二、狮子骢事件

怎样才能够表现自己呢？有一个故事流传很广，是武则天晚年亲口说出来的，我们姑且把它叫作狮子骢事件。狮子骢是一匹马的名字，由于鬣毛像狮子似的，所以叫作狮子骢。这匹马长得高大威猛，神骏异常，但是性子暴烈，没有人能驯得了它。唐太宗是个爱马之人，为此很是着急。有一天，他带着一群妃嫔到马厩来看这匹马。看到这里大家可能要觉得奇怪了，妃嫔不好好待在后宫看花鸟鱼虫，出来看马做什么呢？这就涉及唐朝的社会背景了。唐朝的统治者有北方胡人的血统，受此前北方民族的影响，对妇女的束缚比较少。妇女不缠足，经常参加户外活动，比如踏青啊，打猎啊，打马球啊。特别是宫廷妇女，常常需要陪伴皇帝一起狩猎，对马并不陌生。唐代画家张萱的《虢国夫人游春图》，就表现了宫廷妇女骑马游春的场景，好多出土的唐代陶俑都有女子骑马的形象。

就是在这样的社会大背景下，有一天，风和日丽，唐太宗在一群妃嫔的拥簇之下来看马了。这之中就有武则天，她进宫许久，还没引起皇帝的格外关注呢。太宗围着狮子骢转了一圈，不由得叹息：这真是一匹好马呀，可惜就是没人驯得了。其他的妃嫔都默不作声，一片寂静。突然，武才人挺身而出，说：陛下，我能制服它！唐太宗吃了一惊。武则天款款地说道：不过，我需要三样东西。第一，铁鞭；第二，铁锤；第三，匕首。唐太宗说：这可不是驯马的东西啊，你要这些东西干什么啊？武则天笑道：陛下，这马如此暴烈，必须用特殊手段。我先用铁鞭抽它，如果它不服，我就用铁锤锤它脑袋，如果它还不服，我就一匕首捅了它。哎呀！唐太宗听了心里直发凉：面前这个娇弱如花的小姑娘，怎么说起话来这么狠呢！一时半会儿他都不知道该说什么好，过了好一会儿，太宗终于讷讷地说了一句：你真了不起。说完之后呢？这事儿就没了下文，既没有封官，也没有赏赐。可见，武则天在太宗面前的第一次表现以失败而告终。

三、非凡的预言

可是，还有更糟糕的事情在等着武则天呢。唐太宗晚年的时候，宫外忽然开始流传"女主武王"的预言，说唐三代之后，当有女主武王代有天下。这本来是一个民间的流言，后来就传到宫廷里了，李世民听了这个话很难受。他秘密地把一位叫李淳风的太史令召到宫里，问他有没有这回事。唐代的太史令管天文历法，相当于现在的占星术大师。李淳风说，臣夜观天象，发现有太白经天，这意味着有女主要兴起。又说，我经过一番推算，发现这个女人已经在陛下的宫里，是陛下的眷属。不出三十年，她就要取代陛下，代掌陛下的大好河山，而且还要诛杀李唐皇室的子孙。李世民听了非常紧张啊，说，那怎么办呢？既然预言和天象都一致了，就这样吧，宁可错杀三千，不可使一人漏网。我要在宫里头清理清理，凡是姓武的、跟武沾边的我们都杀了算了。李淳风说，这可不大好啊，有一句话叫王者不死。上天既然派这么一个人下来，就会保护她，您恐怕轻易杀她不得，而且会殃及众多无辜，上天会怪罪的。退一步说，就算您把她杀了，上天的意思如果没有改变的话，还会再派一个人来。这个人我刚刚说是陛下的眷属，已经在陛下的宫里了，现在是个成年人了，三十年之后就是老年人了。老年人心地比较仁慈，可能对陛下的子孙会留有余地。如果您现在把她杀了，上天又生出一个新的人来，那这个人三十年之后可是年轻人啊，年轻人心狠，杀起陛下的子孙恐怕就毫不留情了，所以您还是别杀了吧。这是一个说法。

《太平广记》还记载了一个更离奇的说法，说唐太宗在李淳风观星象之后，曾经让他到宫里指认一下这传言中的武王。李淳风说，陛下后宫的女人太多了，臣怕老眼昏花看不准。唐太宗说，这还不容易吗？马上就把宫人一百人编成一队，先让李淳风看这个人在哪一队中。李淳风就指了一队。太宗说，这目标也太多啦，再细化一下！于是，又把这一百人分成两组，各五十人，李淳风又指出了一组。武则天就在这一组里。唐太宗觉得五十人还是太多了，让李淳风再明确一些，李淳风却说天机不可泄露，让唐太宗自己猜。唐太宗说这怎么猜呀！再说，也用不着那么费事，干脆，把这五十人都杀掉算了。可是李淳风说这样违反天意，恐怕后果更加严重。最后唐太宗没有动手，但是他由此存了一分杀心。

他这一存杀心不要紧，有个人就当了替死鬼。谁呢？此人姓李名君羡，是玄武门的一员守将。玄武门是唐代长安城的正北门，扼守皇帝居住的大内，位置相当重要。唐太宗当年就是在玄武门设下伏兵，杀死了哥哥李建成、弟弟李元吉，再用武力逼迫父皇李渊退位，自己当上了皇帝。这个事情就是历史上著名的玄武门之变。所以玄武门历来为人所重，它的守将都非常骁勇。

李君羡的岗位在玄武门，他的职位则是左武卫将军，这是唐代府兵制十六卫中左武卫的一员大将。有官有职，李君羡还有爵位，他的爵位是武连郡公。而他本人又是洺州武安人，也就是今天的河北武安市人。玄武门守将、左武卫将军、武连郡公、武安人，已经四个"武"字了。这还不算，真正要他命的是他自己说的一句话。有一天，唐太宗很高兴，在宫内宴请武将开派对。酒酣耳热之际，太宗想活跃一下气氛，说，我们别这么闷头坐着，说说笑话，各自报上自己的小名，博大家一笑嘛。武将纷纷响应，报上小名，说得是千奇百怪。比如有一个武将站起来说，自己小名和尚。还有一个武将说自己小名秃子。大家哈哈大笑。到了李君羡这儿，他说："臣小名五娘子。"这下人群中爆发出哄堂大笑。一个牛高马大、胡子拉碴的将军，小名竟叫五娘子，这可是个小女人的名字啊，太不协调了。大家都笑，可是有一个人却怎么也笑不起来。这人是谁呢？唐太宗啊。他心里打了一个激灵，突然想起了"女主武王"的预言。玄武门守将、左武卫将军、武连郡公、武安人、五娘子，而且还是武将！他觉得这个人可能要谋反。所以没过多久，他就找了一个借口，把李君羡给杀了。这下，唐太宗松了一口气，觉得这事儿就算完了，没有再追究下去，武则天因此躲过了一劫。

这事儿是真是假呢？我个人认为，这恐怕是武则天当皇帝前后造神运动的一个产物。她要宣传自己：我就是受命于天，王者不死。即便在这样的危急关头，我的名字都呼之欲出了，还有人来为我做替死鬼。为了坐实这件事，武则天当了皇帝以后，还煞有介事地替李君羡平反。经过这么一番努力，神话终于流传开来，百姓也相信了武则天天生就是皇帝，这时候，武则天的目的也就达到了。那么，我们今天回顾历史，抛开这些神话不说，武则天在唐太宗一朝，处境究竟是怎样的呢？一言以蔽之：她在太宗一朝郁郁不得志。从贞观十一年（637年）进宫当才人，到贞观二十三年（649年），漫漫十二年过去了，武则天已经由十四岁的青涩少女长成了二十六岁的成熟少妇，她的职位还是才人，没有得到任何升迁。

四、太宗不爱武则天

既然武则天是个英雄，怎么就让这十二年光阴稀里糊涂地荒废过去了？我想，要分析武则天为什么没有得到唐太宗的欢心，先得分析一下唐太宗究竟喜欢什么样的女人。

唐太宗喜欢什么样的女人呢？有一个女人是唐太宗终身爱慕的，她就是长孙皇后。长孙皇后是唐太宗一生最敬重的女人。她从小知书达理，十三岁时嫁给了秦王李世民。李世民当了皇帝之后常常想和她探讨国家大事，但是，长孙皇后总是避而不答，她说："牝鸡之晨，惟家之索。妾以妇人，岂敢预闻政事？"意思是母鸡打鸣那是家门不幸啊，我一个妇道人家，怎么可以干涉国家大事？因此，无论唐太宗怎么问，她都三缄其口。那么，长孙皇后是不是一个只关心柴米油盐，对政治一无所知、不感兴趣的人呢？当然不是。我举几个例子，大家就明白了。

第一，大家都知道，李世民是个少年英雄，在他当秦王的时候，和父亲李渊一起东征西讨，建立了赫赫战功。李渊集团最大的几个对手窦建德、王世充等，都是李世民拿下的。功劳大了，他的野心也就膨胀了，不甘心只当秦王，他想当皇太子，进而当皇帝。在野心的驱使下，李世民和他的哥哥太子李建成、弟弟李元吉以及父亲唐高祖李渊的矛盾与日俱增。在这种宫廷危机的紧张氛围中，长孙氏怎么办呢？她谨小慎微，非常卖力地孝敬李渊，讨得他老人家的欢心，同时委曲求全地拉拢李渊身边的妃嫔，和她们搞好人际关系。这有什么用呢？其实这等于在李渊身边安插了许多眼线。这样一来，李渊和其他儿子的一举一动，都尽收于李世民的眼底。兵法中说，知己知彼，百战不殆，长孙氏在李世民获取敌方情报方面立了大功。

第二，在玄武门之变的时候，李世民与父亲、兄弟的矛盾已经白热化，要兵戎相见。李世民亲自上阵，长孙氏则在秦王府鼓舞将士，勉励他们奋勇杀敌。在夫妻双方的共同努力下，玄武门之变一举成功，李世民登上了皇帝宝座，长孙氏也因此成为皇后。

第三，李世民做了皇帝后，励精图治。他唯恐自己做得不好，常常虚怀若谷地跟大臣们说:"我有什么不对的地方,你们一定要提出来,要直言己见。"臣子中魏徵做得最好。魏徵是个有名的谏臣,给李世民提意见是他的职责,而且他说话直截了当,经常让太宗下不来台。有一天在殿廷上,他终于把唐太宗惹恼了。唐太宗回到后宫后怒气难平,越想越气,觉得自己颜面尽失,自言自语道:"会须杀此田舍翁!"就是说,我一定要把这个乡巴佬给收拾掉!长孙皇后听到这句话之后,不言不语,娉娉婷婷转身进屋,不一会儿穿着厚重的朝服走出来,对着唐太宗行跪拜之礼。朝服那可是皇后在重大场合穿的大礼服啊。唐太宗吓了一跳,忙问:"皇后为什么要对我行此大礼呢?"长孙皇后说:"妾闻君明则臣直。"如今魏徵敢于直言进谏,说明您是个非常英明的皇帝啊,所以我特意向您表示祝贺!唐太宗听了龙颜大悦,同时也明白了皇后的用心:皇后这是在劝谏自己,做皇帝要有气度,胸怀要像大海一样,容纳百川,哪能为了一点小事就要杀人呢!

第四,长孙皇后是一个很贤德的人,但是由于太操心,身体又不好,三十六岁就撒手人寰了。她病入膏肓的时候,无论皇帝还是太子都十分着急。病笃乱投医,太子承乾出主意说:"医药备尽,尊体不瘳,请奏赦囚徒,并度人入道,冀蒙福助。"想要赦免犯人,再多度一些僧人,为她祈福延寿。可是长孙皇后说:"死生有命,非人力所加。若修福可延,吾素非为恶。若行善无效,何福可求?"表示坚决反对。弥留之际,她对唐太宗说:您千万不要重用外戚,现在我娘家人都已经当官了,可是您千万不要让他们当位高权重的大官,"慎勿处之权要"。为什么呢?因为自古外戚干政没有好结果,您要真对我好,真对我娘家好,就别给他们干政的机会。她还说,我死之后,千万不要厚葬。我活着的时候,作为一个女人,无益于天下;死了,怎么能让国家浪费资财在我的葬礼上呢?真是一个简朴而又识大体的皇后典范。

通过这样一些例子，我们可以看出，长孙皇后并不是真的对政治漠不关心。其实她对政治深谙其道，所作所为极其到位，但又有分寸。所以当她闭上双眼时，唐太宗悲痛欲绝，说："我在内宫失去了一个好帮手！"从此再也没有立过皇后。太宗还特地在宫内建造了一座塔，登塔瞭望，可以看到皇后所葬之地昭陵，用这种方式寄托他的哀思。

可能有人会说：长孙皇后和唐太宗是结发夫妻，本来就感情深厚，和武则天没有可比性，而且孤例不为证。只看一个长孙皇后远不能说明唐太宗到底喜欢什么样的女人，而且也看不出武则天有什么欠缺。

那我们就再举一个女人的例子。这个女人和武则天就有可比性了。她也曾深得唐太宗的喜欢。她姓徐名惠，出生于知识分子家庭。徐惠从小号称神童，五个月会说话，四岁熟读《毛诗》《论语》，八岁就能写出洋洋洒洒的文章。就在武则天进宫前后，徐惠也被征召入宫封为才人。这个经历不是跟武则天很相像吗？而且起点也一样，都是才人。徐才人进宫之后，知书达理，而且非常关心国家大事。她看到唐太宗在经过多年的励精图治、国家蒸蒸日上后，有点志得意满了。她觉得此风不可长，就给太宗上书，说："伏愿抑志裁心，慎终如始，削轻过以添重德，循今是以替前非。"意在劝谏唐太宗戒骄戒躁，保持革命本色。革命的路还很漫长，打江山难，守住江山更难，希望皇帝能善始善终。唐太宗在她身上一下子看到了长孙皇后的影子，非常欣赏。没过多久，徐才人就升为徐婕妤，从五品升到三品了。徐婕妤继续关心国家大事，很快又变成充容了。充容是九嫔之中的一个名号。嫔是二品，所以徐惠又从三品上升至二品。贞观二十三年（649年），唐太宗去世，徐充容非常哀伤，她说先帝有厚恩于她，她发誓要追随他于地下。于是她有病也不肯吃药，很快就殉情而死了，死后被追赠为徐贤妃。从徐才人到徐婕妤，到徐充容，再到徐贤妃，徐惠从五品一直升到一品。反观当时的武则天呢？她是从武才人，到武才人，最后还是武才人。很明显，徐惠的性格和为人也比武则天更讨唐太宗喜欢。

综合徐贤妃和长孙皇后这两个人，我们可以看出唐太宗究竟喜欢什么样的女人了。我归纳了三项素质：

第一项，要摆正位置，恪守妇道。一定要明白自己的身份，有事可以干在前头，但不能争功，表现欲不能太强，要甘心做幕后英雄。

第二项，要胸怀天下，善谋大事。皇帝治理天下，风雨一肩挑，需要有人帮助他出主意，想办法，解决问题。所以当后妃一定要有眼光，有胸怀，还要有处理政治事件的能力。

第三项，要温柔敦厚，外柔内刚。做事一定要掌握分寸，要给皇帝留面子。就像长孙皇后那样，要学会曲谏。

再看武则天，她符合哪个条件呢？都不符合。

先说第一项，摆正位置，恪守妇道。她不行。从狮子骢事件就可以看出，她爱做出头鸟，别人都不吭声，她跳出来，"妾能治之"，把皇帝和其他人放哪儿去了？这就没有摆正位置。

再说第二项，胸怀天下，善谋大事。武则天日后确实是一位了不起的女政治家，但是在这个时候她还是个稚嫩的小姑娘，没有表现出这个特点。她也曾尝试过驯马，并且苦练书法。她发现唐太宗喜欢王羲之的书法，就整天临摹王羲之的字，想把这个作为突破口，当皇帝在这方面的一个红颜知己。后来她还真成一代书法大家了。但是无论驯马还是写字，对于皇帝来说，都只是业余爱好，不是正事。皇帝最爱什么呢？最爱江山。他需要一个能帮他坐稳江山的女人，而不是一个能陪他吃喝玩乐的人。所以，武则天的切入点选错了。

再看第三项，温柔敦厚，外柔内刚。武则天更做不到了。武则天是一个动不动就拔刀子的人，是个古装版的野蛮女友。

这三项武则天都不符合，她的性格注定了她在唐太宗的宫廷里得不到机会。既然已经得不到什么机会，按照一般人的想法，也许就认命了。可是武则天不是一般人啊，她永远不会向命运低头，当她发现在唐太宗这里得不到机会的时候，她把目光转向了一个新的目标。谁呢？此人姓李名治，是唐太宗的第九个儿子，就是以后的大唐高宗。古人云：祸兮福之所倚，福兮祸之所伏。福祸之间是相互转化的，武则天的刚硬、勇敢、爱出风头，不能吸引唐太宗，但恰恰能够吸引唐太宗软弱的儿子。就是这个年轻的太子，后来给了武则天机会，让她的命运发生了翻天覆地的改变。而她命运的改变，也就此改写了中国的历史，为之增添了千古评说的绚丽一页。

那么，武则天是如何与唐高宗建立联系的？她又是如何打动这位年轻的太子的呢？

第三章

狐媚惑主

武则天是怎么跟李治搭上关系的呢？这还得从唐太宗之死说起。根据《旧唐书·太宗本纪》的记载，唐太宗在贞观二十三年（649年）的五月二十六日病死在终南山的翠微宫，享年五十二岁。导致唐太宗死亡的直接原因是"痢病"，痢就是痢疾，是拉肚子肠炎之类的疾病。不过，在此之前唐太宗已经病了好几年了，他的病在当时的史书中称为"风疾"。风疾是指中风，这是李唐皇室的家族遗传病。从贞观二十一年（647年）开始，唐太宗就感染了风疾。得病之后，他觉得在长安城的太极宫住着很不舒服，因为太极宫地势低洼，让人气闷。为了养病，他在地势比较高敞开阔的终南山修建了翠微宫，作为疗养的行宫。可是疗养来疗养去，这病没养好，反倒越来越重，最后就病死在翠微宫里。

一、流落尼姑庵

皇帝病死在宫城之外，对政治可能产生非常不利的影响，容易引发动乱。因此，唐太宗在临死之前召来他的妻舅、长孙皇后的哥哥、元老重臣长孙无忌和另一位元老重臣褚遂良，交代后事，让他们忠心辅佐太子，稳定局势。两人接受了这个政治遗嘱之后，马上安排禁军护送太子李治回到长安，先稳定局势。同时自己带领其他随行人员，护送太宗灵柩，返回长安。两批人马会合之后，才昭告天下，宣布皇帝驾崩的消息。又经过几天的紧张运作，这年的六月一日，太子李治在太极殿即位，这个新皇帝就是后来的大唐高宗。

唐太宗一死，武则天马上就面临着一个何去何从的问题，她以后的生活怎么办呢？根据北朝以来的惯例，死去皇帝的妃嫔有三种安置方式。第一种，妃嫔自己育有子女。那么，有子随子，有女随女，跟着自己的孩子到宫外居住，安享晚年。这是最好的情况。第二种，妃嫔没有子女，但是具备某种特殊才能。这样的人会继续留在宫里，为新皇帝服务。比如，唐高祖的薛婕妤是当时的大文豪薛道衡之女，薛道衡曾留下"暗牖悬蛛网，空梁落燕泥"的名句，让同样有文人情怀的隋炀帝嫉妒得要命。隋炀帝掂量掂量自己的本事，觉得这辈子想超过薛道衡是不可能的了，于是，干脆以莫须有的罪名把老薛杀了了事。杀人之后，隋炀帝很解恨地说了一句话：看你能不能再"空梁落燕泥"了！薛婕妤早年跟着父亲，耳濡目染，学养深厚，满腹经纶。唐高祖死后，她虽然没有子女，但是因为饱读诗书，被唐太宗留下来。唐太宗让她继续留在宫里任职，教育自己的儿子。她教的这个学生是谁呢？就是后来的大唐高宗李治。这是第二种情况。第一和第二种情况的人数都不太多，最多的是第三种情况：妃嫔既没有子女，又没有任何特殊才能，那怎么办？依据北朝惯例，她们或者被安排到为故去皇帝修建的别庙里，或者被安排到国家指定的尼姑庵或者道观之中，当尼姑或者道士。这是大多数人的命运。武则天呢，就属于这沉默的大多数，在先皇归去的哀乐里到尼姑庵当尼姑去了。

根据《唐会要》的记载，"太宗崩，武则天随嫔御之例出家，为尼感业寺"。感业寺在哪儿呢？这是学术界众说纷纭的一个问题。现在主要的说法有三种：第一种，感业寺在长安城西南部的崇德坊，崇德坊原来有两个尼寺，东边的叫作道德尼寺，西边的叫作济度尼寺。贞观二十三年（649年），唐太宗死后，这两个尼寺都搬家了。道德尼寺搬走之后，原址建成了崇圣宫，这就是唐高宗给唐太宗建的别庙；同时，它西边的济度尼寺也搬家了，原址改成灵宝寺，安置唐太宗没有子女的妃嫔。按照这种说法，感业寺就在崇德坊的济度尼寺的旧址，当时叫感业寺，后来由于历史变迁，又改名叫作灵宝寺。这种说法最早是由北宋的宋敏求在他的《长安志》中提出来的。

第二种说法是在第一种的基础上产生的，见于南宋程大昌的《雍录》中。程大昌说，崇德坊有两个尼寺，东边的叫道德尼寺，西边的叫济度尼寺。唐太宗死后，两个尼寺分别搬迁，其中济度尼寺就搬到了长安城东边的安业坊，在安业坊又改名叫灵宝寺，这就是史料中所提到的感业寺。可以看出，第二种说法可能是程大昌对宋敏求第一种说法的误读或者误记。

第三种说法是现代学者提出来的。现在西安有一所小学叫作感业寺小学，感业寺小学的原址就是唐朝的感业寺。感业寺小学在哪儿呢？比对唐朝长安城史料，感业寺小学应该在唐朝的禁苑之中，没出大内。

三种说法哪种可信呢？我个人认为第一种是最可靠的，理由有两点。第一点，这个记录出现最早。持这种观点的宋敏求是北宋人，北宋离唐朝相对较近，比较容易了解唐朝的真实情况。第二点，既然是安置唐太宗的妃嫔，那么这个寺的位置应该和唐太宗的别庙相去不远。唐太宗的别庙崇圣宫就在崇德坊道德尼寺的原址之上，证据确凿，向无异议，那么它西边的济度尼寺旧址用来安置妃嫔，也是最合理的一种安排。所以我认为，武则天当尼姑的感业寺就坐落在长安城西南的崇德坊。

到感业寺当尼姑可能是武则天一生的最低谷了，为什么这么说？前面我们说过，一个女子到了后宫本来就前途莫测，得皇帝宠爱的机会很少。而皇帝死了之后，到尼姑庵里给皇帝当未亡人，出头的机会可以说是等于零了。因为所谓"未亡人"，就是这个人虽然还没有死，但她今后生命的唯一目标就是等死，等着到九泉之下去跟皇帝会合。但我觉得，机会的有无和大小原本就因人而异，因为人在机会面前的反应是分层次的：

第一个层次也是最低层次，我管他叫凡人，常常是机会到了手边都可能抓不住，任由机会悄悄溜走，然后自己再追悔莫及。

比这高一个层次的，我管他叫强人，强人的特征是什么呢？只要有机会来了，一定能抓住它，借助机会走向成功，所以强人也就是成功人士。

再往上一个层次，就是最高层次了，我管他叫超人，超人不是等待机会，而是创造机会，叩开命运之门。武则天就是我所说的超人，她即使在感业寺这样的不利环境之中，也能够创造机会，让自己走出阴影，走向辉煌。

二、爱上父皇的才人

武则天是怎样创造机会的呢？她施展手段，把自己的命运和当时的皇帝李治紧紧地联系在一起。这个事情并非起源于感业寺，早在武则天进入感业寺的前几年，她已经开始逐步实施这一计划了。《唐会要》记载说："时，上在东宫，因入侍，悦之。"这是讲武则天和唐高宗二人初步建立关系的一段经典史料。"上在东宫"，表明是在李治当太子时期，"因入侍"，是说侍奉病中的唐太宗。有了这段史料，我们就能够把唐高宗李治和武则天建立感情联系的时间段给确定下来。因为唐太宗是贞观二十一年（647年）得病，贞观二十三年（649年）去世，所以太子李治伺候唐太宗于病榻前，一定是在这三年间。"悦"是喜欢，但是放在男女之情上，就不是一般的喜欢，而是爱慕了。也就是说，在唐太宗的病榻之前，太子李治不可救药地爱上武则天了。这个事情大家可能不太理解，李治和武则天是庶子与庶母的关系，也就是儿子和父亲的妾之间的关系。儿子爱上庶母是乱伦啊。一旦被发觉，就是十恶不赦了。另外，李治比武则天小了整整四岁，他怎么会冒天下之大不韪，爱上比自己大四岁的庶母呢？

要解答这个问题，还得先分析一下李治的性格。李治是何许人？他是唐太宗的第九个儿子。从长孙皇后的角度来讲，他是嫡出的第三子。按照常理，当太子无论如何也轮不到他。贞观元年（627年），唐太宗刚刚当上皇帝的时候，嫡长子李承乾就已经被立为太子了。李承乾小的时候聪明伶俐，但是长大之后就不学好了，骑马、喝酒、打猎、玩娈童，是个问题少年。并且，他还因为打猎把腿给摔折了，成了残疾人。这还不算什么，要命的是，他还有点心理问题，喜欢当突厥人。他没事就把头发披散开来，像突厥人那样梳起满头的小辫子。更加不可思议的是，他最喜欢学突厥首领死的样子，经常把自己装扮成突厥首领，假装突然倒地而亡，身边的人都装成突厥百姓，骑马围着他转，边转边哭，同时还要割耳剺面，就是用刀子划耳朵、划脸，让血泪合流，表现自己的无比伤心。大家正在表演这悲痛万分的场面时，李承乾会死而复生，一跃而起，哈哈大笑，说，等我有了天下，我就带着几万兵跑到兰州去，在那儿，我就把头发解开，然后委身于突厥的首领阿史那思摩，在他手下当个小官，那简直是天底下最快活的事儿了。这叫什么话啊？这是大唐太子该说的话吗？这样的人以后怎么当皇帝啊？这是人格分裂。所以，太宗渐渐地不喜欢他了。

根据继承的原则，嫡长子不行，就该轮到嫡次子了。长孙皇后生的第二个儿子，也是唐太宗所有儿子中的老四，是魏王李泰。李泰生得仪表堂堂，而且喜欢读书，当年他老爸李世民不是搞了个秦府十八学士吗？他亦步亦趋，也网罗了一些文学之士来替他编书，编了一本《括地志》。这本书可是与众不同，怎么个与众不同？《括地志》是讲山川地貌的一本书，和政治、军事、经济等关系国计民生的大问题都密切关联，所以这书意义不同寻常。由此，我们可以看出魏王李泰眼界不凡，称得上是那种胸怀祖国、放眼世界的人，挺适合当皇帝的。唐太宗越看越喜欢，觉得这儿子像自己，于是对他的态度越来越好，甚至超过了太子。

我们也知道，唐太宗当皇帝当得不光彩，他是通过玄武门之变杀死了自己的亲兄弟，逼父皇退位才当上皇帝的。这给他的儿子们树立了一个很不好的榜样，让儿子们觉得皇位是可以靠争取得来的，谁有本事，谁争得过，谁就是皇帝。李泰看到父亲喜欢自己超过太子，就开始拉帮结派，简而言之，开始搞小团体。另外，李承乾觉得自己失爱于父皇，弟弟李泰又野心勃勃，害怕自己变成第二个李建成。他勾结了一些文臣武将甚至还有亡命之徒，想要提前夺权。这个阴谋在贞观十七年（643年）因为一个别的案子被牵连出来了。唐太宗知道后异常愤怒，他想，自己是通过造反起的家，儿子再造自己的反，那还了得？他决定亲自提审李承乾，问一问他为什么要这样干。面对父皇的盘问，李承乾回答说："儿臣已经贵为太子，还有什么好奢求的呢？如果不是四弟李泰苦苦相逼，我怎么会走到这步田地呢？父皇如果废了我，让李泰当太子，那我可真是落入他的算计之中了。"唐太宗听了这番痛彻肺腑的表白，也开始自我反省，觉得自己如果废掉李承乾，改立李泰，就等于再开一个恶例，让儿子们彼此竞争皇位，长此下去，宫廷里可就血腥不断了。为了保持稳定，太宗痛下决心，把李承乾和李泰双双废黜。这样，按照继承顺序就轮到嫡三子，也就是老九晋王李治做太子。于是，天上掉馅饼，一下子就砸中了这个十六岁少年的脑袋，他当时都被砸蒙了，从来就没想过啊。

少年李治被立为太子了，他到底是否符合当太子乃至以后当皇帝的要求呢？让我们来分析一下他的性格特征吧。李治的性格特征可以归纳为五点：

第一点，孝顺。李治是个好孩子，温情脉脉。贞观十年（636年），长孙皇后去世。当时李治才九岁。他悲不能忍，哀感行路，他爸爸和舅舅都被深深感动了，都想着以后好好照顾照顾这孩子。对母亲这样，对父亲也是如此。贞观二十年（646年），唐太宗打高丽回来，在路上，腿上长了一个毒疮，不能走路。李治看见二话没说，扑上去就把毒给吮出来了。这可不是一般人能做到的，这都是可以上孝子传的孝行啊。

第二点，友爱。李治对兄弟都非常友爱。他的大哥李承乾和四哥李泰双双被废，要贬到穷乡僻壤了，他前去送行。看到哥哥们衣衫单薄，随行人员很少，他非常不忍，给父皇上书，说哥哥们虽然犯了罪，但是请求父亲念及父子之情，给他们一条生路，多多地给他们衣食补给，让他们吃得好、穿得好，这样心情慢慢地快活起来，能够多活几年。由此可以看出李治对兄弟的眷眷深情。

第三点，聪明感性。《旧唐书·高宗本纪》说，唐高宗"幼而歧嶷"，所谓"歧嶷"，就是不一般的聪明，是聪明绝顶。李治的才气，表现在文学方面，他擅长写华丽的诗文，如行云流水；表现在书法方面，他的字写得大气磅礴。可能李唐皇室没有字写得不好的，唐太宗、唐玄宗都擅长书法，当时是一个书法艺术流行的时代。他还酷爱音乐，曾经为舞蹈配乐，在宫中演奏，风靡一时。从这几个方面我们可以看出，他的才华主要表现在文学艺术方面，很感性，有艺术家气质。

第四点，柔弱。李治的柔弱在当时尽人皆知。唐太宗对此也很清楚，而且非常忧虑。《旧唐书》记载，唐太宗曾经对长孙无忌说："公劝我立雉奴，雉奴仁懦，得无为宗社忧，奈何？""雉奴"是李治的小名，"仁懦"是一个粉饰性的词语，就是懦弱。用到皇帝、太子身上，就说仁懦，说他心地仁厚，只是胆子小一点儿，可是偌大的李唐江山，他没有足够的魄力来管理，怎么办？唐太宗晚年做了许多事情，都是针对李治这种柔弱的性格，想帮他扫平障碍。比如，唐太宗晚年东征西讨，打高丽，打薛延陀，就是为了清除这些可能会给儿子找麻烦的强邻，他怕儿子以后难以对付这些边疆民族。另外，他晚年杀了几个桀骜不驯的大臣，也是为了给儿子创造一个比较安定的国内政治环境，与其以后给儿子留下祸患，还不如提早收拾了。还有，为了培养李治，唐太宗还经常对他进行言传身教。父子一起泛舟湖面，唐太宗就说："君者，舟也；庶人者，水也。水则载舟，水则覆舟。"这是荀子的话，是说我们当皇帝的就好比这船，老百姓就好比这水，水能把我们这船漂浮起来，但是也能把我们这船打翻。这是告诉李治要爱惜民力，不能逼老百姓造反，如果百姓不安，皇帝之位就不稳了。此外，唐太宗临终前安排长孙无忌和褚遂良等人辅佐他，希望把他扶上马再送一程，也是针对他这种柔弱的性格所采取的措施。

第五点，他对年长的女性有很强的依赖心。他的母亲长孙皇后死时，他就哀伤不已，表现出强烈的孺慕之情，后来，父亲请薛婕妤给他当老师，薛婕妤在一定程度上扮演了母亲的角色。他对薛婕妤也非常依恋。他当皇帝之后，薛婕妤觉得自己的使命完成了，请求出家为尼，李治特别舍不得让她离开，说：师傅，您当尼姑可以，我在大内给您造一座寺，您就在宫里头出家，这样我想您的时候随时都能看到您。这反映出他对年长有权威的女性有强烈的依恋心理，并且这种心理没有随着年龄的增长而减弱。好多学者认为李治有恋母情结，是有一定道理的。

三、病榻偷情

李治性格如此，武则天又是一个什么样的人呢？上一章说过，武则天坚强、独立、有表现欲。李治和武则天的两种性格有明显的互补性。所以李治一看到武则天英姿飒爽的形象，马上被深深吸引住了。这就是史料中所说的"悦之"，一见钟情。那么，武则天怎么处理和太子之间的感情呢？必须注意到，太子喜欢武则天的时候，唐太宗已步入晚年了。武则天明白，皇帝行将就木，要为自己的前途打算了。可以肯定，以武则天的性格，她必定会积极促成这段感情进一步发展，主动去迎合太子，追求太子，把浅浅的"悦之"变成深深的两情相许。这样，武则天在进入感业寺之前已经写完了她和李治感情三部曲的第一部，我们可以称之为"病榻偷情"。在唐太宗的病榻之前和太子偷情，这需要怎样的勇气啊，武则天做到了。

四、尼寺传情

但是，仅仅依靠感情特别是君主的感情是很不牢靠的。李治和武则天在唐太宗的病榻之前虽然两情相悦了，但是，李治即位后，并没有对武则天做什么特殊安排，他还要忙着处理军国大事呢。因为是青年登位，面对整个大唐帝国，他很紧张，怕自己治理不好，所以他父亲是三天一上朝，他是一天一上朝，每天都接见文武大臣，了解民情，想要当一个好皇帝。可以说，在皇帝的心里头，江山总比美人更重要一些。所以，他没有特殊照顾武则天，还是让她和别的妃嫔一起到感业寺去了。但是，武则天的非凡之处在于，她即使身处逆境，也不放弃希望。而且，她也有足够的能力让希望变为现实。在感业寺中，武则天努力维持着不绝如缕的感情，让它继续牵动着李治的心。

有什么材料可以证明她在感业寺中还不甘寂寞，继续让高宗李治为她魂牵梦绕呢？这可是大内秘事，史料中当然不会留下记载，但是武则天创作的一首情诗，透露了一些重要信息。这首诗名字叫作《如意娘》：

看朱成碧思纷纷，憔悴支离为忆君。
不信比来常下泪，开箱验取石榴裙。

诗的大意是说：我心绪纷乱，精神恍惚，把红的都看成绿的了。为什么我如此憔悴呢？就是因为整天想着你。如果你不相信我每天因为思念你而默默落泪的话，你就打开箱子看看我的石榴红裙吧，那上面可是洒满了我斑驳的泪迹呢。这首诗写得情真意切，据说后来的大诗人李白看到之后，也不由得爽然若失，觉得自己不如武则天。

怎么能够证明，这首诗就是武则天在感业寺的时候写给李治的呢？武则天一生分为有限的几段：太宗才人，高宗皇后，大周皇帝。那么，这诗有没有可能是武则天当才人的时候写给唐太宗的呢？不会。为什么呢？作为才人，武则天天天围着太宗转，掌管照料他的起居，她没有理由思念太宗，因为思念的产生需要距离。再说，我们也看不出这对老男少女之间还有这么强烈的爱情。有没有可能是武则天当皇后时写的呢？也不会。武则天和唐高宗形影不离，没有思念的机会，而武则天在高宗时代私生活很检点，没有思念别人的可能。还有没有可能是在高宗死后，武则天写给那些面首的呢？也没有可能。因为无论是薛怀义还是张易之兄弟，武则天都可以招之即来，挥之即去，用不着思念，武则天对他们也不会有这么深的感情。这首诗所体现出的痛苦、恍惚的感情只能存在于武则天当尼姑的时候。尽管前途渺茫，但还存在着一线希望，这希望就是她和李治那段旧情。她把赌注全都押在李治身上，所以相思成疾，以至于看朱成碧了。

这首诗写了之后是怎么处理的呢？是不是和石榴裙一起压箱底了呢？不可能。这首诗是一封情书，是要拿出来表白的。对于武则天来说，这还不是一封普通的情书，而是扣开李治心扉，也是扣开她自己命运之门的敲门砖。她怎么可能让敲门砖躺在箱子里呢？她必定得通过什么渠道把它交给李治，让他知道，此地有一个尼姑，过去和你有着那样一段感情，她现在还在每时每刻思念着你，真是"一寸相思一寸灰"啊。唐高宗面对这样的真挚告白，想想当日的心心相印，还放得下武则天吗？这就是武则天感情三部曲的第二部，我管它叫"尼寺传情"。

五、执手激情

我们为什么说这首诗或者其他类似的诗文一定发出去了呢？因为李治终于被打动，决定来看她了。永徽元年（650年）五月二十六日，唐太宗周年忌这天，李治到感业寺行香来了。忌日行香，是唐朝社会的风俗。自从北朝以来，佛教流行，深深地影响了人们的日常行为，某些仪式后来还上升为国家礼典。根据当时的礼仪制度，皇帝死后的周年，继嗣的皇帝要到寺院上香，为先帝祈福，同时表达自己的思念之情。行香是固定仪式，但到哪个寺院行香就由皇帝决定了。李治放着长安城里那么多的名寺不去，偏偏选择武则天所在的感业寺，显然，他没有忘记她。进入感业寺后，两人干了些什么事情呢？根据《唐会要》记载："上因忌日行香见之，武氏泣，上亦潸然。"两个人面对面，潸然泪下。见一面不容易，那真是望眼欲穿啊。下次相逢，又不知是何年何月，怎不叫人泪眼婆娑呢？现代许多学者不太相信《唐会要》的记载，他们的理由是，忌日行香是国家礼典，李治的随员肯定不少，感业寺的尼姑当然也不止武则天一个。他们怎么可能在这样的场合激情对泣呢？但是我认为，这件事必定发生过，理由有三：

第一，文本的理由。《唐会要》是一本经得起推敲的史书，保存了唐朝大量的经济、政治等方面的原始资料，它和街头小报不一样，不是专讲绯闻的，没有必要制造这么一个谣言出来。

第二，人情的理由。武则天在感业寺待了一年，她盼什么？她就盼李治来呀，盼星星盼月亮，盼得深山出太阳，这太阳就是李治。现在李治真的来了，她怎么能不张开双臂拥抱光明？再说了，君心难测，他今年想着武则天，明年可能就想着别人了，所以皇帝好不容易来这么一次，怎么能不抓住这个千载难逢的机会？

第三，性格的理由。武则天是一个敢于冒险的人。她的父亲武士彟当年就肯冒身家性命之险，追随李渊造反，武则天本人在唐太宗时代，也有过出位之举。她不怕赌博，愿意赌上一把。所以这个时候，纵使身边有千军万马，她的心中只有李治。两个人就这么执手相看泪眼，竟无语凝噎了。

这件事是武则天和李治感情三部曲的第三部，我管它叫"执手激情"。李治是一个温柔多情、有浪漫气质的青年，经过武则天的这么一番激情表演，李治的心被彻底俘虏了。到此为止，武则天经过病榻偷情、尼寺传情、执手激情，已经写完了她和李治的感情三部曲，可以说是"万紫千红安排著，只待新雷第一声"了。那么，这声期待已久的春雷是谁为她打响，或者说，这个机会是谁为她创造的呢？

第四章

后宫风云

武则天在唐太宗死后进入感业寺为尼，但是以她的性格，必然不甘心伴着青灯古佛了此一生。事实上，早在唐太宗死前，她已经未雨绸缪，和李治建立了感情；在感业寺期间，她又和李治继续暗度陈仓；永徽元年（650年）忌日行香，二人相对潸然，不顾众人的目光，把感情公之于众了。但是，感情归感情，她要想借助这段感情使自己重返后宫，仍然面临着巨大的问题。因为这里涉及一个很大的伦理问题，无论如何，她很难抹杀自己作为太宗才人的身份。但天无绝人之路，就在这个时候，有一个人出手援助，非常顺畅地把问题解决了。这个人是谁呢？她就是李治的皇后——王皇后。这就让人奇怪了，王皇后脑子进水了？把皇帝的"情人"引到自己身边来，这不是给自己身边放一颗炸弹吗？王皇后为什么会这么做，她让武则天重返宫廷的目的是什么呢？武则天重返后宫，又会引发什么样的后果呢？

一、后妃争宠

说来可笑，王皇后引武则天入宫是为了争宠。她和谁争宠呢？王皇后和别人争宠又和武则天有什么关系呢？我们看看王皇后的处境就明白了。王皇后出身于当时的高门大族——太原王氏。我们说过，隋唐时代是身份制社会，世家大族在社会上享有崇高的威望和地位。在所有世家大族中，有"五姓七望"最为尊贵。哪"五姓"呢？崔、卢、李、郑、王。在五姓之中，崔姓和李姓都分别有两支最显贵，合起来就成为所谓"七望"，他们是博陵崔氏、清河崔氏、范阳卢氏、陇西李氏、赵郡李氏、荥阳郑氏和太原王氏。这七望在当时是贵族中的贵族，社会地位显赫，王皇后就出生在这样的一个贵族之家。

任何一个时代都有特定的评价成功的标准，比如明清时期，成功的典型是中状元、招驸马。所谓中状元就是一个男子在事业上取得了成功，所谓招驸马就是在婚姻上取得了成功，按咱们今天的说法，这叫作事业爱情双丰收。但在唐朝，说到成功，最典型的情节是中进士、娶五姓女。

我们知道，科举制在中国实行了一千多年，滥觞于隋代，结束于清末。唐朝是科举制刚刚起步的阶段，进士名额有限，很难考。当时有个说法叫作"三十老明经，五十少进士"。明经和进士都是科举考试的科目。明经主要考人们对经典的记忆，比如"有朋自远方来，不亦乐乎"，试卷上"乐"字空着，让考试者填写。我们知道青少年时期是一个人记忆力最好的时期，很多神童在很小的时候就能背下大量经典，这种死记硬背的科目，如果到三十岁才考中，人们觉得你已经很老了。那进士考什么呢？进士考写文章，还有作诗什么的。写文章需要天分，还需要社会阅历，所以你五十岁考中进士，别人觉得你是少年得志。这就是"三十老明经，五十少进士"的道理。在当时社会上，人们对进士的评价相当高，管他们叫"白衣公卿"，就是说你别看现在他还是一介布衣，日后必然能够平步青云。所以京城里考试时节，常有店家对进京赶考的书生格外照顾，好吃好喝，没钱也可以赊着，说不定赶明儿就中进士做高官了呢。

在唐朝，中了进士只是意味着在事业上取得成功，如果要真正得到上流社会的认可，还要在婚姻上取得成功。这婚姻成功的标准就是娶五姓女，相当于咱们后来说的招驸马。在唐朝，你若是能娶到五姓人家的女儿，那比招驸马还荣耀呢。

唐朝有个宰相叫薛元超，就是前文说的薛婕妤的侄子。这薛元超官至中书令，就是宰相了，晚年时他说，他这一辈子富贵已极，没什么可追求的了，但是他有三件事特别遗憾，哪三件事呢？第一，没能由进士出身；第二，没能娶五姓女；第三，没能修国史。薛元超娶的妻子是谁啊？他娶的可是唐高祖李渊的孙女，是唐太宗李世民的侄女和静县主，娶了这么一个皇亲、金枝玉叶，他还觉得不满意，觉得比不上娶五姓女。这下大家可以看出来了，这五姓人家在当时社会身份那是何等荣耀啊。

因为门第高贵，所以全国上下谁都想和他们攀亲，连皇室也不例外。唐高祖的妹妹同安长公主就嫁给了王皇后的从祖父（祖父的兄弟）。从母系方面讲，王皇后的母亲出身于河东柳氏，也是一个大族。她的舅舅柳奭当时还担任中书令。王皇后除了出身高贵外，人也长得十分美貌。所以她的从祖母才把她介绍给唐太宗，选为晋王李治的妃子。李治做晋王是在十六岁之前，王皇后结婚时也应该不超过十六岁。唐太宗生前对她一直非常满意，临死的时候还说这是他的佳儿佳妇。

直到李治当皇帝，王皇后的生活都还算是一帆风顺的。十四五岁，当晋王妃；后来随着晋王成为太子，又荣升为太子妃；太子即位，她再升格成皇后。可以说是平坦之极、幸运之极。然而上天赐予她一个高贵的出身和美丽的容颜，却没有给她一样非常重要的东西——李治的爱。她始终没有得到李治的心。结婚多年，没有给李治生下一儿半女，这成为她一生悲剧命运的直接原因。皇帝为什么不喜欢她呢？我想，感情是一个很复杂的东西，有时候和出身、相貌并没有直接的、必然的联系，它和个人性格和魅力有关。按我们现在的话说，感情讲究的是缘分，唐高宗李治和王皇后没有缘分。另外，唐高宗李治的性格和王氏的性格不合。《旧唐书·王皇后传》里讲，王皇后"性简重，不曲事上下"。她总是非常矜持，端庄沉稳，不会去刻意讨好任何人。这是大家闺秀的性格和风范。可是，李治是一个多情敏感的人，是一个有着浪漫情怀的文学青年。可以设想，他当了皇帝，处理了一天政事，回到后宫一看，皇后在那儿端着架子待着，拉着脸子，让人看上去就挺郁闷的，皇帝也需要温柔可人的梦之乡。人家工作压力多大啊，上班一天了，回后宫看见妻子，连个笑脸都没有，这让人多压抑啊。唐高宗不由自主地不喜欢这个皇后了。

那么他喜欢谁呢？他这个时候特别宠爱萧淑妃。萧淑妃是李治当太子时娶进宫里的，当时封为萧良娣。良娣是太子妻妾的一个等级，相当于皇帝的妃子。萧良娣当年宠冠后宫，接连给李治生下了一儿二女。她的家族背景也很好，出身于南方贵族兰陵萧氏。这一家族在隋唐时期非常兴盛，隋炀帝的萧皇后就出身于兰陵萧氏。萧淑妃出身很好，又长期得宠，因此和王皇后的矛盾由来已久。

李治当皇帝后，因为册封皇子的问题，王皇后和萧淑妃之间的矛盾从一般版变成升级版了。李治当时有四个儿子，前三个都是后宫没有名号的宫人所生的，只有老四李素节是萧淑妃所生，当时已经五岁了。永徽初年，李素节被封为雍王。王皇后听到这个封号，气就不打一处来。这雍王有什么特殊之处呢？原来啊，雍指长安，雍王的管辖范围就在当时的首都长安及其周边地区，地理位置非常重要。按照惯例，雍王一般不会轻易地封给妃嫔生的儿子，要封给皇后生的儿子。我们都知道，皇后生的大儿子，那是嫡长子，要做太子，将来是要当皇帝的；如果皇后还有二儿子、三儿子乃至第 N 个儿子，那在这些儿子之中，就可以找一个封为雍王。现在王皇后自己没有儿子，而萧淑妃的儿子被封为雍王，王皇后从中嗅出了不一般的气息，她觉得皇帝抬高这个儿子的封爵，可能意味着也要进一步提升萧淑妃的地位，因此她心里非常不安。面对这种境况，她该怎么办呢？

二、重返后宫

就在此时，宫中开始流传一个小道消息，说李治在外面和一个尼姑有染。皇帝去感业寺行香是国家行为，当时有很多人跟随，这些人都看到李治和武则天激情对泣的场面。唐朝人跟现在人一样，也热衷八卦，爱散布小道消息。再说了，好事不出门，坏事传千里，这可不是什么好事啊，所以回来之后马上就在宫里传开了，而且越说越热闹。说咱们皇帝啊，跟先帝的才人看来是有私情，如此这般，这般如此，描绘得绘声绘色。最后当然也传到了王皇后的耳朵里。王皇后开始的时候勃然大怒，心想，皇帝太不像话了，在宫里头，他不爱大老婆爱小老婆，现在还到宫外面偷鸡摸狗，这是什么皇帝啊？可是转念一想，她看到了一丝希望的曙光。嗯，这是个机会。如果把这个尼姑引进宫来，让她缠住李治，不就可以转移皇帝对萧淑妃的感情了吗？于是，她悄悄派人让武则天把头发留起来，告诉她兴许以后还有进宫的可能。武则天冰雪聪明啊，一听大喜过望，当然遵旨照办。

也许大家会问，王皇后怎么这么傻呢？她不怕武则天进宫之后，变成第二个萧淑妃吗？我觉得王皇后这样做有三个理由。第一，病急乱投医。不是有一个成语叫作饮鸩止渴吗？人要是渴极了，毒药都敢喝，因为那个时候渴是压倒一切的，是第一位的了。至于喝了毒药之后会不会导致更加严重的后果，那都顾不上了。对王皇后来说，萧淑妃当时的威胁最大，她要先解决燃眉之急。第二，迷信伦理的约束力。王皇后出身世家大族，从小是被礼教熏陶着长大的，对道德伦理信条坚信不疑。她认为萧淑妃和她门第相当，又是正常纳入后宫的妃子，存在取代她地位的可能。而武则天出身不高，又曾经侍奉先皇，那叫有历史污点，因此李治虽然可能一时被她迷惑，但是碍于礼法，不可能给她任何名分。退一步说，她即使得宠，对自己的威胁也不会有萧淑妃那么大。第三，人情的考虑。她如果把武则天从感业寺接回来，是把她从水深火热的境地之中拯救出来，那就是再造之恩。按照人之常情，武则天应该对她感激涕零，不像萧淑妃，一开始就是她的死对头。基于这样三个理由，王皇后越想越觉得这着棋不错。

时间过得飞快，一年过去，武则天乌黑的头发已经过颈。永徽二年（651年）七月，李治为唐太宗服丧之期已满。一天，王皇后非常从容地找到李治，说，皇上，我已经知道了您的秘密。您和先帝的才人既然那么情投意合，不如把她接回宫里。否则你们两个一个在里头，一个在外头，饱尝相思之苦，干什么事都得偷偷摸摸的，这既不方便也不好看啊。流言蜚语已经遍布宫中，皇帝的形象也会因之受损啊。李治本来早有此意，但是皇后毕竟是六宫之主，招纳新欢肯定要经过她这道关。王皇后素来端庄严正，这样违背伦常的事情怎么好意思跟她提呢？李治一直在心里思量，但说不出口。现在王皇后主动提出接纳武则天，李治真是喜出望外，说皇后你真是贤惠啊。两人本来各怀心事，结果却阴差阳错，一拍即合，武则天没费什么周折就重新回到后宫，这是她命运转机的第一步。

这次进宫武则天是什么名分呢？没有名分。从最底层做起，当一个普通的宫人。此时的她，已经二十八岁了，是芳龄二十八，不是芳龄二八，已经是个大龄女青年了，距离初次进宫，已经过去了整整十四年。当年"见天子庸知非福"的豪言壮语言犹在耳，但是她得到什么了？空空如也，甚至还不如当初。当初好歹还是一个五品的才人，现在什么品级都没有了，得从最基层干起。真是红颜渐老，一事无成。面对命运的捉弄，便是武则天这样的巾帼英雄，也不免在无人的暗夜里发出一声叹息。那么，武则天这十几年是不是真的就白过了？从她一生发展的长远角度看，不能这样说。当初她进宫时，还是一个什么都不懂的青涩少女，说话做事不知轻重，想要争宠都不知道从哪个方向下手，现在经过十四年的生活历练，她已经成熟了。她知道皇帝的所思所想所好，对于后宫的人情世故，也已了然于心。生活已经给了她足够的经验，这个时候她再出招，就不会像当初驯狮子骢那么冒失了。

三、晋位昭仪

进宫只是第一步。武则天的地位还不稳固，她必须继续向前。她要走的第二步就是奠定自己在后宫中的地位。怎么才能在后宫站稳脚跟呢？经过深思熟虑，武则天认为，有三种人决定着她今后的命运。哪三种人呢？第一，皇帝；第二，皇后；第三，宫女，特别是伺候皇后和萧淑妃的宫女。这三种人她觉得都很重要，她要去打感情牌，要把这三种人都拉到自己的麾下来。

对皇帝，她"痛柔屈不耻，以就大事"。就是不惜委曲求全，来成就自己心中的大事。当初那个锋芒毕露的武才人，摇身一变，又多出了不少温柔多情的成熟风韵。对于皇后，她"下辞降体事后"，卑躬屈膝、小心翼翼地侍奉皇后，念念不忘皇后的再造之恩，随时准备为皇后效犬马之劳。她再三表示：皇后，您对我的恩情有若皇天后土，您是我的再生父母，今后您的事情就是我的事情，您的敌人就是我的敌人，您指哪儿我就打哪儿。对宫女，武则天"伺后所薄，必款结之，得赐予，尽以分遗"。她先是小心观察，看见皇后薄待哪个人，就去跟她结交；皇帝赏赐给她的东西，她毫不吝惜，倾其所有，和大家分享，到处称姐道妹，广结善缘。那结交宫女有什么用处啊？巴结皇帝和皇后我们能懂，那是总裁嘛，最高层，需要巴结；宫女有什么重要的，也要这么小心翼翼地对待？咱们有一句俗话，说阎王好见，小鬼难缠，这小鬼有时候暗中踹你一脚，你半年都缓不过劲儿来。而且小人物可有着大作用，战国时期孟尝君招纳鸡鸣狗盗之徒不就是这个道理吗？就这样，武则天向三个方向同时出击，打的都是感情牌。

结果如何呢？她赢了，三种人对她评价都很高。皇帝"谓能奉己"，说她能够侍奉自己。这不得了啊，这是一个老总对一个最低级员工的评价啊，说她很好！皇后"喜，数誉于帝"。皇后很喜欢她，多次在皇帝面前称赞她。这可是公司的副总裁在总裁面前说一个员工的好话啊，说咱们这人才引进得对，没看走眼。宫女们呢？皇后和萧淑妃身边的宫女都和武则天交上了朋友，从此"后及妃所为必得"。就是说她们的一举一动都尽在武则天的掌握之中。她把宫女都变成"克格勃"，在宫内建立了一个广泛、灵敏的情报网。

武则天得到宫廷上下的一致认可，地位很快就提升了。《资治通鉴》说她"未几大幸，拜为昭仪"。昭仪是九嫔之中的一个名号，是二品，地位仅次于妃。在不到一年的时间里，她从一个没有品级的宫女，一跃上升为二品的昭仪，可以说是火箭式地上升了。好运气还要接着眷顾她，永徽三年（652年）十月，她又生下了自己的长子，取名李弘。武则天有了封号，又有了儿子，她的地位终于稳定下来了。入宫后的第二步也顺利地走完了。

四、淑妃失宠

此时，王皇后让武则天入宫的目的完全达到了，萧淑妃被冷落到一旁。一个直接的证据是，武则天入宫以后，原本生育频繁的萧淑妃再也没有新的生育记录，可见皇帝不怎么到她身边去了。那么大家可能会问，武则天打败宠冠后宫的萧淑妃，有什么秘诀呢？除了我们刚才说过的找准方向、广结善缘之外，还有什么别的原因吗？有，而且非常关键。原因就是，她们和唐高宗性格的契合程度是有差距的。

我们曾经在第一章分析过武则天不能得到太宗宠幸的原因：太宗本身雄才大略，因此他喜欢胸襟宽广、外柔内刚的女人。武则天不符合这些特征，因此不会得宠。那么唐高宗喜欢什么样的女人呢？我们也总结过高宗的性格，他仁懦，就是比较窝囊，因此喜欢坚强泼辣的女性；他有点恋母情结，因此喜欢成熟、有权威感的女人。按现在的话说，就是有姐弟恋的倾向。明白了高宗的这些性格特征，我们就清楚武则天和萧淑妃的优势和劣势所在了。

萧淑妃符合哪些条件呢？她泼辣爽利。有什么证据呢？永徽六年（655年），武则天当上皇后以后，为了确保胜利成果，用残忍的手段杀死了萧淑妃。萧淑妃临死之前，对武则天破口大骂，说："阿武妖猾，乃至于此！愿他生我为猫，阿武为鼠，生生扼其喉。"她说阿武是个狐狸精，魅惑皇帝，把她害得好惨啊，希望来世她变成一只猫，阿武变成一只耗子，她掐住阿武脖子，活活把阿武掐死。这种说法所表现出的凌厉气概不由得让我们想起当年驯狮子骢的武则天。此刻的萧淑妃就像当年的武则天一样豪爽泼辣，有着让人难忘的鲜活的生命力。也许，无论是武则天还是萧淑妃，让唐高宗怦然心动的都是那样一种感觉吧。

但是，武则天所拥有的远不止是坚强泼辣，她还有着让高宗由衷钦佩和依恋的成熟。我们刚才所说的"痛柔屈不耻，以就大事"就是成熟的表现。按照现在的说法，就是沉着冷静，能屈能伸。这种成熟，是太宗朝十多年的冷落和感业寺千百次的等待、失望所赐给她的礼物，这种成熟来源于残酷生活的锤炼和打磨，这是长期生活在顺境中的萧淑妃所不具备的素质。因为同样具有爽朗泼辣的性格，所以萧淑妃和武则天都能吸引唐高宗；又因为一个成熟一个生涩，萧淑妃终于在争宠过程中败下阵来。她有的优点武则天都有，而武则天有的优点她却没有。在优秀与更优秀之间，唐高宗选择了更优秀的武则天。现在，武则天已经有了傲视群芳的资本：在后宫之中，她已经是一人之下、万人之上了。

五、武昭仪的野心

不满足是向上的车轮。武则天的野心没有止境。以李弘的诞生为标志，她的理想已经发生变化，她开始对皇后的位置想入非非了。这就是她要走的第三步。随着她理想的升级，她和王皇后之间的关系也即将发生逆转。

李弘的诞生有什么意义呢？从李治的角度讲，李弘没有什么特别之处，既不是长子，也不是嫡子。但是，给这个孩子起名"李弘"，却显得不同寻常。"李弘"是道教的一个谶语。魏晋南北朝以来，天下战乱频仍，瘟疫流行，百姓渴望幸福安定的生活。在这种情况下，道教在全国流行开来。为了收揽人心，它到处宣传说早晚有一天，太平盛世会降临的。说太上老君只要一降临凡世，天下太平的景象就能出现。而老君的化身，就叫作李弘。什么时候李弘出生了，就意味着老君出世了。好多次起义都打着李弘的旗号进行，因此李弘的政治意义在当时可以说是尽人皆知。武则天从小熟读文史，是一个爱玩文字游戏的人，她一直笃信文字有着一种特殊的魔力，给儿子取名李弘，显然是她的主意。这个名字包含着她对孩子的无限期望。她希望这个孩子将来可以当上皇帝，而且开创太平盛世。如果儿子当上皇帝，母亲又是什么呢？所以说武则天的野心就是"司马昭之心，路人皆知"。欲望是无止境的，她已经不满足于仅仅在后宫有一个稳定的位置了。

李弘一出生，王皇后终于意识到自己犯了一个多么大的错误。引进武则天，确实打败了萧淑妃，但这个结果不仅没有给她带来好处，反倒让她陷于更加危险的境地了。萧淑妃的儿子仅仅封为雍王，已经让她如临大敌，而武则天直接暗示她，我的儿子要当皇帝。这样，武则天和王皇后的蜜月期结束了，昨天的盟友变成了今天的头号敌人。而萧淑妃自从武则天进宫，地位就一落千丈，对武则天自然也是恨之入骨。在这种情况下，两颗仇恨而寂寞的心贴近了。王皇后和萧淑妃握手言欢，结成了反武统一战线。所以说，后宫的关系和国与国之间的关系一样，没有永恒的敌人，也没有永恒的朋友，只有永恒的利益。为了利益，王皇后和萧淑妃尽弃前嫌，共同战斗，她们"递相僭毁"武昭仪，一个接一个地向皇帝投诉武则天。

王皇后和萧淑妃都已经出手了，那武则天是吃素的人吗？她也就出手了。她一改刚刚入宫时谨小慎微的态度，整天在皇帝面前说这两个人的坏话。但是，她们吹风归吹风，李治这时候的态度可以说是首鼠两端，哪边他都不想得罪。比如说王皇后找到他了，说武则天这个人太坏了，是个狐狸精。唐高宗就马上灭火，说，皇后，你说得对，我会对她严加管教。武则天哪能吃亏啊，马上也找他说，王皇后老欺负她，还呜呜咽咽作柔弱状。唐高宗一看也表态，说，宝贝，你放心，我收拾她。那么，高宗为什么要这么做，哪边都不得罪呢？因为他是皇帝，皇帝的心思可比我们多，他要把握大局，不能因小失大。

虽然他对王皇后和萧淑妃的感情已经淡漠了，但她们的出身和家族势力是他不得不考虑的。对于武则天，他的确有着很深的感情，但是他也知道武则天的历史太不清白。对于皇帝来说，政治利益还是最重要的，他不能为感情放弃太多的东西。

他这样首鼠两端对谁有利呢？对王皇后有利，对武则天不利。因为王皇后有强大的背景，地位相对比较稳固，适合打持久战；而武则天拥有什么呢，她拥有的只是李治的感情。而感情，特别是皇帝的感情，又是最不可靠的。萧淑妃就是现成的例子。一年前皇帝和她还如胶似漆，现在却对她冷若冰霜了。如果拉锯战继续下去的话，很可能又有新的人物取代武则天，那她可就一无所有了。所以武则天心急如焚，想要打破这种胶着状态。为此，她必须加重对王皇后她们的打击力度。那么她到底会选择什么样的方式出手呢？

第五章

冲击后位

随着在后宫地位的上升，武则天的欲望也开始膨胀，她心中树起一杆新的大旗：冲击后位。同样是女人，为什么人家是皇后，我是昭仪呢？武则天和王皇后打过一年的交道，她知道王皇后是一个没有什么手腕的女人。也许，"彼可取而代之"的想法已经不止一次出现在她的脑海里了。但是，怎样才能把这个想法逐步付诸现实呢？经过深思熟虑，她准备采取破立结合的方式，就是在扳倒王皇后的同时确立自己的地位。

一、小公主死亡之谜

王皇后性格简重，沉稳端庄，你说她乏味可以，但是别人很难抓住她的把柄。所以武则天虽然在她身边布下了重重情报网，那些宫女也络绎不绝地来向武则天汇报，王皇后今天吃了什么，喝了什么，穿了什么，说了什么，但是始终抓不到大错。然而有志者事竟成，一个人只要一门心思琢磨一件事，日思夜想，总能想出一个办法来。武则天经过苦思冥想，终于找到了一个突破口。这个突破口一旦打开，皇后的位置可就摇摇欲坠了。帮助武则天打开突破口的，就是让武则天背上千古骂名、成就了千秋帝业，同时也造成了千古之谜的"小公主死亡事件"。

大约在永徽四年（653年）年底或者永徽五年（654年）年初，武则天的长女降临人间。这个小女孩生下来是粉团一般可爱，武则天视为掌上明珠。小女孩出生不久，王皇后前来探望，但是，在王皇后离去之后，小公主就离奇地死了。小公主之死使得唐高宗李治认为王皇后就是杀婴凶手，从而产生了废掉皇后的念头。因为这桩历史公案发生在武则天向皇后之位发起冲击的过程中，而武则天又因此得到了好处，所以许多人认为这是武则天制造的一个阴谋。种种版本，众说纷纭。一片历史烟云之中，我们仿佛只能看见孩子伸出的双手。那么小公主到底为何离奇夭折？历史的谜团中究竟隐藏着怎样的真相呢？

《唐会要》里讲："昭仪所生女暴卒，又奏王皇后杀之，上遂有废立之意。"就是说，武昭仪生了一个女儿，猝然死了，至于怎么死的，史学家在记载的时候可没讲，只讲了死亡这一客观事实。武则天就利用了小公主的死亡，上奏皇帝说王皇后杀死了这个孩子，导致了唐高宗态度的变化。按照这种记载，武则天是利用了这个机会。

但是在另外一些史书中，武则天就不是利用机会了，而是成了杀人凶手。比如《新唐书·后妃列传》记载，说武昭仪生了一个女儿，然后王皇后按照母仪天下的规矩，前去探望，她去的时候武则天找了一个借口溜走了，不在现场。王皇后看望的毕竟是情敌所生的孩子，她怎么可能有什么实在的兴趣呢？所以很快也就离开了。武则天又偷偷地溜回来，拿小被子蒙住这孩子，把她捂死，然后重新布置了现场，自己又悄悄离去，在外面等待着皇帝到来。她知道皇帝爱屋及乌，已经形成习惯，每次退朝就急急忙忙地先来看望孩子。这一天，他又如时而至了，武则天装出一副高高兴兴的样子迎上去，两个人一起走进了婴儿房里。可是，揭开小被子一看，傻眼了，活泼可爱的孩子怎么转瞬间就没了呼吸？武则天这时候转喜为惊，大惊失色。可是诸位，她虽然大惊失色，却没有忘记过问几个关键的问题：这孩子怎么会死呢？这是谁干的？这段时间有谁来过啊？宫女吓破了胆，这可是重大责任事故，赶紧说谁也没来过啊……哎，王皇后刚刚来看小孩来着。这个时候，武则天马上又转惊为悲，号啕大哭，肝肠寸断。在这种场景下，唐高宗的大脑也就短路了，失去了辨析能力，马上脱口而出，说："后杀吾女！"唐高宗瞬间浮想联翩，她过去就和萧淑妃一起诋毁武昭仪，可我没想到她这么狠毒，居然报复在一个无辜的孩子身上！这一记载表达的信息是，小公主不是自然死亡，换句话说，武则天不是利用了这件事，而是直接导演了这场悲剧，是她精心策划了这一阴谋，亲手杀死小公主，然后嫁祸于王皇后。

所以，到此为止，我们已经找到三个版本。第一个版本，也是唐高宗心目中的那个版本，王皇后杀了小公主。第二个版本呢，就是《唐会要》的记载，小公主不知道怎么死的，可能是自然死亡，然后武则天不失时机地利用了这次死亡事件。第三个版本就是《新唐书》中的版本，武则天直接制造了这个事件，她亲手杀死了小公主，然后嫁祸于王皇后。

这三种说法哪一种更可靠呢？我个人认为，武则天杀婴的可能性非常大。为什么呢？有三点理由：

第一，王皇后没有杀死小公主的动机和性格。先看性格，我们知道，王皇后本性端庄严肃，不是一个心动就行动的人，这样的人不太可能去杀人。再看动机，就当时的形势而言，她打持久战更为有利，决不应该轻举妄动。这个时候是她最不能冒失的时候，杀死小公主对她有什么好处啊？退一步说，即便王皇后对武则天恨之入骨，失去理智，也应该杀死李弘，杀死一个还没有封号的小公主有什么意义呢？所以我认为，王皇后不具备杀死这个孩子的性格和动机，在她离开时，小公主应该还活着。

第二，小公主非自然死亡的可能性大于自然死亡的可能性。根据常识我们知道，小公主不可能长时间没有人照料。不像劳动妇女，生了一个孩子，因为还要工作就把这个孩子绑床头了，好半天也不能看一眼。人家那是公主，身边奶妈、宫女是离不了的，因此，从王皇后离开到李治发现小公主死亡之间的空隙必定非常短暂。即便在古代婴儿死亡率非常高的情况下，一个孩子在这么短的时间内自然猝死的可能性也是非常小的。换句话说，被谋杀的可能性要远远大于自然死亡。

第三，武则天有杀婴的动机、性格和条件。不是有一句话吗，世界上没有无缘无故的爱，也没有无缘无故的恨，那更不可能有无缘无故的杀人了。凡是杀人都得有个动机，我们现在破解谋杀案也得先分析一下，谁通过这个人的死亡受益了，那这个人就是重大嫌疑人。从谁受益这个角度考虑，武则天就有重大的嫌疑了，为什么呢？武则天当皇后的最大障碍就是王皇后。当时和王皇后争宠的胶着状态对武则天极为不利，她急于结束这种状态，这样，她就有了杀婴并且嫁祸于王皇后的动机。我们讲过，武则天是非凡之人，她善于创造条件。在感业寺，她不就奇迹般地创造过吗？而且，她不怕冒险，有孤注一掷的勇气，为了达到目的可以不择手段。这种性格使得武则天具有很强的行动力，能够迅速地将自己的意图付诸行动。那么，武则天有没有能力准确掌握时间，杀死小公主呢？也是有的。武则天通过结交宫女，在后宫建立了发达的情报系统，对王皇后乃至皇帝的一举一动都了如指掌。掌握了二人探视小公主的时间，她就可以巧妙地打一个时间差，在中间短短的间隙里杀死小公主，嫁祸于王皇后。

更重要的是，武则天有一个非常特殊的条件，她有一个母亲的身份。常言道，虎毒不食子。一般宫女在照看小公主的时候，对外人的警惕性可能会高一些，但对孩子妈妈的警惕性可能就低一些，所以都是来看小公主的，如果王皇后来了，其他人就会特别注意，如果小孩的亲妈来了，谁都觉得这是非常自然的。所以武则天在发现孩子死了之后，她问，谁来过啊？宫女马上回答，王皇后来过。其实都有谁来过啊？王皇后、武则天都来过。但是在人们的头脑之中，自然地忽略了那个经常亲近自己孩子的妈妈，而只提到了王皇后这个人，就是这句话，使王皇后在唐高宗心目中的地位一落千丈，由尊重、忌惮转为怨恨了。所以我认为，武则天具备杀死孩子的性格、动机和条件。

所以，尽管看起来过于残忍血腥，我们还是不得不接受这样一个现实，那就是，权力的诱惑是如此之大，它甚至可以吞噬人性和亲情，让一个母亲动手扼杀自己的亲生女儿。十二年后，武则天已经当上了皇后，回想起这个冤死的小女孩，真是悠悠岁月，欲说当年好困惑啊。她给这个小女孩加封为安定公主，谥号思，按照亲王的礼仪隆重安葬。这样隆重的葬礼可能恰恰反映了武则天对她深深的歉疚之情吧，不知道武则天的心灵是否真的能够获得安宁和平静。

小公主死亡事件发生后，武则天和王皇后之间的胶着状态终于被打破了。李治心中的天平完全失衡，彻底倾向了武昭仪。根据《新唐书》的记载，他对武则天是"愈信爱"，而且为了安抚她的丧女之痛，还追赠她的父亲武士彟为并州都督。对于王皇后，则是"有废后意"了，第一次产生了废黜王皇后、改立武则天的想法。

皇帝的感情变化很快影响到外廷，王皇后的舅舅柳奭开始不安，主动辞去宰相之位。这样，王皇后在外廷的支持力量也大为削弱，可以说是内外交困。

小公主之死是武则天打响皇后争夺战的第一枪，这一枪击中了要害，打得是稳、准、狠。这一枪过后，武则天的不利局面开始扭转了。

如今，我们应该怎样评价小公主死亡事件呢？古代人常常把这件事视为武则天阴毒狠戾的标志，认为武则天是天生心如蛇蝎。而现代人受各种思想的影响，又往往乐于为武则天开脱，把她的种种行为归结为不得已。那么，杀死小公主是不是武则天不得已而为之呢？谈不上。如果武则天安于自己的身份，依靠一子一女，即使高宗以后移情别恋，她也完全可以像一般的妃嫔那样跟随子女，平静地安度下半生。但是武则天选择了出手。原本应该最纯洁深厚的母女之情，终于演变成了权力战场上冷酷的筹码。所以在小公主死亡问题上，推动武则天的是蓬勃的欲望和强烈的野心。这种欲望和野心对于一个母亲而言是可怕的，但对于像她这样的政治家而言却是必要的。

从凄冷的感业寺一路坎坷走来，武则天先是突破了父子关系的人伦界限，接着又突破了基于血缘关系的天伦界限。她押上的赌注太重了，她一定要赢。

但是，在帝制时代，特别是在贵族对政治还有重大影响的隋唐时期，谁当皇后，体现皇帝和特定贵族或者贵族集团的盟友关系，可不是一个简简单单的婚姻问题，这跟今天年轻人的婚姻恋爱大相径庭。今天我对你说我爱你，咱们结婚吧；吵了一架后，你怎么这么烦人，咱们离婚吧；又过了几天，我觉得吵架是我的错，咱们再复婚吧。可不是这么简单的事情。废立皇后是国家政治生活中的一件大事，不能仅凭皇帝的意志，还要得到官僚集团的认可。那么，武则天还能像前番那样一路凯歌吗？

二、收买长孙国舅

皇后的废立事关重大，大臣们对此持什么态度呢？李治和武则天心里没底，为了稳妥起见，他们决定先私下试探一番。可是试探谁呢？他们选中了长孙无忌。长孙无忌在当时的大臣中地位比较特殊。就君臣关系而言，他是亲奉太宗遗命的顾命大臣，官居一品太尉，而且是凌烟阁二十四功臣之首，是当之无愧的百官之长；从亲属关系的角度看，他又是李治的亲舅舅。贞观十七年（643年），当时的太子李承乾和魏王李泰因为争夺储君之位双双被废，是他一手把年幼的李治扶上太子的宝座。此后李治无论是当太子还是当皇帝，他都在旁边保驾护航，舅甥关系相当密切。因此，在废立皇后的问题上，李治想先征求他的意见，既是尊重顾命大臣，又是听取舅舅的意见，于公于私于情于理都非常妥当。

经过这样一番深思熟虑，这天，李治和武昭仪龙车凤辇，一齐驾临长孙府。长孙无忌对于最近一段时间的后宫风云早有耳闻，因此对皇帝和武昭仪的来意也就明白了一大半。可是长孙无忌是一个老谋深算的政治家，老江湖了，虽然猜出来了，可他不明说，表现得平淡从容，不动声色，热情款待，静候皇帝开口。酒酣耳热之后，皇帝毕竟年轻，先坐不住了。他想开口还不好意思直接说，于是曲里拐弯绕起圈子来，先问起长孙无忌儿子的情况。长孙无忌儿子一大堆，有一打之多。那他就把这些个儿子的情况一一汇报，老大干啥的，老二干啥的，老三干啥的……说了一通以后，说到他还有三个姬妾生的庶子，还年轻，不懂事，也没有任何官职，还没有机会给国家效力呢。李治听罢，说这怎么行呢，将门无犬子，舅舅是国家的擎天大柱，舅舅的儿子肯定也个个都是芝兰玉树呀，怎么到现在还没有当官啊，这样吧，我马上封他们为朝散大夫。

唐朝的官僚制度非常复杂，分为职事官、散官、勋官和卫官四种。其中职事官表示一个官员的具体执掌，就是你具体负责什么工作，比如中书令、尚书令、县令，这都是职事官。散官则表明他享受什么样的政治待遇和经济待遇。唐高宗所封的这个"朝散大夫"就是唐朝散官的一个品级。散官分为九品，朝散大夫属于从五品。这个从五品可不一般，怎么个不一般呢？

唐朝官员的等级从大的方面分为三个层次，三品以上叫作"亲贵"，属于高级官员；五品到三品叫作"通贵"，是中高级官员；五品以下是一般官员。整个官僚队伍像一个金字塔，越往上头人越少。其中，五品可是一个坎儿。为什么呢？因为只要做到五品以上，就能享受很多别人享受不到的特权了。五品以上的散官有很多特权：第一是荫子，就是父亲当到了五品以上的官，儿子就可以接着当官。这个可太重要了，有句话说，一人得道，鸡犬升天，就是这个道理。第二个好处是免除全家赋役；你要是当六品以下的官，只能免除本人的赋役，你的家属还得吭哧吭哧给官府干活去。如果你的官做到五品以上，那么全家都不用给国家做贡献了，这个也很重要。可见五品以上的官享有极高的特权，因此很多人都梦寐以求想进入这个序列，可是大多数官员终其一生也无缘进入。唐代的官员，三品以上穿紫，五品以上穿红，七品以上穿绿，九品以上穿青。五品以上，就是高官，人们常说某某"大红大紫"了，就从这里引申出来的。长孙无忌的庶子刚一踏进仕途就做到从五品，这是皇帝莫大的恩宠，常人根本无法企及。所以这次授官，对于长孙无忌来说当然是殊荣，皇帝笼络长孙无忌的意思已是相当明显。

授官之后，李治觉得自己腰杆子硬了，开始转入正题，说："舅舅，你看你的儿子都这么优秀，这么有出息，我心里也是说不出的高兴啊，可惜，王皇后没有儿子。不过啊，武昭仪她倒是生了一个儿子。"他先把来意挑明了，然后就笑眯眯地充满期待地望着长孙无忌，等着他表态。谁知长孙无忌没有接茬儿，他说是啊，武昭仪生了个儿子，真是可喜可贺，来，皇帝、昭仪，咱们吃好喝好。就把这个话题给岔过去了。

唐高宗那个窝火啊，但还是心存不甘，过了一会儿，又说，来人啊，礼物呈上。拿出四车金银宝器、十车绫罗绸缎赏赐给长孙无忌，表彰他对国家的贡献。大家知道,唐朝一直被认为是中国帝制社会中最强盛的时代,但是,永徽时期还属于初唐,刚刚经过隋末的动荡,国家经济还没有完全恢复。唐朝初年还是挺穷的。举一个例子,李治当太子的时候,有一次割羊肉吃,刀子沾上了羊油,舍不得浪费,把羊油抹到饼上,一块儿吃下去。可见,当时国家还不富裕,所以这十车的绫罗绸缎和四车的金银珠宝可是一个大数目啊。这样大量的赏赐无疑也是不寻常的。赏赐之后,皇帝再次开口,说:"我虽富有四海,可惜皇后无子。武昭仪倒是刚刚生了一个儿子。"又回到主题上来了。可是长孙无忌还是说,吃好喝好,又回避了。这样反复几次,长孙无忌始终顾左右而言他。有时候,不表态也是一种表态,长孙无忌这样做,无非就是表明自己不支持武则天做皇后。有道是话不投机半句多,"上及昭仪皆不悦而罢"。此后,武则天又让她的母亲杨夫人充当特使,继续游说长孙无忌,结果还是碰了一鼻子灰。

通过收买长孙无忌来获取外廷支持的努力失败了。武则天得到了两点深刻的教训:第一,拉拢贿赂等在后宫行之有效的方法,未必适用于外廷像长孙无忌这样的元老重臣。人家是见过大世面的,不是这种小恩小惠能够收买的。第二,王皇后远远不像武则天想象的那样只是一只纸老虎,已经失去还手能力,她在朝廷中还保持着很高的威望和人气,所以还得加大打击力度。当然,此行也让武则天有了一个重要收获,是什么呢?她收获了李治的支持。看到元老重臣如此不合作,李治产生了深深的挫折感。真是太伤自尊了,自己贵为皇帝,却受制于人,低三下四地给大臣送礼,还办不成事。这太窝囊了,高宗心里十分不爽,君臣之间第一次出现了明显的裂痕,所以他越发坚决地站到了武则天一边。谁都有逆反心理,越是做不成的越要做。也许,就是从这一刻开始,事情的性质发生了根本性的变化,从立武则天为后这一单纯事件的对立,升级为唐高宗和元老大臣争夺权力的斗争。因为斗争性质的变化，武则天和唐高宗的关系也发生了变化，在单纯的恩爱夫妻的关系上，又多了一层战友的关系。两个人有了共同的对头，要精诚团结，同仇敌忾。

三、后宫巫蛊案

在外廷的活动既然还没有柳暗花明，武则天英明地决定还是先回到她所熟悉的后宫，彻底解决王皇后的问题。上一次她还只是打感情牌，这次她要炮制一个真正的刑事案件。

永徽六年（655年）六月，武则天再次发难，指使左右报告皇帝，说王皇后和她的母亲魏国夫人柳氏共行厌胜。所谓"厌胜"，是古代的一种巫术，大致就是用纸剪一个小人，或用木头刻一个小人，诸如此类，这就是自己恨之入骨的那个人，描绘出他的形象来，然后在上面写上他的姓名、生辰八字，再在上面钉钉子、扎针，诅咒此人饱受痛苦或不得好死。《红楼梦》中赵姨娘和马道婆，就共同实施过这种巫术。她们憎恨的人不是贾宝玉和凤姐吗，所以就偷偷地画上这两个人的形象，钉上钉子，由马道婆在那儿念咒，后来宝玉和凤姐两个人是见鸡杀鸡，见狗杀狗，闹得贾府上下一塌糊涂，最后还大病一场。当然，这种巫术有的时候也作相反的用处，刻画出自己所爱的人，对它施以咒语，通过这种方式让梦中情人眷顾自己。古代人迷信，相信这样做确实可以通过冥冥之中的感应和信念加害于人，因此厌胜本身是一种罪行，而且是一种重罪，被列为十恶之一，属于"不道"，就是违背正道。法律上比照谋杀罪量刑，只比谋杀罪减轻二等，但是如果实施对象是尊长或皇帝，就不再减刑。

这一控告无疑是想要置王皇后于死地。如果按律治罪，对于王皇后就意味着灭顶之灾。但是由于厌胜所用材料简便，一块布、一张纸都行,并且一直是宫廷斗争中打击对手最常使用的武器。皇帝也知道,这事有时候不靠谱,所以对于这类事情的处理,在很大程度上取决于皇帝的态度和决心。比方说汉武帝不是有一个皇后叫陈阿娇吗?就是"金屋藏娇"的那个阿娇,她后来也被指控实施厌胜,汉武帝就把她废掉了,但没有处死。所以具体怎么执行,还要看皇帝的意思。由于事情发生在武则天和王皇后斗争的白热化阶段,武则天诬告的迹象过于明显,李治权衡利弊,没有敢按照刑事案件处理,只是禁止魏国夫人柳氏入宫,又贬王皇后的舅父中书令柳奭为遂州刺史,遂州就是今天的四川遂宁。柳奭很倒霉,因为王皇后的牵连无辜获罪,在被贬的途中又被冠以"漏泄禁中语"的罪名,接着被贬到偏远的荣州担任刺史。荣州,就是今天的四川荣县。路漫漫,水迢迢,王皇后和家族的联络就被中断了。

如果说,拉拢长孙无忌这一招是彻底失败的话,到了厌胜事件,武则天也只取得了局部胜利。她想要置王皇后于死地的目标并没有实现,只是,王皇后和外朝的联系被彻底斩断了,她现在的处境犹如一只被囚禁的小鸟。在这种情况下,外廷的大臣们会报以何种态度,他们还会义无反顾地支持她吗?

四、宸妃风波

武则天一刻都没闲着,她决定再试一次。这次,她吸取教训,不再直接追求后位,而是退而求其次,要求皇帝加封她为宸妃。根据唐代后宫制度,妃的级别为一品,高于二品的昭仪,仅次于皇后。唐朝的妃子有四个名号,分别是贵妃、淑妃、贤妃、德妃。这个时候,四妃的位子都有人占着,高宗过去特别喜欢的萧淑妃就是其中之一。武昭仪要想进入这个行列,暂时还没有空缺。按照惯例,这个时候应该怎么办呢？武则天应该等，假如等啊等，哪一个妃子忽然暴病身亡，她就可以去补那个缺了。但是，武则天岂能等得？她从来都不缺少创造力，更不缺乏勇气。她使出浑身解数，要求皇帝在这四妃之外加封她为"宸妃"。宸妃这个名号可是武则天深思熟虑的结果，一方面，妃子的位置不像皇后那么扎眼，容易被人们接受；另一方面，宸妃的名号又不同寻常，有着深刻的政治内涵。为什么这样说呢？宸，即北辰，是北极星，孔子在《论语·为政篇》里说："为政以德，譬如北辰，居其所，而众星拱之。"就是说北辰在天空照耀，其他的星星都得罗列在周围拱卫着它，所以北辰常常用来比附帝王。以宸为封号，就犹如给长子取名李弘一样，明显反映了武则天的勃勃野心。加封为妃子，显然不会是她的终极目标。

可是不管怎么说，这已经是退一步了，在她的心目当中，外廷的大臣们理应也退一步。咱们彼此都给个面子嘛！那么，大臣会满足她吗？此议一出，中书令来济、门下侍中韩瑗，马上上表强烈反对。他们说："妃嫔有数，今立别号，不可。"意思是皇帝的妃嫔有固定的数额，这是祖宗定下来的制度，你现在出幺蛾子，想要再立一个别的封号，那是万万不行的。宰相是集体议政，因此来济和韩瑗的意见也就基本代表了宰相集团的整体意见，昭仪已经是他们所能接受的武则天身份的顶点，再往上走，难于上青天。

加封宸妃的努力又失败了，武则天难免产生了深深的挫败感。恐怕从这个时候起，她真正意识到了外廷在她生命中的重要性，后宫斗争的每一步都和外廷紧密相连，没有外廷的支持，她永远也无法实现正位中宫的梦想。从此以后，她要把眼光投出宫外，投向外廷。无论是朋友还是敌人，都只能从这里寻找。现在，敌人已经挥拳出手，那么，朋友究竟在哪里呢？

庭院深深深几许，如今，深深的宫廷已经无法容纳武则天的野心。武则天犀利的眼光越出了宫墙，外面是一个她还没有真正打过交道的世界。离强合弱，远交近攻，这些她在深宫中用惯的手段还能放之四海而皆准吗？从深宫走出来的武昭仪，又会向哪个方向挥动手里的长鞭？

第六章

殿廷对决

武昭仪为了谋求皇后之位，步步为营，从宫内到宫外展开了一系列地下工作，但外廷很多大臣都反对唐高宗废王立武，武则天前进的道路也因此充满艰辛。那么，她在外廷中就真的找不到支持者吗？身为皇帝的李治以及野心勃勃的武昭仪，和大权在握的宰相们，又会发生怎样的冲突呢？

一、谁在支持武昭仪

就在武则天一筹莫展的时候，有一个官员主动请缨为她摇旗呐喊。这个人是谁呢？此人名叫李义府，瀛州饶阳人。他在中书令来济的手下担任中书舍人，是个五品官。有个成语叫"笑里藏刀"，讲的就是李义府。李义府生得一表人才，和人相处彬彬有礼。但是，你如果被他的笑容所打动，想要和他推心置腹地交朋友就大错特错了。李义府最擅长的莫过于不露痕迹地算计人，可以说是"明里一盆火，暗里一把刀"。这样的事儿他干得多了，人们就送他一个词"笑里藏刀"。又因为他外表柔和，但是害起人来心黑手狠，又送他一个外号叫"李猫"。猫是一种柔顺的小动物，平时很乖巧，但是扑耗子时却毫不留情，非常凶狠，这李义府的性情行为就和猫似的。李义府人品不好，但是才华出众。《全唐诗》里留下他八首诗，诗风清丽，典型的初唐风范。并且李义府是李治的老部下，李治做太子时，他担任太子舍人，和太子司议郎来济都以文墨知名，当时号称"来李"。但是随着时间的推移，来济已是中书令，李义府还只是区区一个中书舍人，才气不在来济之下，职位却差着这么多，因此内心郁郁难平。

那么，李义府与武则天是什么关系呢？他为什么要支持武则天？其实，李义府和武则天没有任何关系。他这样做，完全是为了讨好皇帝，保住官位。武则天只是他手里的一张牌。无风不起浪，事情的起因是李义府的工作调动问题。

李义府本来是中书舍人，因为得罪了长孙无忌，长孙无忌想要把他发配到偏远的壁州担任司马，等于调到今天的四川省工作。壁州司马也是五品官，本来是平级调动，谈不上贬。但是唐前期的人重视京官，轻视地方官。京官整天猫在朝廷里混，容易和皇帝混个脸熟，有前途，机会多；地方官呢，山高皇帝远，升迁的机会少。李义府他自负才高，也有野心，所以他很不愿意去地方当官。这次工作调动对他可以说是一个巨大的打击。按照当时的行政程序，李义府的任命诏书由中书省起草后，要转送门下省审核。李义府担任中书舍人，由于职务之便，提前知道了这个任命。他可不想眼看着这个任命生效，但是怎么办呢？又不能把委任状截留了。俗话不是说秦桧还有三个相好的吗？他想不出办法来，就去求教于好朋友中书舍人王德俭了。

王德俭的脖子上长了一个很大的瘤，人又狡诈多智，所以别人就把这两个特征结合起来，叫他"智囊"。"智囊"把这件事情的前因后果听了之后，就给李义府出主意说：

　　上欲立武昭仪为后，犹豫未决者，直恐宰臣异议耳。君

能建策立之，则转祸为福矣。(《资治通鉴》卷一九九)

他是说，皇帝现在想立武昭仪做皇后，之所以不把这个提案拿出来，是因为担心宰相不同意。现在你出面支持武昭仪当皇后，皇帝肯定龙颜大悦，他一高兴，你不就转祸为福了吗？李义府觉得这个主意可行。但是第二天任命书就要送到门下省，而当时皇帝已经退朝了，怎样能在任命生效之前见到皇帝呢？正好当天是王德俭值夜班，两个朋友一商量，决定由李义府代替王德俭值班，深夜叩阁上书，恳请废王皇后，立武昭仪。

正为立后之事烦恼的李治和武则天大喜过望，终于找到支持者了！李治立即召见李义府，让他把想法都说出来。李义府说：陛下，现在天下的老百姓都拥戴武昭仪当皇后，您就顺了天下百姓的心吧！唐高宗真是既高兴又纳闷，说天下百姓都这么想，我怎么不知道啊？但是，明摆着，老百姓如何想并不重要，重要的是，李治终于知道，官员并不是铁板一块了。以前他一直觉得所有的官员都倾向于长孙无忌，都反对他，李义府的出现打开了他的眼界。他不由得非常欣喜，勉励李义府再接再厉，同时赐予他一斗珍珠。李义府乘机说：陛下，我非常想为您效劳，肝脑涂地也在所不惜。可是恐怕没机会了，我就要到壁州当司马，壁州离长安千里迢迢啊，就算我为皇帝的事情喊破了喉咙，又有谁能听得见呢！皇帝说，那还不容易，马上让你留任原职。第二天，武昭仪也亲自派人慰问李义府。接着，李义府被提升为中书侍郎。皇帝和武则天的这番举动等于向全体大臣发出了一个清晰的信号：皇帝的态度已经非常明显，支持武昭仪就意味着升官发财！榜样的力量是无穷的，很快，一批官僚就集结在了武则天的周围。这伙人包括卫尉卿许敬宗、中书舍人王德俭、御史大夫崔义玄、御史中丞袁公瑜，等等。武则天第一次在外廷有了自己的势力。随着李义府的人生之路出现重大转机，武则天的皇后之路也开始现出曙光。

在这些人中，许敬宗年龄最大，官阶最高，很快就成为领军人物。许敬宗是何许人呢？他是给李义府出主意的"智囊"王德俭的舅舅，和长孙无忌是一代人。说起来他的经历非常坎坷。隋末大乱之际，他的父亲许善心在江都政变中被叛军首领宇文化及所杀，许敬宗为了活命，在杀父仇人面前"蹈舞求生"，手舞足蹈，苦苦哀求人家饶他一命。本来，人性就有软弱的一面，许敬宗这样做，我们也不是不能理解。可是，当时偏偏出了一个人物，经历和他相似，气节却比他高多了。这个人就是大书法家虞世南。虞世南的哥哥虞世基也面临着被处死的危险，虞世南一介书生，无法靠武力挽救哥哥的性命，只能跪倒在地，要求刽子手杀了他，放掉哥哥。同样是跪地求饶，这虞世南可就光彩多了，因此当时人就编了一句话，"虞世南匍匐请代，许敬宗蹈舞求生"，贬损许敬宗。许敬宗虽然道德不怎么样，但是确实才华横溢，很快被李世民延揽到人才库里，成为秦府十八学士之一，和后来著名的宰相房玄龄、杜如晦等人共事。太宗即位，许敬宗也当上了中书舍人。金光大道已经展现在面前，可是许敬宗一不留神，又滑下去了。出了什么事呢？贞观十年（636年），长孙皇后去世，轻佻的许敬宗竟然因为大书法家欧阳询长得丑，在葬礼上哈哈大笑。这一笑也就笑掉了他头上的乌纱帽，他被贬到地方去了。后来好不容易在高宗初年又混到了礼部尚书，没想到又因为把小女儿嫁给少数民族首领冯盎，就是后来的大太监高力士的曾祖，被人弹劾，说他贪财卖女，又被贬到了地方。因为这样一些性格乃至人格缺陷，许敬宗的仕途起起落落，几十年过去了，当年的同僚都已经手握大权，而他只是个卫尉卿，虽然也是三品官，但只是一个负责皇帝车马的事务性官员，没有什么实际权力。因此他郁郁难平。

但是，古人说得好："治平尚德行，有事赏功能。"现在皇帝打算立武昭仪为后，而元老大臣纷纷反对，这是个多事之秋，许敬宗隐隐觉得自己的机会来了。凭着自己半生从政的直觉，他决定站在皇帝的一方。但是，支持皇帝能够获取多大的好处呢？皇帝的决心有多大？许敬宗一时还看不清楚，不敢贸然表态。恰好此时出了李义府贬官之事，李义府求教于许敬宗的外甥王德俭，老谋深算的许敬宗就势投石问路，结果非常令人满意，许敬宗决定行动了。

这样，以许敬宗和李义府为核心，一批以支持武则天为共同政治目标的官僚就集结在一起了。他们通过武则天的母亲杨氏，和武则天暗通声气，在外廷和后宫之间迅速建立起了一个反应敏捷的情报网，这个情报网的末端散布在外廷的各个部门，顶端则是野心勃勃的武昭仪和在背后支持她的皇帝李治。

二、殿廷上的闹剧

支持武则天的势力暗流涌动，反对她的大臣也开始逐步集结。这一派的首领是元老重臣长孙无忌。此外，还包括唐太宗任命的另一位顾命大臣，长孙无忌的忠实追随者褚遂良，以及刚刚在立宸妃问题上投过反对票的来济和韩瑗。两派人马都在暗中发展势力，中央的政治风云开始变得波诡云谲，并且逐渐向下波及。

风乍起，吹皱一池春水。立武则天为后的事，一时间成为大家关注的中心话题。长安县令裴行俭私下找到长孙无忌和褚遂良，议论说，武昭仪心术不正，她要是立为皇后，国家可就要遭殃了。这种私下议论马上被武则天的情报网探听到了，御史中丞袁公瑜迅速把这件事汇报给武则天的母亲杨氏，杨氏再传达给武则天，武则天再推动高宗作出反应。很快，裴行俭被贬为西州都督府长史，也就是被贬到今天新疆的吐鲁番，远远地离开了政治中心。此后不久，武则天的首席支持者许敬宗升迁为礼部尚书。皇帝的巨手终于显示出了威力：顺我者昌，逆我者亡。

随着两派官员的或升或降，原本看起来铁板一块的外廷官僚队伍逐渐分化。每个人都在观察，考虑自己的立场以及可能引发的后果。就在这紧张的气氛之中，永徽六年（655年）九月，唐高宗和武则天终于决定摊牌了。

据《唐会要》记载，这天，唐高宗在退朝之后单独留下了四位宰相，说要跟他们到内殿商量一件事。这四位宰相是谁呢？第一位是太尉、同中书门下三品长孙无忌，第二位是司空、同中书门下三品李勣，第三位是左仆射、同中书门下三品于志宁，第四位是右仆射、同中书门下三品褚遂良。唐朝的宰相制度比较复杂。首先，有一些官职是法定宰相，比如尚书省的长官尚书令，中书省的长官中书令，门下省的长官门下侍中。在这之中，尚书令是正二品，中书令和侍中都是正三品。但是，因为尚书令权力过大，从太宗朝开始，尚书省不再设尚书令，所以，尚书省的副职左右仆射就成为宰相，都是从二品。此外，还有一些人不担任三省长官，但是也可以经由皇帝的任命成为宰相。这些人要成为宰相，一般要加"同中书门下三品"，或是"同中书门下平章事"等名号，就是说他们也和中书、门下两省的长官一样拥有决策权力。长孙无忌和李勣就都属于这种情况。

在唐高宗永徽六年（655年），各种名号的宰相一共有七位。除了我们刚才提到的四位之外，还有中书令韩瑗、门下侍中来济和另一位门下侍中崔敦礼。按照唐朝的传统，皇帝退朝以后，所有的宰相要到政事堂共同议政。可是这次呢？皇帝没有按常规行事，而是单独召见部分宰相，这显然意味着有特殊的事情。这四个人互相看了看，皇帝会有什么事呢？回顾一段时间以来围绕武昭仪引发的政治风波，他们觉得，今天的事情一定与武昭仪有关。

他们四个人就商量对策了,如果皇帝一会儿提起这件事,他们应该怎么回答呢?有一个人提议:"长孙太尉当先言之。"

但是褚遂良不同意,他说:"太尉,上之元舅,脱事有不如意,使上有怨舅之名,不可。"意思是长孙太尉是皇帝的舅舅,如果言语不和,那就是皇帝和自己的舅舅过不去。怎能让皇帝背这个罪名呢?不行。把长孙无忌先发言的提议否决了。

这个时候,刚才提议的人又说:"英公勋,上之所重,当先言之。"英国公李勣是皇上非常器重的人,要不让他先说?

褚遂良又不同意,他说:"司空,国之元勋,有不如意,使上有罪功臣之名,不可。"意思是司空李勣是国家的元勋,皇帝和他闹意见,那不是跟功臣过不去吗,那怎么行呢?又否定了。

既然如此,那究竟应该由谁来出面向皇帝表达意见呢?褚遂良说了:"遂良躬奉遗诏,若不尽其愚诚,何以下见先帝!"他说,他是先朝任命的顾命大臣,如果他不竭尽全力的话,以后有什么颜面到地下面对先帝呢!褚遂良毛遂自荐,自己要做这出头鸟。

这时候,咱们就可以分析一下了,前面两次提到的提议者到底是谁呢?一共四个人:长孙无忌和李勣被提出做候选人,褚遂良是毛遂自荐,是谁一次次把皮球踢给别人呢?只剩下于志宁了。为什么他要这么做呢?因为他不愿意卷入政治斗争中去。于志宁人品和学问都很好,在唐太宗的时候就被任命为太子太师,辅佐当时的太子李承乾。后来李承乾被废,跟随他的臣僚都受了牵连,只有于志宁因为道德、文章都很高明,被留下来辅佐新的太子,就是后来的唐高宗。一朝被蛇咬,十年怕井绳,因为经历过政治风波,所以于志宁格外小心谨慎,不愿意卷入任何政治争端之中。这次废王立武,他觉得不同寻常,还是不出头的好。

另外,这番商量除了推举发言人外,还有一个意义,就是四个人在统一思想，统一口径。宰相们议论由谁来回应皇帝的问话，等于默认了一个事实：大家都反对立武昭仪做皇后，只不过是由谁来表达的问题。它隐含的意思是宰相们已经达成了共识。在这种情况下，有一个人出来表态了，他不想参加到这个宰相同盟中来。谁呢？李勣。他不愿意掺和，可是他不明说，只说自己今天是带病上朝，现在实在支持不住了，一会儿见皇帝恐怕失了朝仪。因此，请求其他三个人帮他请个病假。说完之后，李勣就拍拍屁股走人了，留下其他三个人面面相觑。这和他们的预想不一样啊，但是人去不中留，只好眼睁睁地看着李勣走了。

三个人中，长孙无忌是领衔人物，他不仅仅是皇帝的舅舅，还是太尉，官居一品，级别最高。所以，皇帝看着他说话了：不孝有三，无后为大。现在皇后没有儿子，武昭仪有儿子，所以我打算把皇后废掉，立武昭仪为皇后。你们几个意下如何？按照事先约定，长孙无忌没有说话，褚遂良先说了：

> 皇后出自名家，先朝所娶。服事先帝，无愆妇德。先帝疾甚，执陛下手以语臣曰："我好儿好新妇，今将付卿。"陛下亲承德音，言犹在耳。皇后未有愆过，恐不可废。臣今不敢曲从，上违先帝之命。

什么意思呢？皇后出身世族，是名门闺秀，她是先皇为陛下所娶，她很贤惠地侍奉过先皇，没有失职行为。先皇病重的时候，还曾经拉着陛下的手嘱咐我："我的好儿子、好媳妇如今就托付给你了。"陛下您当时在旁边坐着，亲耳听到。现在言犹在耳，您怎么说忘就忘了呢。对这段话，有两点值得注意：第一，褚遂良反对废王立武的理由是什么？第二，褚遂良对王皇后持什么态度？

先看褚遂良反对废王立武的理由。他说了三个理由。第一个是观念上的理由：皇后必须出身于世家大族。这是魏晋南北朝以来的一个传统，皇帝总要和社会上最有实力的家族通婚，来加强自己的力量。他说皇后出自名家，这在他心目中是个重要优势。相对来讲，武则天家是暴发户，因此她不符合条件。第二个是孝道的理由：按照他的话，王皇后是"先朝所娶"。中国讲究孝道，孔子说过，"三年无改于父之道，可谓孝矣"。儿子为什么娶媳妇呢？是为了侍奉父母，接续祖先。按照孝道，皇帝不能违反父亲的心愿，随随便便就把皇后废掉。第三个理由：皇后没犯什么错误。大家会说，皇后不是犯错误了吗，先是被指控杀死小公主，后来又被指控搞厌胜，怎么会没犯错误呢？其实，褚遂良所言透露了一个信息：虽然此前皇后已经因为这些指控受到处理了，但是处理只局限于后宫，没有经过法律程序，因此仅仅是后宫的行政处罚，甚至仅仅是感情惩罚，高宗并没有把皇后的罪名公之于众。为什么呢？因为小公主死的这件事暧昧不清，皇后仅仅是嫌疑犯，后来因为双方都没有证据，所以就不了了之。而厌胜这件事虽然按律当死，但是在实际处理中并没有执行，只是不允许王皇后的母亲进出宫廷，并且把她的舅舅贬往地方了。所以，皇后这两件过错的处理只波及宫中。这样一来，褚遂良不管是真糊涂还是假糊涂，至少他可以装糊涂，说皇后未闻有过。她没有过错，皇上怎么可以轻易把她废掉呢？

褚遂良的理由都很充分。面对顾命大臣有理有据的反对，高宗一时也没有对策，只好不悦而罢。这次内殿讨论，可以算作唐高宗与武则天跟外廷宰相之间斗法的第一回合，外廷赢了。

但是武则天可不是个知难而退的人。她想当皇后不是一朝一夕了，之前她做了那么多的工作，以她的性格，她怎么可能善罢甘休呢？她得鼓励唐高宗再接再厉，虽然屡战屡败，但也得屡败屡战。

第二天，在武则天的推动下，唐高宗又把这几个人召集到一起，还商量这件事。这次，李勣干脆请病假没上朝，继续隐身。还是这三个宰相，又跑到内殿里来了。皇帝重弹老调，褚遂良又说：

> 陛下必别立皇后，伏请妙择天下令族，何必要在武氏！且昭仪经事先帝，众所共知。陛下岂可蔽天下耳目！使万代之后，何以称传此事！

意思是说，皇帝您要是真不喜欢王皇后，我们尊重您的感情，请您在天下名门闺秀之中另外选个皇后，何必要非选武氏啊？您何必在一棵树上吊死呢？他首先退了一步，然后，扔出一个重磅炸弹，为什么不能选武氏啊，因为武氏给先帝当过才人，那是先帝的小老婆，您以为天下的人都是聋子、瞎子啊！如果您现在立她当皇后，天下人怎么说您啊？那叫父子聚麀啊！千秋万代之后，您的脸往哪儿搁啊！到此为止，反对立武则天当皇后的理由，从三个变成四个了：第一，皇后出身名门；第二，王皇后为先朝所娶；第三，皇后没有过错；第四，武氏历史不清白。

抖出这些还不要紧，褚遂良接着发起飙来了，只见他把朝笏往殿阶上一摔，把帽子也摘了，拼命磕头，把前额都磕出血来了，说，陛下您既然不听我的话，您就让我回家去吧，我愿意回家种田。唐高宗当时气得几乎吐血，赶紧说，左右来人！把这个褚遂良给我拉下去！皇帝还没怎么着呢，你一个大臣先以死相胁，把皇帝置于何地啊？这简直就是要挟。正当他们在朝堂上拉拉扯扯、乱成一团的时候，意想不到的事情发生了。什么事情呢？朝堂的帘子后面忽然传来一个清脆的女高音："何不扑杀此獠！"（《资治通鉴》卷一九九）意思是怎么还不把这老蛮子给我打死！谁在说话呀？武昭仪。这句话石破天惊，把周围的人都给吓傻了。为什么呀？这是皇帝和大臣议事，一个后宫的昭仪是不该来偷听的；退一步说，就算是因为事情关系着她的前途，她忍不住要来听，那也不应该发表意见啊；再退一步，即使情急之下发表了意见，这个意见也不应该如此强硬、如此蛮横啊。你一个昭仪，哭哭啼啼诉委屈大家还可以理解，怎么能张口就说要打死前朝的顾命大臣呢！这太厉害了。这一声怒喝让我们不禁又想起当年武才人的狮子骢事件来了，真是江山易改，本性难移。武则天强悍的性格，又一次得到淋漓尽致的表现！她倒是挺痛快，可是皇帝和大臣们都不自在了。在这种情况下，还是长孙无忌比较老到，赶紧说："遂良受先朝顾命，有罪不可加刑！"把褚遂良保下来了。当然，君臣双方又是不欢而散。

可是这么一闹，昭仪和前朝顾命大臣在殿廷上差点打起来的消息像插上了翅膀，马上传得沸沸扬扬的。纸包不住火，皇帝想在小范围内解决问题也不可能了。第二天，高宗原本没有通知的宰相韩瑗也上表，声称如果立武昭仪做皇后，可能倾覆大唐帝国。很快，另一位宰相来济也上书反对。宰相集团看起来是气势汹汹，唐高宗和武则天觉得非常郁闷。事已至此，七位宰相的名字一个个从高宗脑海里滑过。褚遂良、来济、韩瑗都旗帜鲜明地表态反对废王立武，长孙无忌和于志宁虽然没有说话，但是很显然，两次都站在皇帝的对立面。此外还有侍中崔敦礼，当时已经行将就木，可以忽略不计。忽然，如电光石火一般，唐高宗心里滑过了李勣的名字。李勣还没有表态呢。他可是唐高宗一开始召见的四位宰相之一，但他始终称病没有露面。

那么，李勣又是什么态度呢？李勣的表态，又会引发怎样的后果呢？

第七章

正位中宫

因为废王立武，李治、武则天和宰相们产生了激烈的正面冲突，宰相们占据了上风。可是大家也发现了，在这群权高位重的宰相中，还有一个关键人物没有表态，这个人就是李勣。那么李勣是个什么样的人物？他的意见有那么重要吗？

一、此陛下家事

废立皇后，群臣都议论纷纷，只有李勣推三阻四，不是生病，就是告假，迟迟没有发表意见。究竟他怎么想，会倾向于哪一边？唐高宗心里没谱，于是这天，他把李勣召来了，试探他说："朕欲立武昭仪为后，遂良固执以为不可。遂良既顾命大臣，事当且已乎？"意思是我想立武昭仪为皇后，可是褚遂良坚决反对。褚遂良是顾命大臣，这事儿是不是就得拉倒了？唐高宗充满希望地看着李勣。李勣是个有大智慧的人，他没有正面回答，只微微一笑，说："此陛下家事，何必更问外人！"陛下您娶谁当老婆那是您自己的事，您问别人干吗啊？这句话听起来好像轻飘飘的，实际是举重若轻，振聋发聩啊。这话一出，高宗和武则天在废立皇后问题上的不利局面就一下子扭转过来了，可以说是峰回路转，柳暗花明。为什么呢？我们要弄清楚李勣这句话的分量和意义，就得先分析一下李勣当时的地位。

李勣是什么人物呢？李勣就是民间传说中大名鼎鼎的徐茂公，瓦岗寨的英雄，唐初的名将。民间传说早有"呼风唤雨诸葛亮，神机妙算徐茂公"的说法。他原名徐世勣，字懋功，投降唐朝后因为功劳显赫，唐朝就赐他姓李，他就改叫李世勣了。李世勣、李世民，只差一个字，跟哥俩儿似的，这名字里有个"世"字跟皇帝重了，那是忌讳的事情。还好唐朝避讳不太严格，皇帝活着的时候还可以这么叫，可是唐太宗李世民一死，李勣也觉得还是不大合适，于是他就把自己的名字改为"李勣"，去掉了"世"字。

李勣在隋末大乱的时候跟着翟让造反，鼓动翟让发展势力，翟让也很听从他的意见，势力扩张得很快。后来，翟让被李密火并，李勣又跟着李密。李密其实不太信任他，觉得他是翟让的人，于是就让他镇守黎阳粮仓去了，位置就在现在河南省的浚县。虽然李勣的大帐安置在那儿，可是实际上他控制的范围远不止于此，当时河北、河南、山东乃至江苏的北部都在他的掌控中。后来，李密被王世充打败，投降了唐朝。

李勣当时面临着好多选择。第一种选择，他可以占山为王，就在当地割据一方，因为当时天下大乱，到处都是称王称霸的人，他也可以利用现有的地盘拥兵自重。第二种选择，如果他觉得自己实力较弱，称王称霸暂时还不够资格，他也可以用手中的地盘和军队、百姓去投降一个强主，比如说降唐，那他是立大功，会受到非常大的礼遇。

可是李勣偏偏做了一件出人意料的事。他说，这片土地虽然是我在镇守，可那是人家李密开拓出来的，现在李密降唐了，我应该还把土地交还给他，由他处置，我不能背主贪功，那不是大丈夫所为。所以，李勣就拿着所统辖的这片地区的户口本儿到长安去了，把它统统交给了前主人李密，再由李密献给了唐朝。李勣这么做，给自己赢得了一辈子的声誉。当时唐高祖李渊对他这种行为大加赞赏，说他过去能不辜负李密，以后也不会辜负自己。李渊还是让他镇守那个地方，又派他回去了。不久之后，李密因造反而死，李勣虽然心底里不认同，但仍念故主之情，为他好好安葬。这再一次为他赢得了忠义的美名。

我们知道，隋末那时候各处都在打仗，今天我兼并你，明天你兼并我，李勣在一次战役中败给了窦建德。窦建德是隋末农民起义的一个枭雄，有胸襟，很爱才，俘虏李勣后，特别厚待他，有点像当年曹操对关羽那样，上马一提金，下马一提银，赏赐无数，还把他的老爹也给接来了，一块儿奉养着。可是李勣说，我是大唐的人，我既然已经投降唐朝了，就不能再背叛。所以，他千里走单骑，历经千辛万苦回归唐朝，又一次声名鹊起。

李勣不光忠诚，他还非常讲义气。他有一个好哥们儿叫单雄信，这也是《隋唐演义》里出现过的人物。李勣和他曾经情同手足，可是后来两人各为其主，单雄信跟了王世充，被李渊俘获，李勣就去为他求情，说陛下别杀他，他还可以为大唐服务。可是李渊说这不可能，我非杀了他不可。皇帝一言既出，驷马难追。李勣怎么办呢？他在自己大腿上割下一块肉来，喂到单雄信嘴里，说，兄弟，你就吃了吧，权当我追随你到地下了。那他为什么不自杀呢？过去结义时常说，不求同年同月同日生，但求同年同月同日死。李勣说了，我上有老下有小，你们单家也是一门老小，这些人都得靠我照顾，我任重而道远，所以不能死，让我这块肉陪着你入土。真是说话掷地有声，做事义薄云天啊。

除了道德高尚，李勣还立下了赫赫战功。在唐朝打江山的过程中，他参加过削平王世充、窦建德、徐圆朗、辅公祏等许多重大战役；后来在国际战场上，他打突厥，打薛延陀，打高丽，都是主将，每次都身先士卒，立下奇勋。所以唐太宗说李勣就是我的长城，有了他我就不用修长城了。

除了道德高尚、战功卓著，李勣还有一个优势无人能及。因为他出道早，十六岁就造反了，所以比同时代的将领都要年轻，经过唐高祖时代，又度过漫长的唐太宗时代，到唐高宗永徽年间，当年那些开国元勋，老的老，死的死，只有李勣还活跃在政治舞台上，成为军方的代表人物。这时候，他说出"此陛下家事，何必更问外人"，就等于说，我们军方已经表态了，不想掺和到宫廷斗争之中，谁胜谁败与我们无关，我们不插手。这等于给皇帝吃了一颗定心丸。因为假使军方和长孙无忌等政治要员态度一致，那么皇帝执意要违背他们的意思废王立武，他们就可以搞一次政变，把皇帝换掉。这在当时是可能做到的。而如果军方不介入的话，长孙无忌等人都是文官，有一句话叫作"秀才造反，三年不成"，他们没有武力的支持很难成事。所以李勣这么一说，皇帝的心就放下了一大半。而且因为李勣的表态，又一派形成了。什么派别呢？中间派。我只做我的官，宫廷内部斗争与我无关。这就是我们说的沉默的大多数：这事我插不上话，我也不想插话。

李勣的态度一明朗，拥武派大受鼓舞，许敬宗马上把这句话作了淋漓尽致的发挥，公开在朝堂上宣传说："田舍翁多收十斛麦，尚欲易妇；况天子欲立后，何豫诸人事而妄生异议乎！"一个老农民要是多收了十斗麦子，都想换个老婆，皇帝富有四海，想换个皇后有什么了不起的，关咱们什么事啊？咱们在这儿瞎嚷嚷什么啊？这话说得并不好听，但是话粗理不粗啊，唐高宗和武则天就鼓励许敬宗，让他到更多的场合去说，让所有的大臣都听到。那许敬宗当然奉旨而行，他这么一宣传，大多数朝臣都选择了沉默，中间派的力量又壮大了。这也符合古往今来政治运动的规律，积极拥护的和积极反对的都是少数，明哲保身，是大多数没有政治野心的人的选择。

二、三种力量的角逐

到此为止，针对皇后废立事件，朝廷中已经形成三个明显的派别：第一是以长孙无忌为首的反武派，第二是以李勣为首的中间派，第三是以许敬宗为首的挺武派。

为什么会形成这三派力量呢？他们各自代表着什么利益呢？先看反武派。他们有几个共同特征。第一，他们总体上出身贵族，长孙无忌出身关陇贵族，和李唐皇室有着共同的渊源。他的姓就是鲜卑虏姓之一，长孙家族从北周经隋到唐都赫赫有名。我们熟知的成语"一箭双雕"，就和长孙氏有关。"一箭双雕"说的是谁呢？就是长孙无忌的父亲长孙晟，他是隋朝的一位有名的外交家，善于射箭，据说一箭飞出，能同时射杀两只大雕。褚遂良是南方人，但是在唐太宗朝已经和长孙无忌站在同一战线上了。唐太宗临终前安排了两个顾命大臣，一个是长孙无忌，一个就是褚遂良，他交代给二人的任务不一样。太宗说长孙无忌功劳大，又勇于承担责任，因此容易遭人诽谤，所以嘱托褚遂良保护长孙无忌。长孙无忌和褚遂良关系深厚，是一条绳上拴着的蚂蚱。于志宁也是正宗的关陇贵族出身，他的祖先于谨和唐高祖李渊的祖父李虎都位列西魏时期的八大柱国。韩瑗和长孙无忌是儿女亲家，韩瑗的女儿嫁给了长孙无忌的侄子。来济是南方人，但是政治上和前几个人立场很接近。所以说，反武派是以关陇贵族为主体的一些人组成的。第二，他们大多数从太宗朝就开始活跃于政治舞台，都是元老重臣，其中长孙无忌和褚遂良还是太宗托孤的顾命大臣。第三，他们当时都是宰相，掌握着巨大的政治权力，是既得利益者。

这些人为什么反对废王立武呢？有几个原因：一是因为魏晋南北朝以来的传统观念，认为皇后应该出身于世家大族，他们本身都是世家大族出身，所以这种观念在他们的头脑中根深蒂固。二是对太宗政治路线的忠诚。唐太宗选择了这个媳妇，而且临终之前托付给他们，他们希望遵循先帝的嘱托。这和永徽年间总的政治路线是一致的，一切按既定方针办。三是出于私心。他们都是既得利益者，对于他们而言，保持自己利益最好的方法就是维持现有的政治局面，不作改变，改变现状对他们可能形成威胁。

不过，虽然都反对废王立武，但他们态度并不全然相同。可以看出来，褚遂良、韩瑗、来济比较激烈，于志宁和长孙无忌就比较持重，为什么呢？因为无论是褚遂良，还是来济和韩瑗，相对来讲资历要浅，资历越浅的既得利益者越容易在政治变动中受到冲击，长孙无忌和于志宁都是叶大根深，相对来讲，心里就比较坦然，所以虽然他们也反对，但表现得就不那么露骨。

再看挺武派，他们有什么共同特征呢？第一，怀才不遇。他们都比较有才华，但是在现行体制下无从施展。拿许敬宗来说，他是秦府十八学士之一，和房玄龄等人的起跑线是一样的，但是出于种种原因，他的仕途一直不那么顺利。李义府呢，本来和来济号称"来李"，同样以文才名满天下，可是来济就能官场得意，步步高升，他李义府就很蹉跎。所以他想要改变现状。第二，他们出身都比较低。无论是许敬宗、李义府还是袁公瑜，都不是出身于当时的世家大族，都出身寒微。有人会说，李义府姓李，这不是一个很好的姓氏吗？和皇室同姓啊。但是此李和彼李可不一样。李义府是瀛州饶阳人，陇西李氏、赵郡李氏都是名门，但谁听说过瀛州李氏？出身低有什么问题呢？一方面，他们在朝中得不到援引，很难爬到比较高的位置上去，心里难免怅恨；另一方面，他们没有受到世家大族的礼教熏陶，因此追逐利益时会不择手段，不会过多地考虑道德信条。换句话说，在当时的那些所谓士大夫的眼里，他们是一些小人。第三个特点是，他们在官僚队伍中的级别比较低。其中最高的就是许敬宗，当时官至三品，但也不是宰相。他们之中，没有一个在中枢部门，大多数是中级甚至中下级官僚。

他们为什么要支持武则天呢？他们和武则天非亲非故呀。但是他们在当时的体制之下得不到发展，所以希望政治变动，好借此出头，并不见得他们有多喜欢武则天。这是第一个原因。第二，他们看到，皇帝对支持武则天的人大加奖赏，李义府就是一个榜样。人为财死，鸟为食亡，重赏之下必有勇夫，这可真是颠扑不破的道理。这些人急功近利，既然支持武则天会得到好处，他们当然会不遗余力。

再看中间派。中间派大多数都比较沉默，我们在历史上找不到他们的身影，所以就重点分析一下李勣。

第一，李勣是瓦岗寨出身，和李唐集团不是一个阵营。瓦岗寨是个什么样的组织啊？那是隋末群雄之一，当年和李渊一样，都是重要的反隋力量，但彼此还是有隔阂的。

第二，李勣出身比较低。他是山东豪杰出身，这个山东不是我们现在说"山东大汉"的"山东"，而是指崤山以东，包括现在河北、河南和山东的大片地区。按照著名史学家陈寅恪的分析，山东豪杰是北朝以来山东地区形成的一个杂有胡汉两种血统、能征惯战的武装集团。当时中国共有两大集团勇武善战，一个是关陇集团，李渊、长孙无忌都出身于这个集团，另一个就是山东豪杰。这两个集团都会用兵打仗，但是身份上却有天壤之别。关陇集团是帝王将相，山东豪杰是江湖英雄。李勣就出身于这样一个集团。他家里有很多田地，喜欢仗义疏财，有点像《水浒传》里的宋江。后来通过隋末农民起义，逐渐跻身高位。但是，他与长孙无忌等关陇贵族显然不是同一战壕的人。

第三，李勣是手握重兵的军方人物。军方人物卷入内争是要相当谨慎的。为什么？成和败都很难应对。如果介入内争成功了，很容易受到猜忌，功高震主，就会有杀身之祸。赵匡胤黄袍加身不就是这么一回事吗？他后来对那些功臣说，如今你们把黄袍披到我身上，我就是皇帝，但是如果有一天别人把黄袍披到你们身上，你们是不是也要做皇帝啊？所以就有了"杯酒释兵权"的传说。反之，如果介入了内争，没取得成功，当然更是首先被剿灭的对象。所以，李勣的行动必须慎之又慎。

第四，李勣天生就是个极其谨慎的人，谨慎到了圆滑的程度。玄武门事变中，太宗要他协助作战，他婉言拒绝，说这事儿别找他。唐太宗当了皇帝之后，他恨不恨李勣呢？不恨，他觉得李勣做得对，还特别器重他。特别是到唐太宗中年以后，他发现身边的将领渐渐地凋零了，就剩李勣这个擎天大柱了，所以对李勣是极尽笼络之能事。有一次，李勣得病了，眼睛疼，大夫给开了一个方子，大家傻眼了：方子上面说要用龙须做药引。天上的龙，大家都无缘得见，胡须也拿不下来，可是地上的龙呢？那是皇帝，皇帝的胡子谁敢随便去拔？李勣想，这事就拉倒吧。可是唐太宗听说这事后，马上把自己的胡子剪下来，烧成灰让李勣做药引。李勣喝了药之后病好了没有？那是好了也得说好了，不好也得说好了啊，而且感激涕零。还有一件事后，也能看出唐太宗笼络他。贞观十七年（643年）废立太子，李承乾被废，李治成为太子，太宗让李勣去辅佐李治。李勣原来是宰相，现在当太子的官，其实是降了一级。但是唐太宗找到李勣，说我不是降你的官，我是希望以后把太子托付给你。过去你不辜负李密，以后你也不会辜负我们父子两个。所以，我让你去保护李治。李勣一听，说，没问题，皇上这么器重我，让我死我也情愿啊。然后，君臣二人就喝酒，推杯换盏之中，李勣喝醉了，倒在地上，不省人事。唐太宗看来酒量大，还比较清醒，当即脱下龙袍给李勣盖到身上，怕他着凉，说这么大一个功臣怎么能让他感冒呢。李勣醒来，又是感慨万千，皇上对我多好啊。

唐太宗晚年确实有托孤之意，想多找些大臣辅助太子。在文官之中，他选中了长孙无忌和褚遂良；在武将之中，他选中了李勣。但是唐太宗对文臣武将的态度完全不同。对长孙无忌和褚遂良，他是倾心托付，对李勣呢，他就耍心眼儿了，做了一件出人意料的事情：把李勣贬到叠州做刺史去了。叠州就是今天甘肃省甘南藏族自治州的迭部县，那儿现在还很荒凉，当时肯定更荒凉。很多人都不解，李勣没有罪过，怎么会无缘无故地被贬官？李治当时还是太子，他也不明白，就问去唐太宗。唐太宗对太子李治解释说：李勣能办大事，我想让他以后辅佐你。但是你对他没有恩情，我不敢保证他以后能全心全意地支持你。我的病日益严重，现在我把他贬官，如果他迁延不去，说明他有反心，那我就先把他杀掉，不给你留下后患；如果他立刻去上任，那就说明他是忠臣。等我死后，你再把他召回来，委以重任，这样他就会为你卖命了。可以看出，李世民对于武将防范甚严，使了好多损招。李勣在政治圈子里摸爬滚打了这么多年，非常精明，他一下就猜透了唐太宗的用心，因此一接到任命，连家都没回，直接就骑马上任去了。君臣彼此都在使诈，但是李勣技高一筹。这样，唐太宗的心才一块石头落了地。后来唐高宗即位之后，马上把李勣调回，委以重任。李勣也明白，自己无论如何也没有长孙无忌的势力大，和长孙无忌不是一类人，因此在高宗一朝，李勣虽然官居一品司空，可是大多数情况下都不作声，可以说是韬光养晦。这就是政治智慧。

所以，李勣在废王立武的问题上持中立态度，我们也就可以理解了。他是军方人物，不宜卷入内争；他非常谨慎，不愿介入皇家事务；他和长孙无忌不是一个阵营的人，没必要跟着长孙反皇帝。

这样，朝廷分成了支持、反对和中间三派。朝廷中有了派系，皇帝就可以上下其手了，李治和武则天利用手中的权柄，不断利用支持派，团结中间派，打击反对派。整个形势对比在悄悄发生着变化，反对派虽然占据着宰相的大多数，但是已经不再具备整体优势，而且，他们缺乏军队的支持。武则天和唐高宗已经胜券在握了，他们不需要再顾忌什么。没过多久，反武派中最激烈的成员褚遂良就被贬为潭州都督，潭州就是今天的湖南长沙。褚遂良一被贬逐，反武派一下子沉默下来，他们意识到了自己的弱势，也意识到了武昭仪的厉害。人性中懦弱的一面占了上风，他们为了保全自己的位置，统统选择了沉默。

三、六宫新主

内宫外廷的障碍都已经消除，永徽六年（655年）十月十二日，唐高宗下诏："王皇后、萧淑妃谋行鸩毒，废为庶人，母及兄弟，并除名，流岭南。"这真是欲加之罪，何患无辞啊。到此为止，王皇后真是搬起石头砸了自己的脚，她本想引进竞争机制，让武则天和萧淑妃两败俱伤，自己坐收渔翁之利，没想到"机关算尽太聪明，反算了卿卿性命"，自己做套把自己装进去了。而当年和她争风吃醋的萧淑妃，反倒成了同病相怜的难姐难妹。

皇后废了，中宫不可一日无主。六天之后，十月十八日，许敬宗联络百官上表，请求重立中宫。当天，皇帝就颁布了立武昭仪为皇后的诏书：

> 武氏门著勋庸，地华缨黻，往以才行选入后庭，誉重椒闱，德光兰掖。朕昔在储贰，特荷先慈，常得侍从，弗离朝夕，宫壶之内，恒自饬躬，嫔嫱之间，未尝迕目，圣情鉴悉，每垂赏叹，遂以武氏赐朕，事同政君，可立为皇后。

这个诏书的意思是说，武则天门第很好，是国家的勋臣之后，而且有才华、有品德，所以才被选入后宫，在后宫之中，深得众人喜欢。我当年做太子，整天侍奉父亲于床前，父亲看我如此周到用心，很想奖赏我，就把武则天赏赐给我了。这事儿就与汉朝的王政君如出一辙，所以现在我要立她为后。这简直就是一篇战斗檄文，每一句话都直接针对反对派的反对理由。

本来，反对派反对武则天有三个理由：第一，武则天出身低；第二，武则天不是先帝为李治所娶；第三，武则天侍奉过先帝，有历史污点。这篇诏书针对上述三点一一驳斥，且弹无虚发：反武派说武则天门第低微，这个诏书就强调她是功臣之后，本朝勋贵；反武派说武则天不是先帝所娶，诏书就说她是唐太宗因为唐高宗孝顺懂礼而赐予他的，因此也符合先帝的意志；反武派说武则天侍奉过先帝，诏书就把武则天比附成王政君。王政君是谁啊？她本来是汉宣帝的宫女，因为太子刚刚死了心爱的良娣，宣帝就把她赏赐给太子，作为安慰。这个太子就是后来的汉元帝。王政君一经宠幸，很快生下了儿子，所以元帝继位后，她也就顺理成章地成为皇后。诏书引用王政君这个典故，首先，偷换身份，把武则天从先帝的才人变成先帝的宫女，宫女只是宫廷中的服务员啊，不是皇帝的妻妾，这个典故用得好，这样就避免了乱伦的嫌疑。其次，王政君之所以能够成为皇后，关键在于她给汉元帝生了儿子，这也就再次强调了武则天相对于王皇后的优势，就是唐高宗在废立问题上反复强调的：王皇后无子，武则天有子。这么一来，武则天的三个问题就都不存在了，立她为皇后可以说是合情、合理、合法。

所以我们说这篇诏书就是一篇驳论文章，把武则天从尴尬的境地解脱出来。这篇大作的作者就是武则天的心腹许敬宗。满腹经纶的许敬宗，现在终于有了用武之地。

十一月一日，司空李勣送玺绶给武则天，正式册立她为皇后。武则天从贞观十一年（637年）进宫，一路坎坷，历经十八年的挣扎，至此终于实现了自己的梦想。一个人能有几个十八年？十八年，对有的女人来说，就是一生啊。此时的她，终于可以说"见天子庸知非福"了，只是这个天子，已经从唐太宗换成了唐高宗。

踌躇满志的新皇后立即表现出了与众不同的一面。册立的当天，她就在肃义门接受文武百官和四夷酋长的朝拜，这在中国历史上是第一次。以往的皇后只能接受内外命妇的朝拜，也就是那些有职衔的妇女的朝拜，武则天不仅要接受她们的朝拜，她还要接受百官的朝拜。显然，新皇后不愿意只做六宫之主。因为武则天和其他皇后可不一样，她不是一顶轿子抬进宫里轻松即位的，她是经历了和外廷的艰难斗争，经历了血雨腥风的洗礼才登上皇后宝座的。在外廷，她有敌人，更有朋友。她尝到了权力运作的滋味，那伸出宫墙翻云覆雨的手，已经不愿意再轻易收回。

那么，正位中宫的武则天，又会有什么新的举措？后宫与外廷，在她的手下，又会经历怎样的风波呢？

第八章

两种命运

永徽六年(655年),武则天经过艰苦的努力,终于挫败敌人,实现了自己的梦想,坐上了皇后的宝座。这已经是中国传统社会中一个女性所能达到的最高目标。武则天会不会就此停下奋斗的脚步?不会。她有王皇后作为前车之鉴。曾几何时,王皇后也和她一样的风光无限,但是转眼之间已经沦为阶下囚。一位皇后,如果失去了皇帝的宠爱,失去了子嗣的保障,失去了外廷的支持,将是何等的凄凉!她目睹了王皇后的悲剧,怎么会不明白其中的厉害!武则天是一个强者。生命不息,奋斗不止。她不可能高枕无忧,她还要做三件事才能放下心来。哪三件事呢?第一,稳定后宫;第二,改立太子;第三,改组外廷,把反对自己的人赶出朝廷,让支持自己的人上台。这是一个由内到外、由易到难的方针和路线。

一、王萧之死

武则天的利剑首先指向了后宫。在后宫里,她要对付的主要敌人是已经被废黜的王皇后和萧淑妃。她要把她们置于死地,让她们永远失去翻身的机会。而她之所以下此狠手,在一定程度上也是唐高宗刺激的结果。这是怎么回事呢？废王立武是唐高宗的主意，是唐高宗下令，说王皇后和萧淑妃谋行鸩毒，然后把她们废为庶人的。被废之后，她们二人就被安排到太极宫的一个清冷的院落里软禁起来，关押她们的小屋门窗紧锁，是一个黑牢，只在墙上凿了一个洞，每天把饭从小洞里递进去，再把空碗从洞口拿出来。就这样过了大约一个月。如果没有意外，这种暗无天日、生不如死的日子可能还要继续下去。

可是意外发生了。唐高宗的感情世界又起了波澜。他在册立了武则天之后，又忽然觉得自己对不起王皇后和萧淑妃了。当初说她俩谋行鸩毒完全是莫须有啊，再说，一日夫妻百日恩，王皇后和他结婚都十几年了，萧淑妃还和他生育了三个儿女，想来想去，他觉得良心上有点不安，对她们又产生了一些怜悯之情。于是在十一月的一天，唐高宗也不知道是旧情复燃，还是鬼使神差，就溜达到了关押王皇后和萧淑妃的院落里。

据《资治通鉴》记载，唐高宗到了看守所，看到环境如此恶劣，天性里温柔多情的那一面又表现出来。他不由得心酸落泪，对着洞口喊道："皇后、淑妃安在？"不一会儿，从洞里传来一个凄凉的声音："妾等得罪为宫婢，何得更有尊称！"这是王皇后的声音，语气之中有点抱怨。马上，王皇后的心头涌起了一丝希望和光明，她又改了口气，哀求道："至尊若念畴昔，使妾等再见日月，乞名此院为回心院！"皇上，如果您还念及昔日的恩情，把我们放出去重见天日，我们一定改过自新，重新做人，并请您把这个院子改名为"回心院"。

听了这几句话，大家是否有似曾相识的感觉？这番表白，此情此景，和感业寺中武则天与唐高宗相见的场面，是何等相似！当年武则天可能也泪眼婆娑地拉住唐高宗，说：如果您念及昔日恩情，让我走出寺院，回到您身边，我甘愿一辈子伺候您。一样的情景，只不过换了主人公。面对这样哀恳的表白，唐高宗是怎么回答的呢？他也像当年一样动了恻隐之心，说："朕即有处置。"然后他就走了。唐高宗的回答我认为也是当年曾经给过武则天的回答。"我会有安排的。"后来他就真的把武则天安排回宫了。那么对王皇后和萧淑妃，他真的会有什么安排吗？不会，武则天是不会给他这个机会的。

　　武则天一生重视情报工作。她不是早已经在后宫建立了情报网吗？她在唐高宗身边没少安插眼线，宫女都是情报人员，所以唐高宗私会王皇后和萧淑妃的事情，很快就通过发达的情报网报告给了武则天这个"智能终端"。武则天是什么感受啊？我觉得，如果今天我们能够由此联想到感业寺，武则天当年更是会不寒而栗。这对她来讲是昨日重现，是她玩儿剩下的把戏。如果给她们这次机会，让她们卷土重来，安知她们日后不会是第二个、第三个武则天！武则天决不能容忍事情发展下去。她的性格中果敢善断的一面这时就体现出来了，她立马找到唐高宗，对他说：皇上，听说您去见了王皇后和萧淑妃，您这么做是极不妥当的。现在我刚刚当上皇后，她们也刚刚被废，无论是朝廷还是后宫都还处于狐疑状态之中，一切都还不稳定，有可能再起波澜。您这样轻率表态，好像是旧情复燃的样子，那宫廷里的人会怎么看我们，外廷的人又会怎么看我们？我们的敌人会怎么想，我们的朋友又会怎么想？您还有没有一个准主意！所以，您是把我们自己置于不利地位，我们的胜利成果很可能因为您的草率付之东流啊。您想一想，这样做对还是不对？

　　唐高宗听了之后，也意识到自己错了。他从心里可怜王、萧二人，但是，作为皇帝，他不能儿女情长，他还要考虑政治大局啊。于是他对武则天说，我错了，不如杀了这两个人，一劳永逸，不留后患。可是我不太方便出面，你就亲自处理吧。唐高宗把这个权力交给武则天了，武则天得到这个执行权后会怎么做呢？根据《资治通鉴》的记载，她把这两个人各打了一百大板，打得皮开肉绽。这还不算，还截去她们的手足。这还不够，她又把这两人置于酿瓮中，就是扔到酒缸里去了。为什么要扔到酒缸里去呢？她说这叫"令二妪骨醉"，你们俩不是在做重获自由的黄粱大梦吗？我让你们醉到骨头里去。王皇后和萧淑妃当时都只有二十多岁，两个如花的生命，就这样血腥地结束了。

面对如此残酷的死亡结局，王皇后和萧淑妃是怎么反应的呢？这个时候，两个人表现出不同的性格和素质来。先说王皇后，她拜了两拜，然后说："愿大家万岁，昭仪承恩，死自吾分。"说希望皇帝长命百岁，万寿无疆，现在武昭仪正承恩泽，所以死是我分内的事情。这句话说得平静之极，但也骄傲之极，贵族女子的骄傲在这儿表现得淋漓尽致。王皇后至死也不承认武则天是什么皇后，认为她没有资格当皇后，就是一个武昭仪而已，即使杀了她，她也还是管武则天叫武昭仪。那么萧淑妃呢？我们前几讲说过，萧淑妃性格比较刚烈，挺像武则天的，在这种情况下，她就没有那么平静了，她破口大骂："阿武妖猾，乃至于此，愿他生我为猫，阿武为鼠，生生扼其喉。"说阿武这个狐狸精把我害到了这步田地，希望来世我变成一只猫，阿武变成一只老鼠，我要活活把它给掐死。话说得很狠。但是我们考虑一下这两个人的不同反应，哪一个对武则天更有杀伤力？是王皇后那句话。她对武则天表现出来的那种轻蔑和傲慢，是武则天更加无法容忍的。所以，把这两人杀了之后，武则天觉得还是难解心头之恨。怎么办？武则天不是爱好文史吗？她又玩起文字游戏来了，给这两个人改姓。王皇后本来姓王，这时候给她改姓蟒，说她是蛇，心如蛇蝎。萧淑妃呢？给她改姓枭，这是一种恶鸟，像鹰一样，吃肉的。武则天说，她们两个，一个是毒蛇，一个是恶鸟，都不是什么好东西。就这样，武则天既消灭了这两个人的肉体，又从精神上侮辱了她们。

那么，我们今天应该怎么看待这件事呢？我想，有两个问题必须弄清楚。第一，武则天确实直接杀死了王皇后和萧淑妃，但她是在征得了唐高宗的同意之后办理的。换句话说，这是唐高宗的授权，唐高宗意识到问题的严重性后，下诏处死王、萧二人，如果没有高宗的首肯，武则天她既不能也不敢杀死这两人。所以，如果说我们追究终极责任的话，这两个人的惨死，应该追究到唐高宗的身上。第二，武则天取得了对这件事的具体执行权之后，对囚犯进行了虐杀，在执行过程中极尽打击报复之能事。其实，这个故事也是有蓝本的，这个故事像极了汉高祖刘邦的皇后吕雉的故事。刘邦活着的时候比较宠爱戚夫人，刘邦死后，吕后掌权了，她是怎么对待戚夫人的？她把戚夫人的眼睛给挖了，然后把耳朵给熏聋了，再把胳膊、腿给砍下来。她说，这叫人彘，也就是人猪。之后她把这怪物扔到厕所里，儿子惠帝都被吓疯了。武则天的所作所为与吕后当年的做法异曲同工。

正因为这两个故事太像了，现在有些学者认为，武则天杀死王、萧二人未必那么残酷，怀疑是史学家在给武则天抹黑。他们认为是史学家把吕后的故事信手拈来，安到了武则天身上。但是我个人认为，武则天存在虐杀对手的可能性。为什么呢？是不是俗话说的"最毒莫过妇人心"啊？我认为不是这么简单。首先，无论武则天多么强，她都处在一个男权至上的社会里。男性家长，或者简单地说她的丈夫，掌握着她的身家性命，这些和她争夺丈夫的女人，不仅仅是情敌、政敌，甚至是她生命的敌人。正是因为有了这种恐惧，所以当她能够有所作为的时候，才会如此的残忍、疯狂、不顾一切。其次，武则天从小喜欢阅读文史书籍，大概对吕后的故事也并不陌生。从人性的角度来说，不自觉地借鉴前人经验，模仿前人的举动也算是一种本能吧。我们现在不主张让小孩看暴力镜头，不就是怕他日后模仿吗？何况，武则天不是一个看到老鼠都要尖叫的人，她从来不害怕杀人。为了扳倒这两个人，她已经牺牲了自己的女儿，现在，就让她们死得难看些吧。

武则天这么做的后果是什么呢？民间有这么一个说法，说武则天从此对猫十分惧怕，宫中从来不养猫，因为萧淑妃说希望自己来世变成一只猫，她害怕猫会去掐她的脖子。不但民间这样传说，《资治通鉴》也有类似的记载，说武则天在血腥杀人之后，患上了心理疾病，因为害怕萧淑妃转世报复，所以宫里再也不养猫；又说她整天做噩梦，因为多次看见王皇后和萧淑妃的鬼魂披头散发，鲜血淋漓，所以不敢继续住在太极宫，后来搬到了大明宫，再后来吓得连长安都不敢住了，就搬到东都洛阳去了。

这两个说法，其实都不太准确。武则天的心理远比他们想象的坚强，她还是继续养猫的。同样是《资治通鉴》的记载，说武则天当皇帝之后，特别喜欢宣传在自己的统治之下一切都可以改变，仇敌都可以变为朋友。有一次，她给大臣们做了一场驯兽表演。她把一只猫和一只鹦鹉关在一个笼子里，给大臣传看。猫和鸟不是天敌吗？但是她宣称，在她的调教之下，它们可以改变天性，和平共处。大臣也都凑趣，认真观看，一边看一边赞美：我们的皇帝，是多么伟大啊，居然感化了这只猫。可是传来传去，时间不就悄悄地溜走了吗？最后，猫饿了，猫是畜生啊，它有畜生的本能，一看旁边有一只鸟，一下子扑上去，咬断了鹦鹉的脖子。武则天当时很没面子。不管武则天作为驯兽师是否合格，这故事至少说明武则天还是养猫的。那她是不是怕王皇后和萧淑妃变成厉鬼才不敢住太极宫，要搬家啊？也不是。我们不是说过李唐皇室有风疾的遗传病吗？太极宫地势低洼，所以皇帝们都不喜欢住，从唐太宗就开始营建大明宫。后来唐高宗因为经常犯病，就主要住在地势高敞的大明宫了。再后来武则天迁都洛阳更是有其他重要的政治和经济方面的原因，而不是因为害怕什么鬼魂。武则天杀死王皇后和萧淑妃没有这些负面的后果，相反，这对她倒有两个很好的效果。第一个是把两个潜在的威胁解决了,稳定了后宫。第二个是杀鸡骇猴,震慑后宫,让大家都知道武皇后是如此强悍,如此心狠,看你们这些后宫的女子,哪个还敢再勾引唐高宗,哪个还敢再反对她!所以,这一招是一箭双雕啊。

二、改立太子

稳定后宫以后,武则天要做的第二件事就是重新立太子。永徽三年(652年),武则天专宠的态势刚刚明显的时候,王皇后在舅舅柳奭的帮助之下,敦促高宗立了一个普通宫女所生的李忠为太子。李忠生于贞观十七年(643年),是高宗李治的长子。他的生母出身很低,所以王皇后收他做了养子,希望靠他来稳定自己的位置。到永徽六年(655年),李忠已经十四岁了。十四岁的孩子已经明白好多事情,更何况生在帝王家,比一般孩子在政治方面更加早熟。看到养母王皇后被废,随后又惨死,李忠感到很惶恐。怎么办呢?他主动上疏,要求辞职,反正这个太子也当不下去了。辞职书交到唐高宗这儿,唐高宗是怎么处理的呢?他觉得这事儿不能那么急,他还得等更多的人表态呢。

唐高宗在等,武则天在干什么呢?此时武则天和她的支持者们也没消停,他们上蹿下跳,忙得不亦乐乎。永徽六年(655年)十一月三日,武则天刚刚被立为皇后的第三天,她就授意心腹礼部尚书许敬宗上疏,请求皇帝改立太子。许敬宗说,永徽初年的时候,国本还没有生出来呢,现在的皇后还没有生儿子,怎么办呢?当时"权引彗星,越升明两",就是暂且拉过一个彗星来,把它放在太阳那个位置,让它权且照照亮。可是现在,皇后已经生下了自己的儿子,这个李忠,他怎么还能以彗星的身份来代替太阳呢?这个事情不妥当,因此皇太子得换人，应该立皇后武则天的儿子做太子。许敬宗阐述了这番理由之后，还煞有介事地说：我知道父子之际，人所难言，我这样涉嫌挑拨你们父子的关系，话说得不好，皇上可能降罪于我，但是，为了国家的安定团结，我万死不辞，所以就上了这么一篇奏疏。

平心而论，许敬宗的这个上奏是符合中国传统社会立皇太子的规范的，就是立嫡长子，皇后的第一个儿子当太子。当然，他犯不着假激动，说自己是冒死上奏，因为他明明知道唐高宗正等着有人说这个话呢，他很安全。唐高宗接到奏疏之后，马上召见许敬宗商议此事。许敬宗见到皇帝后，又说出一个理由："皇太子，国之本也，本犹未正，万国无所系心。且在东宫者，所出本微，今知国家已有正嫡，必不自安。窃位而怀自疑，恐非宗庙之福，愿陛下熟计之。"意思是说现在这个太子出身微贱，心里必然非常不安，一个皇太子心里不安，对国家可是一件祸事啊。这是什么意思？暗示李忠可能会犯上作乱。这样一来，改立太子既有理论依据，又有现实政治的考虑，显然是一个正当要求。唐高宗听了这番议论之后觉得很欣慰，他正等着有大臣带头上疏呢。所以，他说，阿忠已经上表请求让位了。许敬宗说，这说明皇太子人格很高尚，我们应该成全他这番雅志，您就顺了他的意思吧。于是，就在当天，唐高宗废掉太子李忠，改封他为梁王，让他担任梁州都督，即刻离开京城，前去赴任。

月儿弯弯照九州，几家欢乐几家愁。就在李忠凄凄惨惨地离开京城的时候，武则天应谶而生的长子——代王李弘被立为太子。为了庆祝这一盛事，唐高宗大赦天下，改元"显庆"。为了给新太子祈福，唐高宗和武则天还在大慈恩寺举办无遮大会，宴请僧众。慈恩就是母亲的恩德。帝制社会，一方面子以母贵，只有皇后生的儿子才能当太子；但是同时也母以子贵，一个皇后如果没有儿子当太子的话，位置很难稳固。所以，李弘和武则天是一个互相依存的关系。改立太子，让武则天又松了一口气。她知道，王皇后失败的一个最重要的原因就是没有儿子。现在李弘被立为太子，武则天的皇后之位就更加稳固了。

三、重组外廷

改立太子之后，武则天要做的第三件事，也是难度最大的事，就是调整外廷。武则天当皇后当得艰难，外廷有人支持她，也有人反对她，而且反对的声音一度还占了上风，反对者们都是元老重臣。现在，武则天已经当上皇后，而元老大臣还盘踞在宰相的位子上，她怎么能够容忍呢？此外，支持者也需要奖励。只有让支持的人升官，他们才能看到希望，继续支持她。因此，武则天还需要在外廷打击反对派、奖励支持派。具体怎么做呢？武则天和唐高宗共同商议之后，觉得这事急不得，需要通盘考虑。二人决定，依据反对派在朝中势力的大小和当年反对的激烈程度，分期分批进行处理。这样，那些反对武则天比较激烈，同时势力又比较小的，就先期处理，于是，韩瑗、来济、褚遂良上了第一批黑名单。

大家应该还记得，褚遂良就是当年把笏板扔到台阶上，拿命、拿官位来要挟唐高宗的那个人。韩瑗和来济呢，是公开上疏表示反对的人。这都是激进派。褚遂良其实当时已经不在中央，就在永徽六年（655年）九月，废王立武正在高潮期间，他就因为表现过激被贬官了，所以当时中央需要处理的，就只剩下韩瑗和来济两个人了。对这两个人，武则天怎么处理呢？据《资治通鉴》记载，就在武则天当上皇后的第三天，她使出了一招棋：以退为进，上表要求唐高宗褒奖韩瑗和来济。她说："陛下前以妾为宸妃，韩瑗、来济面折廷争，此既事之极难，岂非深情为国！乞加褒赏。"意思是说韩瑗他们曾经阻止陛下立我为宸妃，这件事非常不易，希望陛下体察他们的忠心，奖赏他们。这一招很厉害。首先，武则天的正面形象树立起来了，她不是一个睚眦必报的人，她既往不咎，大肚能容，是个合格的国母；另外，她这样做也是为了麻痹韩瑗和来济，引蛇出洞，让他们继续有所为，以便最终一网打尽。为什么她只说韩瑗、来济反对她当宸妃，不提他们反对她当皇后啊？这是因为武则天当皇后，当中的名堂太多，经不起深究。现在她不想把人们的眼光再吸引到这件事上来了。因此，她避重就轻，只提宸妃，不提皇后。

　　武则天此招一出，韩瑗果然上当了。显庆元年（656年）十二月，他觉得废立皇后的风波已经过去了，武则天也没有什么进一步的举动，看起来这个女人也没什么了不起的嘛，于是他胆子又大起来了。他想为老战友褚遂良鸣不平，把他从地方上拯救回来，于是上奏说："遂良社稷忠臣，为谗谀所毁。昔微子去而殷国以亡，张华存而纲纪不乱。陛下无故弃逐旧臣，恐非国家之福！"意思是说，褚遂良当年虽然言词过激，但确实是深情为国，现在他被小人离间，所以贬到地方去了，希望陛下把他召回来，继续任用，否则，国家就要面临灾难。此言一出，唐高宗勃然大怒，说当初他那么顶撞皇帝，韩瑗还来替他鸣冤叫屈！继续贬，下令把褚遂良贬往更偏远的地方。倒霉的褚遂良又被贬到桂州（今广西桂林）当都督去了。

　　武则天正愁找不到把柄呢，现在韩瑗居然自投罗网，岂不是天意！马上，武则天就把她的心腹许敬宗招来了，如此这般地指示了一番。第二天，许敬宗在武则天的授意之下上书唐高宗说，他觉得现在朝廷里有阴谋。什么阴谋呢？他说，把褚遂良贬往桂州，看起来是慑于皇帝陛下的天威，其实这是中书令韩瑗的阴谋，这是明贬暗升。为什么呢？桂州是用武之地，可以养兵、练兵，最后出兵。韩瑗利用宰相的职务之便，安排褚遂良做桂州都督，是想和他里应外合。另外，来济和褚遂良也是朋党，实际上他们三个人勾结在一起谋逆。

　　这个说法有没有道理呢？其实非常牵强。因为桂州和长安相去甚远，即使今天从广西桂林起兵去打西安也是难度很大，更何况当年了。褚遂良怎么会和韩瑗策划这么一个愚蠢的谋反计划呢？那绝对是脑子进水啊！但是，唐高宗不管这些。他马上认可了许敬宗的上奏，下诏贬韩瑗做振州刺史，来济为台州刺史。振州就是海南省的三亚市，韩瑗给贬到天涯海角去了。台州是现在浙江省的临海市。浙江现在是个好地方，可是当年南方还没有得到充分开发，特别是沿海地区，还是非常落后的。既然桂州是用武之地，那褚遂良也就不能在桂州待下去了，又被进一步贬到爱州担任刺史。爱州是今天越南的清化市，这下子贬得更远了，如果按照今天的疆域，都被驱逐出境了。

　　面对越来越沉重的打击，有"唐楷第一人"之誉、有着文人气质的褚遂良终于受不了了。据《新唐书》记载，显庆二年（657年），褚遂良上表说："往者承乾废，岑文本、刘洎奏东宫不可少旷，宜遣濮王居之，臣引义固争。明日仗入，先帝留无忌、玄龄、勣及臣定策立陛下。当受遗诏，独臣与无忌二人在，陛下方草土号恸，臣即奏请即位大行枢前。当时陛下手抱臣颈，臣及无忌请即还京，发哀大告，内外宁谧。臣力小任重，动贻伊戚，蝼蚁余齿，乞陛下哀怜。"这里他先提到了自己为高宗力争皇位的策立之功，回忆了太宗去世后他帮助高宗稳定局势的辛劳，恳请唐高宗念在往昔的功劳上，对他网开一面。这封信写得好不好呢？不好，非但不好，而且是大错特错了。在唐高宗看来，正是因为他有拥立之功，又接受太宗遗命辅政，才会如此桀骜不驯，不把皇帝放在眼里。换句话说，褚遂良自以为可以向唐高宗求情的资本，正是唐高宗要置他于死地的真正理由。这封不识时务的求饶信当然得不到什么回复，第二年，褚遂良病逝于爱州，享年六十三岁。

韩瑗和来济这一被贬，他们原来所担任的中央领导职位就空出来了。谁去接替呢？许敬宗。因为许敬宗负责调查这个案子，立了大功，所以升官做了侍中，取代了原来来济的位置。武则天的另一个心腹李义府，在此之前已经当了中书令。这两个人都进入了宰相集团。唐朝的中央政府实行程序分工，中书省负责起草诏书，门下省负责审核诏书，一个文件，只有经过中书、门下两个程序，才能真正成为敕旨，成为一个"红头文件"。现在李义府担任中书令，许敬宗担任门下侍中，武则天的意图贯彻起来就比较通畅了。到此为止，拥武派已经进入最高层，反武派也出去了三个，只差一条大鱼——长孙无忌还没有离开中央。天罗地网已经张开，尊为国舅、贵为宰相的长孙无忌又会面临怎样的结局呢？

第九章

国舅之死

武则天当上皇后之后，立刻就拉了一张黑名单，对曾经阻挡她上升之路的人分期分批打击报复。王皇后、萧淑妃、李忠、褚遂良、韩瑗、来济，凡是黑名单上的人物一个个都离开了朝廷，有的甚至离开了世界。现在，该轮到长孙无忌了。武则天究竟会在什么时候、以什么样的方式，重拳出击长孙无忌呢？

一、国舅谋反案

我们先来看看在武则天和唐高宗对反对派进行大清洗的时候，长孙无忌在干什么呢？他在著书立说。中国古代政治家的传统是"达则兼济天下，穷则独善其身"。被重用的时候就胸怀天下，干一番轰轰烈烈的事业；不被任用的时候，就退回书斋之中，加强自我修养，著书立说。这叫进可攻，退可守。自从武昭仪被立为皇后，长孙无忌感觉自己在政治上难有作为了，因此心灰意懒，只想退到书卷中去，享受一点心灵的安宁。显庆四年（659年）以前，他先后领衔完成了武德和贞观两朝的国史共八十卷，梁、陈、北周、北齐、隋五代的志三十卷，也就是现在《隋书》中的志，还有《显庆新礼》一百三十卷，可以说是著作等身。有一句话叫"盛世修史"，一个兴盛的王朝，就会有条件、有余力去总结前朝的经验教训。唐朝建立了史馆，开创了宰相领衔修史的传统。有唐一朝一共修了八部正史，占二十四史的三分之一，这其中就有长孙无忌的功劳。

长孙无忌想远离政治，政治却不会远离他。武则天和唐高宗决心要建立一个属于自己的朝廷，长孙无忌就是最大的障碍。但是，长孙无忌毕竟是皇帝的舅舅，又做了三十年的宰相，权倾朝野，威震天下。要扳倒他，需要慎之又慎。武则天是一个果断的人，但是她并不急躁。在需要耐心的时候，她非常有耐心。在重拳出击长孙无忌之前，她还需要先剪除他的羽翼。出于这种考虑，长孙无忌的老战友褚遂良、韩瑗、来济先行被扫出朝廷；与此同时，长孙无忌的亲戚也难逃噩运。他的表弟太常卿高履行首先被贬出京，出任益州刺史。高履行是长孙无忌的舅舅高士廉的儿子，当年，长孙无忌的父亲去世，年幼的无忌兄妹被同父异母的哥哥赶出家门，是舅舅高士廉收留了他们。因此，高履行和长孙无忌名分上虽然是表兄弟，但实际比亲兄弟还亲。紧接着，长孙无忌的堂兄、工部尚书长孙祥被贬为荆州刺史。长孙无忌在朝廷中可以援引的势力逐渐被剪除，就剩下他孤家寡人了，该是对他开刀的时候了。

动手整治当朝宰相，这得需要一个充分的理由。以这个理由为突破口，武则天的行动才名正言顺，动起手来才会又快又准又狠。那么，突破口在哪里呢？

显庆四年（659年）四月，洛阳人李奉节向唐高宗告状说，他发现一个朋党案件，太子洗马韦季方和监察御史李巢结交权贵，共结朋党。这本来是一个很小的案子，针对的是中下级官员。但是这个案子一出来，武则天的火眼金睛马上看到它的利用价值。她觉得这个案子可以做大，为什么呢？因为这个案子牵涉一个权贵。这个权贵是谁呢？武则天希望他是谁，他就会是谁。那么派谁去审理呢？武则天的心腹爱将许敬宗刚刚晋位宰相，立刻就被派上了用场。派一个堂堂宰相来审这种小案子，明眼人都能觉出这件事异乎寻常。许敬宗是聪明人，他知道皇帝和皇后希望看到的结果。他不会让他们失望的。

许敬宗怎么审案子呢？他大搞逼供，严刑拷打韦季方和李巢，让他们招供自己结交的权贵是谁。当然，另一方面，许敬宗也巧妙地暗示这两个人，只要你们供出长孙无忌，事情就好办了。可是韦季方是个老实人，他哪里敢随便诬陷当朝国舅啊。再说了，在他淳朴的心中，长孙无忌简直就像一座巍巍高山，他哪里有机会结交这样的权贵啊。这罪名坚决不能承认！但是许敬宗不停地逼他。最后，韦季方被逼无奈，就去撞墙，想要自杀。但是，小人物的悲剧在于，他连死的权利都没有。他又被救活了，而且自杀成为他有罪的证据。没有犯罪，干吗要寻死呢？许敬宗马上向唐高宗汇报案情进展，他说，案子已经调查出眉目来了，韦季方的问题不是简单的结党营私，这里面涉及一个阴谋，他是想和长孙无忌合谋，上下勾结，陷害忠臣和贵戚，试图谋反，现在，韦季方看到阴谋败露，只好畏罪自杀。

这可真是天下奇闻啊，一个堂堂宰相竟然和五品文官勾结在一起谋反！唐高宗听了汇报之后，是怎么反应的呢？据《资治通鉴》记载，他说了这么一句话，非常有意思："舅为小人所间，小生疑阻则有之，何至于反？"唐高宗并没有质疑长孙无忌是否应该被牵扯进这个案子里，甚至也没有深究长孙无忌怎么会脑子进水，和几个小小的文官谋反。他只是说：舅舅被小人挑拨离间，心里对我有猜疑是可能的，怎么至于到谋反这一步呢？他用了一个疑问句。可是这个问句就把这个案子的性质给定下来了，这是谋反。唐高宗亲口说出了这两个字，但是呢，他用了一个疑问句，怎么会谋反呢？许敬宗是一个聪明人，他当然知道怎么样处理皇帝这个疑问句，只要把它变成肯定句就可以了。据《资治通鉴》记载，许敬宗马上就说："臣始末推究，反状已露，陛下犹以为疑，恐非社稷之福。"他说，陛下您怎么可以再怀疑呢，这就是谋反啊！唐高宗听了以后长叹一声，眼泪随之滚滚而下，说："我家不幸，亲戚间屡有异志。往年高阳公主与房遗爱谋反，今元舅复然，使朕惭见天下之人。兹事若实，如之何？"他说，我们家真是家门不幸，怎么亲戚老谋反呢，过去高阳公主就谋反，现在我舅舅又谋反。如果这件事是真实的，我们该怎么处理呢？定了调子之后，他要论罪责了。在这里，唐高宗还给出一个先例，往年高阳公主也曾经谋反来着，这就成了长孙无忌案件处理的依据了。

高阳公主的谋反究竟是怎么一回事呢？

二、案中案

高阳公主谋反案是永徽三年（652年）发生的一个大案，这个案子的处理者正是当时权倾朝野的太尉长孙无忌。高阳公主是唐太宗的女儿，人长得漂亮，又聪明活泼，也非常任性。小时候，她深得唐太宗的宠爱。唐太宗为了笼络大臣，把她嫁给了宰相房玄龄的小儿子房遗爱。在唐朝，娶公主可不是常人消受得了的福气。自从高阳公主嫁进房家，房家就一天也没有消停过。受宠的高阳公主结婚之后，处处刁钻好胜，调唆丈夫房遗爱和大哥房遗直分家。房遗直被逼无奈，告到唐太宗那里。唐太宗主持公道，狠狠地责骂了高阳公主一番，才把这件事摆平。从此太宗就不大喜欢这个惹是生非的女儿了。可是没过多久，高阳公主又出事了。她跟和尚辩机私通的事情败露了。有一次，高阳公主去打猎，巧遇和尚辩机，两人一见钟情。高阳公主从此就包养了这个清秀的和尚，给老公戴了绿帽子。为了安慰老公房遗爱，她还送给他两个绝色的婢女。房遗爱只能忍气吞声，不敢有什么意见。可是纸包不住火，这个事情终究还是败露了。贞观年间，因为追踪一起盗窃案件，御史搜查了辩机所在的寺院，搜出了一个宫里的金宝神枕。追问之下，辩机承认是公主所赐。唐太宗觉得很没有面子，盛怒之下，腰斩了辩机。娇纵的高阳公主也因此恨透了这个严厉的老爸。贞观二十三年（649年）唐太宗去世，高阳公主一滴眼泪都没有流。

没有了父亲的管束后，高阳公主更加肆无忌惮，无法无天，包养了更多的情人。也许因为辩机给他留下了很深的印象，所以她对这一类人总是情有独钟。和尚、道士这些方外人士在她的情人中占了相当大的比重。但是，因为李唐王朝有鲜卑族的血统，对于传统礼教不大在乎，所以公主的这些出位之举还算不了什么。她一生中犯的最大错误不是给丈夫戴绿帽子，而是和他在政治上搅到一起了。

高阳公主的丈夫房遗爱在贞观朝属于魏王李泰一党。贞观十七年（643年），魏王李泰和太子李承乾因为争位双双被废，不久李治被立为太子。所以，到高宗时期，房遗爱在政治上属于失势派，被贬为房州刺史。房遗爱是公子哥儿出身，宰相的儿子，公主的丈夫，本来也是娇生惯养的，到了地方之后，他不大受得了艰苦的生活，就满腹牢骚，和一群跟他一样失意的皇亲搅在一起，整天讲怪话。这一伙人除高阳公主夫妇外，还有辈分较高、野心勃勃的荆王李元景、当年同属魏王阵营的巴陵公主驸马柴令武、胆大脑小、因事贬官的丹阳公主驸马薛万彻等，整天在一块儿发牢骚，其实倒也没有什么真正的举动。尽管如此，他们还是被人告发了。告密者是什么人呢？就是房遗爱的哥哥房遗直。高阳公主不是曾经张罗着和房遗直分家吗，后来她又想要房玄龄的封爵了。可是爵位归长子继承，她的丈夫不是长子。于是，高阳公主一不做二不休，诬告房遗直非礼她，想借此搞倒他，让自己的丈夫继承爵位。房遗直终于忍无可忍了，另外，他也很担心这小两口闹过了头累及房氏一门，只好向唐高宗告发了房遗爱等人的政治阴谋。房遗爱组织反政府小团体，高阳公主又去结交和尚、道士，经常搞点什么望气、算命之类的不轨行为，两人的活动加起来，这不就是谋反吗！

这可不得了，皇亲国戚参与谋反，事关重大，唐高宗立刻委托宰相长孙无忌调查。长孙无忌一经核实，反状确凿。国有常刑，这些人本来也是难免一死，但是，长孙无忌并不满意这样的结果。他还要借此机会把谋反案扩大，将所有的政治反对派都罗织进来，一网打尽。于是，在他的威逼利诱之下，房遗爱又牵扯出了吴王李恪。吴王李恪也是唐太宗的儿子，他母亲是隋炀帝的女儿，血统非常高贵，李恪本人也英武果敢，有乃父之风，当年深得唐太宗的喜爱，唐太宗曾经一度动念头要立他为太子，后来因为长孙无忌的反对才没有实现。所以在长孙无忌的心中，一直把他视为李治的潜在威胁。现在，吴王虽然没有参与房遗爱的行动，但是，因为这样一段不愉快的往事，长孙无忌还是把他拉进来，以谋反罪将他处死。吴王一向人望很高，又小心谨慎，怎料会横遭长孙陷害！据《资治通鉴》记载，李恪临死前大骂："长孙无忌窃弄威权，构害良善，宗社有灵，当族灭不久！"和他一起被杀的还有荆王元景，高阳、巴陵二公主以及房遗爱、柴令武、薛万彻三位驸马。接着，一大批对李治的统治形成威胁，或是跟长孙无忌不和的宰相、将领、宗室、驸马，无论是否真的参与过阴谋，都被牵扯进高阳公主谋反案中，贬往地方。这就是永徽年间轰动一时的高阳公主谋反案。

长孙无忌当时把谋反案上纲上线地处理，本不乏为李治考虑，帮他稳定政局，杀李恪的用心正在于此。但是他的这番杀戮，隐隐露出了震主之威。看到长孙无忌收拾勋贵就像碾死一只蚂蚁那么容易，李治能不心惊吗？裂痕就在那时候出现了。风水轮流转，当年的翻云覆雨，如今全成了请君入瓮。高阳公主谋反案，现在变成处理长孙无忌一案的先例。

唐高宗既然自己先提出了高阳公主谋反案，许敬宗接下来的事情就好办了。怎么处理长孙无忌呢？前事不忘，后事之师，按既定方针办就可以啦。于是，许敬宗说："遗爱乳臭儿，与一女子谋反，势何所成！无忌与先帝谋取天下，天下服其智；为宰相三十年，天下畏其威。若一旦窃发，陛下遣谁当之？"他说，长孙无忌谋反的危险性远远大于当年的高阳公主谋反。高阳公主是一个女子，和乳臭未干的房遗爱谋反，两个人都没什么号召力，很难成事啊。但是长孙无忌和先帝一起谋取皇位，又当了三十年宰相，在朝廷里威望很高。现在如果他狗急跳墙，振臂一呼，陛下怎么办呢？

到此为止，案子的结论和处理意见基本都已经出来了。按照许敬宗的意思，在参考高阳公主案的基础上，还要加重处理。但是唐高宗并没有同意许敬宗的处理意见，他说这事别急于定论，你再审审看。许敬宗就纳闷了，这案子还有什么油水呢？回家苦苦琢磨了一夜，终于恍然大悟了。

第二天，许敬宗又上奏了。他说，我昨天又审了审这个案子，发现比我想的还要严重。原来以为只涉及长孙无忌一个人，现在才发现，这是一个牵连若干大臣的大阴谋。我昨天回去提审韦季方，我问他，说长孙无忌是当朝国舅，皇帝与先皇都对他那么信任，他为什么要谋反呢？韦季方说，这事开始也不是长孙无忌的意思，是韩瑗在挑拨他。韩瑗曾经对长孙无忌说，当年您和王皇后的舅舅柳奭以及褚遂良三人合谋立李忠做太子，现在李忠已经被废，皇上也不信任您了，您还不早做打算啊？长孙无忌一听，有道理啊，于是就日夜和这些大臣策划谋反。都和谁策划呢？韩瑗、褚遂良、来济、柳奭，还有于志宁。看来，这不是长孙无忌一个人的事情，几乎所有的元老大臣都和这个案子有牵连。

到了这一步，唐高宗终于觉得这个案子的利用价值被挖掘得差不多了，他再也无话可说，于是，长叹一声，又一次潸然泪下。他说："舅若果尔，朕决不忍杀之。若杀之，天下将谓朕何！后世将谓朕何！"我舅舅就算谋反，我也绝对不能杀他。我要是杀了他，天下人会怎么议论我？子孙万代将怎么议论我啊？这等于皇帝完全认可了长孙无忌的谋反，但同时他还要做一番仁慈的表演，他要法外开恩，免去长孙无忌的死刑，以免被天下人耻笑。注意，这句话他可不是第一次说了。当年处理高阳公主谋反案的时候，他也曾经说过："荆王，朕之叔父；吴王，朕兄。欲丐其死，可乎？"当时，长孙无忌不答应他的请求；现在，许敬宗同样劝他大义灭亲。许敬宗说了："古人有言：'当断不断，反受其乱。'安危之机，间不容发。无忌今之奸雄，王莽、司马懿之流也；陛下少更迁延，臣恐变生肘腋，悔无及矣！"就是说皇帝应该天下为公，大义灭亲，不能存妇人之仁。话说到这一步，唐高宗觉得该解决的问题都解决了，案情现在看起来脉络清晰，处罚的理由充分，足可以让天下人心服口服了。于是下令削去长孙无忌的太尉头衔和封地，给他一个扬州都督的头衔，把他押解到黔州安置。黔州是现在的重庆彭水县，当时是挺偏僻的一个地方。不过，唐高宗说了，长孙无忌毕竟是他的亲舅舅，不忍心看着他受苦，因此仍按一品大臣的待遇供给饮食。

三、血雨腥风

可是事情到此并未彻底结束。前面说过，武则天要巩固皇后的位置，必须对外廷重新进行优化组合。把反对她的人清除出去，把拥护她的人请进来。而在打击反对派这个问题上，她是分两步走的。第一步，清除反对派中势力相对小的褚遂良、韩瑗、来济，把他们贬往地方。第二步，在外围组织已经被清理之后，再清除反对派的核心力量长孙无忌。这样做是为了慎重起见，避免一下子打击面过大，造成政局不稳。换句话说，就是让反对派心存幻想，逐步丧失斗志，最后坐以待毙。现在，长孙无忌已经倒台，唐高宗和武则天再没什么顾忌了。他们终于可以施展手脚，把反对派一网打尽。

于是，长孙无忌谋反案的基调刚刚确定，许敬宗又奏：

无忌谋逆，由褚遂良、柳奭、韩瑗构扇而成；奭仍潜通宫掖，谋行鸩毒，于志宁亦党附无忌。

这样一来，所有当年未曾追随武则天的元老重臣无一漏网，连一言不发、唯恐惹祸上身的于志宁也未能幸免。至此，这些人全部被免去了所有官爵。

这还不够。三个月之后，唐高宗下令让李勣、许敬宗等宰相进一步追查长孙无忌谋反案。许敬宗接旨后，派中书舍人袁公瑜到黔州去录长孙无忌的口供。袁公瑜可是当初第一批拥护武则天当皇后的人，裴行俭和长孙无忌议论武昭仪就是他告的密。当时他还仅仅是一个大理丞，八品官，现在他已经做到五品的中书舍人了。那么，袁公瑜是怎样录口供的呢？其实他根本不需要录，他直接对长孙无忌说，你还是自我了断吧，省得我再费一把力气。长孙无忌见大势已去，长叹一声，就地自杀了。

随后，唐高宗又下诏将王皇后的舅舅柳奭和韩瑗斩首。古人云：覆巢之下，焉有完卵！随着这批老臣的死去，他们的家族也遭受了灭顶之灾。成年的儿子都被处死，其他近亲皆流放岭南为奴婢，远亲受株连贬官的就更多了。长孙无忌的两个儿子长孙冲和长孙诠，都是驸马；一个尚长乐公主，一个尚新城公主，两个公主都是唐太宗与长孙皇后的女儿。他们此时即使贵为驸马也未能幸免于难，被一同杖杀。长孙无忌谋反既然是由前太子李忠被废引起的，梁王李忠也就顺带着被牵连进来。显庆四年（659年）七月，李忠被废为庶人，安置在黔州废太子李承乾的故宅里。

从永徽六年（655年）到显庆四年（659年），人们逐步认识了新皇后的厉害。现在，不仅仅后宫是她的天下，外廷也在她的匕首前面战栗。长孙无忌、褚遂良、于志宁，一个个曾经气焰熏天的大臣不过就是当年的狮子骢。这个时代真切地让人们见识了什么是顺我者昌、逆我者亡。无论是处理后宫还是对付外廷，如果不是武皇后从中出谋划策，推波助澜，事情肯定不会解决得那么完满。先易后难，由内而外，武则天表现出了超一流的政治手腕和斗争能力，一阵雷霆过后，武皇后的威风树立起来了。

但是事情并不是这么简单。显庆年间全部事情的症结并不在武则天。从废王立武到清洗后宫，从改立太子到外廷换血，唐高宗始终关注着事件的进程，并发挥着主导作用。简而言之，唐高宗是统帅，而武则天只是他的亲密战友，是积极的推动者。唐高宗早就想洗牌了。他的前半生一直是受人控制的。当太子时，他生活在父亲的阴影之中，好不容易当上了皇帝，还要受制于父亲任命的元老重臣。一个皇帝如果没有权力会是何等郁闷啊，他要重树皇权。他的这种突破限制、伸张皇权的欲望才是左右整个事情的关键。

就在血腥的清洗之中，一种全新的政治格局诞生了。什么新格局呢？首先，贵族官僚逐步丧失了权力，甚至丧失了生命，受到了巨大的不可逆转的打击。关陇集团是一个地方武力集团，人员本来有限。长孙无忌等人以及他们的亲属，死的死，贬的贬，使得这个集团受到了重创。朝廷的很多位置空了出来，新兴的势力就可以补充进去了。

原来的一般官僚实力和地位有所提高。许敬宗、李义府、袁公瑜这些新提拔起来的中下层官员在废王立武事件中崭露头角，在清除长孙无忌集团的过程中大显身手，此后，他们还会发挥更大的作用。

再从皇权的角度来考虑，经由这样一番变化，皇权得到了空前的提高。自魏晋南北朝以来，皇帝一直和贵族官僚联合治理天下，正因为如此，皇帝才需要在废立皇后的问题上征求大臣的意见，处处受制于大臣。但是随着元老大臣的下台和新生力量的补充，皇帝面对的再不是贵族，而是一般官僚，皇帝和大臣之间的距离拉大了，皇权的伸张有了充分的余地。所以说，由废王立武引起的变化是一次深刻的社会变革。它不仅仅意味着支持武则天的人上台、反对武则天的人下台，它还意味着整个社会势力的重新洗牌，而这次洗牌对于唐朝乃至整个中国社会的历史进程都产生了深远的影响。

经过四年的内外整肃，此时的武则天，上有唐高宗的专宠和信任，中有太子李弘作为依托，外有李义府、许敬宗作为心腹，皇后的地位，可以说是坚如磐石。那么，武皇后心满意足了吗？她的下一个目标又是什么呢？

第十章

母仪天下

为了肃清反对派,显庆四年(659年),武则天和唐高宗一起,炮制了长孙无忌谋反案,终于将永徽年间左右政局、在废王立武问题上不肯合作的元老重臣集团一网打尽,为寒门新贵打开了权力的大门。武则天这一系列举动,让满朝文武逐步认识到新皇后的厉害。现在,"破"的工作已经基本完成,妨碍她的旧势力已经从眼前消失,武则天该考虑"立"的工作了。她要树立一个新的形象,名副其实地母仪天下。为此,她做了三件大事。

一、提高家族地位

武则天出身小姓,在争夺后位的过程中,她的出身曾经受到元老大臣的轻视,成为她谋取后位的严重障碍之一。这是她心中的隐痛。现在,她已贵为皇后,岂能容忍自己的姓氏再受人轻视!那么,怎样做才能改变武氏作为小姓的定位呢?武则天遵循魏晋南北朝以来的一个传统做法,推动唐高宗颁行一本书,重新确定世族的等级。大家知道,**魏晋南北朝隋唐时期是贵族社会,世族在社会上的影响非常大。**一个人是否出身世族,或者是哪一级的世族,对于他的人生有着重要的影响。什么影响呢？简而言之，它决定了人生的两件大事：一是婚，二是宦。就是决定了你和什么样的人结婚，当什么级别的官。魏晋南北朝时期，选拔官僚的制度被称为九品中正制，就是把人分成九个品级，根据人物的品级来决定授予他什么样的官爵。举一个例子，比如你在人物的品评中被评为二品，你就可以从七品官做起；你被品评为第三品，你当官可能就得从八品官做起。人物的品级和做官的品级之间有一个对应性。而评定人物品级的最重要条件就是家世背景。在这种制度下，世族子弟含着金汤匙出生，一生享受荣华富贵；而平民子弟无论怎么努力，也很难得到认可。正所谓"郁郁涧底松"，在地势上永远比不上"离离山上苗"。这是典型的血统论，很不公平。另外，虽然现在谈婚论嫁也还存在着门当户对的说法，但这只是一种相对的原则，完全可以突破。而在当时，门当户对是一种绝对的原则，世族只能和世族通婚，否则就是失身失节。也正是有了这种世族内通婚的原则，世族才能够稳定下来，成为一个有固定成员的特殊群体，高高在上。因为世族制度决定了一个人在做官和婚姻两方面的命运，所以全社会对世族的等级划分都非常敏感，国家也会编订这方面的书籍，给人们作参考。比如说，人们要想结婚，就可以先查查书，看哪一家和自己家的地位相等。这是魏晋南北朝以来的通行做法。

但是到了隋唐时期，社会已经发生了变化。首先，九品中正制已经被废除，科举制开始实行。科举制是中国历史上一个特别了不起的制度，它确定了选取人才的标准应该是评价一个人本身，而不是看他出身于什么样的家族。这是一个巨大的变革。从此，国家选拔人才从注重家世转为注重个人才能。另外，世家大族本来受的是精英的教育，在家族起步阶段确实曾经英雄辈出，但经历了几百年的发展后，本身也是气数将尽，他们的子弟丧失了奋发有为的精神，变得大脑空虚，身体脆弱。举个例子，当时有一个世家大族子弟，一天在屋里待着，听见外面有马叫，不由得浑身抖得像筛糠一样。别人告诉他这是马，无须害怕，他说，能发出这么大叫声的一定是传说中的老虎，马怎么会是这样叫的呢？还有的贵族随着政治的变迁离开了自己的家园，跑到中央做官，因此渐渐失去了对地方的控制。总之，在那个时代，世族制度正在衰落之中，皇权逐步得到伸张。但是，社会风气的转变需要一个漫长的过程，尽管旧贵族在现实政治中的地位有所下降，但还保持着旧日的社会威望。我们以前讲的五姓七望就是最典型的代表。世家大族彼此互结姻亲，小门户若要与之攀亲，不但需要付出大笔"陪门财"弥补门第之差，往往还要忍受他们轻蔑的白眼。甚至连当朝皇帝也不入他们的法眼，更不要说什么文武大臣了。唐太宗李世民是个骄傲的人，见此情景，觉得十分不爽，想要打击一下旧世族的气焰。于是，在贞观年间，他下令修订《氏族志》，编订一个唐朝版的社会等级索引。李世民给《氏族志》规定的原则是推崇当朝冠冕，也就是把唐朝的帝王将相放到高等级中去。没想到大臣中毒太深，第一次呈上来的版本居然又把山东高门博陵崔氏放到了第一等。这让唐太宗大为光火，在他的干预之下，《氏族志》作了修改，李唐皇族为第一等，外戚后族为第二等，原有的山东高门崔氏为第三等。这个分等方式，明眼人一下子就能看出来，在当时修书人的心目中，崔氏还是第一等，只不过为了照顾皇帝的面子，才把皇族和后族放在前面。这就相当于我们现在有些评奖中的特别奖，有恭维的成分。

贞观时期修《氏族志》的是以长孙无忌的舅舅高士廉为首的关陇贵族，他们本身对世族制度极为认可。一方面，他们在修志的过程中充分照顾关陇贵族的利益；另一方面，现实生活中，他们也都按照当时的风俗和旧贵族联姻。原有的旧贵族和唐朝的新门阀有效结合，互相扶持，由此形成了新的势力。这种势力不仅仅阻碍了寒门子弟的上升之路，还借势压制了皇权，永徽年间出身关陇贵族的元老重臣把持朝政，就是这种政治形式的体现。唐太宗打击贵族政治的目的并没有真正实现。可是现在到了显庆年间，这种状况发生了很大的变化。元老重臣已经被铲除，刚刚当了真天子的皇帝急于压倒对自己构成威胁的旧势力，小门户的新皇后想要抬高本家声威，而寒族出身的新官僚也渴望得到社会认可。三方一拍即合，重修《氏族志》马上被提上了议事日程。

新修的《氏族志》改名为《姓氏录》，完全贯彻了尊重当朝官僚等级的原则。以皇族和后族为第一等，其余都按照当时的官阶高下来排座次，一共分成九等。五等以上就是世族。这样一来，即使你原来只是一名普通士兵，只要立了战功，做到了五品以上的官，就可以名列《姓氏录》，过一把世族瘾。而任凭你是几百年的旧贵族，只要当时家里没有人做到五品官，也就与世族无缘了。这对旧门阀是何等沉重的打击呀！因此他们把新的《姓氏录》叫"勋格"，也就是功劳簿。他们很不满意，然而有很多人却是衷心拥护的。谁呢？广大寒门子弟。原来他们被世家大族挡住了晋升之路，现在，只要凭自己的努力，他们也可以跻身仕途。所以说，《姓氏录》的编订加快了士庶合流，扩大了统治基础，具有很大的进步意义。从武则天本人的角度讲，她也实现了从丑小鸭到白天鹅的实质性的转化，文水武氏成了天下第一等高门，终于可以扬眉吐气了。

提高了自身门第还不算完，武则天再接再厉，又追封亡父为周国公，母亲杨氏为代国夫人，后来又改封为荣国夫人，品级第一，位在王公母妻之上。武则天父母的封号并不匹配，按照当时的规矩，诰命夫人的封号应该和丈夫保持一致，她父亲封为周国公，母亲应该封为周国夫人才对。那为什么封为荣国夫人了呢？这就是武则天在提高自己家族地位的同时，也要抬高自身声望，她是故意做给天下人看：我母亲得到如此尊贵的封号，不是因为她嫁了一个多么了不起的丈夫，而是因为她生了一个杰出的天才的女儿——武皇后。

二、打造公众形象

可是，仅仅提高门第是不够的，当年，王皇后的门第无论从哪个角度讲都无懈可击，可最终还是没有逃脱被废的命运。那么，究竟怎样才能永远保住皇后的位置呢？武则天决定进一步提高自身声望，让大唐的臣民知道，她最有能力、最有资格做他们的女主人。怎样才能提高自身声望呢？武则天决定先提高自己的出镜率，让普天之下的百姓都加强对她的认识。为此，她承担了两项大的礼仪活动。

第一项就是躬行亲蚕之礼。中国古代以农业立国，整个国民经济的基础是男耕女织。皇帝就是天下农夫的表率，因此在国家典礼中有亲耕之礼，就是皇帝亲自种田，显示对农业的重视。同样，皇后也有亲蚕之礼，就是亲自养蚕，表示对家庭纺织业的重视，做天下妇女的表率。这个礼仪是国家大典，非常隆重。在举行典礼之前要先行斋戒五天。真正行礼那天，皇后天不亮就要起床，在仪仗队的护卫之下出宫，到提前安排好的先蚕坛，所有的内外命妇均须随行。因为这个仪式太复杂、太累人了，所以没有多少皇后亲力亲为。唐高宗的王皇后好歹也当了六年皇后，却从来没有履行过这个职责。但是，驯狮子骢出身的武皇后可不想放过任何一次出镜的机会。要想出风头，就不怕吃苦头。从显庆元年（656年）开始，武则天共五次行亲蚕之礼，比唐朝任何一位皇后都更加尽职尽责。皇后出行自然要有内外命妇跟随。武则天每次都要率领内命妇如天子妃嫔、太子妃嫔，外命妇如大长公主、长公主、公主、王妃、诰命夫人行礼，在她们面前混了个脸熟，彼此增进了感情。用今天的话讲，就是提高了她在公众前的知名度和好感度。可惜那时候没有报纸，否则天天可以上头版头条了。

武则天要出的第二个风头是衣锦还乡。楚霸王项羽说得好，富贵而不还乡，如锦衣夜行。当年楚霸王因为非要衣锦还乡，还要把都城迁到故乡，所以吃了大亏，还落下了楚人沐猴而冠的笑柄。可是世易时移，武则天此时还乡却大有收效。就在显庆四年（659年）十月，在处置完长孙无忌案件之后，唐高宗李治和武则天前往东都洛阳散心，次年二月又从东都北上，巡游并州。并州是李唐龙兴之地，当年李渊就是从这里起兵，一路打到长安，当了皇帝。现在李治到来，当然要缅怀一下先烈。但是对于武则天来讲，并州的意义就不一样了。这里是她的祖籍，父亲死后，她在这里度过了人生中最暗淡的岁月。现在时来运转，终于轮到她大显威风了。俗话说，谁笑到最后，谁就笑得最好。武则天大摆酒宴，欢会亲邻。皇帝李治也给足了她面子，特别下诏并州八十岁以上的妇女颁授五品郡君，给老太太们一个荣誉头衔。并州当年好风光，两个人足足旅游了两个月才打道回府，给人留下亲民形象的武则天一下子大放异彩。通过这一系列活动，武则天的人望空前提高，一个美丽大方而又蔼可亲的国母形象树立起来了。

三、理顺家庭关系

从国家的角度讲，皇后是天下之母，但是，这个位置来源于她在家庭中的角色。在家庭之中，她是李治的正妻、皇子的嫡母，此外，她还是李家的媳妇和武家的女儿。她要同时处理好多种复杂的关系。只有确立了在家族中的地位，有安定团结的大后方，才能顺心如意地当好国母。武则天聪明过人，她在努力打造自己公众形象的同时，也花了大量心思处理纷繁的家庭关系。从大的方面讲，当时有两对关系对她至关重要。哪两对呢？第一对是亲子和庶子的关系；第二对是婆家和娘家的关系。

显庆年间，武则天已经有三个亲生儿子，老大李弘、老二李贤和老三李显（仪凤二年，即公元677年，改名李哲）。对他们，武则天不遗余力：

第一，给他们加官晋爵，让他们都居高位、居重位。显庆年间，除了李弘被立为太子以外，李贤被封为雍州牧，李显被封为洛州牧。兄弟两个，一个洛州一个雍州，把大唐帝国的东西二都都占上了。

第二，舐犊情深，切切实实当好慈母。显庆四年（659年）冬天，唐高宗和武则天巡幸东都洛阳，把八岁的长子李弘留在长安监国。李弘虽然聪明伶俐，但毕竟还是个孩子，昼夜啼哭思念父母。唐高宗和武则天知道后马上停下来，把儿子接到身边，一家人一同前往东都。老三李显小的时候更是得宠，因为生他的时候难产，武则天乞求佛祖保佑，刚刚满月就把他交给高僧玄奘当徒弟，法号"佛光王"。这是一个多气派的法号啊！比《西游记》中唐僧的三个徒弟威风多了。可以看出，母亲当时对儿子有着何等殷切的希望。李显小的时候多病多灾，武则天还在洛阳的龙门给他开凿石窟建造佛像，为他祈福消灾。这个时候的武则天，和天下所有的母亲并没有两样，对自己的孩子充满温情。

第三，对他们进行严格管教。除了《礼记》《尚书》等儒家经典之外，武则天还发挥自己长于文史的特点，组织文人自编教材，教育儿子。诸如《青宫纪要》《少阳政范》《孝子传》《孝女传》等一系列道德教材纷纷出炉，她希望把儿子们都教育成德才兼备的楷模。显然，对于亲生儿子，武则天是极尽温柔，又严加管教，同时，她还给儿子们的将来都做好了长远打算。

那么，对庶子呢？武则天则是以防范为主，同时在关键时刻不忘作秀，维持嫡母风范。永徽六年（655年）后，唐高宗的其他儿子都被贬往地方担任刺史。其中，曾经当过太子的李忠和萧淑妃的儿子李素节尤其被严加防范。面对严厉的嫡母，李忠的神经首先承受不住了，每天都生活在恐惧之中，常常男扮女装以防刺客，又经常噩梦连连，胡言乱语。显庆四年（659年）的长孙无忌谋反案结案后，马上就有一个在李忠旁边担任"服务员"的女人阿刘，告发了他的种种不正当行为。当然，考虑到武则天搞情报工作的能力，很多人都认为这个人可能是武则天安插在李忠身边的"特务"。无论如何，李忠罪在不赦，按照法律规定应该判处死刑。但是，这个时候武则天出场了。她在唐高宗面前涕泪交流，再三恳求唐高宗饶李忠一命。唐高宗也是个明白人，马上准许了皇后的请求，把李忠废为庶人，同时在诏书中表彰了皇后的仁慈。这样看来，武则天当时还是很在乎人们对她的评价，愿意把自己打扮成一个仁慈的嫡母，而不是一个恶毒的后妈。这是她处理嫡子和庶子之间关系的所作所为。

那么，她是怎样处理婆家和娘家关系的呢？武则天在这方面的作为就更加可圈可点，堪称表率了。在婆家这面，武则天很注意和太宗的妃嫔以及公主们搞好关系。当时活着的太宗妃子，像越国太妃燕氏、纪国太妃韦氏，和武后的关系都很好，其中纪国太妃韦氏的女儿临川公主因为喜欢书法，崇尚佛学，更是成了武则天的"闺密"。高阳公主因谋反被处死，公主的封号也被剥夺了，此时，武则天重新给了她一个封号，叫"合浦公主"，以此来改善和大小姑子之间的关系。有了婆婆级别的太宗妃嫔和大小姑子的赞誉，武则天在李家的地位就显得相当牢固了。对娘家这边，武则天则显得颇为严格。武则天当皇后的第二年，就亲自编写了《外戚戒》，显示自己裁抑娘家势力，彰显美德。以后，又对她的娘家兄弟施行了切切实实的打压。这又是怎么回事呢？

本来，武则天当皇后以后，兄弟都被加官晋爵。两个同父异母的哥哥中，武元庆由右卫郎将迁为司宗少卿，武元爽由安州司户参军迁为内府少监，两个堂兄弟武惟良由始州长史迁为司卫少卿，武怀运由瀛州长史迁为淄州刺史,不是从小官到大官,就是从地方到中央,各个超迁。提拔皇后娘家的亲戚也是当时惯例,新外戚的前景应该说还是比较光明的。可是,意外发生了。一天,已经是一品夫人的杨夫人设家宴招待子侄,抚今追昔,不免有一番感慨。她问武元庆等人:"颇忆畴昔之事乎?今日之荣贵复何如?"你们当年看走眼了吧,你们今天的荣华富贵是谁给的?还不是拜我们母女所赐!你们现在是什么想法呀?杨夫人等着他们的奉承呢。面对杨夫人这样直白露骨的问话,武元庆兄弟本该承认错误,顺便表示感激涕零,歌颂一下皇后的恩德。没想到他们又臭又硬,全不领情。哥儿几个之中武惟良是老大。武惟良说了以下一番话:

惟良等幸以功臣子弟,早登宦籍,揣分量才,不求贵达。岂意以皇后之故,曲荷朝恩,夙夜忧惧,不为荣也!
(《资治通鉴》卷二〇一)

说我们为什么能当官,因为我们是功臣子弟,不是靠皇后。我们也不希望当什么大官,所以皇后提拔我们,我们心里惴惴不安,并不以此为荣。

他们居然一点也不领情。这话说得多让人生气啊,简直是不识抬举!

杨夫人听了他们的话,勃然大怒,马上进宫跟武则天如此这般地说了一通。说什么呢?她让武则天收拾收拾他们,把他们贬到地方去。但是,还要安一个好听的名目,叫作"谦让无私,裁抑外戚"。所以说,杨夫人也是有政治手腕的。武则天依计而行。武元庆兄弟的前程顷刻之间如肥皂泡一般破灭,几个人都被发配到老少边穷地区,两个同父异母的哥哥武元庆和武元爽很快就死去了。武则天这样做可谓一石二鸟啊。一方面,报了小时候的被虐之仇;另一方面,也树立了自己公正无私的形象。当时一般皇后上台都会提拔自己的本家，此前王皇后在位，也让舅父当上了中书令，武则天反其道行之，这让高宗觉得自己没看错人。长孙无忌的教训已经够他受的了，现在新皇后对娘家人不感兴趣，唐高宗真是由衷地欣慰和感激。

经过这样一番努力，武则天在李唐皇室家族中树立了良好的个人形象。什么形象呢？按照我们今天的话来说，这是一个能干媳妇的形象。不错，她是比较厉害，但是她对李治有忠有助，对孩子有慈有威，对李唐皇室的本家优礼有加，对娘家则从不姑息。这样能干的媳妇，放到历史的任何时空都是模范。她的丈夫怎么会不宠爱她，家族地位怎么能不稳固呢？

显庆年间，武则天就是这样维持着一个模范媳妇和称职国母的形象，李治对她也相当满意。在生活上，她是李治的伴侣兼姐姐；在政治上，她是李治的参谋和战友。两个人心往一处想，劲儿往一处使，打击着共同的敌人，也享受着共同的甜蜜生活。武则天这时候还安于做一个好皇后，唐高宗也一心要当一个有职有权的好皇帝，彼此之间恩恩爱爱，没有任何的猜忌和防范。就是在这种气氛中，显庆六年（661年）初，他们特派道士郭行真赴泰山祭祀，为帝后二人祈福，并立起了一块双石并立的碑，这块石碑看似鸳鸯并栖，俗名"鸳鸯碑"，见证着皇帝与皇后童话一般的爱情。这就是流传至今的泰山鸳鸯碑。但是，再长的蜜月也有尽头。这种内外有别而又琴瑟和谐的帝后关系，因为一件意想不到的事情发生了转变。

四、一朝理政

显庆五年（660年）十月，唐高宗生病了，染上了风疾，按照现在的说法就是各种心脑血管疾病的合称。这个病我们并不陌生，当年,唐太宗就是因为风疾,才搬到翠微宫养病,最后死于翠微宫。而唐高宗的母亲长孙皇后,也是被这种疾病夺去了年轻的生命。这是李唐皇室的一种家族遗传病。得了风疾的李治经常头痛难忍,目不能视,无法正常处理朝政。怎么办呢?太子还小,而自从清除了元老重臣,李治对于大臣也丧失了信任。在此情况下,高宗把国事交给行政能力出众而又主动裁抑娘家、表现得大公无私的武皇后处理,也是顺理成章的事了。

显庆五年(660年)冬,十月,上初苦风眩头重,目不能视,百司奏事,上或使皇后决之。后性明敏,涉猎文史,处事皆称旨。由是始委以政事,权与人主侔矣。(《资治通鉴》卷二〇〇)

也就是说,武则天聪明能干,又有良好的文化素养,就因为这次偶然的人生际遇,她被推上了政治舞台。通过在唐高宗患病期间协理朝政,她获得了宝贵的参政机会,加上一位随时在她身边指点迷津的老师,她的羽翼日渐丰满,政治智慧和执政能力就这样一天天逐步积累起来,成为日后君临天下的资本。

历史有的时候就是这么吊诡。试想,如果唐高宗不生病,如果唐高宗一病不起,如果唐高宗信任大臣,甚至,如果武则天不识字,历史会不会有天翻地覆的变化?但是,历史从不允许假设。永徽二年(651年),唐高宗为她打开了紧闭的宫门;四年以后,唐高宗将她扶上皇后的宝座;现在,显庆五年(660年),也就是她二度进宫九年以后,唐高宗又送给了她进入政治前台的入场券。武则天是一个聪明果敢的女子,她不负信托,表现良好,但是,一旦掌握了杀伐决断的权柄,她还能重新回到原来从属的位置吗?随着武则天对外朝影响力的增强,她和唐高宗的关系,又会发生怎样微妙的变化呢?

第十一章

帝后争锋

武则天在显庆年间努力扮演着相夫教子、母仪天下的角色，树立了良好的皇后形象。她和唐高宗相互扶助，恩爱有加，度过了夫妻生活中最甜蜜的一段日子。显庆五年（660年），体弱多病的唐高宗突发风疾，帝后间平静的生活马上发生了改变。

武则天的聪明才智和此前表现出来的行政能力，得到了唐高宗的欣赏和信任，因此，唐高宗在生病期间，对武则天不断委以政事。权力就像鸦片一样，一经尝试，就再也难以戒掉。特别是对于像武则天这样一个欲望强烈的人来说更是如此。而唐高宗所得的风疾，也就是心血管疾病，至今在医学界都是十分棘手的富贵病，只能靠药物和长期休息缓解病情。随着唐高宗病情的加重，武则天独自处理朝政的机会越来越多。这样一来，武则天在朝廷上就慢慢有了公开的势力。可是我们知道，唐高宗大权独揽的局面是经过艰苦努力换来的。为了这份权力，他甚至不惜对亲舅舅开刀。他也正在品尝权力带来的快乐。而且，出于天时、地利、人和等因素，唐高宗此时处理朝政十分顺手，特别是在隋末唐初屡屡受挫的高丽战场，自显庆五年（660年）后也频频告捷，唐朝即将迎来疆域最为广大的时刻。作为一个如此庞大的帝国的当家人，唐高宗更是信心满满。

可是问题就出在这儿。有道是天无二日，国无二主，即使亲密如夫妻，在涉及权力分割时彼此也不免心存芥蒂。唐高宗虽然让皇后代行君权，然而皇后一旦喧宾夺主，挑战他的至尊皇权，他就无法接受了。这样，在唐高宗和武则天之间，第一次出现了裂痕，原本是他们共同的事业，他们共同的臣子，现在渐渐分出了唐高宗的和武则天的两个阵营。较量已经在暗中进行了。

一、李义府失势

唐高宗和武则天矛盾公开化的第一个表现，就是李义府被贬官。前面说过，李义府是第一个站出来支持立武氏为皇后的大臣，打响了废王立武的第一枪，所以武则天对他一直青眼相加。在唐高宗和武则天联手处理元老重臣的过程中，他也是得力干将。帝后二人因此都视他为自己人。可是李义府的行为，实在令人不齿。

显庆元年（656年），他有一次视察监狱，看上了一个姓淳于的女犯人。淳于氏长得很漂亮，所以李义府也不管她所犯何罪，是不是谋杀亲夫，竟然指使大理寺丞把她给放出来，收到家里做了小妾。没想到这件事情没做好，事先没有跟大理寺的长官大理卿打招呼。大理卿一看监狱里丢了一个犯人，马上上报了。朝廷立即着手调查，李义府怕事情败露，竟然逼那个帮他放人的大理寺丞自杀。大理寺丞一自杀，可就是人命案了，死者还是一名官员，朝廷更要调查。

唐高宗知道事情是李义府干的，本来想要原谅他，不予追究。但是青天白日，朗朗乾坤，岂能人人都这么没有良知呢。有一位御史叫王义方，他坐不住了。他回家禀报母亲，说现在朝廷里出了这么一件事，而他是一名监察官员，如果不管呢，良心不安；如果管了，又怕皇上怪罪，连累母亲。他的母亲深明大义，对他说：自古忠孝不两全,你既然当了这个官,就要舍孝全忠,报效国家。另外,你这样做,还可以成就一生的大名。如果你因此获罪,我虽死无恨!王义方受了母亲一番鼓舞,马上上书朝廷,要求严惩李义府,还死者一个公道。可是唐高宗当时正在对朝廷的干部资源做优化组合呢,怎么能自毁长城?他没有惩办李义府,反倒责怪王义方毁辱大臣,马上贬他为莱州司户。

这样一来,大臣们一下子就知道了李义府在皇上心目中的分量,再也不敢轻易和他叫板了。可是偏偏有一个大臣不信邪,又和李义府闹矛盾了。谁呢?杜正伦。这也是唐高宗提拔上来的一位宰相,他觉得自己资格比较老,很看不起李义府的那副轻狂样子。李义府恃宠而骄,纵容儿子、女婿卖官鬻爵,搞得家里门庭若市,影响很坏。这天,杜正伦就和李义府在朝堂上吵起来了。因为两个人都是唐高宗提拔的,所以唐高宗以大臣之间不能和睦为名,各打五十大板,双双贬往地方让他们反省去了。即便这样,李义府还是技高一筹。转过年来,他又在武则天的保护下回到了朝廷,官复原职,当了宰相。而杜正伦就倒霉了,死在了被贬的地方。李义府回到朝廷后,恶习不改,马上又耀武扬威,把一个出身于赵郡李氏的五品官李崇德逼死了。

这是怎么回事呢?李义府原本门第很低,当了官之后,他就和赵郡李氏攀亲戚,说自己也是出身名门。当时他是宰相,出身赵郡李氏的李崇德也是个谄媚之徒,想要沾他点光,两人一拍即合,这多好,都是一家人,以后有个照应。李崇德就把李义府写到他家家谱上了。这种连宗本来就是出于利益的考虑,没什么亲情可言。所以,李义府一被贬官,短视的李崇德也就不客气地把李义府又从家谱中除名了。李义府那个气呀!官复原职之后,立刻给李崇德安了一个罪名抓起来了。李崇德被关进监狱之后便自行了断,撞墙死了。这可是李义府害的第二条人命。可皇帝还是没有治罪。当时的风气不是崇尚贵族吗，李义府自己冒充不成，就想要给儿子找个贵族媳妇，没想到所谓的"五姓七望"全不给他面子，瞧不起他，都婉言拒绝了。李义府又生了一肚子气。正好当时唐高宗和武则天修了《姓氏录》，也要压制旧贵族，抬高当朝权贵的地位，李义府就趁势要求皇帝下诏严禁"五姓七望"互相通婚。然而贵族内部联姻的风俗世代相传，根深蒂固，这样强行禁止一下子招致了他们的莫大反感。既然无法明里反抗，就暗里抵制。有的贵族就不举行婚礼，偷偷把女儿送到夫家去；还有的贵族女子非常骄傲，不愿意这样不明不白地偷偷结婚，宁可终身不嫁。贵族中的破落户甚至会以"禁婚家"自诩，向求亲者索要更多的钱财。可见，社会风气的扭转不是一纸命令就能解决的。但是从李义府的角度讲，皇帝对他言听计从，也算是帮他暂时出了一口恶气。

经过几番试探，李义府认定自己是拥立功臣，皇帝和皇后对自己百般维护，无论捅了多大的娄子，都有皇帝和皇后罩着，于是越发胡作非为了。可是他没有看明白，当年皇帝纵容他，是因为他有用，可以借他打击元老重臣，推行皇帝的意志。他也没有看明白，当年皇帝纵容他，是因为皇帝和皇后站在同一条战线上，两个人不分彼此。而这样的关系，从显庆五年（660年）武则天协理朝政后就出现了变化，皇帝的人和皇后的人不再是同一班人马了。在这种微妙变化中，李义府被划入了皇后一党。皇帝不想再罩着他了。

龙朔三年（663年），李义府改葬祖父，大肆张扬，让附近七个县都派人参加义务劳动。有一个县令不知是想巴结李义府，还是抓不到劳工，反正是亲自上阵了，没想到劳累过度，死在工地上了。这县令一死，又闹出一条人命来，人们都指指点点，说宰相把县令给逼死了。这件事情搞得李义府名声很坏，可是他还不知道收敛。同一年，他又主持铨选，就是选官，那可是个肥差。李义府可能真是出身低微，上辈子穷怕了，一有机会就卖官鬻爵，把个铨选搞得乌烟瘴气。

高宗见他闹得太不像话，就找了他来谈心，想给他敲敲边鼓，说："闻卿儿子、女婿皆不谨慎，多作罪过，我亦为卿掩覆，未即公言，卿可诫勖，勿令如此。"什么意思呢？我听说你儿子、女婿都闹得太不像话了，现在我替你们掩盖着，也没宣布出来，不过你要回家整顿一下家庭内部风气，不要让他们闹得满城风雨。李义府猖狂惯了，听了之后不但不认错，反而勃然变色，恶狠狠地问："谁向陛下道此？"言下之意，看我不修理死他！质问到皇帝头上了，高宗听了之后，不禁也动了怒，说："但我言如是，何须问我所从得耶！"一般人到这个时候就会赶紧谢罪，可是李义府被惯坏了，他一句话没说，转身扬长而去，把唐高宗给晾在那儿了。高宗也没想到李义府竟然如此狂妄，一下子气得是七窍生烟。此时，对于高宗来说，李义府的历史使命已经完成，他再也没有必要容忍下去了。如果皇帝想要除去大臣，找到理由是相当容易的，何况李义府又是这样一个爱惹是生非的人。

很快，李义府就出事了。李义府是个迷信的人，他请了个阴阳术士为自己望气，看看自己还有多少富贵可享。术士一看，就煞有介事地说李义府宅第之上有不祥之气，屋主必有牢狱之灾，必须积财二十万缗才压得住。到哪儿筹款呢？长孙无忌他们家虽说树倒猢狲散，但拔根寒毛还是比一般人腰粗吧。于是，李义府把脑筋动到了长孙家。我们知道，长孙无忌已经在显庆四年（659年）自杀了，他的儿子也死了，孙子都流放岭南。现在有一个孙子长孙延好不容易九死一生又回到长安来了，就是一个普通百姓，没有任何官职。李义府把长孙延找了来，跟他索要七百缗的贿赂，帮他谋得一个从六品的司津监之职。这件事情立刻被人弹劾了，说李义府和犯罪人家的子弟勾结。本来，这事情也没什么大不了的，但是，皇帝的心已经变了。此刻高宗正等机会发泄心头之恨，马上派人审理。审讯结果下来，数罪并罚，李义府被除名，流放巂州（今四川省西昌市），几个儿子和女婿也被搞了个天南海北，一家人再想相见，只能等来世了。

李义府是武则天的人，虽然惹是生非，但是对武则天一直忠心耿耿，所以武则天未必不想保他。但是，武则天是个聪明人，她能够看清形势。她明白，高宗的利益和她的利益已经不完全一致了，现在是唐高宗下定决心要除掉李义府，而且，李义府劣迹斑斑，官怒民怨，如果自己再去保他，可能就会引火烧身。权衡利弊，武则天决定放弃李义府这颗棋子。不过，李义府的倒台对初涉政坛的武则天来说是一个沉重打击。本来，李义府和许敬宗是武则天安插在朝廷的两颗棋子，他们一个在中书管出旨，一个在门下管封驳，共同为武则天效力，这样，武皇后的人事安排和各项旨意都可以得到有效推行。现在，李义府一倒台，这出双簧戏就很难演下去了。

如果说，李义府事件是唐高宗和武则天为争夺权力第一次斗法的话，那么在这一回合，武则天输了。可是，更大的打击还在后面呢。

二、上官仪伏诛

麟德元年（664年），有一个叫王伏胜的宦官向唐高宗告发武则天，说她和一个叫郭行真的道士在宫里作法，行厌胜之术！厌胜这个罪名我们并不陌生，当年武则天在扳倒王皇后的过程中就曾经给王皇后安过这个罪名。没想到，风水轮流转，现在，轮到她自己品尝被人告发厌胜的滋味了。

那么我们就要好奇了，武则天厌胜的对象是谁呢？这个问题在史料中没有记载，人们对它大体有三种推测：第一，厌胜的对象是唐高宗。说武则天此时已经产生了更大的野心，因此想用这种方法来诅咒高宗，提前接班。第二，厌胜的对象是武则天自己的外甥女。前面说过，武则天的亲姐妹有两个。老三早死，剩下的就是一个姐姐。武则天长得很漂亮，史书记载她"龙睛凤颈""方额广颐"。她的姐姐想来也不错，可惜命比较"硬"，丈夫贺兰越石早早就死了，日子过得挺拮据。武则天在得志之后，就把这个寡妇姐姐留在宫里，姐姐还带来了自己的一双儿女。没想到这个姐姐也不是个安分的角色，又遇到了花心的唐高宗，两人很快就打得火热。再到后来，买一送一，连女儿贺兰氏也都一并饶给了唐高宗。幸好姐姐很快就死了。可是，唐高宗对这个倾国倾城的小外甥女宠爱有加，甚至还想把她纳进宫来，做一个妃子。可以想象，武则天的心里挺添堵。以她的性格，怎么可能跟别人分享丈夫呢？所以，她要诅咒小外甥女贺兰氏。第三，武则天厌胜的对象是王皇后和萧淑妃的鬼魂，因为她们阴魂不散，一直让她的心灵不得安宁，所以只好乞灵于超自然力量。

哪一种解释更合理呢？我个人认为，这三种说法都不合理。为什么呢？首先，武则天不可能诅咒她的丈夫。拿现在的话来说，丈夫是什么？那是长期饭票啊，只有唐高宗活着，她才有享受荣华的机会。换言之，此刻她离皇位还很遥远，唐高宗还是她的参天大树，她不可能傻到先咒死丈夫。其次，武则天心理素质超好，喜欢现实的政治斗争，不迷信虚无缥缈的东西。她杀死王皇后、萧淑妃已经过去很多年了，往事随风，她没有必要现在才感到不安。即使不安，以她坚强的性格，恐怕也不会相信靠道士念咒就能驱走什么鬼魂。这个理由也同样适用于对她的外甥女。事实上，这个不知天高地厚、妄图和武则天斗法的小姑娘还要再活几年，然后才被武则天亲手毒死。所以说，这三个说法都不能成立。

那么武则天和道士郭行真到底干了什么呢？我个人认为，他们什么都没干。为什么呀？首先，这个道士的名字我们并不陌生。显庆六年（661年）初，就是他奉唐高宗和武皇后之命，到泰山立鸳鸯碑，为帝后祈福。所以，这个人出入宫廷不是一天两天的了。武则天和他有交往很正常，唐高宗本人和他也有交往！其次，一个宦官胆敢告当朝皇后，这件事情本身太不寻常了。我们知道武则天在后宫早就建立了发达的情报网，没想到还有人在监督她！这个人是谁派出的呢？换句话说，谁才敢派人监督皇后，甚至告发皇后啊？只有皇帝！所以说武则天和道士厌胜是假的，是有人在炮制冤假错案，这个策划人，就是当朝皇帝唐高宗！这个结论真是让人不寒而栗，可是，谁叫他们是帝王夫妻呢？和平民家共同筹划柴米油盐的贫贱夫妻相比，他们之间本来就少了几分真心，多了许多防范和欺诈！

那么，唐高宗为什么要派人诬陷武则天厌胜呢？按照《资治通鉴》的记载，武则天"及得志，专作威福，上欲有所为，动为后所制，上不胜其忿"。武则天此时揽权过多，皇帝处处受掣肘，必然有所反应。于是高宗借助宦官，给她安了这样一个罪名。但是这个罪过应该如何处理呢？唐高宗心里还拿不定主意。拿不定主意怎么办呢？要在以前，他肯定第一时间会想到去咨询皇后，可这次要对付的就是皇后，总不能再咨询她了吧。他只好找到信任的宰相上官仪，请他来商量此事。乍一看，这简直就是永徽六年（655年）废王立武事件的翻版啊。只不过，那次针对的是软弱的王皇后，征求的是元老大臣的意见；而此刻，他面对的是心思缜密、行动力超强的武皇后，咨询的对象也不再是位高权重、老成持重的元老大臣，而是进士出身、刚当上宰相不久的上官仪。更重要的是，唐高宗当年是决心已定，一定要废掉王皇后，而此刻还仅仅是心头火起，意气用事，并没有想清楚下一步该怎么办。

那么，面对皇帝的询问，上官仪是怎么回答的呢？上官仪语出惊人，他说："皇后专恣，海内所不与，请废之。"这句话实在太出人意料了。废后可是国家大事啊，况且，人们常说，宁拆十座庙，不毁一门婚。人家夫妻吵架，你怎么一上来就劝分？皇帝还没有明确表态，上官仪怎么就先说出废后的话来呢？我想，要清楚上官仪为什么这样做，还是得先分析上官仪的出身和为人。

上官仪就是武则天赏识的著名才女上官婉儿的爷爷。他是唐朝培养出来的第一代科举出身的宰相，出身非常具有典型性。上官仪举止风雅，文采斐然，五言诗写得绮丽妩媚，号称"上官体"。有一首他的诗流传很广，叫作《入朝洛堤步月》：

脉脉广川流，驱马历长洲。
鹊飞山月曙，蝉噪野风秋。

这首诗写得仙风道骨，配上高头大马和马上长衫飘飘的上官仪，真是太帅了。李治是一位风流皇帝，文学艺术的造诣很深，这样的一个人物对他太有杀伤力了，所以上官仪的仕途非常顺利。但是，既然是个文人，那就有文人性格，也就是我们通常所说的书呆子气。上官仪是什么性格呢？简单说，就是心地单纯，又恃才傲物，而且，对某些原则还有点死心眼。这种性格对于一个政治家来讲实在是太不利了。因为是读书人出身，又死心眼，所以对儒家经典学说很是认可，对女人参政议政很抵触；又因为心地单纯，所以对怎样处理和皇帝家庭的关系这样复杂的政治问题了解不深，不知道在帝后发生矛盾的时候该如何表态；更因为恃才傲物，所以觉得自己什么都懂，非常轻率地发表意见，不计后果。这样的性格使得上官仪就像一个炮筒子一样，直统统地把废掉皇后之事提到桌面上来了。而唐高宗心里正憋着对武则天的怨气，现在缺少了武则天的周密筹划，换上这么一位不知轻重的高参，这火就给激发起来了。所以，上官仪这么一说，唐高宗本来还没有明确目标的心，一下子坚定起来了，立刻命令上官仪草拟废后诏书。

这件事情太严重了，天子无戏言啊，武则天这一次真是遇到了空前的危机。如果废后诏书起草完成，经过宰相机构审议通过，那么，武则天以后的功业也就无从谈起了，而且，她能否顺利地活下去都很难说，王皇后不就是活生生的例子吗？

大难临头了，命悬一线的武则天有办法化解这场危机吗？

在这样的关键时刻，武则天的后宫情报网救了她的命。武则天最初建立的情报网范围不大，仅仅是王皇后和萧淑妃身边的人；后来随着武则天争夺皇后大战的升级，情报网的范围逐步扩大，在高宗身边也没少安排人手。因此，当唐高宗让上官仪起草废后诏书的时候，情报网马上启动了。按照《资治通鉴》的记载，"左右奔告于后"，皇帝身边的宫人以百米冲刺的速度跑到后宫，向武则天报警。面对突如其来的灭顶之灾，武则天是怎么表现的啊？这真是沧海横流，方显英雄本色。她没有犹豫一分一秒，风风火火赶来面见唐高宗。面对气势汹汹、犹如从天而降的武皇后，本来就心虚的唐高宗吓傻了。那上官仪可是著名的笔杆子，也算是下笔千言、倚马可待。现在废后的诏书墨迹未干，武则天已经领着人从天而降，真是神速啊。

武则天和唐高宗是十几年的夫妻了，对唐高宗的性格武则天拿捏得非常准确。她知道，唐高宗是一个多情而又懦弱的人，于是软硬兼施，她先是一把鼻涕一把泪地哭诉自己和唐高宗多年的感情，历数自己为家庭做出的贡献，然后再声色俱厉地质问唐高宗："我到底犯了什么罪？"经过她这么一搅和，唐高宗连自己为什么要废掉她都不知道了，毕竟有深厚的夫妻之情，有诸多不忍。面对多年来依赖惯了的妻子，唐高宗害怕了，他为了推卸责任，吐出了一句话："我初无此心，皆上官仪教我。"

俗话说，好汉做事好汉当，拿别人当替罪羊实在太卑鄙了。不过，客观说来，唐高宗和武则天的性格真是绝配。没有他的懦弱，就无法成就武则天的刚强。既然皇帝把罪过推给了上官仪，上官仪马上就大祸临头了。不久，许敬宗奉武则天之命上奏，声称上官仪、王伏胜曾侍奉废太子忠，三人暗中勾结谋逆作乱，按律处斩。这又是一个一箭双雕之举：上官仪除掉了，而废太子李忠的威胁也彻底解除了。最可笑的是，当年正是上官仪起草了废李忠为庶人的诏书，现在，两个人倒莫名其妙地成了同党。上官仪死后，他家的女眷被没入后宫成为奴婢，其中那个还在呱呱而泣的小女婴就是日后名满天下的才女上官婉儿。这就是武则天，她居然能把仇人的孙女培养为自己的心腹。这是后话。

一场危机有惊无险地解决了。如果说，这是唐高宗和武则天斗法的第二回合的话，那么武则天算是险胜。虽然涉险过关，可是事后回想起来，武则天反倒更加困惑了。她原以为，当皇后已经是一个女人荣耀的顶点。现在看来，这个尊贵的身份仍然不能够给她足够的保障。身家性命原来只在皇帝的一念之间。这个顿悟让她不寒而栗。

上官仪事件是武则天和唐高宗关系的一个转折点。皇帝皇后的势力此消彼长，这促使武则天进一步思考：怎样才能够有效地运用手中的权力来保护自己，从此不再受任何人的摆布呢？

第十二章

垂帘听政

武则天的一生是一个大奇迹。一个女人，最后当上了皇帝，可谓前无古人，后无来者。但是，这个大奇迹是由若干个小奇迹构成的，没有这些小奇迹，也成就不了最后的大奇迹。什么是小奇迹呢？废王立武就是一个小奇迹。父亲的小妾，居然成为儿子的皇后，这是谁都料想不到的，可是武则天做到了。下面要讲的二圣临朝也是一个小奇迹。武则天在唐高宗年富力强的情况下，居然垂帘听政，跟高宗并称二圣！这个奇迹是怎么发生的呢？

我们先要回顾一下上一章讲到的上官仪事件。武则天在显庆五年（660年）以后权力增长，引起了唐高宗的不满。唐高宗因此和宰相上官仪商议对策，最后君臣决定废掉武则天。这桩阴谋虽然因为武则天反应敏捷、处理得法而流产了，但武则天的内心却受到了强烈的震撼：即使贵为皇后，荣辱废立还是系于皇帝的一念之间！那么，怎样才能让自己的生命和地位更有保障呢？按照一般人的想法，既然皇帝掌握着生杀予夺之权，那就讨好皇帝吧。皇帝不喜欢皇后参政，那我就退回后宫去。可是，武则天不是一般人。她不会放弃已经掌握的权力，退缩不是她的性格。武则天仔细分析了这次皇帝和宰相的图谋废后事件，她认为，皇帝虽然跟她有些磕磕碰碰，但那是生活中的正常现象，从大局来讲，皇帝还是爱她、信任她的。那不怪皇帝，是不是宰相有问题啊？她也知道，宰相受儒家教育，对一个女人干政确实是不大满意，可是宰相对她再不满意，要是没有皇帝的支持，宰相能把一个皇后推翻吗？那不可能。这事儿既不是皇帝的问题，又不是宰相的问题，那是谁的问题呢？武则天思前想后，觉得这是宰相和皇帝互相交往产生的问题。宰相的不满再加上皇帝的权威，最后酿成大祸，差点把她从皇后这个位置上赶下去。找到了病源，再对症治疗就容易了。她必须制止皇帝和大臣之间的单独联系，更加严密地控制高宗！那么，怎么才能做到这一点呢？

一、二圣临朝

唐高宗废后的念头刚刚打消，武则天就找他谈话了，而且谈得推心置腹。她说，您是个好皇帝，国家治理得井井有条，但是您有一个弱点，就是耳软心活，容易拿不定主意，听别人撺掇。您哪里是真的想废掉我呀，但是上官仪在您耳边一调唆，您就把握不住了，差一点就把我废掉。这事情如果真的发生了，会是多大的失误啊。为了不再出现这样的问题，以后我陪着您一块儿上朝，大臣无论是对您进忠言还是进谗言，我都帮您分析分析，这样您就不会鲁莽行事了。至此，武则天明确提出了和唐高宗一起临朝听政的要求。唐高宗如何反应的呢？他此刻心里充满了悔恨和不安，正不知怎么向老婆大人赔罪呢。再说，唐高宗性格软弱，武则天这些年在他心里已经牢牢地树立起了妻子、参谋加姐姐的地位，唐高宗觉得很难再拒绝她的任何要求，就同意了武后的建议。

据《资治通鉴》记载：

> 自是上每视事，则后垂帘于后，政无大小，皆与闻之。天下大权，悉归中宫，黜陟杀生，决于其口，天子拱手而已，中外谓之二圣。（《资治通鉴》卷二〇一）

"天下大权，悉归中宫，黜陟杀生，决于其口"说得虽然有点夸张，但是从此以后，朝廷的一举一动、一言一行都在武则天的掌握之中却是事实。唐代人管皇帝叫"圣人"，现在帝后共同临朝掌政，人们就把他们合称"二圣"。这真是武则天一生中光彩夺目的一笔。垂帘听政在中国古代并不罕见，但是一位年富力强的皇帝竟然允许皇后垂帘听政，这可是非同一般。不过唐高宗这样做倒是有例可循的。首先，早在永徽六年（655年）废后之战白热化的阶段，武后就曾在高宗的默许下偷听他和元老大臣的交谈。当时褚遂良以辞官要挟唐高宗，君臣之间闹得不可开交的时候，武则天不就在帘子后面发出一声断喝——"何不扑杀此獠"吗！如今只是把这种临时性的行为常规化和制度化了。另外，从北朝以来，受鲜卑等北方少数民族的影响，家庭主妇的地位空前高涨，常常是内外兼顾。隋文帝时期，每次上朝，独孤皇后必定同辇相随，令宦官侍立于文帝身旁，大事小情，随时传报。文帝退朝，皇后再车驾同返，当时就有"二圣"之称。所以高宗能够答应武则天临朝，也是受这样的时代背景和社会风气影响。

武后公然走上前台垂帘听政，表明高宗向天下臣民认可了武后参政议政的合法性。对武则天而言，这样做的第一个好处，就是使大臣无法再和皇帝谋划对她不利的行为。试想，面对帘子后面虎视眈眈的武皇后，谁还敢再对皇帝说"皇后专权，不如废之"呢？第二个好处是让武后对朝政的参与不再局限于皇帝生病的时候，她的政治经验和影响力都进一步增长。从此，政局无论是好还是坏，都不能再忽视武皇后的作用了。官僚们开始习惯于对一个女人俯首称臣，最后，心情复杂地注视着这个女人逐步走向权力的巅峰。

二、封禅泰山

二圣临朝，武则天在大臣面前确立了和唐高宗并尊的地位，但是她还不满足，她还要在天下人面前树立威信。怎么办呢？她已经从亲蚕、接见家乡父老等礼仪活动中尝到了甜头，她还要继续表演。如果说以前武则天参加的各种典礼还主要是针对内外命妇和父老乡亲的话，这一次她的野心扩大了，她要在官僚乃至全天下的人面前展示自己。她瞄上了中国古代最隆重的祭祀大典——封禅。封禅是一种古代帝王祭祀天神、地祇的仪式，封为祭天，禅为祭地。这个礼仪是先秦时代齐鲁地区的方士和儒生发明的，只有在天下一统、国泰民安的盛世才有资格举行，告功于天地，同时祈求天地进一步的保佑。秦始皇统一天下后，积极学习齐鲁大地的礼乐文明，把这个礼仪纳入国家大典，而且提升为第一级的典礼，秦始皇也就成了第一位到泰山封禅的皇帝。可是我们要知道，封禅得是在统治者文治武功都相当厉害的时候才能进行，要求特别高，所以虽然是第一级的典礼，但是历史上真正封禅的皇帝寥寥无几。唐太宗在取得贞观之治的成就后曾经想要封禅，但是最终还是因为国力不足而作罢。现在，大唐帝国在唐高宗和武皇后的治理之下稳步向前，疆域达到极盛，而且经济也快速发展，物阜民丰，一派丰衣足食的太平景象。据史书记载："是时频岁丰稔，米斗至五钱，豆麦不列于市。议者以为古来帝王封禅，未有若斯之盛者也。"一斗米才卖几文钱，而且社会治安良好。政治上足可媲美贞观，经济上又比贞观时期富庶了很多。在这种情况下，举行封禅大典并不为过。高宗继位时就有大臣不断上表提封禅的事情，现在武则天又积极撺掇他：本朝各方面都超过贞观时代了，为什么不继承父皇的遗愿，去泰山封禅啊？唐高宗本来就是一个好表现的人，因为小时候不入唐太宗的法眼，留下了心理阴影，即位后一心想超越老爸，因此觉得武则天的提议太及时了，当下应允。

可是封禅作为国家最高级典礼，本来并没有皇后的事。皇后顶多是随行人员，不能真正参与典礼。但要是这个活动没有皇后的事，武则天这不白折腾了吗？武则天可不想只当观众，她要改造这个典礼，让自己也参与到这个典礼中来。怎么改造呢？本来，封禅分为两部分内容，一是祭祀昊天上帝的封礼；二是祭祀皇地祇的禅礼。其中祭祀昊天上帝的时候先皇配享，祭祀皇地祇的时候太后配享。都是由皇帝首先献上祭品，称为初献，然后再由公卿接着献祭，叫作亚献，这是历朝历代的传统。可是武则天不认可这个传统，她出来找碴儿了。她说，禅礼为祭地之仪，由太后配享，彰显后土之德，也就是后妃的坤德，这样的典礼让公卿亚献非常不妥。因为男女有别、内外有别啊！皇太后是女人，是先皇的贤内助，怎么能够让外朝的大臣来祭祀呢？那么大臣祭祀不合礼仪，应该由谁祭祀呢？武则天说，我现在备位后宫，是六宫之主，伺候婆婆是我的本职工作，但是婆婆长孙皇后去世得早，没有给我履行职责的机会，现在正好可以利用祭祀的机会表达我心中的遗憾啊。道理说得冠冕堂皇。唐高宗一听，这说得是有理有据啊，于是下诏表示同意。向来不允许女人参与的封禅大典，一改旧制，在祭祀皇地祇的时候，由高宗初献，皇后主持亚献！

麟德二年（665年）十月，仪式安排妥当后，唐高宗和武则天率领大队人马出发了。队伍中有六宫妃嫔、文武百官、护卫士兵，还有突厥、于阗、波斯、天竺、罽宾、乌苌等诸蕃酋长和他们的随从，几万人的队伍，加上无数的穹庐帐篷和马牛羊驼，绵延几百里路，一直走了两个月，才到达泰山脚下。大唐帝国的赫赫声威得到充分体现。乾封元年（666年）正月初一，唐高宗祭祀昊天上帝，初三，祭祀皇地祇就热闹了。唐高宗初献完毕之后，捧着各项执事的随员立即退下，宦官在泰山的路边设立了锦幛，因为皇后就要登场了，这可不是谁想看就能看的。武则天率领后宫登山亚献。仪式所有的歌舞人员都由后宫组成，一片轻歌曼舞，整个泰山花团锦簇。据说群臣看了都忍不住偷偷地笑，说这么隆重的一个礼仪活动给皇后搞成这个样子，真是亘古未有的事。可是对于武皇后来说，这就叫"走自己的路，让别人说去吧"。她现在是有史以来唯一主持亚献的皇后，有谁像她这么威风过？她这不就在全天下树立了和皇帝并尊的地位吗？

　　武则天不在乎大臣笑她，但她绝不会真的不关心大臣的感受。封禅大典举行完毕，武则天又上了一个提案，推动唐高宗做了一件收买人心的大事：帝后现在告成功于天地，但是天下治理得好，那可不是帝后两个人的功劳，所有的文武百官都发挥了作用，也得让他们享受一点恩惠。怎么享受呢？武则天建议给所有的三品以上官员赐爵，四品以下官员加阶！阶在唐朝代表一个人的品级，直接决定着一个人的政治经济待遇，比如，享受什么级别的待遇，拿多少俸禄，穿什么颜色的衣服，等等。整个官僚系统分为二十九阶，也就是二十九个级别。根据制度，官员要加一阶，一般要四年的资历。三品和五品更是两个关口，三品叫亲贵，五品叫通贵，都享受不少特权，所以五品以上的官不能太多，许多人一辈子也混不上去。现在武则天一声令下，给每个人都加阶，不仅仅是让官员们白占了至少四年的便宜，而且让一些人也顺利地进入了三品亲贵或者五品通贵的行列。这是一招妙棋啊，成百上千的官僚因此受惠，他们自然对武后感恩戴德。如果说武则天主持亚献是让官员们窃笑的话，这次加官晋爵是让他们真的笑起来了，那是开怀大笑，面对着从天上掉下来的馅饼，谁能不感激武皇后呢？

三、魏国夫人之死

封禅让武则天在全天下人面前出尽了风头，封禅之后的加阶晋爵，更是让她笼络了不少官员的心。可是封禅的好处还不止如此呢，这次封禅还给她带来了另外一个收获——借机铲除了外甥女魏国夫人贺兰氏，一个想和她分享丈夫的小情敌。

我们前面说过，武则天有一个姐姐，嫁给了贺兰氏，很早就守寡了。武则天得幸于高宗之后，就把姐姐接到了身边，姐姐还带来了一儿一女。后来，风流的姐姐不守规矩，和高宗勾搭成奸，还买一送一，饶上了外甥女贺兰氏。武则天当皇后以后，姐姐韩国夫人很快就死去了，但小外甥女魏国夫人仍然不知天高地厚，她觉得自己好歹年轻，十几岁的花季少女不比武则天那张老脸耐看？她觉得有本事把唐高宗俘虏到自己的石榴裙下。唐高宗对这个小美人也很动心，打算正式纳她做妃子，但是碍于武则天的威严，一直没好意思开口。而武则天看不惯贺兰氏也不是一天两天了，只是由于没有找到好机会而一再容忍。

废后事件后，武则天加强了对唐高宗的控制。在外朝，她用二圣临朝的方式使得唐高宗不再有和大臣私下谋议的可能；在后宫，那可是她的天下啊，卧榻之侧，岂容他人酣睡！武则天也不想对这小外甥女客气了。怎样铲除这个小情敌呢？总得找个机会啊。封禅泰山这个活动一搞起来，武则天的机会就来了，曾经得罪过武则天母女的两个堂哥被她派上了用场。

皇帝东封泰山，各地刺史都要随行。因为过去得罪了杨氏夫人，武后的两个堂哥武惟良和武怀运分别被贬为始州刺史和淄州刺史，这次也都奉诏到泰山来了，封禅完毕，又和高宗一起回到京师。俗话说，吃一堑长一智，这哥儿俩经过这几年的折腾，终于明白这个皇后惹不起，再也不敢又臭又硬了，想要讨好一下武皇后，缓和关系。当时官员有献食的风俗，就是准备一些土特产、山珍海味，送进宫里，请皇帝皇后品尝。武惟良兄弟也献了食。武则天是多么善于利用机会的人啊，接到献食之后，她灵机一动，正好用这两个人当替死鬼！心动就要行动，武则天马上邀请魏国夫人贺兰氏。她派人把那食品下了药，然后对外甥女说，这是咱们娘家送来的东西，一块儿吃吧。这小丫头哪有武则天那份心计，一看见是自家人送的，就吃吧，没吃几口，七窍流血，倒地而亡。这后宫一下就乱套了。可怜的唐高宗，早晨上朝之前还是温香暖玉抱满怀，可是退朝回来，鲜活的小情人已经成了一具冰冷的尸体。唐高宗忍不住失声痛哭。

宫里发生食品中毒案，性质当然很严重。马上追查罪犯，惟良和怀运两兄弟就是跳进黄河也洗不清了，毕竟食品是他们两个送来的啊，最有犯罪可能。至于犯罪动机，武则天更是信手拈来。这两个人因为贬官一直嫉恨皇后，没准还想谋害皇帝，现在想要趁献食的机会毒死皇后，却失手误杀了魏国夫人。

这样一来，这个案子就大了，这是试图毒死皇后啊，得从严、从重、从快处理了。怎么处理？武惟良和武怀运未经审判便被处死，妻女没入宫中为奴。其中，武惟良的大嫂善氏最惨。这个女人虽然姓善，可是并不善良，当年对杨夫人母女最坏。这一次，她也被没入掖庭，落入杨夫人母女手中了。杨夫人想到当年在她手里讨生活的艰难，不禁怒从心头起，怂恿武则天命人把她打得肉尽骨现而死，总算一泄心头之恨！在消灭这几个亲属的肉体之后，武则天觉得还不解气，说武惟良、武怀运兄弟哪配姓武啊？他们这样的蛇蝎心肠，改姓蝮吧，蝮蛇的蝮，他们就是毒蛇猛兽。这是从精神上再予以侮辱，犹如对付当年的王皇后和萧淑妃。这样，武则天又是一箭双雕，既除掉了情敌，也彻底报了当年的被虐之仇。

经过宫里宫外的一番努力，武则天进一步站稳了脚跟。现在，宫里面已经没有了情敌，唐高宗从此只能积极贯彻一夫一妻制了；外廷的大臣们对武则天参政也不再敢公开表示异议；二圣政治经过封禅大典，已经在全国人民心目中留下了深刻的印象。此时的大唐帝国社会稳定，疆域辽阔，经济繁荣，真可以说是盛极一时。这样骄人的成绩是在武则天的协助之下取得的，武则天怎么能够不志得意满呢？

四、武后避位

常言道：月圆则亏，水满则溢。咸亨元年（670年），唐朝的危机和武则天的个人危机差不多同时悄悄地出现了。这一年，唐朝派常胜将军薛仁贵讨伐吐蕃，结果全军覆没。这可是唐朝建国以来从未有过的军事惨败，吐蕃因此信心大增，领土扩张到今天的青海，让唐朝西线的军事压力骤增。东北朝鲜半岛的形势也发生变化。夙敌高丽和百济本来已经被唐朝打下，但是，由于管理不善，百姓屡屡叛乱，原本依附唐朝的新罗政权趁机发展势力，统一朝鲜半岛的态势已经非常明显。隋唐两朝的皇帝辛辛苦苦忙了几十年，最后给他人做了嫁衣裳。这是在外交方面。在内政方面，同年，天下大旱，关中饥馑，朝廷不得不下诏任由百姓往各州逐食，政府班子也准备东迁洛阳，解决吃饭问题。俗话说民以食为天，解决不了老百姓的米袋子和菜篮子问题，二圣都不免有焦头烂额之感。

与此同时，武则天个人也遇到了困难。首先，在朝廷里，她的死党许敬宗退休了。许敬宗从废王立武开始，没少给武则天卖力，是武则天楔进宰相集团中的一颗钉子，可是现在许敬宗七十多岁了，干不动了。他这一退休，武则天对宰相集团的控制能力就下降了很多，这是继李义府贬死之后对武则天的又一个重大打击。武则天一下子面临着朝中无人的困境。随着许敬宗的退休，朝廷中的气氛发生了微妙的变化，长孙无忌的父亲长孙晟的庙被整修一新，显示出原来在废王立武问题上的反武派势力重新抬头的态势。屋漏偏逢连夜雨，在内廷，武则天也遭遇了人生的痛楚，她的母亲杨夫人去世了。老太太活了九十二岁，去世应该说并不出人意料。但是，这让武则天又失去了一个重要的依靠。杨夫人可以说是武则天一生重要的支持者和领路人。当年，就是她动用关系，把武则天送进了大内深宫。武则天爱好文史的取向、睚眦必报的性格、刚毅果断的素质，都深受杨夫人的影响。在废王立武的关键时刻，在二圣临朝的复杂局面下，杨夫人都用自己的老谋深算和政治直觉为武则天出谋划策，沟通内外。她的能量和手腕，让高宗都叹为观止，武则天更是受惠良多，感激莫名。

现在，左膀右臂都走了，国家又面临着困境，武则天陷入了迷茫。下一步该怎么走呢？中国古代不是有天人感应的传统思想吗？国家发生水旱、地震等自然灾害，就意味着统治者失德，皇帝往往会通过减膳、撤乐来表示自责。现在天下大旱，执政者的形象当然会受到影响，原本对武后参政心存不满的政治势力开始蠢蠢欲动。不少人就攻击武则天，说灾难是因为皇后专权造成的，外廷议论纷纷。面对各种压力，武则天怎么处理呢？她做出了一个惊人之举——要求避位，以答天谴！

这是个不得了的新鲜事。武则天这一辈子一直都在进取，从一个胜利走向另一个胜利，何曾见她退缩过？避位是什么意思呢？就是不当皇后了。是不是她终于暴露出软弱的一面了，实在干不下去了？我觉得不是那么回事，这是武则天的一招棋，叫以退为进。

一方面，这是对高宗摆出姿态：我虽然和您合称二圣，但是依然在您的领导下，我的命运由您决定。如果您觉得我不好，您就惩罚我吧。武则天摆出了一副小鸟依人的样子。试想，哪个男人在这种情况下不会英雄气短，儿女情长呢？另一方面，以一个皇后的身份要求对国事负责，这等于直接昭告天下，这个国家是在我的领导之下！我有这样的领导权，才会负有相应的责任！要知道，权力和责任是联系在一起的，没有权力就不会有责任。这等于一下子把唐高宗逼到了非常尴尬的境地：如果接受武则天辞皇后位的申请，就等于肯定了武则天的政治地位，肯定了国家是在她的主要领导之下！虽然早有二圣的称号，但是让老婆承担主要政治责任，也不是当皇帝的所能容忍的啊。所以，无论从感情上还是从理智上，唐高宗决不能接受皇后的这个请求！何况，此时，二圣政治已经持续了六年，若是从显庆五年（660年）唐高宗生病，武则天开始协理朝政算起，武则天的参政已经有十年之久，唐高宗已经习惯她在身边出谋划策，他现在不想再废掉皇后了。已经老夫老妻了，一个战壕里战斗了这么多年，现在遇到问题，更应该风雨同舟啊。

于是，唐高宗拒绝了武后的避位请求，不仅如此，他还要安慰武则天，把杨夫人的葬礼办得风风光光，让天下人看看，他们有信心、有决心战胜困难！唐高宗辍朝三日，以显示内心的悲痛。他还亲手给杨夫人书写墓碑并让文武百官和内外命妇都到杨夫人的宅子里去吊丧，而且把杨夫人的灵柩一直送到墓地。接着，又封杨夫人为鲁国太夫人，谥号忠烈。这可是不得了啊，忠烈这个谥号哪像给女人的？人们对女性的要求是贞洁、柔婉就足够了，忠烈是对大臣的要求。把这样的谥号给杨夫人，那就等于把杨夫人比成股肱大臣了。

就这样，武则天再一次以退为进，化解了危机。而且，通过杨夫人的高规格葬礼，她又进一步提高了自己的威望。现在，武则天成功地稳住了阵脚，二圣政治已经不容置疑。武则天又站到一个新的起点上了，她的下一个目标又是什么呢？

第十三章

晋升天后

麟德元年（664年），武则天与唐高宗并称二圣，垂帘听政，对朝中的大事小情都获得了过问权。此后唐高宗的身体每况愈下，繁重的国事必须仰仗武则天的聪敏果断。武则天利用唐高宗的信任，终于放开手脚，开始积聚自己的政治力量。

武则天从一个进宫时十四岁的小女孩，成长为一代女皇，一生走了五大步。第一步是废王立武当皇后，第二步是二圣临朝，第三步是晋升天后，第四步是废黜儿皇，第五步是登基称帝。这里讲的是晋升天后的事情。

一、自封天后

二圣临朝十年以后，武则天的威望已经相当高，但是，从不循规蹈矩的武则天又有新想法了。上元元年（674年），武则天撺掇高宗以孝顺的名义，把祖宗封了个遍。她对唐高宗说：我们现在是以孝治天下，可是我们对祖宗的孝顺还远远不够呢。祖宗们立下那么多丰功伟绩，却没有在他们的名号之中体现出来，这样不利于后代缅怀他们。那怎么办呢？武则天提出来，要给列祖列宗加上足以评价他们业绩的尊号。比如，追尊唐高祖为神尧皇帝，他的皇后窦氏为太穆神皇后；追尊唐太宗为文武圣皇帝，长孙皇后为文德圣皇后。这样做的目的是什么呢？武则天接着说，既然列祖列宗都称皇帝和皇后，我们怎么敢和祖宗使用一样的称呼呢？我们得避讳！那怎么避讳呢？

唐高宗改称天皇，武皇后改称天后！

这哪里是在尊奉祖宗啊，明明是借着祖宗之名，把自己无限拔高啊。天后的"天"字对武则天可是意味深长。我们不是总说她喜欢玩弄文字游戏吗？这个"天"字现在意味着天命！另外，天后还意味着武则天是天的配偶，是比德于天的！什么人才能够比德于天啊？只有皇帝！可见，在这个时候，武则天的欲望又膨胀了，皇权已经明确成为她追逐的目标！这一年，距离武则天与唐高宗合称二圣整整十年，距离武则天当皇后将近二十年。二十年的时间，武则天上了三个台阶，现在，台阶的顶端已经隐约可见，那就是皇帝的至尊宝座。

那可能有人会问，唐高宗怎么会允许武则天这样想、这样做呢？其实，武则天正是利用了唐高宗妄自尊大的心理，先把他推到天皇的位置，让他陶醉在自己的称号之中，哪里还来得及细察武则天潜在的野心呢！也许有人会觉得，一个名号的改变就能说明这么大的问题吗？我们是不是想得太多了？不是。因为在改称天后的前后，武则天还采取了相应的配套措施，这些措施加在一起，我们不得不怀疑她的真实目的了。

什么配套措施呢？首先，武则天开始培植外戚了。

二、培植外戚

前面提到过，武则天当上皇后以后，对外戚一直非常严厉，在她的打击之下，两个同父异母的哥哥和堂哥们都相继死去。她一来报了小时候受到的虐待之仇，二来呢，是她当时还安于皇后身份，皇后抑制外戚才会显得大公无私，才会更得皇帝的信任。武则天之所以逐步取得权力，很大程度上得益于她在这方面的表现。仅仅满足于当皇后可能不需要外戚的支持，但是如果想要进一步掌权呢？或者说，如果想要改变天命当皇帝呢？打仗亲兄弟，上阵父子兵，最能帮助自己的恐怕还是外戚。

我们说过，武则天出身小姓，家里的人口并不多。现在，哥哥、堂哥和姐妹都死了，武则天已经没有平辈的外戚了，要培植外戚，只能从晚辈中寻找。晚辈之中，武则天有侄子、有外甥。哪个更亲呢？按照中国传统，侄子比外甥更亲。但是武则天小的时候不是受过异母哥哥们的虐待吗？她始终无法原谅他们。而姐姐虽然后来也做过对不起武则天的事情，但是毕竟是一母同胞，从小共患难的，武则天还是更爱姐姐。这样一来，武则天培养的第一个外戚就不是哥哥的儿子，而是姐姐的儿子了。

姐姐的儿子叫贺兰敏之。贺兰敏之继承了母亲的美貌，也继承了母亲的轻佻，是长安城里有名的花花公子。本来他和武则天的关系还好，但是自从武则天毒死了贺兰敏之的亲妹妹魏国夫人之后，两个人的关系就比较微妙了。《资治通鉴》记载，贺兰氏死后，高宗哭着问贺兰敏之："朕上朝时魏国夫人还好好的，下朝就听说她去了，怎么会这么快！"贺兰敏之只是痛哭，一句话也不说。我们要知道，这事武则天可是给定过调子的：魏国夫人贺兰氏是被武惟良和武怀运他们送来的食品给毒死的。贺兰敏之如果相信这个说法，他就应该告诉唐高宗，都是武惟良和武怀运这两个坏人，他们本来想要毒死皇后，没想到被我妹妹误食了，皇上您可要严惩他们啊。可是贺兰敏之一言不发，就在那儿恨恨地哭。不说话也是一种表态。心思缜密的武后听说后，只说了一句：这个孩子对我起了疑心了。尽管如此，武则天并没有亏待贺兰敏之。因为武则天的哥哥们都已经死了，武士彟的爵位没人继承，她让贺兰敏之改姓武，继承了外祖父武士彟周国公的爵位，还把他提拔为三品官，希望他日后能够成为自己的帮手。

贺兰敏之虽然聪明英俊，但在政治上却实在是扶不起的阿斗。他非但不能努力替武则天排忧解难，反倒一次次给她难堪。武则天的长子李弘当时已经长大成人，准备纳妃了。本来已经选定了杨家的女儿做太子妃，马上就要举行婚礼了，贺兰敏之却施展手段诱奸了杨小姐。武则天又气又急，只好临时取消了婚礼。

这已经很严重了，不过毕竟还只是针对准太子妃，太子以后还可以另行选妃。更不像话的是，贺兰敏之居然把魔爪伸到了武则天的女儿身上。大家都知道，武则天的女儿太平公主是武则天最小的孩子，也是唯一活下来的女儿，武则天对她非常宠爱，视为掌上明珠。可是，有一次小公主去姥姥杨夫人家，贺兰敏之居然强奸了她的随从宫女。俗话说，打狗看主人，贺兰敏之这样做，不是对小公主大为不敬吗？武则天知道后肺都气炸了。按照她以往的性格，这个贺兰敏之就是有十个脑袋也早都掉光了。但是，武则天还是忍了。为什么呢？因为他有杨夫人护着。要说这杨夫人对外孙子真是疼爱无比，其间原委也是一桩疑案，我们一会儿再说。反正有她罩着，贺兰敏之还可以无法无天。可是咸亨元年（670年）杨夫人去世了，贺兰敏之作为继承人主持丧礼，也不知道是为什么，他对自己的庇护伞杨夫人表现得相当冷酷。在居丧期间，他没有表现出一丝一毫的悲伤，反而脱去丧服，穿得花红柳绿的，在家里跟歌伎调笑奏乐。

这一回可没有人再保护他了。武则天上表给唐高宗，开列贺兰敏之的五大罪状，要求法办。哪五条呢？第一，私自挪用为荣国夫人造佛像追福的瑞锦。杨夫人死后，国家拨了一些锦缎为她做佛事，贺兰敏之给挪作他用了。第二，居丧期间穿吉服奏伎乐，不遵礼制。第三，诱奸准太子妃。第四，强奸太平公主的随行宫人。第五，和外祖母荣国夫人杨氏通奸。这可真是爆料啊！特别是和外祖母通奸这一条，放在古今中外任何时期都会让人大跌眼镜。八九十岁的老外婆和二十多岁的外孙子通奸，真是让人匪夷所思。真有这事？这么高龄的杨夫人还能和外孙子私通？我觉得不无可能，后人常说脏唐臭汉，李唐家族本来在血统上就胡汉混杂，而整个唐代社会对风教问题也都持开放的态度。当然，还得佩服杨老夫人充沛的精力和体力，联想到武则天能在六十多岁的高龄当上皇帝，七八十岁还包养面首若干，我们不得不承认她有非凡的基因啊。

更让人佩服的是武则天不怕家丑外扬的勇气。我想，武则天之所以这样做，可能是因为当时有关贺兰敏之和杨夫人的丑闻已经传得沸沸扬扬，与其让人乱猜乱讲，还不如自己把它抖出来。即使在现代社会，平息传言的最好办法不也是公布事实吗？当然，武则天敢这么做，也和唐朝人对这类教化问题的宽容态度有关。这样的事情要是放在宋朝以后，无论如何都会让人觉得难以启齿。禁区相对较少，恐怕也是武则天能够异军突起的一个重要原因吧。武后既然不惜爆料，贺兰敏之的下场也就可想而知了。他被流放到南方的雷州，中途被武后派来的杀手用马缰绳勒死了。

贺兰敏之是武则天真正重用的第一个外戚，也是她培养的第一个子侄辈的外戚。可是，贺兰敏之实在不堪调教，他不仅不能帮助武则天，反而处处跟她作对。最后，武则天只好放弃他了。但是，处决贺兰敏之，仅仅意味着武则天清除自己无法控制的人物，就像当年用匕首对付难驯的狮子骢，并不意味着她要抑制整个外戚势力。武则天要想改换天命，她们武家的人是一定要培养的，她还要寻找新人来取代贺兰敏之的位置。可是，她娘家的资源就这么有限。亲姐姐只有两个孩子，现在都死在她的手下了。亲妹妹死得早，没有留下子嗣。在这种情况下，武则天反复权衡，最后终于决定，不计前嫌，召回被她流放岭南的几个侄子。这几个侄子是她同父异母哥哥的儿子，他们的父亲曾经深深地伤害过武则天，让武则天铭心刻骨。但是，孩子并没有做过什么。也许武则天心里并不喜欢他们，但是，毕竟和他们并没有直接的恩怨。给他们一个机会，让他们试试吧。

于是，就在武则天号称天后的前几个月，武则天的几个侄子都被召回长安了。其中异母哥哥武元爽的儿子武承嗣因为在几个侄子之中年纪最大，袭爵周国公，从五品官起家，很快就被任命为三品的宗正卿。这个职务本身权力并不大，但是主要掌管皇族事务，一般都由李唐宗室担任。现在，武则天把这个掌控皇族事务的重任交给了自己的侄子武承嗣，就显得格外意味深长了。也许就是在这时，武则天产生了让武家凌驾于李家之上的想法。皇后，哪怕是有权力的皇后之位，已经渐渐容不下她的野心了！

三、建言十二事

武则天如果只是重用外戚，那就和历史上许多垂帘听政的太后没有区别了。但是，武则天的目标不是有权力的皇后，而是权力无限的皇帝。要做皇帝，就要让天下的人信服，自己有能力领导这个国家！怎样才能做到这一点呢？就在晋升天后不久，武则天上书唐高宗，提出十二条改革措施，向全天下公布了她的施政纲领。这是武则天第一次在天下人面前提出自己的政治纲领。这可是一件大事，史书中一般把它叫作建言十二事。

这十二件事，我把它大致分为四个主要方面：

第一方面内容是施惠百姓，切实减轻农民负担。这里面包括四条建议：第一条是劝课农桑，轻徭薄赋。这是中国古代统治者经常提出来的一个问题，武则天说这句话可不是装门面的，她还有三个建议来具体落实。其一是息兵，就是停止对外作战，减轻农民的兵役负担，保证农时。其二是减少公共工程，减少农民的劳役负担。其三是考虑到京城周边地区的特殊地位和特殊情况，特别免除长安及其周边地区农民的徭役。因为京城有政府，还有驻军，所以老百姓的负担本来就很沉重，京城又是首善之区，是给全国做表率的地方，所以武则天就先把这些地区老百姓的徭役给免了。

第二方面内容是笼络百官。先从提高官员待遇入手，特别是要提高中下级官员的待遇，因为大官人少，而且他们本来待遇就高。武则天提了三条建议。第一，停止审查立功将士在前线所取得的勋官头衔，切实落实退伍勋官的待遇。勋官是怎么回事呢？它是将士通过军功获取的功名，分为十二个等级。勋官没有实际的权力，但是享受一定的政府优待，比如说在均田的时候可以多分土地，还可以让儿子到皇帝身边担任卫官，等等。当时对外战争比较频繁，许多士兵在前线都被授予勋官，回到地方后，地方觉得执行相应的优惠政策压力很大，所以就加强了审核制度，因此，有些前线授予的勋官在地方得不到承认，这当然打击了士兵作战的积极性。现在武则天停止审核，承认战士浴血奋战的成果，有点类似我们今天做好转业军人的安置工作。第二是给八品以上的官员涨工资，相当于现在提高公务员待遇。第三是给才高位卑、长期得不到升迁的中下级官僚升官。过去好多低级官员甚至中级官员因为没有背景，很难有升迁的机会，现在武则天体察他们的难处，给他们普遍升官，这和她在封禅之后给官员普遍加阶是一脉相承的。这可是中下级官员们的福音啊，他们怎么会不由衷地支持武则天呢！

武则天为什么要笼络百官呢？因为她要利用他们。我们知道，武则天的起家过程一直利用了朝廷中官僚的矛盾，让急功近利的中下级官员去冲击保守的高级官员。当年当皇后如此，如今当天后还是如此。给中下级官员足够多的好处之后，武则天又提出了一条建议，叫作"广言路"。就是说不仅仅高级官僚对朝政有发言权，中下级官员也应该有发言权。她已经通过泛阶授官和提高官员待遇取得大家的好感了，现在，一定要保证这些官员在朝廷里有发言权，为自己呐喊助威！可是，要让每个人发言，就会有不同意见，如果出现反对武则天的意见怎么办呢？武则天还有补充建议呢，那就是"杜谗口"。如果谁觉得天后图谋不轨，谁敢在皇帝面前再挑拨离间，对不起，那就是向皇帝进谗言，要坚决杜绝！这一条其实是对于天后权力的一种保障，也是对于天后所提出的其他政治纲领得以实现的保障！

天地之间有杆秤，秤砣就是那老百姓。在任何时代，谁要是把老百姓的利益放在心头，谁就能得到老百姓的衷心拥护。武则天肯于为普通百姓和中下级官员争权益，不仅使她赢得了最广泛的人心，而且奠定了她日后执政的坚实基础。所以我们说，武则天能当上中国历史上唯一的女皇帝，并不仅仅靠什么权谋术、厚黑学，真正靠的是这种政治家的广阔胸襟。此后，无论上层怎样风云变幻，民间始终寸草不惊，这就叫得民心者得天下！

武则天先行把民心给稳定下来，接下来的建言就是针对自己的家事了。第三个方面内容是提高母权，要求即使父亲在世，如果母亲去世，子女也应该服丧三年。中国古代不是尊重父权吗？父亲和母亲在家里的地位是不一样的。从丧礼这个角度讲，如果父亲去世了，子女必须披麻戴孝，守丧三年。母亲去世时，如果父亲已经不在人世，同样要服丧三年；但如果母亲去世时父亲仍然活着，为了表示对父亲的尊重，子女只需服丧一年。武后认为这个规矩不合情理，要求修改。她说，母亲对子女的养育之恩天高地厚，为人子女如果认识不到这一点，简直是禽兽不如。为了报答母亲的恩情，即使父亲还在世，也要为母亲服丧三年。这一条历来被人们视作武则天提高女权的标志，其实仔细分析一下就会发现，她提高的不是女权，而是母权。她想要借助这一条建议来提高母亲在家族中的地位，让母亲和父亲在儿女面前取得大体平等的权力，强调儿女应尊重母亲。这一条显然主要是为武则天自己日后的政治权力服务的。她考虑的是，即使日后高宗死去，她也要在儿子面前保持自己的权威！

第四个方面的内容是取悦皇帝。武则天知道，她的权力来自唐高宗，她推行自己的主张也要依靠唐高宗，如果失去了唐高宗的宠爱和信任，一切都将彻底改变。所以，取悦高宗是非常必要的。怎么取悦呢？武则天提了两条建议：第一，"王公以降皆习《老子》"。要求文武百官都得上理论课，学习《老子》这本书，而且，还要把《老子》作为教材，纳入科举考试的体系中去。为什么要学习《老子》呢？这是为了摆平和唐高宗之间的关系。因为李唐皇室尊奉老子为自己的祖先，武则天的这条建议就是向唐高宗献忠心，表示天后还是以李唐皇族为中心的，是愿意团结在唐高宗周围的。从这个意义上讲，这是一种政治作秀，希望唐高宗放心，不使他产生疑虑。

第二，提倡节俭，要求服务于宫廷的手工业作坊停止生产奢侈品。唐高宗本人喜欢节俭，他死之后，武则天曾经盛赞他有俭德。既然如此，武则天就投其所好，也跟着提倡俭朴。中国历朝历代都讲节约，但是如果统治者只是口头提倡，再动听的话也不能让人信服。武则天可不是天桥上的把势——光说不练，她是说到做到，带头节约。怎么节约呢，从着装做起。我们现在说百褶裙，裙子的褶子越多越好看，但是褶子越多也越费布。按照当时的礼仪规定，皇后的裙子一般是十三个褶。武则天不是提倡节俭吗？她只穿七个褶子的裙子，让大家看看，天后的裙子可能不美，但是天后心灵美！大家都来学习天后吧。

这份政治纲领，既高屋建瓴，又符合武则天的个人需要，反映出武则天经过二十来年的锤炼，无论是政治素质还是斗争技巧都已经炉火纯青了。此时的唐高宗对这位政治家夫人简直佩服得五体投地。他立刻下诏赞美天后的远见卓识，并且准备实施天后提出的施政纲领！武则天的威望更高了。

天后在政治上一天比一天成熟，唐高宗的身体也一天比一天衰弱。虽然他比武则天小四岁，但是恐怕要走在武则天前面了。他开始考虑后事。武则天也在考虑。武则天和丈夫已经争了十几年的权力，以后，恐怕要面对的不再是丈夫，而是丈夫的继承人，自己的亲生儿子。那么，面对着诱人的最高权力和割不断的骨肉亲情，武则天又会做出怎样的选择呢？

第十四章

李弘之死

武则天的一生,和后宫斗,和大臣斗,和皇帝,也就是自己的丈夫斗,越战越勇,权力也越来越大。上一章讲到,武则天晋升天后以后,威望持续走高。随着势力的增强,武则天心中的目标也越来越明确,皇冠已经在她眼前闪耀。而此时唐高宗的病情越来越重。他们的儿子太子李弘已经长大成人,并且在咸亨四年(673年)完婚,一旦高宗身体有变,太子就要继承大统。那么,武则天的权力还能延续下去吗?她是否还要和儿子斗呢?母子斗法,是怎样一番情境?李弘会面临怎样的命运呢?要想说清楚这几个问题,我们得先了解李弘是个什么样的人。

一、有其父必有其子

我们曾经讲过,李弘的名字是道教的一个谶语,是太上老君的化身。他的出生刺激了母亲的野心,也成为母亲争夺皇后之位的重要筹码。随着母亲成为皇后,李弘也子以母贵,当上了太子,母子二人,互相依存,李弘从小就备受高宗和武则天的宠爱和重视,八岁就开始监国听政,积累行政经验。

李弘天姿聪颖，高宗为了培养他，在早期教育上抓得很紧，首先当然要他学习儒家经典，希望他将来能成为一代圣君贤王。但李弘在儒家经典之外，对文学也很感兴趣。这一点并不奇怪，唐高宗年轻的时候就热爱文艺，此后终身保持着对文学的兴趣和对文人的好感。而武则天从小爱好文史书籍，自己也能够写诗写文章，所以李弘无论遗传父母哪一方的基因，都应该表现出文学方面的天分。

李弘在文学方面相当早慧。龙朔元年（661年），李弘刚刚十岁的时候，就命令自己太子府的下属许敬宗、上官仪等文人博采古今文集，分门别类地摘抄其中的清辞丽句，编成了一本五百卷的大部头文集，起名叫《瑶山玉彩》，献给了唐高宗。这书虽然不是原创，但是唐高宗看到儿子小小年纪就有这样的志向和领导才能，心里着实高兴，马上赐了三万段丝绸给他。许敬宗等一干捉刀代笔的也跟着没少沾光。

太子既然聪明能干，高宗和武则天就一直对他寄予厚望。特别是从显庆五年（660年），唐高宗得病以后，他对于培养接班人的愿望就更加急迫了。正因为如此，李弘一生虽然只活了短短的二十四年，却有七次监国的经历。据《资治通鉴》记载："太子弘仁孝谦谨，上甚爱之；礼接士大夫，中外属心。"除了监国以外，高宗还特地赐予他一本《政典》，这本书记载了古往今来的一些政治传统，希望他好好读书，尽快熟悉政治运作的规则。但是，把儿子当皇帝培养，未必儿子以后就真能成为皇帝。无论身体还是性格，李弘都像极了父亲唐高宗，不大具备当皇帝的素质。

先说性格。李弘的性格敏感纤弱，和少年时代的高宗有的一比。当年，长孙皇后去世时，九岁的李治哀哀无告，一副小可怜的样儿，把舅舅长孙无忌的心都哭碎了。李弘八岁时，父亲唐高宗李治和母亲武则天一块儿巡游东都洛阳，把他留在长安，让他跟着一帮大臣临朝听政，借此锻炼他治国的能力。可是李弘对父母思念不已，终日哭哭啼啼，把朝臣们搞得手足无措，最后唐高宗和武则天只好把他接到身边。

李弘不仅对现实生活中这种离别和苦难承受不了，对书本里描写的丑恶事情也都无法接受。他跟着老师学习《春秋》，《春秋》里记录了楚国的世子芈商臣杀国君的事情。世子就是春秋时期诸侯国国君的王位继承人，相当于后来的皇太子。商臣是楚王的儿子，但他为了早日夺权，就杀了自己的父王。春秋战国时期，这种臣弑君、子弑父的事情简直太多了。李弘读到这段历史，大惊失色，问老师说："圣人怎么会把这样的事情写进书里啊？"老师对他说："孔子作《春秋》，当然是好事和坏事都要写呀，只有这样才能惩恶扬善呀。"可是李弘仍然接受不了，不愿意再看这本书了，非要老师换教材，结果把老师感动了，老师认为这个孩子天生仁孝，以后必定会是个圣君贤主，于是把他的教材换成了只讲正面规范的《礼记》。

要说"仁孝"这个词，本来是个褒义词，但是用在李弘身上，就和唐太宗当年评价李治"仁懦"一样，让人觉得暗含着窝囊的意思。事实上，李弘的仁孝确实和父亲唐高宗当年很相似。麟德元年（664年），因为上官仪的案子，曾经当过太子的李忠以谋反的罪名被杀，尸体暴露荒野，无人敢管。李弘听说之后，心里老大不忍，上表请求收葬这个异母哥哥。这和当年李治要求父亲善待两个被废的哥哥简直是异曲同工。

再看身体。李弘的身体比高宗还差。高宗好歹是成年之后才得了风疾的，而李弘从小就体弱多病。他的病，根据《旧唐书·孝敬皇帝传》的说法是"瘵瘵"，就是今天我们说的肺结核，这是一种消耗性疾病，在古代无药可治。李弘曾经有一次对大臣讲，这病是因为他小时候学习过于用功，不知道爱惜身体造成的。抛开用功过度是否容易引起肺结核这个医学问题不谈，李弘很小就体弱多病是毫无疑问的。

因为多病，李弘成年以后，接见自己太子府属下的机会越来越少，他的属下因此非常有意见。负责他饮食起居的典膳丞，甚至上书说要制裁他，减少他的饮食供给。正因为身体欠佳，李弘虽然聪明儒雅，又频频受命监国，却无法真正亲理朝政，甚至有时他监国都不能到朝廷里来，经常要委政宰相，这当然是个很严重的问题。

李弘这种柔弱的性格和多病的身体状况，本来容易养成依赖性的人格，和武则天的强毅正好互补，如果相处得宜的话，母子间本不至于引发太大的冲突。但是，冲突还是发生了。

二、母子冲突

太子李弘和武则天之间冲突的表面化是在咸亨二年（671年），冲突的引子就是萧淑妃留下的两个女儿的婚姻问题。这也是被史学家大书特书的一件事。当时，武则天和唐高宗一起巡游东都洛阳，留太子监国。李弘有病，不能上朝，只在宫里静养。有一天，李弘静极思动，到处游逛，不料却见到了长期幽禁在掖庭的两个同父异母的姐姐，也就是萧淑妃的两个女儿。一个是义阳公主，一个是宣城公主，这两个老姐姐已经给关了十几年了，见人都不会说话了，在那儿看着李弘，傻乎乎的，瑟瑟发抖。李弘可是一个很慈悲的人啊，他哪儿受得了这场面？关于这件事，在《资治通鉴》里有一段精彩的描写：

> 义阳、宣城二公主，萧淑妃之女也，坐母得罪，幽于掖庭，年逾三十不嫁。太子见之惊恻，遽奏请出降，上许之。天后怒，即日以公主配当上翊卫权毅、王遂古。

李弘不是一个仁慈而敏感的孩子吗？看到姐姐年纪这么大了还没

有出嫁，孤苦伶仃，独守空房，他受不了了，立即奏请让两位姐姐出嫁，让她们过上正常人的生活。

这多像当年唐高宗去看望王皇后和萧淑妃啊，这不是明显在拆母亲的台吗？武则天看到太子的这个上疏，勃然大怒：这小子居然敢跟老娘叫板！当年老娘要不是把萧淑妃整倒，现在没准儿你早被别人害死了。现在你以为自己羽翼丰满了，居然替别人来求情了。这不是要我好看吗？确实是啊，李弘同情心泛滥，这岂不是在揭露母亲的残酷无情！大怒之下的武则天说，这样吧，既然太子说她们两个该嫁人了，那就嫁吧，这儿不就有两个值班的卫士吗，就他们俩吧，一个娶义阳公主，一个娶宣城公主。于是，两位公主草草完婚。这件事经由史书的渲染，历来被当成武则天残酷而太子仁孝的标志性事件。据说，李弘就是因为这件事"失爱于天后"，直到后来神秘死亡的。事实真的如此吗？

其实，这件事和许许多多对武则天的记载一样，有部分真实性，但是也有相当大的夸张成分。夸张了什么呢？首先是公主的年龄。按照《资治通鉴》的记载，两位公主是年逾三十不嫁，而《新唐书》的记载就更夸张了，是近四十不嫁。当时一般贵族女子结婚都在十五岁左右，因此三十多岁甚至四十岁确实显得触目惊心。可是这个年龄实在是太离谱了。为什么这么说呢？有两个理由：第一，因为咸亨二年（671年）高宗只有四十三岁，他是十六岁当上的太子，萧淑妃也是在高宗当太子期间纳入后宫的，就算当年得子，孩子的年龄也不可能超过二十七岁。第二，两个公主之中，宣城公主的墓碑保留下来了。根据碑文的记载，宣城公主死于唐玄宗开元二年（714年），享年六十六岁，倒推到咸亨二年（671年），当时的宣城公主二十三岁。所以说，两位公主当时的年龄应该在二十三岁到二十七岁，这在当时也不算年轻了，可是无论如何不可能年逾三十，更不可能到四十岁。

除了公主年龄之外，两位驸马的出身也没有那么卑微。按照《资治通鉴》的记载，这两位驸马是随便指派的，其实不是这么回事。这两位驸马并不是普通的卫士，而是翊卫，翊卫是皇帝身边的亲近侍卫，他们的祖上出身也非同一般，至少是父亲或者爷爷当了大官，孩子才能有当翊卫的资格。其中，义阳公主的驸马权毅的祖父是唐太宗秦王府嫡系，封卢国公。宣城公主的驸马王勖的祖父也官至监门将军，封平舒公。论出身，虽然比照其他驸马有些距离，但是匹配两位公主还并不显得太过离谱。

这样看来，在两位公主的婚姻问题上，武则天的处理虽然确实存在问题，但是也并不像史书描述的那么夸张。事实上，作为一个有头脑的政治家，武则天做事不可能那么不计后果。她知道无论做什么事都不能做得太绝，因此，在李弘提出让姐姐出嫁的上奏之后，武则天立刻行动起来，马上给公主选定了驸马，而且婚后两位驸马都升了官，一个是袁州刺史，一个是颍州刺史，刺史怎么也是四品官。整件事情办得雷厉风行，尚可做到掩人耳目。

李弘公开替萧淑妃的女儿求情，自然让武则天觉得很不痛快，她觉得自己母亲的权威受到了挑战，她也当然想到了太子不喜欢她的恐怕不只是这一件事，她和太子迟早得分出个高下。但这还不是问题的关键。关键是，太子并不是一个人，而是代表着一个权力集团。为什么呢？随着太子年龄的增长和监国次数的增多，太子身边已经形成了自己的势力。这批追随太子的势力既是太子的属下，又是唐朝的宰相！这又是怎么回事呢？

唐朝的太子府其实就是一个小政府，官僚设置完全模仿朝廷。依据制度，如果皇帝亲政，当然由宰相辅佐，而如果太子监国，就应该由太子府的官员辅政。唐高宗时期，因为太子李弘频频监国，为了协调朝廷和太子府的关系，太子府的重要官员往往就由朝廷的宰相兼职。这样，宰相和太子慢慢地就形成一种势力了，宰相既是皇帝的下属，又是太子的下属，宰相就成了太子利益的维护者。太子是唐高宗的法定继承人，如果唐高宗去世，武则天还能够控制政权吗？联想到在公主婚姻等问题上的母子矛盾，武则天觉得没有把握。就是在这种心态下，武则天才在上元元年（674年）的建言十二事中，特别提出在家庭中母亲的权威问题，要求儿女对父母抱同样的尊重。但是，仅仅是这样的礼仪改革真的就能让儿子臣服吗？恐怕连武则天自己也不相信。怎么办呢？

三、李弘死亡疑团

就在武则天焦虑不安的时候，问题忽然解决了。解决的方法很不寻常，上元二年（675年），太子李弘和高宗夫妇一起巡幸洛阳，四月死于洛阳行宫。而且在他死之前，唐高宗刚刚向他口头承诺过，要禅位给他。李弘的死显得相当蹊跷。母子之间正要开始斗法，母亲还没想好怎么办，这时候儿子突然死了，人们一下子就把目光集中在了武则天身上。那么，李弘究竟是怎么死的？他的死跟武则天有没有关系呢？

史书中有两种记载。第一种说，李弘是因病去世，属于自然死亡。第二种则认为，李弘是被武则天毒死的。

认为李弘是自然死亡的最早记录，是李弘死后唐高宗发布的制书《赐谥皇太子弘孝敬皇帝制》：

……皇太子弘，生知诞质，惟几毓性，直城趋驾。肃敬著于三朝，仁孝闻于四海。若使负荷宗庙，宁济邦家，必能永保昌图，克延景历。岂谓遽婴雾露，遂至弥留。顾惟辉掌之珍，特切钟心之念，庶其瘳复，以禅鸿名，及膝理微和，将逊于位。而弘天资仁厚，孝心纯确。既承朕命，掩欷不言，因兹感结，旧疾增甚。亿兆攸系，方崇下武之基；五福无徵，俄速上宾之驾。

这是以唐高宗的名义发布的一道制书，这份制书赐皇太子李弘一个谥号，什么谥号呢？叫孝敬皇帝。在这篇制书里，唐高宗说，我这个儿子仁孝英果，孝顺父母，礼敬大臣，将来一定会是个好皇帝，可惜天不假年，得了重病。我告诉他，只要他的病稍微好一点，就禅位给他，让他当皇帝。谁知他太孝顺了，一听到这个消息，又伤心又感动，病情加重，不幸去世了。我很悲痛，现在我想实现自己的夙愿，让他当皇帝，所以赐予他一个谥号，叫孝敬皇帝。后来的《唐实录》《旧唐书》的记载大体也是如此。按照这样的记载，李弘应当是长期生病，医治无效，最后自然死亡。

而认为李弘是被毒死的最早记载出现在唐中期。成书在肃宗时期的《唐历》写道：

弘仁孝英果，深为上所钟爱，自升为太子，敬礼大臣鸿儒之士，未尝居有过之地。以请嫁二公主，失爱于天后，不以寿终。

说这太子是一个好人，深得皇帝和大臣的喜爱。但是因为请求让两个公主出嫁，天后就不高兴了，最后他没得好死，是他的母亲让他不得寿终。同样是唐肃宗时期的大臣李泌还明确说，是"天后方图临朝，乃鸩杀孝敬"，直接说是武则天把李弘毒死的。此后，《唐会要》《新唐书》都持这种看法。

那么这两种记载中,哪一个是真的呢?我想,虽然武则天此刻和李弘存在着深刻的矛盾,武则天也绝不缺少狠心,但是她还不至于杀李弘,李弘应该是病死的。为什么呢?三个理由:

第一,文献出现的先后顺序。记载李弘因病医治无效自然死亡的制书,是在李弘刚死就发布的,从时间上讲远远早于肃宗时期的《唐历》。越是原始的材料可信度越高,这是处理史料的一个基本原则。

第二,李弘此前有长期生病的记录。我们说过,李弘从小就得了肺结核。咸亨元年(670年)以后,他的病情加重,甚至在监国的情况下,连接见属下都办不到,以至于他的典膳丞都对他下了最后通牒,说,您要是再不见我们,我就要减少您的饮食。李弘答复说,我最近病情加重,皇帝要我加强休养,所以我一直待在内宫养病。不是我不愿意见你们,是我不能见你们。从咸亨元年(670年)到上元二年(675年)又过去了五年时间,肺结核作为一种消耗性疾病,会越来越重,这是不难想象的。

第三,武则天当时并没有杀死儿子的必要。我们说过,李弘是一个心灵敏感、身体脆弱的人,很像他的父亲唐高宗,既然武则天能够以一个妻子的身份驾驭唐高宗,未必不能够以一个母亲的身份驾驭李弘。况且,李弘缠绵病榻,是否能活得比唐高宗长还是问题,武则天何必要冒这样大的风险杀死他呢?试想,李弘可不像当年毫无行动能力的小公主,他是一个成年人,周围有一班人马保护他,如果武则天杀人不成,或者是杀人的事实败露,她将失去丈夫的信任,失去天下的人心,想要谋取更多的权力就无从谈起了。作为一名清醒的政治家,她怎么能够这样莽撞行事呢?

有人要问了,虽然如此,可是李弘怎么会死得那么巧呢?他的父亲刚刚放出话来,说他病一好,就把皇帝的位置传给他,他一听,立马就死了,这不太蹊跷了吗?我想,这就看怎么理解唐高宗的禅位了。我们知道，唐高宗是在李弘病重的时候对他说要传位的，这种做法，恐怕有点类似于民间的冲喜。李弘是唐高宗和武则天的长子，从小深受宠爱，高宗夫妇也对他寄予厚望。现在，孩子眼看就要不行了，唐高宗万般无奈，向他提起传位的事情，希望他一高兴，病情能够好转；或者，哪怕不能好转，能多活几天，这对父母来讲心里也有一丝安慰。结果事与愿违，冲喜并没有带来想象中的效果，李弘一激动，反倒死得更快了。如果从这个角度理解，这个所谓的疑点也就不存在了。所以我们说，李弘应该是肺结核晚期后的自然死亡。

李弘死了，武则天是什么感觉呢？我想，她应该是在悲痛之中又松了一口气。先说悲痛。平心而论，李弘没有给她带来过太多的麻烦，相反，倒帮了她不少忙。当年，如果没有李弘的诞生，她也就没有争夺后位的资本；即便在当了皇后之后，太子李弘的存在，对她坐稳位置也是大有益处的。试想，当年上官仪事件中，唐高宗最终没有废黜武则天，除了武则天反应迅速，处理得当之外，未尝没有顾及李弘的因素。如果废黜了武则天，李弘的太子之位必然不保，那样就会引起政治上的连锁反应。考虑到方方面面，唐高宗最终还是妥协了，而且武则天的地位因此又上了一个台阶。这样看来，李弘虽然因为请求让姐姐出嫁而令武则天感到难堪，但是总的说来，他对武则天还是功大于过。他死后，武则天悲痛不已，亲自撰写了《一切道经序》，说自己每次回想起养育之情，就难以自持。这份母亲对儿子的感情是真实的。正因为如此，她和唐高宗才追认李弘为孝敬皇帝。追认太子为皇帝，这在中国历史上还是第一次。

但是为什么我又说武则天在悲痛之中松了一口气？我们也要看到，李弘的死对于武则天真是太及时了。李弘从八岁开始监国，是唐高宗培养了十几年的继承人，又拥有来自宰相集团的鼎力支持，这是李唐王室抗衡武则天力量的重心所在，和武则天之间的矛盾也在发展之中。如果他不死，日后他和母亲之间必定会有一场恶仗要打。但是，现在不需要武则天再费心了。太子的死解决了一切矛盾，为武则天势力的发展又赢得了宝贵的时间。

纵观李弘短暂的一生，因为母亲的强大，他成为太子；也因为母亲的强大，他注定要成为一个悲剧角色。李弘没有子嗣，两个月之后，他的弟弟李贤被立为太子。李贤只比哥哥小两岁，他容貌俊朗，身体健康，从小熟读经史，还擅长骑马打猎，是一个德智体全面发展的好孩子。面对野心勃勃的母后，李贤这个阳光男孩又会面临怎样的命运呢？

第十五章

李贤之废

有一首诗,据说是武则天的二儿子李贤写的,叫《黄台瓜辞》,在民间流传很广。诗是这么写的:

种瓜黄台下,瓜熟子离离。
一摘使瓜好,再摘使瓜稀。
三摘犹自可,摘绝抱蔓归!

在诗里,李贤把自己和几个兄弟比喻成瓜,把母亲比喻成瓜农。希望母亲不要一再摘瓜,不要再迫害自己的儿子了。诗的真伪虽有争议,但诗句所反映出的忧虑却打动人心。那么,李贤的担心是否有道理呢?武则天还要对他动手吗?

一、天后摄政事件

李弘的死,是对李唐皇室最沉重的打击。但是新太子很快就册立了,二十二岁的李贤文武双全,当时也是万众瞩目,大家对他都抱有很大的希望。可是谁也没有想到,三个月后,上元二年(675年)九月，唐高宗忽然召集宰相商议，要让天后摄政！这是怎么回事呢？

本来，唐高宗的风疾已经很严重，现在经过太子李弘去世的打击，他更觉病体难支，整天头晕目眩，根本就没有办法处理朝政。九月，唐高宗的风疾再次发作，他被病魔折磨得心灰意懒，已经丧失了当年非要大权独揽的豪气，他召来宰相，和他们商量，要让天后摄政。什么是摄政呢？摄政就是临朝称制，这可是一项非凡的权力，后世的多尔衮在清初顺治年间不就是摄政王吗？如果这个动议通过，武则天就将独自面对群臣，处理国政，而唐高宗则会退居二线，专心养病。这可比二圣临朝进了一大步，因为在二圣临朝的状态下，即使武则天已经号称天后，她仍然没有发号施令的权力，如果对政治有什么见解，只能和皇帝私下交流，或者上表奏事。建言十二事不就是这样吗？她的建议能否施行，还要由高宗决定。但是，如果是摄政，武则天的地位将等同于皇帝，只不过没有皇帝的头衔。

那么大家可能就觉得奇怪了，唐高宗为什么要这样做呢？如果他真的病体难支，为什么不直接传位给太子呢？他难道不怕武则天会取代自己的位置吗？首先，我想，如果今天觉得很难理解的话，那是因为我们离帝制时代太遥远了，甚至已经无从体察皇帝这个名号的魅力。对于唐高宗而言，如果他传位太子，那就只能当太上皇，而当太上皇的滋味是否好受呢？只要看看玄武门之变以后被囚禁的李渊就明白了。太上皇跟皇帝的关系太微妙了，如果太上皇过问政治，皇帝就会有压力，就会想办法控制太上皇。再说，如果让武则天摄政，一旦唐高宗身体好转，他还可以收回权力；如果传位给太子，太子当了皇帝，这个权力就再也收不回来了。所以说，唐高宗让武则天摄政，不是因为他不爱江山爱美人，恰恰是因为他太爱江山了，即便身患重病，爬都爬不起来了，这江山还是不肯放手，不能给儿子，要给也只能给夫人，让夫人在那儿监管着，以后有机会他还要掌握权力，这是唐高宗的真实想法。那么，唐高宗为什么不怕武则天取代自己的位置呢？我认为，我们觉得武则天可怕，是因为我们站在今天的位置回望历史，知道了武则天最后当皇帝的结局，这样，我们才会认为给她任何一点权力都是危险的。但是，唐高宗不可能有我们这种事后诸葛的聪明。在武则天以前，无论皇后多么有权力，最后都没有一个能够取代皇帝。我们怎么能够要求唐高宗有这样的先见之明呢？

那么，面对皇帝的这个提议，宰相们怎么表态呢？宰相们当时就急了，有一个叫郝处俊的宰相马上表示反对。他是这样说的：

> 天子理外，后理内，天之道也。昔魏文著令，虽有幼主，不许皇后临朝，所以杜祸乱之萌也。陛下奈何以高祖、太宗之天下，不传之子孙，而委之天后乎！（《资治通鉴》卷二〇二）

这个表态包含三层意思：第一，按照传统，皇后只能负责内政，如果临朝，就是乱政，绝对不能允许。第二，天下是祖宗的天下，不是唐高宗个人的天下，唐高宗没有权力把它传给天后。第三，如果皇帝病体难支，也应该传给子孙，也就是传给太子。这三个理由代表了当时受儒家教育的大臣的共识，唐高宗无可辩驳，只好取消了这个动议。

这件事情对武则天意味着什么呢？我们现在很难判断，这次让天后摄政的动议是不是武则天提出来的，但是，毫无疑问，武则天绝不会拒绝任何权力。现在，大臣们的反对让她意识到两个重要的问题：第一，尽管她在朝廷之中影响力不小，但是，高层官员显然对她并不感兴趣。如果她想要改变现状，现在的宰相就成了重要障碍。第二，高宗病体难支，已经是人所共知，在这种情况下，宰相们宁愿拥护太子成为他们的下一任主人。

这样一来，宰相和太子就成了武则天最大的敌人。上一章说过，在李弘当太子的时候，太子僚属大部分是由宰相兼任的，李弘死后，他的原班人马都转给了李贤。因此，宰相和太子，简直是二位一体。怎么对付他们呢？

对付宰相，武则天倒是早有准备。事实上，武则天早就开始做挖宰相墙脚的工作了。乾封年间，就在老臣许敬宗退休之后，武则天已经意识到自己在外廷缺乏帮手的问题。怎么办呢？既然身为皇后，不便公开插手宰相任免，武则天就效法她的第一任丈夫唐太宗，模仿他当年招纳秦府十八学士的做法，自己也开始组建私人内阁。她亲自选拔了一帮资历较浅的文人，召入禁中，来帮她编写书籍。这些学士前后为武后编纂了一千多卷书籍，其中最著名的是《臣轨》，教导臣子应该绝对忠诚于君主，和唐太宗的《帝范》珠联璧合，一个是皇帝教材，一个是官员教材。不过编书只是一个幌子，武后以入内编纂为名，密令这些本来没有参政资格的文臣们参决朝政，暗暗分割着宰相的权力。当时朝臣上朝都是走南门，而这些学士因为在禁中办公，所以走北门，也就是玄武门，后来就被称为"北门学士"。北门学士的设立对唐代政治体制的影响是巨大的，他们刚开始还只是武则天的秘书班子，无力挑战宰相的权力，但是，要用兵，先得养兵，武则天有足够的耐心培养人才，等待时机，让他们慢慢地走上宰相的岗位。就这样，武则天开始给宰相换血，哪一个人退休了，她就塞进一个自己能控制的官员，一般她是拿低级官员去换那些高级官员。资历浅的人当了宰相，自然会对武则天感激涕零，就会更忠诚于她。

这是对付宰相，宰相对付完了，武则天怎么对付太子呢？

二、母子斗法

李贤和哥哥李弘不一样。他像母亲一样聪明，也像母亲一样精力充沛。小的时候，他读《论语》，读到"贤贤易色"这句话，大为感慨，反复吟诵。所谓"贤贤易色"，就是要重视贤德，轻视美色。小小年纪就懂得这么高深的道理，这让高宗大为赞赏。立为太子以后，李贤更有上佳的表现。

首先，他召集了一批学者，为《后汉书》作注。著书既可以彰显才华和志趣，又可以在政治上培养羽翼。这一点，从远说，是效法爷爷唐太宗的秦府学士，从近说，是效法母亲武则天的北门学士，都是为自己培养私家班底。不过，李贤虽然有政治目的，注书却并不马虎。清代学者王先谦曾经说："章怀之注范，不减于颜监之注班。"是说李贤注范晔的《后汉书》，不亚于唐代秘书少监颜师古所注班固的《汉书》。章怀太子是李贤的谥号。这是对《后汉书注》相当高的评价。仪凤元年（676年）十二月，李贤将此书献给高宗，高宗大喜，赏赐给他三万段丝绸。

太子毕竟是一个政治身份，不能只会读书。唐高宗想要让武则天摄政遭到宰相否决后，也就打消了这个念头，留心培养太子了。于是，李贤也马上得到了监国的机会。李贤处理起国家大事来有板有眼，唐高宗也很高兴，专门手敕褒奖，又赏赐了他五百段锦绣。

太子像一颗冉冉升起的政治新星，而武则天的权力也在进一步增长之中。仪凤三年（678年）正月，因为高宗病重，武后单独登上了光顺门，接受百官及四夷酋长的朝拜。面对着俯伏跪拜的官员，对皇权的渴望在武则天的心中一再升腾。在这种情况下，李贤的崛起不由得让她着急了：这个孩子远比李弘更不好对付！李弘有病，还可以让时间去对付他，可是李贤呢？他身体好，又得人心，已经成为武则天上升之路的一块绊脚石！武则天决定好好调理调理他。

怎么办呢？武则天先君子后小人，从思想教育入手。她让北门学士送了《少阳正范》和《孝子传》两本书给李贤，《少阳正范》是教人怎么做太子，《孝子传》是教人怎么做儿子，显然，这是指责李贤既不会当儿子，又不会当太子。太子没理会，啪的一声就把书扔一边去了。接着武则天又亲自写了若干封信，指责李贤的种种失德行为。对于这样的教导，李贤当然也没什么兴趣听。在他心目中，需要检点一下自己行为的可能恰恰是权力欲旺盛的天后吧。一来二去，皇后和太子的矛盾已经成了公开的秘密。

宫廷一向是流言蜚语的集散地。就在这时候，宫里头开始散布这么一个小道消息，说李贤不是武则天的亲生儿子，他的母亲，应该是武则天的姐姐韩国夫人！这个传闻是空穴来风，还是确有其事呢？平心而论，我个人觉得是有可能的。

第一，李贤的出生时间蹊跷。他是永徽五年（654年）十二月生在前往昭陵的路上的，而他的哥哥李弘生在永徽三年（652年）年底。兄弟两个相差两岁，本来很正常，可是别忘了，他们之间还有一个被闷死的小公主。两年之间生下三个孩子，从常识上讲，很难说得通。再说，永徽五年（654年）十二月，那是大冬天，一位临产的皇后怎么会往昭陵那儿跑，她应该老老实实在宫里待着啊。所以李贤出生的时间和地点都显得有点奇怪。

第二，李贤的童年时代没有留下一点受武则天宠爱的记录。大哥李弘八岁监国，因为思念母亲哭闹不休，武则天就把他接到身边；三弟李显出生的时候难产，武则天为他求佛保佑，让他拜高僧玄奘为师，还在龙门给他开窟造像，希望佛祖保佑他；四弟李旦被任命到北方去当都督，他抱着武则天的腿撒娇，说"不能去阿母"，结果被留了下来；小妹妹太平公主就更不用说了。只有李贤没有留下任何受母亲宠爱的记录。

第三，武则天后来对李贤的处理也确实比对其他儿子更残酷，手段更毒辣。这一点我们在后边会讲到。

第四，也是更重要的，李贤出生的时候，武则天的姐姐韩国夫人正深受高宗宠爱，只不过没有任何名分。因此，非常有可能是韩国夫人生了孩子，因为没有名分，只好让武则天认下，而武则天当时还仅仅是个昭仪，正在为皇后的位置努力奋斗，对唐高宗和姐姐的行为只能睁一只眼闭一只眼。再说，多一个儿子就多一分争宠的资本，所以就认下了这个孩子。现在，这个秘密被宫女们说出来了，是真是假，作为当事人的李贤很难考察。他既不能够问武则天她是不是自己的亲妈，更不能问唐高宗他当年和韩国夫人都干了些什么，但是有一点可以确定，他会觉得自己的地位更加岌岌可危了，跟母亲的关系也越绷越紧，一触即发。

就在这时，一件谋杀案的发生，把武则天和李贤的紧张关系，推向了新的高潮。一个方士神秘地出现在武则天和唐高宗身边。谁呢？明崇俨。明崇俨是一个术士，从小就学成了神仙之术，据说能够役使鬼神。他当县丞的时候，刺史的女儿得了重病，医生束手无策。明崇俨献了一丸药，号称是从远方摄来的奇药。刺史死马当成活马医，让女儿把药吃了，没想到真是药到病除，从此明崇俨名声大噪。唐高宗不是多年来病魔缠身吗？病笃乱投医呀，也是到处求神拜佛，打听偏方，希望能出现奇迹。就是在这种情况下，明崇俨被唐高宗召进宫来，成了唐高宗的私人医生，武则天也经常请他来驱魔降鬼。不过明崇俨虽然是神道中人，却特别"忧国忧民"，他经常借神仙之口来议论政治，高宗也很信任他。就在李贤和武则天母子矛盾越来越激烈的时候，明崇俨发话了。他说："我昨天和神仙聊天，说到太子，大家都摇头叹息，说太子无能，不堪造就啊。倒是英王李哲颇似已故的太宗皇帝，有人君之相。"没过多久，他又说："论起相貌来，诸位皇子之中还是最年幼的相王最为尊贵啊。"就这样，每天都在唐高宗耳朵边唠叨。

这些话传到李贤耳朵里，他那叫一个气啊。一个术士居然敢这样肆无忌惮地议论当朝太子，他背后一定有人指使！那谁敢指使他诽谤太子啊？这个时候，恐怕是非武则天莫属了。面对母亲的挑衅，李贤毕竟政治经验不足，他越来越乱了方寸，有时候情绪消沉，有时候又非常暴躁。他谱了一首曲子，叫《宝庆乐》，本来应该是欢乐的曲调，可是让人听了十分难受。当时一位大音乐家听了，也不由得连连叹息，说这首曲子含有杀声，音调又悲哀，恐怕太子会有难吧。

三、太子谋反案

可是，最先有难的倒不是太子，而是明崇俨！调露元年（679年），洛阳爆出了一件人命大案，深受唐高宗和武则天宠信的术士明崇俨遇刺身亡！洛阳城一下子轰动了。一些迷信的人说，明崇俨为奉迎帝后，役使鬼神过于苛刻，因此被鬼杀了。但是也有政治敏感度高的人认为，明崇俨的死可能和太子有关。武则天怎么处理这件事呢？她马上立案调查，到处搜捕嫌疑犯，洛阳城几乎被翻了过来，但是，凶手始终不见踪影。其实，武则天心里明白，凶手不可能在外边，要找，也只能在太子宫里找。可是，调查太子，需要有借口。武则天也不是第一次办这样的事情了，她最擅长的就是跟踪调查，隐忍不发，捕捉战机。一个是处心积虑找机会，另一个却是浑然不觉无防范，时间一长，李贤的把柄终于出现了。

当时有位东宫官员，上书劝谏太子不要纵情声色。李贤有什么不规矩的表现呢？具体说来，就是他当时搞起了同性恋，宠幸一个叫作赵道生的奴隶，和他同床共枕，俨然一对情侣。为了讨好小情人，李贤赏给他大量金银财宝，就跟当年高阳公主对和尚辩机一样。这种风化问题在李唐皇族子弟中本来是平常事，就像《红楼梦》里贾母说的："小孩子馋嘴猫似的，谁打小都从这么过来着。"可是武则天看到了这份上书的价值，她决心利用好这条线索。因此，虽然看起来顶多是一个风化问题，武则天还是立刻上报给唐高宗，说这涉及太子的道德形象，要求立案调查——她要从这里打开缺口！

事情关涉太子，谁来调查呢？级别太低当然不行，所以只好由宰相披挂上阵了。当时的宰相一共有八个，有四个是武则天刚刚提拔上来的，和太子的关系都不牢固。其中有一个叫裴炎的，拜相前仅仅是一个四品官。这些人能够拜相全是托武则天的福，对于武则天自然也是感恩戴德，他们在站稳脚跟之前，都是武则天的同盟军。提拔低级官员，利用他们来打击当权高官，一向是武则天的拿手好戏，现在还是故伎重施。于是，两位新提拔上来的宰相裴炎、薛元超和一位御史大夫高智周，一起组成了最高法庭。

既然是从风化案开的头，当然就从风化案审起。李贤的同性情人赵道生首先被提审。一顿大刑伺候之后，赵道生扛不住了，不仅招供了和太子之间的非法关系，还供出一个天大的秘密：他就是刺杀明崇俨的刺客！这么一来，案子的性质就变了，从一般的风化案上升到了谋杀案！既然是谋杀案，那就不能只看人犯证词，还要找到作案工具才行。那就赶紧找凶器吧。武则天立刻派人搜查太子府。结果就有了更惊人的发现——在东宫的马坊之中居然搜出了几百领甲胄！这可是一件天大的事情。因为按照唐朝制度规定，为了保障安全，任何人不得收藏像甲胄这一类的军用物资，必须交给专门的机构武库署保管。需要用的时候领出，用完再送还。私藏武器是犯法的。可是我们都知道，制度和实际运作往往有距离，常常有些军事单位用完了武器并不及时归还。太子的东宫拥有军队，因此存着一定数量的武器甲胄也并不算太离谱，可以作多种解释。但是，我们刚刚说过，审案的宰相是武则天提拔上来的，他们唯武则天马首是瞻。现在，是武则天决定把谋杀案再升一格，定性为谋反案！太子私藏武器，是阴谋夺权！

这个结果把唐高宗打蒙了，李贤已经当了太子，天下迟早都是他的，他为什么要谋反呢？唐高宗一向喜欢这个儿子，他向武则天求情了。注意，这已经是唐高宗第三次为谋反的亲属求情了：第一次是在高阳公主案中为他的哥哥和叔叔，第二次是为舅舅长孙无忌，这一次是为自己的亲生儿子。如果说，前两次他还有作秀的成分，那么这次可是真的了。但是，就像前两次求情被拒绝一样，这一次，武则天断然拒绝了他。武则天说："为人子怀逆谋，天地所不容，大义灭亲，何可赦也！"

"大义灭亲"就是高宗这三次求情的共同结果。李贤被废为庶人，押送到长安囚禁起来。从东宫搜出来的甲胄被运往天津桥当众焚毁，昭告天下。审案的宰相裴炎和薛元超都受到了嘉奖，分别升任侍中和中书令，武则天在宰相之中的影响力又提升了一步。

小案做成大案，波及面就大了。既然是谋反，必定有党羽，一系列对武则天进一步提升不利的人都被牵连进来了。几位支持太子的宰相都很快被调离了岗位，一批和李贤有联系的宗室也被牵连，流放各地，甚至被逼死。

在所有的悲剧之中，最可怜的是李贤的下属高政。高政的祖父是长孙无忌的舅舅高士廉，因为长孙无忌的事情，高家已经受了不少牵连，有如惊弓之鸟。现在，高政又卷入太子谋反案了。怎么处理呢？武后轻描淡写地说了一句，得了，这也是国家的旧勋，祖先都是功臣，让他父亲教育教育他吧。早就吓破了胆的高家再也不敢招惹麻烦了，他们要用最冷酷的手段和逆子划清界限。高政刚一进门，他父亲就抽出佩刀刺进他的喉咙，紧接着，伯父又一刀捅进他的小腹，高政鲜血淋漓地倒在地上，他的堂兄随即又挥刀砍下他的头颅，然后把这具无头尸体扔到了大街上。人性的懦弱与卑微在高家表现得淋漓尽致，面对这样的臣子，连唐高宗都难以认同，而武则天心里却笑了：这样懦弱、卑鄙、没有血性的臣子，还不好对付吗！

经过这次清洗，太子李贤的势力基本被肃清，武后的权威也牢不可破地树立了起来。东宫不可一日无主，废李贤的第二天，武则天的第三个儿子英王李哲被立为皇太子，改元永隆，大赦天下。

面对武则天咄咄逼人的态势，风雨飘摇的李唐皇室还会面临怎样的变故呢？身为母亲的武则天已经"再摘使瓜稀"，对政治上极不成熟的李哲，她还会继续下狠手吗？

第十六章

高宗宾天

唐代女诗人李季兰写过一首诗《八至》,很有意思:

至近至远东西,至深至浅清溪。
至高至明日月,至亲至疏夫妻。

用这首诗来形容唐高宗和武则天的关系真是再恰当不过了。两个人做了三十年夫妻,一边共同奋斗,一边相互争权。就在这纠缠不清的恩恩怨怨中,唐高宗的生命就要走到尽头了,这对武则天来讲意味着什么呢?意味着两件事:一方面,武则天离她的终极目标又近了一步;另一方面,武则天又走入了她人生中的一个关键时期。在这个时候,她必须小心翼翼,一步都不能走错,因为走错一步,就可能是前功尽弃啊。

一、病笃离乡

唐高宗生命的最后阶段是在洛阳度过的。人们都说叶落归根,唐高宗为什么会选择在洛阳而不是自己的老家长安来走完生命的历程呢？其实，这并不是唐高宗的选择，而是武则天的选择。为什么呢？我们前面说过，李唐皇室出身于关陇贵族集团，而长安正是关陇集团的老巢，是旧势力集中的地区。而洛阳，是废王立武之后唐高宗和武则天努力经营的东都，武则天曾经多次陪伴唐高宗巡幸洛阳，那里才是她的势力范围。武则天要想在唐高宗死后取而代之，在洛阳更便于施展手脚。但是，怎样才能说服病重的唐高宗离开长安，前往洛阳呢？这事儿办起来相当有难度。但是，正可谓天时、地利、人和，有的时候，连老天都会眷顾强者。正在武则天想要寻找理由巡幸洛阳的时候，上天来帮忙了。永淳二年（683年），关中大旱，闹粮荒，一斗米涨到三百文钱，是平时价格的十倍以上。照理说，没有一个统治者喜欢天灾，不过这一次武则天却露出了笑容。现在她有理由劝李治东巡洛阳了。洛阳水陆交通便利，库存了大批粮食，可以解决政府班子的吃饭问题。当然，我们也知道，仅凭吃饭这条理由还不足以打动唐高宗，毕竟再闹粮荒也不会饿着皇帝呀。武则天也明白这个道理，她还有第二个理由呢。她对唐高宗说，我们到洛阳去，可以就近去封嵩山。您已经封过泰山了，咱们再去封嵩山，把五岳封一个遍。这样做有两个好处：第一，向所有的神灵都宣告一下，看我们的统治多成功；第二，祈求神灵保佑我们。唐高宗本来就不大自信，越不自信的人，越希望有点成绩就去显摆显摆，向老天汇报一下；再加上唐高宗久病缠身，他真希望有神灵保佑他。所以武则天说出这两个理由来，他的心思就活动了。皇帝和皇后决定到洛阳去，连同后宫加上大臣、随从，总有一万多人。二圣一声令下，一万多人马就浩浩荡荡地离开长安，前往洛阳了。

皇帝东巡，总得有军队护驾吧，可是此时军队的统帅是裴行俭。他当年在废王立武问题上反对过武则天，被贬西州。结果裴行俭因祸得福，他屡败外敌，立下赫赫战功，在西部战场上锻炼成一员大将，高宗又召他回朝，掌握重兵。武则天到洛阳去可是要办大事的，如果到时候军队横生枝节，岂不是要功亏一篑！所以她不愿意带太多的军队去。可是皇帝出行，没有军队护驾，怎么保证路上的安全呢？武则天敢想敢干，她找来了新提拔上来的监察御史魏元忠，要他负责沿途的保安工作。监察御史是个八品文官，手里没有一兵一卒，你让他怎么维持治安啊！不过唐朝是个出英雄的时代，有英雄的女皇，就有英雄的大臣。魏元忠受命之后，回家绞尽脑汁想了一晚上，真想出一个主意来。他马上赶到长安、万年两县的监狱，把犯人一一过堂，给犯人相起面来了。在一群衣衫褴褛、目光呆滞的犯人之中，魏元忠发现有一个人格外与众不同：目光炯炯，不怒而威，举手投足有黑帮老大的气度。魏元忠忙给这个囚犯打开枷锁，把他请出去好吃好喝地招待一番，然后说明来意：天皇和天后东巡洛阳，希望他能帮忙管束沿途盗贼。魏元忠这次相面真是没有相错，这个犯人听了之后，哈哈大笑，慨然允诺。他马上跟魏元忠要了一套官服官帽，再骑上高头大马，真是威风凛凛。打扮起来的绿林匪首一下子成为护驾的开路先锋。沿途盗贼本想打劫，没想到竟然是自己的头目护驾，闻风四散。一万多人马平安抵达洛阳，官物私物一文不少。天后和贼头同台演出了一幕动人戏剧。可笑吗？是有点儿。但是武则天把军队留在了长安，照样平平安安地抵达了洛阳，她的目的达到了。

到了洛阳之后，武则天以宰相都留在长安辅佐太子为名，敦促唐高宗一口气任命了四位宰相，这四位宰相原来都是四品官，资历非常浅。按照唐朝的惯例，只有三品官才能当宰相，所以当时宰相的头衔就是"同中书门下三品"。现在直接让这几个四品官加"同中书门下三品"的头衔似乎太招摇了，怎么办呢？只能从头衔上下功夫了。为了让这四个人能够顺利地走上领导岗位，武则天想出了一个新头衔——"同中书门下平章事"，不提品级，只是让他们平章政事而已。

有了这个头衔,四个年轻资浅的四品官顿时平步青云,跻身宰辅行列。这可是唐朝政治史上具有划时代意义的一件事。它打破了原有任相资格的限制。此后,许多科举出身的年轻官员可以迅速被提拔为宰相,进入最高统治阶层。这样一来,社会流动就更加频繁了。当然,这几位宰相年纪轻,资历浅,对武则天只有听命而已。

二、客死东都

武则天到洛阳的第二理由是封禅嵩山,到洛阳没多久,她又把高宗鞍马劳顿地折腾到嵩山脚下。就在嵩山脚下,上演了武则天和唐高宗关系史上的又一桩公案。《资治通鉴》记载:

> 上苦头重,不能视,召侍医秦鸣鹤诊之。鸣鹤请刺头出血,可愈。天后在帘中,不欲上疾愈,怒曰:"此可斩也,乃欲于天子头刺血!"

这是怎么回事呢?原来,经过路上这么一番折腾,唐高宗的风疾更重了,头疼难忍,眼睛也看不见东西。传统的丸散针膏已经无济于事,有一个外道的御医临危受命了。谁呢?此人叫秦鸣鹤,据学者考证他是一个来自大秦,也就是东罗马帝国的景教徒。景教是早期基督教的一个分支,唐初开始在中国传播。随着大批景教徒的到来,西方的医术也在中国广泛流传。特别是他们用开颅术治疗失明的病人,在唐朝被传得神乎其神。现在皇帝失明了,就让大秦的医生试一试吧。秦鸣鹤诊治后称:"皇上的失明是由于风热之毒上侵头部造成的,若用针刺头部出血,可能有望恢复。"按照现在的说法,就是血管堵塞,压迫视神经。只要拿两根针,刺进头顶上的脑户和百会两个穴位,让血流出来，失明就能好。他的话音刚落，坐在帘子后头的武则天就是一声断喝："此可斩也！乃欲于天子头刺血？"秦鸣鹤吓得浑身发抖，腿一软就跪了下来，请求天后饶命。正在这时候，唐高宗发话了："但刺之，未必不佳。"意思是算了算了，医生也是好心嘛，反正现在别的药也不见效，让他试试吧。武则天一看唐高宗都这么说了，那也不好再说别的了。可怜的秦鸣鹤现在是只许成功，不许失败，他战战兢兢地把针刺进了高宗的百会和脑户二穴，暗红色的血液流出之后，唐高宗的头也抬起来了，眨巴眨巴眼睛说："皇后啊，我看见你了，我真的看见你了！"激动得不得了。话还没说完，武则天已经是连拍脑门，如释重负，说："老天保佑！"她咚咚咚地跑了出去，亲自背了一百匹丝帛赏给秦鸣鹤。司马光在《资治通鉴》里记载这件事的时候，提到有人认为武后阻止秦鸣鹤给高宗扎针是不希望皇帝病愈，盼望皇帝早点死。不过我觉得武则天大可不必那么心急，从十四岁进宫算起，她已经忍耐了四十多年，现在，皇帝已经在她的掌握之中，她怎么会在这最后的关头失去耐心呢！

秦鸣鹤这次治病，其实对于唐高宗来说不过是回光返照。此时，皇太子李哲和宰相裴炎已经被武则天召回洛阳，准备接班。没过多久，也就是永淳二年（683年）的十二月四日，唐高宗知道自己不行了，为了求福，他大赦天下，改元"弘道"。本来，他还想登上则天门楼亲自宣布大赦令，但是无奈心慌气短，怎么努力都难离床榻。皇帝无法宣敕，只好把百姓召集到殿前，由侍臣代为宣读。听见外面一片欢呼声，唐高宗深深地叹了一口气，他说："苍生虽喜，我命危笃。天地神祇若延吾一两月之命，得还长安，死亦无恨！"弥留之际的高宗多想再看一下长安那块哺育了他的桑梓热土，但是，上天没有给他这个机会，他已经不可能再回去了。

当夜，高宗李治病逝于洛阳贞观殿，享年五十六岁。这一年，武则天六十岁,皇太子李哲二十八岁。

三、费解的遗诏

唐高宗死了,武则天从天后改称为皇太后。唐朝会向何处去呢?此时,武则天已经听政二十多年了,天下尽在掌控之中。谁都感觉到,武则天不会轻易把权力交给太子。但是,太子毕竟已经成年了,完全可以立即亲政。武则天怎么才能保住自己的权力呢?所有人都拭目以待。就在这时候,有一份文件出现了,这份文件一颁布,武则天一下子又有了合法的参政权。怎么回事呢?唐高宗临死之前,遗命裴炎辅政,同时留下了一份政治遗嘱,叫作《大帝遗诏》。《遗诏》是这么说的:

> 天下至大,宗社至重,执契承祧,不可暂旷。皇太子可于柩前即皇帝位,其服纪轻重,宜依汉制。以日易月,于事为宜。园陵制度,务从节俭。军国大事有不决者,兼取天后进止。(《唐大诏令集》卷一一)

这里最值得我们注意的就是"军国大事有不决者,兼取天后进止"一句。这份遗嘱实在是太不同寻常了。它至少有三层意思:第一层意思,皇太子可于灵柩前继位,就是皇太子李哲就在皇帝的灵柩前面即位当皇帝就可以了。这是确立太子作为继任皇帝的身份。第二层意思,新皇帝怎么给老皇帝服丧呢?唐高宗提出来,依照汉朝的制度就可以了。汉朝是什么制度呢?就是用一天来代替一个月。按照当时中国的规矩,对于一般人而言,父亲死了,儿子要服丧三年,但这三年并不是整三年,是二十七个月。皇帝政务繁忙,不能二十七个月都在那儿服丧，所以就用一天来代替老百姓的一个月。这样，新皇帝给老皇帝服丧的时间就变成了二十七天。第三层意思，"军国大事有不决者，兼取天后进止"。这可是非常重要的一句话，什么意思呢？军国大事要是有皇帝决定不了的，去听听天后的意见。这可太不同寻常了，为什么呢？因为无论是高祖还是太宗遗诏，都说"军国大事，不得停阙，寻常闲务，任之有司"。表示大丧期间平常事务可由百官处理，然而军国大事的处分事关君权，仍由嗣皇帝亲自处理。而唐高宗居然说"军国大事有不决者，兼取天后进止"！

那么唐高宗为什么要这样做呢？我想，应该有两种可能：第一种可能，这个遗嘱反映出唐高宗对李哲相当不信任。李哲因太子监国期间表现不佳，高宗担心他控制不住局面，而武则天执政的能力是毋庸置疑的，所以，在最后的时刻，唐高宗宁愿信任妻子。第二种可能，就是这个遗嘱是在武则天的控制下制定的。那么究竟是哪种可能更接近事实呢？

我个人认为，虽然武则天控制一个弥留之际的皇帝并不困难，但是这个遗嘱仍然应该反映了唐高宗的个人意志，是他自己做的决定。为什么这么说呢？三个理由：

第一，唐高宗确实不信任太子。太子李哲的性格可以归结为两点：荒唐，任性。李哲是武则天的第三个儿子，他从来没有想过要当太子，皇室对他的教育也比较马虎。李哲小的时候基本上是任着自己的性子发展的，而他的性格又偏重于斗鸡走马这一路。在武则天的四个儿子之中，只有这个老三不是才子，不过，他小时候做的一件事倒跟著名的才子王勃有关。当时，李哲和二哥李贤都是王子，一个封英王，一个封沛王。斗鸡是唐朝非常流行的娱乐活动，两个小王子也都喜好斗鸡。大才子王勃当时也只有二十岁，在李贤的手下做官。看到两位王子斗鸡，他一时技痒，写了一篇《檄英王鸡》，就是讨伐英王李哲的鸡的檄文。没想到这篇游戏文章被唐高宗看到了，唐高宗认为这是在挑拨两个王子之间的关系，非常生气，就把王勃赶回老家了。当太子以后，李哲明显表现得非常不适应，整天只知道骑马打猎，显得十分荒唐。所谓任性，是说李哲从来不听别人劝。永淳元年（682年），唐高宗和武则天巡幸洛阳，留下李哲监国，给这个新太子找了三位大臣辅佐。可是，尽管大臣苦口婆心地上书，劝说太子有时间多读书，尽量按时完成老师布置的学习任务，太子也只当耳旁风。奏章像雪片一样飞向他的宫里，可是他照样我行我素，该斗鸡还斗鸡，该走马还走马。在这种情况下，唐高宗对李哲非常失望。开耀二年（682年）正月，太子李哲的嫡长子降生，唐高宗大喜，亲自为孙子起名"重照"（就是后来惨死的重润，见第二十九章），并在皇孙满月那天大赦天下，改元永淳。不久又下令立小重照为皇太孙。此举可是极不寻常，历史上从来没有皇太子健在就立皇太孙的先例，何况重照还只是个满月的婴儿。高宗这一举动说明，他对太子已经失望透了，只能寄希望于太子的儿子，哪怕他只是一个婴儿呢。现在，唐朝水旱灾害频繁，边疆也有突厥和吐蕃的逼迫，皇帝又要死在长安之外，内忧外患之下，唐高宗怎么能够放心让一个不懂事的太子直接掌权呢！

第二，唐高宗不信任宰相。有人可能会问了，既然皇帝不信任儿子，为什么不让大臣辅佐他呢？这里头有两个原因。一是当时大部分宰相都是武则天到洛阳之后新提拔起来的，当宰相的时间刚够半年，经验不足，不足以托付大事。二是唐高宗吃过顾命大臣的亏，因此不愿意让儿子再吃同样的亏。当初唐太宗去世，不就给唐高宗安排了长孙无忌和褚遂良做辅政大臣吗？后来，高宗深感受大臣控制，因此努力提高皇权，最后，才在废王立武事件中一举铲除元老重臣。因为有这样的经历，所以唐高宗终生不信任大臣，不允许大臣权力过重。他虽然任命裴炎当顾命大臣，但是不想给他太大权力。

第三，唐高宗还是信任武则天的。武则天的行政能力经过了这么多年的检验，唐高宗非常佩服。他曾说："比来天后事条，深有益于政。"（《册府元龟》卷八四）另外，唐高宗还是笃信一个女人是不可能独立成事的。按照当时的说法，女人只能是在家从父，出嫁从夫，夫死从子，因此，武则天的权力再大，最后还得回归到儿子手里。

就这样，《大帝遗诏》保留了武则天的一部分权力。不过真要行使这份权力，武则天还面临一个难题：这个遗嘱赋予了武则天权力，但是并没有明确武则天应该如何行使权力。也许在唐高宗的心目中，什么样的事需要咨询武则天应该由新皇帝自己判断，把武则天置于最高级顾问的地位。这实际也是唐高宗对武则天揽权的一种限制。真是至亲至疏夫妻啊。

武则天看了这个遗嘱会有什么感觉啊？我想武则天会一则以喜，一则以惧。她喜的是唐高宗在最后时刻还给她一部分权力，让她还可以名正言顺地继续参政；惧的是怕用不好这个权力。武则天心目中的权力显然不仅仅是顾问权。怎样利用好这份遗嘱呢？有一个人出来帮忙了，谁呢？裴炎。裴炎是唐高宗任命的顾命大臣。而高宗死后，唐朝的最高权力实际上出现了三足鼎立的态势：新皇帝李哲、武则天、裴炎。各人都有一定的权力。其中，李哲和武则天的权力处于主导地位，而裴炎，只能选择一方去投靠。裴炎选择了武则天。他帮武则天解决了遗嘱留下来的难题。

弘道元年（683年）十二月七日，也就是高宗死后第三天，裴炎上奏，说现在嗣皇帝尚未正式受册为帝，还没有权力发号施令，所以宰相有什么事应该禀报天后，由天后下令执行。这个上奏突破了遗诏中"军国大事有不决者，兼取天后进止"的限制，要求天后全面主持工作，把皇帝给晾到一边去了！

裴炎为什么要这么做啊？我想，首先，裴炎虽然不是武则天的心腹，但是他处理李贤谋反案后就受到武后赏识，双方关系颇为密切，而对新皇帝李哲的无能，裴炎也知道得清清楚楚。两者之间相互权衡，裴炎宁可拥护武则天。其次，裴炎有自己心目中的皇帝人选，他也想利用武则天实现自己的愿望。那么裴炎想让谁当皇帝呢？我们以后再说。反正现在裴炎是高宗指定的唯一顾命大臣，他的话自然是一言九鼎，没人反对。

就这样，武则天通过和裴炎的交易，终于得到了单独处分政务的权力，当然，这个权力是有时间限制的。最初裴炎说新皇帝尚未受册封，所以应该由天后发布命令；可是几日后，李哲正式受册为帝，武则天和裴炎又说，新皇帝守丧还需要一段时间，在这段时间里，应该由武则天以太后的身份发布命令。那么皇帝要守丧多长时间呢？前面说过，皇帝守丧是"以日代月"，只需短短的二十七天。

二十七天后可就是历史新的一页了，大唐帝国再次进入高层权力斗争的前夜。老谋深算的武则天会乖乖交出手中的权力吗？毫无政治斗争经验的新皇帝又会面临怎样的命运呢？

第十七章

废黜儿皇

当皇帝是一件大好事，三宫六院的嫔妃，至高无上的权力，对每个人都是诱惑。但是当两次皇帝是不是好事呢？这就难说了，因为历史上也很少出现这样的情况。但是在唐朝的历史上，就有两个人先后做了两次皇帝，这两个人都是武则天的儿子，其中一个就是我们今天要说的李哲。这是怎么回事呢？

一、太后图谋夺权

上一章说过，唐高宗死后，武则天在裴炎的帮助下以皇太后的名义发布诏令，把皇帝晾到一边去了。但是，武则天发号施令的时间只能是在皇帝守丧期间，因此只有二十七天。二十七天之后，她只能退回后宫，顶多享有高宗遗诏所认可的高级顾问权。但是，武则天会心甘情愿地把权力交给皇帝吗？从号称天后开始，武则天的梦想就是当皇帝，为此，她付出了那么大的代价，已经不可能回头了。那么，她怎么才能做到在儿子亲政后继续保持权力呢？武则天一刻也没闲着，在短短的二十七天里做了四件大事：

第一，安抚李唐宗室。十二月十七日，武后下令给李唐宗室中辈分高、威望高的高祖、太宗诸子统统加封。大体上说，高祖的儿子加封为太尉、司徒、司空，这是所谓的三公；太宗的儿子加封为太师、太傅、太保，这是所谓的三师。这些都是朝廷的一品大员。这在中国古代可是非常显赫的官职，是了不起的荣衔。武则天这样做是为了安抚李唐宗室，让他们放心，虽然高宗去世，太后临朝，但是，太后还是愿意照顾他们的利益，尊重他们的皇室身份。武则天这样做，一来可以稳住宗室，以免生变；二来堵住了李唐宗室的嘴，也就等于堵住了反对派的嘴。有人不是怀疑她要篡夺李家天下吗？现在李唐宗室都不说话了，反对派还有什么可说的？这是武则天做的第一件大事。

第二，进一步调整宰相班子。武则天从当皇后以来，可没少在宰相班子的调整上下功夫。当时的宰相分为三部分。第一部分就一个人：德高望重的老臣刘仁轨，当时他一直留守长安。武则天把他升为品级最高的正二品左仆射，但是仍然让他留守长安，实际上是把他闲置了，意思是洛阳这边的事，他就别插手了。第二部分是几位刚刚提拔的宰相。武则天把这几位新宰相从"同中书门下平章事"升为"同中书门下三品"，改变头衔，希望他们升迁后能感恩，进一步为她效力。第三部分可是一个重要人物。谁呢？裴炎。上一章说过，高宗死后，武则天能够得到继续发号施令的权力，多亏了裴炎的帮助。现在调整宰相班子，怎么安置裴炎呢？武则天根据裴炎的要求，把他从门下侍中改为中书令，同时做了一个制度上的大调整，把宰相集体议政的机构政事堂由门下省搬到了中书省。有人可能就不明白了：门下侍中和中书令都是三品官，地位平等，裴炎为什么要这样调整呢？

这可是唐朝宰相制度的一个大变革。本来唐朝实行三省制，中书省出令，门下省审核，尚书省执行。因为在执行之前门下省把最后一道关，所以宰相集体议政的地点政事堂就设在门下省。可是，随着社会事务越来越复杂，中书省的谋议、出令权显得越来越重要。所以，裴炎才会要求担任中书令。而武则天把宰相集体议政的政事堂从门下省改到中书省，意味着从制度上进一步加强中书省的权力。裴炎是顾命大臣，每次宰相开会都由他主持，无形之中就成了首席宰相，这样一来，原本宰相集体议政的政事堂也慢慢变成了一言堂。武则天为什么要这样做呀？一方面，这是和裴炎做的一个交易，裴炎帮助武则天继续掌握权力，武则天也要满足裴炎的权力野心；另一方面，武则天也在为自己打算。过去门下省不是主管审核封驳吗？这个权力不光针对大臣，也针对皇帝，现在武则天削弱了门下省的权力，以后再做什么不合制度的事情就更方便了。

第三，控制中央禁军。俗话说，枪杆子里面出政权。一个政权要想稳定，必须有军队的支持。唐朝从玄武门之变开始，就着力打造一支由皇帝亲自控制的亲兵队伍，这支队伍叫羽林军，他们的向背对于统治者至关重要。武则天要想夺权，必须取得军队的支持。现在，武则天诏令大将程务挺和张虔勖分掌左右羽林军，奔赴洛阳，稳定东都政局，以备不测。武则天这一步棋可走得太重要了，这两个人不久就发挥了关键作用，具体是怎么回事，我们下文再表。

第四，加强对地方的控制。武则天把军中心腹将领分别派到并州、益州、荆州、扬州四大都督府，加强当地防卫。这四个地方对于唐朝非常重要。并州是李唐的龙兴之地，也是武则天的老家，同时它还是北方军事重镇。益州物产丰富，又易守难攻，是李唐王朝的大后方，安史之乱中的唐玄宗就是逃往四川避难的。扬州富甲天下，是唐朝财政的重要来源地，当时的人谈起自己的理想，就是"腰缠十万贯，骑鹤下扬州"，意思是说，就算做了神仙，也要到扬州去消费，可见扬州的富贵繁华。荆州是中南地区的都会，自古为兵家必争之地。三国时，刘备、曹操、孙权你死我活地争夺哪块地盘啊？不就是荆州吗？后来关云长大意失荆州，蜀汉政权马上就一蹶不振了。所以荆州也相当重要。武后让她的心腹将领出镇地方军事、经济重镇，显然是为了避免地方骚动，而这个诏令的发布已经是弘道元年（683年）十二月二十九日，也就是嗣皇帝李哲守丧的最后一天。

在短短的二十多天里，武后马不停蹄，接连办了这么多大事，她终于松了一口气。现在，无论是中央还是地方，她都已经安排得滴水不漏，新皇帝再想有所作为，怕是不容易了。

二、李哲一朝被废

正月初一，已经憋了快一个月的李哲终于亲政了。他改元"嗣圣"，也想要大张旗鼓地干一番。可是环顾四周，李哲很快就傻眼了。从中央到地方，从文官到武将，已经都被母亲安排得妥妥帖帖，每个大臣看起来都是母亲的同党。李哲虽然已经贵为皇帝，但是没有人买他的账。我们曾经分析过李哲，他从小缺乏帝王的培养教育和实际锻炼，喜欢斗鸡走狗、骑马打猎，这样的纨绔子弟显然是智慧不足而勇气有余。要讲斗争水平，他比老爸唐高宗可差远了。当年唐高宗受制于宰相，还懂得先忍耐顺从，慢慢寻找突破口，李哲可没有这个耐心和见识，马上就发作了。他是怎么做的呢？

正月初一，李哲刚刚亲政，马上立太子妃韦氏为皇后，随即把皇后之父韦玄贞提拔为豫州刺史。他老丈人原来是个芝麻大点的小官，这回一下给提拔成刺史了。没过几天，他又把韦后的一个远亲提拔为同中书门下三品，让他直接当宰相。皇帝的用意很明确，既然大臣都是皇太后的人，他也得提拔一些自己的人啊。可谁是自己人呢？李哲可不像他的两个哥哥那样还有宰相支持，他所能依靠的只有皇后的娘家人了。韦皇后的娘家倒是贵族，可是已经没落了，没有几个现任官员，而且当官的级别都比较低，所以李哲只能是拼命提拔。李哲的婚事可是武则天安排好的，这韦皇后是什么时候娶的？是李哲当太子的时候武则天给他娶的，娶的时候就有深意：论门第，没的挑，但是能给李哲现实上帮什么忙呢？帮不了。这一点，武则天是深谋远虑的。所以韦皇后的娘家人现在看几乎哪个也提拔不起来，只好先提拔岳父，再提拔一个，就已经是远亲了。

初出茅庐的李哲第一招就错了，为什么呢？武则天执政，还知道安抚李唐宗室，而李哲只知道讨好老婆的娘家人，这种事情连他的叔叔大爷看了都不会舒服，怎么能指望他收服天下人心呢！不过，虽然如此，人们还是拭目以待，想看看皇帝下一步怎么走。怎么走呢？李哲沿着错误的道路越走越远了，他居然要把韦皇后的父亲从刺史再提拔为侍中，又准备让乳母的儿子当一个五品官！这几件事情做得太离谱了。倒不是说刺史不能当宰相，可是韦皇后的父亲连刺史的位子还没坐暖啊，这个提拔过于迅猛，这样明显的任人唯亲，怎么能服众呢？

既然要任命官员，按照唐朝的制度，应该由中书省来起草诏书。我刚刚说过，中书省的长官不是顾命大臣裴炎吗？裴炎现在大权在握，几位年轻宰相都已经被他搞定，他正在品尝一人之下、万人之上的滋味呢，如果皇帝的岳父当了门下侍中，掌握了审议封驳权，他的权力肯定会大打折扣。再说，裴炎老早就看不上这个皇帝了，于是，他非常不客气地提出反对，坚决不肯起草诏书。李哲本来就是一个涵养不够的人，这时候不由得心头火起，大发雷霆："就算我把天下交给韦玄贞有何不可！他怎么就做不得侍中啊？"这话是什么意思呢，他难道是真的想把天下交给韦玄贞吗？不可能啊。谁都知道，李哲这只是气话罢了。可是，俗话说得好，天子无戏言啊！就这么一句话，李哲立马就把自己的皇帝位子给断送了。

裴炎听到皇帝的答复，二话不说，马上面见太后，向武则天汇报说，皇帝要把天下交给韦玄贞。裴炎这样做是有点儿不地道，可是深究起来，倒也没有错，高宗的遗诏里说得很清楚，"军国大事有不决者，兼取天后进止"。现在皇帝声称要把天下交给岳父，这当然是军国大事了，所以裴炎当然要来请示太后了。武则天听了这个汇报怎么想啊？她可太高兴了，她正愁找不到机会把儿子拿下呢，他自己居然乖乖地送上门来了！武则天马上就把这件事当大事来办了。她和裴炎煞有介事地商量：皇帝这么昏庸，我们怎么办？商量来商量去，两个人一致同意，没办法，只能废了他。可是废了他让谁来当皇帝呢？是不是就是武则天啊？那也是不可能的。

按照当时的情况，继承人的人选有两个：第一个，李哲的儿子，就是被唐高宗立为皇太孙的那个李重照；还有一个人选，就是李哲的弟弟李旦。武则天和裴炎商量后，决定选择李旦继位。为什么呢？这里可有大名堂。如果挑了那小孩当皇帝，那谁是太后呢？李重照的妈妈韦氏就成了太后，武则天就成了太皇太后了。选择李旦，武则天就是太后，太后参政总比太皇太后要名正言顺一些。

武则天和裴炎商量好了目标，接下来就要具体实施了。可是实施起来，光靠武则天和裴炎两个人可不行。他们还要取得文官武将中关键人物的支持。在文官之中，武则天选择了中书侍郎刘祎之。刘祎之是何许人呢？刘祎之从小就以文章知名，是武则天的私人内阁——"北门学士"之首，是武后的心腹，对于帮武则天搞阴谋非常内行。与此同时，他又与豫王李旦有着亲密的关系，他曾经两次担任李旦王府的司马，高宗也对他寄予厚望，曾经说，相王是朕之爱子，因为卿出自忠孝之门，请您做相王的辅佐，希望起到"蓬生麻中，不扶自直"的作用，李旦对他极为尊敬，他对李旦自然也极其忠诚。两个人情同父子，因为有这样的双重身份，刘祎之当然赞成废黜李哲，改立李旦。有了刘祎之的配合，武则天和裴炎更是如虎添翼。刘祎之堪称政治智囊级的人物，他制订起计划来非常缜密，可保万无一失。文臣搞定了，还有武将。前面说过武则天在李哲亲政之前，不是把两位羽林军将领调到洛阳了吗？她对这两位将领极尽笼络之能事，经过一个月的努力，这两个人已经归心于她了。

准备工作做完，接下来就要执行了。嗣圣元年（684年）二月六日，这是一个双日，武则天忽然打破高宗以来单日上朝，双日不上朝的惯例，召集文武百官到洛阳宫的正殿乾元殿上朝。这个通知一出来，大臣都有些丈二和尚摸不着头脑，连皇帝李哲也是一头雾水。母亲不是已经让他亲政了吗？怎么自己又发号施令了呢？每个人都有点惴惴不安。不安归不安，大家还都按时到乾元殿，等待皇帝发号施令。到殿后，人们就发现问题了，今天朝堂上怎么少了几个人呢？特别是顾命大臣裴炎怎么没来呢？正在这时候，殿外忽然传来一阵急促的脚步声，紧接着，四个人就冲进来了。谁呢？中书令裴炎、中书侍郎刘祎之和两位羽林将军程务挺、张虔勖。他们身后是杀气腾腾的羽林军士兵。进殿之后，裴炎抢前一步，大声宣布："皇帝无道，奉太后令，废皇帝为庐陵王！"话音刚落，两名羽林军立即扑上前去，一左一右将皇帝架下了宝座。可怜的皇帝边挣扎边喊叫："我何罪？"薄薄的帘子后面传来武则天威严的声音："汝欲以天下与韦玄贞，何得无罪！"

大家注意，武则天的理由合理不合理呢？非常合理！当年唐高宗想要让武则天摄政，宰相郝处俊不是也提出过反对意见吗？他说：天下是高祖、太宗的天下，不是陛下您一个人的天下，您有什么权力想给谁就给谁呢！这个意见一出来，高宗不就心服口服了吗？现在武则天援引的是同一条原则：天下是列祖列宗的天下，李哲想要给一个外姓，这还不是罪过吗？话说到这个份儿上，皇帝已经没有还口的余地了，因为他输的不是别的，而是理。

皇帝被拉下殿了，大臣们是什么反应啊？大臣们已经没反应了，都吓傻了,目瞪口呆。再说,面对着虎视眈眈的羽林士兵,谁还敢再说什么呢!一场宫廷政变就这样兵不血刃地结束了。可怜的李哲,刚做了三十六天皇帝就被赶了下来。

武则天为什么能取得这场政变的胜利呢?关键有三条:第一,准备充分,未雨绸缪。武则天在皇帝守丧、自己执政的时候就把羽林军调到洛阳,以备万一,这就是未雨绸缪。在关键时刻,这支军队果然派上了用场。第二,利用矛盾,争取支持。利用谁和谁的矛盾呢?太子和宰相、大臣的矛盾。无论是裴炎还是刘祎之都不喜欢李哲,都想换一个皇帝。李哲从当太子起就没有给大臣们留下什么好印象,当皇帝之后继续表现不佳,而且油盐不进,相信当时没有几位大臣真正替他惋惜。另外,裴炎和刘祎之也都各怀心事。刘祎之是李旦的老师,当然希望自己的学生上台;裴炎虽然跟李旦没什么关系,但是,如果废黜李哲,改立李旦的话,他就有拥立之功,辅政大臣的地位会更加稳固。而且,李哲这个新皇帝为了树立自己的权威,已经把裴炎视为眼中钉、肉中刺,所以裴炎虽然是顾命大臣,但是在李哲手下很难有好日子过。裴炎和刘祎之两个人都有提升自己权力的野心,而武则天恰恰利用了他们的野心,先把李哲拉下来再说。第三,严格保密,迅速出手。这么一件大事,武则天只让裴炎、刘祎之、程务挺和张虔勖知道,其他文臣武将一无所知。这样高度保密的计划,执行起来迅雷不及掩耳,皇帝和其他有意见的大臣完全丧失了还手能力。紫宸易主,却又兵不血刃,堪称宫廷政变的典范。

三、李旦糊涂接班

李哲被废了,江山不可一日无主,第二天,连太子也没做过的豫王李旦,稀里糊涂地就被扶上大殿,直接由亲王继位为皇帝,改元文明。李旦是武则天和唐高宗最小的儿子，原名旭轮，当时二十二岁。无论叫李旭轮还是李旦，都是太阳的意思，可以看出当初武则天对他也是寄予厚望。李旦刚刚出生就被封为殷王，三岁即拜单于大都护，父母偏疼小儿子，在李旦这里表现得相当明显。因为是最小的儿子，李旦一直没有离开父母身边。这样的环境养成了他文静柔顺的性格。李旦为人谦逊和蔼，好学工书，在武则天的孩子里最有学者气质。

　　李旦已经是武则天所能够选择的最后一个继承人了，老大李弘病死，老二李贤被废，老三李哲也被赶下皇位，成了庐陵王了。武则天就剩下这么一个老四了，她会真心实意地帮助他当一个好皇帝，还是打算"摘绝抱蔓归"？天下人对武则天这一连串的行动，又会做出怎样的反应呢？

第十八章

扬州叛乱

永淳二年（683年）唐高宗去世和第二年唐中宗李哲的被废，是武则天政治生涯的分水岭，从此武则天开始了真正独断朝纲的时代。令人意想不到的是，正当武则天在东都洛阳品尝着登上政治高峰的胜利果实的时候，远在扬州一个小酒馆里的一次聚会，竟然引发了一场唐前期最严重的内乱。这场内乱声势浩大，令武则天措手不及，也对武则天的政治生涯产生了深远的影响。

一、酒馆里的密谋

为什么会发生叛乱呢？第一个原因就是武则天改朝换代的步伐加快了，引起了部分官员的警觉和反感，朝野上下弥漫着一种紧张微妙的气氛。我们前面说过，嗣圣元年（684年）二月六日，武则天的第三个儿子李哲，刚刚当了三十六天的皇帝，就被赶下台了。他被废黜之后，武则天又改立了自己的幼子，二十二岁的李旦当皇帝，改元"文明"。看到几个哥哥的悲惨下场，李旦吓坏了。他是一个温顺驯良的好孩子，他非常明白，自己完全没有从政经验和政治资本，根本没办法和母亲斗。事实上，他也没有机会和母亲斗。他从被选定为皇帝的那一天起就不怎么露面了，只在一些重大的场合才出现。什么算是重大场合呢？比如说，文明元年（684年）二月十二日，武则天亲临武成殿，嗣皇帝李旦率文武百官给她上尊号。再比如，二月十五日，太后临轩，正式册立李旦为皇帝。举行完册立仪式，皇帝该亲政了吧？没有，他直接被送进一个偏殿软禁起来了，紫宸殿的龙床上空无一人，龙床后面倒是垂下了一幅浅紫色的纱帘，武则天坐在后面，正式临朝称制了！那理由呢？还是很搞笑，说皇帝死了父亲，心情很悲痛，暂时无法理政，需要太后来代劳。

武则天临朝称制，改朝换代的工作已经进入倒计时。这一年武则天六十一岁，要想当皇帝，这个年龄已经不小了。但是，心急吃不了热豆腐，该办的事情还得一件一件地办完。这一年，武则天办了几件大事。

第一件是逼杀废太子李贤。李贤是武则天的二儿子，后来因为谋反罪被废，囚禁在巴州。我们分析过，李贤可能不是武则天的亲生儿子，他很可能是唐高宗和武则天的姐姐韩国夫人所生。唐高宗活着的时候还可以罩着他，唐高宗一死，武则天就没有什么顾忌了。另外，李贤是唐高宗的几个儿子之中最能干的一个，比较有号召力，武则天害怕自己日后称帝，会有人打着李贤的旗号造反。与其给以后留下隐患，还不如防患于未然。所以，武则天临朝称制的第五天，就派人到巴州去，逼着李贤自杀。逼死李贤之后，武则天追封他为雍王，并率领文武百官，大张旗鼓地为他举哀发丧。雄姿英发的李贤可是李唐皇室的希望所在，现在武则天此举等于昭告天下，有谁还指望李贤东山再起吗？做梦！这一招确实厉害，后来扬州叛乱曾经打着李贤的旗号进行，但天下皆知李贤已死，所以并不相信。

第二件是改革各种重要名号。什么名号呢？首先是年号。九月，武则天改元"光宅"，这已经是这一年里第三次改年号了，文明元年又成了光宅元年。其次是改旗帜，把所有的旗帜从红色改为"金色"——这个"金"不是我们现在说的黄金的金，它是白银，"金色"其实是银白色——再装饰上紫色的花纹。第三是改都号，东都洛阳改称"神都"，洛阳宫改叫"太初宫"。另外就是改官号。朝廷衙门及官职名称，全都焕然一新。比如说尚书省改叫"文昌台"，中书省改叫"凤阁"，门下省改叫"鸾台"，吏、户、礼、兵、刑、工六部改成了天、地、春、夏、秋、冬六官。改年号、改旗帜、改都号，这在古代可都是改朝换代的标志，武则天走到这一步，她下面想干什么，那是司马昭之心，路人皆知了。

第三件是追尊武氏先人，提拔武家子弟。改革各种名号之后，武则天追封自己五代以内的祖先为王，夫人为王妃，同时建武氏七庙！这可又是一件大大违背常规的事。因为中国古代讲究礼法，根据礼法的规定，天子七庙，诸侯五庙，不容僭越。武则天给自己的祖先建七庙，等于公然向传统发出挑战，把自己当皇帝了！当然了，死祖宗管不了活人的事，武则天要想巩固自己的势力，还得提拔活着的武家子弟。武则天称天后之前不是已经把几个侄子召回身边了吗？这时候，她异母哥哥武元爽的儿子武承嗣正式拜相，武元庆的儿子武三思也提升为夏官（兵部）尚书，真是"一人得道，鸡犬升天"。有这两个亲人不离左右，武则天想干什么也就顺利多了。做完这么几件大事，武则天要改朝换代的意图已是呼之欲出了。这当然引起了一些人的疑虑和不满。

叛乱的第二个原因是当时的扬州城汇集了一批失意的文人政客。在这里介绍其中三个重要人物。第一个是李敬业。李敬业是何许人呢？说起来他和武则天的渊源还很深，他的爷爷就是在废王立武问题上帮了武则天大忙的名将李勣。当年，李勣一句"此陛下家事，何必问外人"真是四两拨千斤，一下子扭转了武则天的不利局面，李勣也因此成为唐高宗和武则天最敬重的大臣，享尽了荣华富贵。李勣的儿子早死，他死后，爵位英国公就传给了孙子李敬业。李敬业本来担任眉州刺史，因为失职被贬为柳州司马。他的弟弟李敬猷官也做得不怎么样，从县令的岗位上被罢免了。两个人一肚子怨气，既然被贬官，就去散散心吧，就跟现在好多人一样，公司里做不下去了，辞职了，辞职了先干什么？先去旅游，换换心情，然后再投入新的战斗，李敬业兄弟也是这样。当时扬州是水陆交通枢纽，李敬业兄弟先到了扬州。本来唐朝的官员能上能下，流动比较频繁，贬官也是经常发生的事情，但是这次扬州之行却引出了一件大事。什么大事呢？有点像宋江发配江州，引起梁山好汉聚义一样，这次李敬业的扬州之行也引得一群郁郁不得志的野心家聚首了。

第二个重要人物是骆宾王。我们知道骆宾王是唐朝的大才子，初唐四杰之一。我们小时候都学过一首诗——《咏鹅》："鹅鹅鹅，曲项向天歌。白毛浮绿水，红掌拨清波。"这就是骆宾王七岁时候写的，也是骆宾王留下来的最早作品。骆宾王在文学上才华横溢，可是做人、做官就不怎么地道了，他当时担任的官职是长安主簿，因为贪污被贬为临海丞，也到了扬州。

第三个重要人物叫魏思温。他本来是监察御史，后来犯事被贬成了县尉，在县尉任上又没干好，直接被革职为民，这时候也滞留在扬州。

同是天涯沦落人，相逢何必曾相识。这些失意落魄的文人相遇在扬州，就坐在一起喝起酒来了。几杯酒喝下去之后，彼此话就多了，满腹的牢骚有如滔滔江水一般。说起命运，都抱怨卜头不公道，不该把自己这样的人才贬官。议论起朝政，又都说太后野心勃勃，皇帝前途莫测。最后，也不知是谁，天才地把这两件事结合在一起，说现在太后临朝，人神共愤，我们打出匡扶唐室的旗号，肯定有人响应，得胜之后，天下可就是我们的了！这个主意一下子让几个喝得酒酣耳热的失意者热血沸腾。本来嘛，李敬业兄弟是高干子弟、纨绔膏粱，其他几个人是失意文人，这样的人最有特点了。什么特点呢？首先，对政治有一定的敏感度，容易找到问题的切入点；其次，对自己估计过高，志大才疏。这样的人纸上谈兵还像那么回事，实际操作就不行了。但是这几个人马上决定了：造反！

二、请看今日之域中，竟是谁家之天下

既然要造反，就要考虑几件大事了。哪几件事呢？第一，怎么建立一个造反指挥部。第二，在哪里造反。第三，怎么反。

先看第一件事。造反得有个头儿啊，这些人里头李敬业背景最好，名门之后，袭爵英国公，几个人就联合推举李敬业做了首领。魏思温因为足智多谋，也被推举出来当了军师。骆宾王是大才子，当了秘书，当时叫记室，主要发挥笔杆子的作用。这几个人就是造反指挥部的核心成员。

在哪里反呢？几个人一商量，就选在了扬州。扬州处于运河与长江的交汇处，距离出海口很近，是重要的交通枢纽，且财源丰厚，当时号称富甲天下；扬州又远离政治中心，朝廷驻军有限。在这里揭竿而起，正可谓天时地利人和。

怎么反呢？魏思温不愧是军师，马上想出来一个主意。他联络了自己过去的一个同僚，也是一个野心家，监察御史薛仲璋。这薛仲璋可是我们要说的扬州叛乱的又一个重要人物。魏思温跟薛仲璋如此这般地说了一番，薛仲璋就心领神会了，上书请求出使扬州。有人会问，他一个监察御史想到哪儿就到哪儿吗？在唐朝还真有可能办到。因为监察御史本来就是到地方去检察工作的，他可以提出自己想

要视察的地点，这是第一个理由。还有，薛仲璋身份特殊，他是宰相裴炎的外甥。外甥跟舅舅说，他想到扬州检查一下工作，顺便溜达溜达，玩一玩，这舅舅能不答应吗？所以他轻而易举地就空降扬州了。到了扬州之后，薛仲璋就把扬州地方长官给抓起来了，说有人告他谋反，得审一审，这样扬州就暂时没有行政领导了。然后李敬业就大摇大摆地骑着马来了，说是扬州的新任长官到任。有了薛仲璋确认他的身份，其他官员自然也不会有太多怀疑。上任之后，李敬业谎称自己奉密诏讨伐南方的反叛势力，从监狱里放出囚犯，又打开仓库，给囚犯和官衙里干活的工匠们分发武器，就这样组织起几百个人来，一下子就把扬州城给占领了。占领扬州之后，李敬业这才打出匡扶皇室的旗号，说武后专权，天地不容，他们要拥立被废的皇帝李哲。刚才说过，武则天临朝称制后迈的步子确实大了一点儿，所以这个口号还真有号召力，十几天内就集聚了十多万人。周围几个县也都投降了。

叛乱已经开始，再下一步就是继续扩张势力了。怎么扩张呢？第一步，制造舆论，发动群众。李敬业让记室骆宾王写一篇战斗檄文，让天下人都知道他们为什么起兵，号召天下人响应。骆宾王不是个失意文人吗？这次可找到用武之地了，他大笔一挥，马上就出来一篇千古绝唱。

这篇檄文名叫《代李敬业传檄天下文》，后来收到《古文观止》里，改叫《讨武曌檄》。文章分三部分。第一部分主要揭露武则天的罪恶。按照骆宾王的说法，武则天一共有三大罪状。第一大罪状是"践元后于翚翟，陷吾君于聚麀"，就是通过狐媚的手段，让高宗父子乱伦，而且迫害高宗的王皇后。这个我们前面讲过，基本算是确有其事。第二大罪状是"杀姊屠兄，弑君鸩母"。这里头呢，杀哥哥是真的，杀姐姐就很难说了；至于说杀死唐高宗、毒死母亲，这都是不实之词，是诽谤。第三大罪状是"包藏祸心，窥窃神器"，说武则天把皇帝李旦给囚禁起来了，又拼命提拔自己的娘家人，想要自己当皇帝，这一条也基本成立。既然有这三大罪状，那当然是人人得而诛之了。

第二部分是介绍自己的领袖李敬业，说李敬业是"皇唐旧臣，公侯冢子"，不仅出身好，而且会打仗。他的军队也是威武之师、仁义之师，"喑呜则山岳崩颓，叱咤则风云变色"，一定会打赢这场正义战争。

第三部分是对天下人，当然主要是对官员的期望。说你们诸位或者是接受过国家的官爵，或者是皇室的亲戚，或者是带兵的武将，或者是掌政的文臣，你们怎么能够忘记皇帝的恩德呢？如果你们迷途知返，弃暗投明，加入到起义的队伍中来，以后还可以加官晋爵，拥有美好前程；如若执迷不悟、死不改悔的话，日后必定是死路一条。最后一句话更是说得豪情万丈："请看今日之域中，竟是谁家之天下！"

这是篇战斗檄文，写得汪洋恣肆，发布之后天下争相传颂。李敬业制造舆论、争取主动的目的算是达到了。

第二步就是继续扩展势力了。李敬业集团面对的首要问题是，下一步怎么打。可是就在这个问题上，李敬业集团内部出现了分歧。打下扬州后，李敬业就面临着作战方向选择的问题。他当时有两个选择。第一个选择是北上攻取神都洛阳，这是打天下的路子，是军师魏思温提出来的。他说，我们既然打出了匡扶大唐的口号，就应该直接北上，攻打洛阳，这样天下人才会相信我们确实是要勤王，还政于皇帝，才会拥护我们。而且，我们现在直扑洛阳，打武则天一个措手不及，胜算的把握也要大一些。第二个选择是进军江南，这是割据的路子，是在起兵开始时发挥了关键作用的薛仲璋提出来的。他说金陵（今南京）有王气，而且有长江天险，易守难攻，就算形势不妙，还可以和武则天划江而治。很显然，两种思路一种是积极进取，一种是苟且偷安。

李敬业是统帅，他会如何选择呢？他听了薛仲璋的意见，挥师南下了。

三、平定反叛

李敬业起兵毕竟是唐朝建国后在腹心地区爆发的第一次真正的叛乱，也是开国以来规模最大的内乱。武则天紧张不紧张呢？她当然紧张。第一，扬州是唐朝的经济中心之一，地位重要。第二，武则天本人从来没有打过仗，处理叛乱经验不足。第三，此刻正是敏感时期，天下人都在拭目以待。

紧张归紧张，武则天怎么办呢？武则天做了两件事。第一，处乱不惊，展现气度。第二，调兵遣将，施展能力。骆宾王的檄文传到洛阳后，马上有大臣上报给武则天。面对这篇揭疮疤、兜老底的檄文，武则天边看边笑，看到"请看今日之域中，竟是谁家之天下"一句后，她把檄文放下了，抬起头来说：这是宰相的过错啊，这样的人才，怎么早没发现呢！举重若轻的一句话，马上稳住了局面，原来忠诚的大臣自然更加忠诚，原来想要趁太后惊慌里应外合的大臣也不敢轻举妄动。这就叫作"每临大事有静气"，有帝王气概。稳住阵脚后，接着就要调兵遣将了。武则天在七天之内迅速调集了三十万大军投入战场，而这三十万大军的统帅更是安排得出神入化。谁呢？唐高宗的堂叔李孝逸，李旦得管他叫叔爷爷，是在宗室之中辈分和威望都很高的一个人。其实，李孝逸并不是一个很擅长打仗的人，但是你李敬业不是说要匡扶李唐吗？派李孝逸去打仗就等于扇了李敬业一个耳光：我们李唐皇室不买你这个账！我们和武则天是一个阵营的，你要打武则天就是打我们李唐！所以这一下子就有了政治上的正义性了。而且，武则天这么做也是给李唐皇室吃了一颗定心丸：你们看，我还是信任你们的，我们才是一家人！可是李孝逸毕竟不太会打仗啊，怎么办呢？武则天又派了一个监军帮助他。这个监军也是一个牛人。谁呢？魏元忠。当年武则天和唐高宗一块儿到洛阳去，找他护驾，他找了一个绿林大盗来一块儿保驾护航，最后真把武则天和唐高宗平平安安送到洛阳了。武则天老早就发现魏元忠是一个奇才，现在正好让他施展一下才能。

一个统治者最重要的素质不就是知人善任吗？武则天安排好这两个人之后，就静等着听捷报了。魏元忠果然不负信托，在战场上做了三件大事。第一，激励李孝逸勇往直前。这算不上什么主意，只是一种态度，可是态度有时候太重要了。李孝逸不大会打仗，他跟李敬业打的第一仗就失利了，想往后退。这时候魏元忠就找他谈话了，说李将军，请想想您的身份，您是宗室，太后才派您来打仗，如果您临阵退缩，太后肯定会怀疑您和叛军勾结，那您就是跳进黄河也洗不清啊！李孝逸本来没胆子，可这一吓，没胆子也得有胆子，下令三军：只能前进，不能后退。李敬业的部队本来就是一帮虾兵蟹将，李孝逸的正规军一旦统一了思路，坚定了决心，两军对垒，优势就显示出来了。这是魏元忠发挥的第一个作用。

第二，建议李孝逸先易后难，先打李敬猷。李敬业的部队分成好几支，那先打哪支，后打哪支呢？大部分人都觉得己方是王者之师，皇帝派来的，所以应该先打李敬业的主力部队，或者直捣扬州老巢。但是魏元忠说，不然，应该先打李敬业的弟弟李敬猷的那支军队。为什么呢？因为李敬猷是赌徒出身，不会打仗，容易对付，这是一。第二个理由，他说李敬业的军队虽然看起来浩浩荡荡，其实都是乌合之众。这种军队心理不稳，打赢一仗，就以为自己是天兵天将，真的战无不胜、攻无不克，以后可能越战越勇；但是若打输了一仗，马上就士气低落，不战自溃了。所以他们先打李敬猷的部队，把他打败，对敌人有一个心理震慑的作用。李孝逸虽然不会打仗，可是善于接受意见，他接受了魏元忠的意见，先打李敬猷，果然初战告捷。

第三，建议用火攻之计。十一月，双方主力决战于高邮，主战场就在阿溪（今安徽白塔河）。河岸上长满了芦苇，这时候已经是冬天，西北风正紧，芦苇也枯萎了，魏元忠对李孝逸说，这是火攻的好时候啊！李孝逸从善如流，顺风放火，很快，李敬业部队溃不成军，七千人被斩首，渡河逃窜被水淹死的更是不计其数。李敬业率领残部退回扬州，准备渡海投奔高丽，结果中途就被部将杀死了，同时被杀的还有大才子骆宾王。李敬业姓氏本是李唐皇帝所赐，现在收回，仍称徐敬业。

骆宾王不是问过"请看今日之域中，竟是谁家之天下"吗？现在，是谁的天下已经见分晓了。扬州叛乱从头到尾一共只用了一个多月就被平定，武则天顺利度过了一生之中最严重的一次军事危机！

那么武则天为什么能取得胜利呢？我觉得有以下五个方面的原因。

第一，政治优势。武则天任用李孝逸就等于向天下人宣告，李唐宗室和她是站在一起的，反对她就是反对李唐王朝。这就占据了政治优势，师出有名。相反，李敬业在政治方面犯了两个大错误。第一个错误，李敬业始终没有明确他们要拥护的对象是谁。开始他们说要匡复庐陵王，也就是被废的皇帝李哲，可是接着又找了一个长得像废太子李贤的人做这支军队的名义首脑，而在檄文中又提到被囚禁的皇帝，这显然指的是傀儡皇帝李旦。那么勤王的目的究竟是让谁当皇帝呢？再说了，跟这支军队有直接关系的是所谓的废太子李贤，可是武则天已经明明白白昭告天下，李贤已经死了，再打李贤的旗号，又怎么能够取信于民呢？这就是没有明确的政治目标。第二个错误，李敬业向南发展也就意味着自己抛弃了勤王的口号，想要割据，这就是真的反叛，失信于天下人，原来一度拥有的政治正义性也因此丧失殆尽。

第二，军事优势。唐前期实行府兵制，主要兵力集中于首都附近，扬州兵力少，李敬业虽有十几万人，但都是临时拼凑起来的乌合之众，而武则天则迅速派出三十万大军，以多数的正规军去打少数的非正规军，胜负没有任何悬念。

第三，用人方略优势。武则天善于用人。用李孝逸是打政治牌，借助他宗室的身份；用魏元忠是打智慧牌，借助他发达的大脑。这两个人都用对了，是所谓的慧眼识英雄。反观李敬业呢？他的手下并非没有人才，他不是有一个明白的军师魏思温吗？但是他不会使用人才，把人才都浪费了。一个慧眼识珠，一个明珠暗投，武则天和李敬业的水平高下立判。

第四，民心优势。武则天已经和唐高宗一起统治天下二十多年，在她统治时期，对老百姓有很多优惠政策，老百姓是拥护她的。所以当时大文豪陈子昂评价说，虽然有李敬业的叛乱，但是"海内晏然，纤尘不动"，老百姓并没有群起响应，和打一场没有头绪的战争相比，他们更愿意过"老婆孩子热炕头"的踏实日子。官员对武则天也满怀信心。武则天从当皇后起就致力于提高中下级官员的地位和待遇，他们自然拥护武则天。甚至连李敬业的叔叔润州刺史李思文都不支持李敬业，先是秘密向武则天汇报李敬业叛乱的消息，后来又在润州据守，润州城被李敬业攻破后，李敬业对叔叔冷嘲热讽，说叔叔既然心向武氏，就改姓武好了。后来李敬业兵败，亲属都受到株连，但是武则天因为李思文忠心，特意免除他的处罚，而且还真的赐他姓武了。

最后，还得谈一点运河的功劳。大运河是隋炀帝修的，当年可是劳民伤财，隋朝灭亡跟修这条大运河很有关系。可是运河在这时候发挥大作用了，武则天运兵马、运粮草，从洛阳到扬州，靠的主要就是运河。没有运河的帮助，怎么能这么快就结束战斗呢？

扬州叛乱是对武则天的一个考验。经过这次考验，武则天无论在个人能力还是在民意方面都得了满分，她的底气更足了。那么，她下一步又会向何处去呢？

第十九章

诛杀裴炎

英国有一句谚语叫作"过河途中不换马",中国兵法也很忌讳临阵换将。可是就在扬州叛乱千钧一发的时刻,武则天却把顾命大臣裴炎送上了断头台,而裴炎此前还是她的得力助手,刚刚协助她废黜了中宗李哲,深得她的信任。武则天与裴炎之间的关系前后变化为何如此之大?裴炎为什么落得这样的下场?

一、意外的逼宫

武则天之所以杀裴炎,关键是裴炎在对待李敬业叛乱的态度上出了差错。我们上一章不是讲过李敬业在扬州发动叛乱吗?他打出匡扶李唐的旗号,十几天就发展到十多万人。这可是唐朝建立以来最大规模的内乱啊,怎么处理呢?当时朝廷的核心人物其实一共就三个人,武则天、李旦和裴炎。武则天当时最有权力,不过毕竟是太后临朝,女流之辈,没有战争经验。皇帝李旦只是个傀儡,一直没有亲政,因此也无从插手。而裴炎作为顾命大臣,德高望重,有几十年的行政经验,在这件事上理应发挥重要作用。武则天本来也是这么想的,对裴炎寄予厚望。可是没想到,开战以后,裴炎的工作节奏反而放慢了,每天优哉游哉，跟没这回事一样。武则天只好主动来向他虚席就教了。这天在朝堂上，武则天问裴炎，现在扬州闹得很凶，我们该怎么讨伐呀？裴炎半天没说话，最后冒出这么一句话来："臣以为用不着讨伐。"为什么用不着讨伐呢？裴炎说："臣以为，李敬业作乱之所以有人响应，无非是因为皇帝年长，而太后却迟迟不肯让皇帝亲政。只要太后还政皇帝，叛军必然不战自溃。"

话一出口，简直是石破天惊，整个朝堂顿时鸦雀无声。武则天此时是什么反应啊？她太震惊了，一下子哑口无言。她万万没有想到，裴炎会在这个时候逼宫。裴炎不一向是她的得力帮手吗？他帮她扳倒了太子李贤，又帮她废黜了皇帝李哲。而武则天也没有亏待他，让他当中书令，成了百官之首。可是现在裴炎居然在扬州叛乱的关键时刻背叛她，而且还拿战争来要挟她，逼她归政。

武则天鹰一般的眼睛扫视着满朝文武，大臣们也都呆若木鸡。忽然，一个声音打破了朝堂的沉默："炎受顾托，大权在己，若无异图，何故请太后归政？"这话是谁说的呀？监察御史崔詧，一个小人物。一句话替武则天解了围。武则天长舒了一口气，马上接口说道："裴炎谋反，把他给我抓起来！"一代权臣锒铛入狱。那么，裴炎是否真的谋反呢？

二、莫须有的谋反

有一种观点认为，裴炎确实谋反了。郭沫若先生就持这种观点。至于是什么形式的谋反，有两种说法。第一种是说他和叛乱分子李敬业私下往来，想要跟他里应外合。这件事情记载在唐朝的笔记小说《朝野佥载》里。据载，李敬业打算谋反，想拉裴炎入伙，让骆宾王想办法。骆宾王冥思片刻，写了一首歌谣："一片火，两片火，绯衣小儿当殿坐。"然后找了一些小孩子，教他们唱。很快，一传十，十传百，京城里的小孩都会唱了。

这首歌谣也传到了裴炎的耳朵里，他觉得这歌谣唱得古怪，就想找人来破解一下，找来找去就找到了骆宾王。有人可能产生疑问了，上一章不是说骆宾王和裴炎是到扬州后才认识的吗？怎么在洛阳就彼此有来往呢？这就是不同版本的历史记载问题了。总之，依据《朝野佥载》，裴炎为解谶语，找到了骆宾王。可是骆大师面对裴炎一言不发。裴炎为了让他张开金口，先赠锦缎，后赠骏马，但是骆宾王始终不说话。最后没办法，裴炎只好领着骆宾王观看自家收藏的名画，画的都是古代的大臣。看到司马懿的时候，骆宾王终于说话了："此英雄丈夫也。"接着说起自古大臣执政，常会改换社稷。司马懿是什么人呢？司马懿是三国时候曹魏的权臣，最后父子联合篡夺曹魏，建立西晋。骆宾王说他是英雄丈夫，裴炎听了顿时产生了知己之感，就跟骆宾王讲，他也想做这样的人啊。骆宾王见火候到了，故意叹了一口气，说：可是改朝换代需要天命啊。裴炎赶紧说：有歌谣啊，只是不知道这个歌谣跟我有没有关系。随即就把歌谣给骆宾王背了一遍。骆宾王听完歌谣，纳头便拜，说：您就是未来的天下之主啊。为什么呢？他解释说："绯衣"即裴，"一片火，两片火"即炎，"小儿当殿坐"即子隆（裴炎的字）。这首歌谣说的就是裴炎裴子隆。另外，谁能坐到大殿里对着天下发号施令呢？皇帝啊。所以说这首歌谣完整的理解就是裴炎裴子隆要当皇帝。

听他这么一解释，裴炎的反心就坚定了。等到李敬业扬州起兵后，裴炎就成了朝廷里的内应。他还写了一封信给李敬业，这封信被朝廷的情报人员截获了。可是拆开一看，里面只有两个字："青鹅（'鹅'的繁体字）"。大臣们看来看去，谁也不明白啊，就把信交给武则天了。武则天看了之后说："这个青字，拆开来就是十二月；鹅字，就是我自与。"所以这"青鹅"是一个暗号啊,就是说裴炎要在十二月动手。

按照这种说法,裴炎早有当皇帝的野心,所以很早就开始和李敬业以及骆宾王勾结,想要等到十二月,和李敬业里应外合一起动手,没想到阴谋败露,被武则天提前发觉了。这种说法还有一个佐证,在李敬业起兵早期发挥了重要作用的监察御史薛仲璋,就是裴炎的亲外甥。薛仲璋为什么会在错误的时间、错误的地点犯下反叛朝廷这么一个重大错误呢?人们很容易就会联想到,薛仲璋就是裴炎派过去的。

而第二种说法则认为裴炎并没有跟李敬业勾结,他是想自己发动一场兵变,逼武则天下台。据《新唐书·裴炎传》记载:"豫王虽为帝,未尝省天下事。炎谋乘太后游龙门,以兵执之,还政天子。会久雨,太后不出而止。"豫王就是李旦,李旦虽然当了皇帝,但是一直没有亲政,裴炎为他打抱不平,就想趁武则天巡游龙门的时候,派兵把她给抓起来,让皇帝当一回真天子。可惜自从他有了这个打算之后,天公就不作美起来,终日阴雨连绵,武则天一直没去龙门,于是这事就不了了之。按照这种说法,裴炎自己早有兵谏的想法,虽然和李敬业的叛乱没有关联,但是以一个大臣的身份扣留太后,也是谋反。如果裴炎有这两种说法中的任何一种行为,那都是十恶不赦,判谋反罪一点都不冤枉。

但是,也有人认为,裴炎绝对没有谋反。裴炎下狱之后,朝廷里可就炸开了锅,许多大臣支持裴炎,说裴炎绝对不可能谋反,为他鸣冤抱不平。都有谁为裴炎鸣冤呢?首先就是裴炎的副手,凤阁侍郎胡元范,还有就是裴炎的搭档,侍中刘景先。他们给武则天上奏,坚持说裴炎不可能通贼谋叛。紧接着,满朝文武纷纷表态,为裴炎说话。面对群臣来势汹汹的质疑,武则天给出的答复是:"炎反有端,顾卿不知耳。"裴炎谋反是有证据的,只是你们不知道罢了。可是既然武则天手里攥着裴炎谋反的证据,就应该拿出来给大家看啊,武则天却又拿不出来。这样一来，大臣便不依不饶了："若裴炎为反，则臣等亦反也。"等于是拿自己的身家性命为裴炎作担保了。

武则天又是怎么回答大臣们的呢？她的回答也挺有意思的，她说："朕知裴炎反，知卿等不反。"（《资治通鉴》卷二〇三）我知道裴炎他谋反了，我也知道你们没有谋反。裴炎是裴炎，你们是你们，你们跟裴炎瞎搅和什么？君臣双方，一律用自由心证。说他谋反的拿不出过硬的证据，说他没谋反的也只是凭义气经验。

那么，裴炎到底有没有谋反呢？我个人觉得，裴炎的谋反罪不能成立。为什么呢？

第一，这两个讲裴炎谋反的故事具有明显的不合理性。先看第一个故事，它有两处不合理。首先是裴炎的聪明程度前后矛盾。骆宾王先写了一首歌谣，玩的是拆字法，用"一片火，两片火，绯衣小儿当殿坐"代表裴炎当皇帝，这首歌谣裴炎看不懂，还得找骆宾王来解释。可是后来，裴炎和李敬业勾结，给李敬业写信，"青鹅"两个字，其实就是"十二月，我自与"，用的还是拆字法，裴炎又成玩字谜游戏的高手了，甚至自己都能编出高难度字谜来。裴炎的智商短时间内大幅提升，不大可信。另外一个不合理的地方是骆宾王的身份。骆宾王作为大才子，固然名满天下，可是没听说过他还是算卦先生，就算是裴炎听到了歌谣，怀疑跟自己有关系，他怎么不去找一个赫赫有名的算命先生，而去找骆宾王给他解释呢？这是又一个不合理的地方。

这两个漏洞加起来，让我觉得这个故事整体不太能成立，用不能成立的故事去证明裴炎谋反，有问题。而且这里还有一个更关键的因素，《朝野佥载》是一部笔记小说，笔记小说可是有非常多的虚构成分的，它不能当作一个非常可靠的史料来看待。《朝野佥载》里所记载的裴炎谋反案，应该视作唐代猜字谜游戏非常流行的珍贵史料，但是若用它来证明裴炎谋反，可就大错特错了。

第二个故事倒是记载在非常严肃的历史著作《新唐书》里头，但它的问题就更多了，它至少有三个漏洞。首先，故事说裴炎想要趁武则天巡游龙门的时候把她抓起来，这就意味着裴炎要兵谏太后了。兵谏是非常严肃的事情，一定要建立在确凿无疑的基础之上。可是巡游龙门并不是武则天的既定计划，仅仅是一种可能性。哪一场兵谏会建立在这么不牢靠的基础上呢？其次，这个故事中的人物太简单了，只有裴炎一个人。裴炎是中书令，本身并不带兵，他如果实行兵谏，必然要和武将沟通。但是，这个故事中的裴炎连同谋都没有，这样的兵谏怎么可能成功呢？最后一点，按照这个故事的说法，裴炎是想扣押武则天，让她还政于皇帝李旦，但是，故事里他也没有和皇帝沟通。试想，如果兵谏成功，而李旦毫不知情，那他还有可能顺利亲政吗？

所以说两个故事情节都不合理，不足以让我们得出裴炎谋反的结论。

第二，指控裴炎谋反的人没有提出任何有价值的证据。武则天收审裴炎，有两个人出力最多。一个是我们刚才提到的监察御史崔詧，另一个是凤阁舍人李景谌。这两个人中，崔詧的说辞是：裴炎如果没有图谋不轨，怎么会逼太后归政呢？这用的是心理推论法，但是并没有提出任何直接证据。据史书的记载，李景谌坚称裴炎必定谋反，但是这仅仅表明他的态度和立场，也不是证据。这样看来，上面提到的两个有关裴炎谋反的故事在当时并不存在，否则，裴炎的对手怎么会不利用呢？另外，不仅大臣，武则天也没有拿出什么像样的谋反证据。当时大臣们不是说如果裴炎谋反，他们也就都谋反了吗？武则天回答说："朕知裴炎反，知卿等不反。"这句话说得云山雾罩，底气不足，证据更不足。现在的法律规定，举证的责任在控方而不在辩方。裴炎不需要拿出证据证明自己没有谋反，而武则天则必须拿出证据证明裴炎确实谋反了，这样案件才能定性。但是武则天说来说去，始终没有提出任何有力的证据，这只能说明她没有抓住什么证据。

第三，人情的理由。如果裴炎真的勾结李敬业，他一定不敢派自己的外甥去扬州投奔叛军队伍，因为这太容易暴露自己了，简直就是引火烧身。退一步说，就算是派了自己的外甥去，他也应该佯装积极主动地帮武则天出主意，想办法平叛，因为只有这样才能取得武则天的信任，最后达到和李敬业里应外合的目的。可是裴炎的所作所为恰恰相反。这正说明他心无杂念，只想利用李敬业叛乱逼武则天还政皇帝，说他勾结叛军谋反，那可就大大地冤枉他了。

三、朝堂立威

裴炎谋反证据不足，武则天心里肯定也清楚，那她会怎么处理这个人呢？最终，她还是以谋反罪把裴炎杀了。光宅元年（684年）九月，就在扬州还是烽火连天的时候，裴炎被押赴都亭驿问斩，家财籍没，亲戚流放岭外。抄家的结果很是出人意料，堂堂首席宰相裴炎家里竟然一贫如洗，储存的粮食还不足一石。临终之前，裴炎对兄弟们叹息道："各位兄弟做官都是靠自己奋斗，我没有尽一分力，如今却要因我而被流放边荒，实在是对不起你们呀！"我想，不管裴炎一生功过如何，就清正廉洁这一点来说，也应该算是一个不错的宰相了。有那么多人愿意力保裴炎，道理想必也就在这儿。

既然裴炎是一个合格的宰相，又没有真的谋反，我们就不免产生两个疑问。第一，武则天为什么一定要杀裴炎呢？第二，武则天为什么一定要在扬州叛乱正紧张的时候就杀掉裴炎呢？

先看第一个问题，武则天为什么一定要杀死裴炎呢？分析一下裴炎的地位以及裴炎和武则天的关系就明白了。裴炎是什么地位？他是唐高宗任命的顾命大臣，在朝廷里德高望重，如果说当时还有谁能够跟武则天抗衡一下的话，那就非他莫属。所以日后武则天无论向哪个方向发展，裴炎的态度都相当重要。那么裴炎跟武则天的关系如何呢？一言以蔽之，正在从合作转向决裂之中。

前面说过，裴炎跟武则天通力合作过好几次了，先是帮她废黜了太子李贤，后来又帮她废掉了皇帝李哲，改立李旦为帝。这一阶段可算是二人关系的蜜月期。可是在新皇帝李旦又被武则天软禁起来后，裴炎和武则天的关系就发生了改变，变得矛盾重重了。什么矛盾呢？

武则天当上太后之后，想要追尊自己的祖先，建武氏七庙，大臣们都不敢表态，但是裴炎说话了。裴炎说太后给娘家建七庙不合古礼。他还问武则天，说你知道吕后吗？你看吕后最后下场何其悲惨啊，如果你再这样搞下去的话，恐怕结局也跟她一样。这番话让武则天非常不悦。另外，扬州叛乱爆发以后，有人就给武则天出主意：扬州叛乱打的是匡扶李唐的旗号，那李家宗室肯定求之不得啊，他们万一勾结反贼怎么办？是不是把他们先杀了？武则天觉得主意不错，可是裴炎又出面反对了。裴炎说人家没有任何谋反的证据，太后怎么可以无罪杀人？武则天又是很不高兴。两个人的矛盾就这样逐步深化，到最后量变积累，引起质变，终于走向了决裂。决裂的表现就是裴炎趁着战争的非常时期，要求武则天还政于皇帝李旦。

那么裴炎和武则天为什么会从合作走到决裂呢？简而言之，裴炎的理想和武则天的终极目标发生了冲突。裴炎的理想是当一个权臣，他帮助武则天把不听话的李哲废掉，拥立李旦，是希望借助拥立之功做到大权独揽。他的意图是由软弱的李旦当皇帝，而由他自己掌握实权。在这个理想之中，并没有武则天的位置。换句话说，他从没想过改朝换代，更没有想过要对一个女皇帝俯首帖耳。那么武则天的终极目标是什么呢？她的目标就是当皇帝，而且不容许任何人和自己分享权力。这样一来，在权力的归属问题上，两个人就出现了根本分歧，这种分歧是不可调和的。对于这一点，武则天看得很清楚，裴炎也看得很清楚。所以裴炎刚刚入狱的时候，有人劝他给武则天赔个不是，大事化小，裴炎只是说：宰相下狱，安有全理！坚决不肯妥协。因为他知道，双方没有妥协的余地。裴炎地位显赫，却又不跟武则天合作，武则天怎么会继续把他留在朝廷里呢？所以诛杀裴炎就成为必然的选择了，谋反只不过是借口而已。

第二个问题，武则天为什么要在扬州叛乱还没有平定的时候就杀掉裴炎呢？首先，扬州叛乱对于武则天来说是肢体之患，而裴炎逼宫是心腹之患。如果中央出现了反对派，它的危害远远大于一场地方的叛乱。其次，只有中央统一了思想，才能投入全部精力去平定反叛。裴炎没有入狱之前，为了逼武则天还政，故意消极怠工，不肯积极组织讨伐。只有把裴炎治罪处决，整个朝廷才能上下一心，全力组织平叛。所以，武则天在叛乱还没有平定时就杀掉裴炎，临阵换将，看起来是触犯了兵家大忌，其实恰恰是最大程度上保证了政局的稳定和战争的胜利。

裴炎被杀了，可是，事情还没有就此结束。俗话说，拔出萝卜带出泥。裴炎逼宫，有那么多人为他鸣冤，这些人都是武则天权力进一步发展的隐患，她绝不能让他们继续留在朝廷里。很快，上表给裴炎鸣冤的胡元范、刘景先和另一名宰相郭侍举都被贬出朝廷。朝堂上一下子少了三个宰相，文官马上都噤若寒蝉了。

文官搞定了，还有武将。当时扬州叛乱还没有见分晓，为谨慎起见，武则天对军方的清洗要稍迟一点儿。光宅元年（684年）十二月，扬州叛乱刚刚平定，武则天就对武将动手了。其时，裴炎的好友大将程务挺，正统领军队在前线与突厥交战，武则天一道敕旨，立刻就地处斩。程务挺大家并不陌生。就在这一年年初，他率领羽林军入宫，为武则天顺利废黜李哲立下了汗马功劳。另外，他抗击突厥战功卓著，已经成为唐朝镇守北方的擎天大柱。在程务挺的成长过程中，裴炎帮了大忙,所以裴炎下狱之后,程务挺写了封密信给武则天,为裴炎求情。这封信马上就让武则天在心里给程务挺判了死刑。任何统治者都会对手握军权的武将怀有戒心,何况是处境微妙的武则天。兵强马壮的程务挺如果心存异志,阵前倒戈,后果将不堪设想!所以扬州叛乱刚刚平定,武则天就以勾结裴炎谋反的罪名把程务挺给结果了。

裴炎和程务挺两个人一政一军,本来是朝廷中最有势力的人,这两条大鱼都已落网,其余的人就更不在话下了。凡是对武则天构成威胁的人都一个个过筛子过箩,经过一番清洗,整个朝堂几乎半空。武则天大笔一挥,马上任命了几个五品官当宰相,这可是又创造了历史新低。但武则天早就知道了,只有小人物才会顺从自己,由这些虾兵蟹将组成的朝廷,再也不会对武则天构成威胁了。

在这些被杀的所谓裴炎同党中,有一个人的经历最富有戏剧性。谁呢?此人名叫姜嗣宗,是武则天派往长安的使臣。派他去长安的目的,是为了听听老臣刘仁轨对裴炎一案的意见。刘仁轨当时已经八十三岁了,是经历过唐太宗和唐高宗两朝的老臣,高宗末年政府班子东迁洛阳之后,刘仁轨留守长安,被挂起来了。虽然如此,刘仁轨毕竟德高望重,现在裴炎谋反这么一个大案出来,武则天还是要向他通报的。姜嗣宗是一个小人,见到刘仁轨,马上添油加醋地把事情经过说了一遍,说完了仍觉意犹未尽,又补充了一句:"嗣宗早就看出此人心存异志,果不其然!"这句话让刘仁轨听得直反胃。刘仁轨也不支持武则天当皇帝,但是他知道,自己已经无力阻止武则天前进的脚步了,那么就给朝廷除去一个小人吧。他决定逗一逗姜嗣宗,就问:"原来你早就知道裴炎有意谋反?"姜嗣宗哪里猜得透刘仁轨的意思,马上回答道:"那当然,我早就看出他图谋不轨了!"刘仁轨笑着夸他:"真是后生可畏呀!裴炎的事情我已经知道了,我还有一封信想交给太后,你替我带过去吧。"姜嗣宗兴冲冲地回洛阳复命去了。武则天展开信一看，只有一句话："嗣宗知裴炎反，不言。"这句话把武则天逗笑了，她马上把姜嗣宗叫到跟前，说："刘仆射还专门提到你了呢。"姜嗣宗那叫一个兴奋啊，都不知道说什么好了，可是武则天一下子沉下脸来，说："他说你早知道裴炎谋反，却知情不报！"可怜的姜嗣宗还没回过神来，已经被拉下朝堂，推出去斩首了。这就是武则天对小人的态度，用他们，但是并不欣赏他们，一旦用完，毫不留情。

处理完裴炎一案，光宅元年（684年）也随之结束了。这一年给武则天的印象太深了，李敬业叛乱，裴炎逼宫，一个个考验接踵而至。回想起自己参政以来走过的历程，再想想刚刚经历的惊涛骇浪，武则天真的愤怒了，难道天下人就这么容不得自己上升吗？她登上紫宸殿，向群臣训话："我跟着高宗二十多年，殚精竭虑，为天下操心，你们这些人的富贵，不都是我给的吗？老百姓能够安居乐业，不都是拜我所赐吗？可是现在握兵造反的这些人，恰恰就出在你们这些公卿之中，你们对我怎么会如此负心呢？"

她质问群臣："你们拍拍脑袋想一想，你们这里有谁也是顾命大臣，比裴炎还牛？或者说你们有谁是将门贵种，比李敬业还牛？还有你们有谁特别能打仗，比程务挺还牛？这三个人也算是人中龙凤，一旦对我不利，我碾死他们就像碾死一只蚂蚁一般。所以你们都扪心自问，如果觉得自己比他们还厉害，好，接着跟我斗，如果自己掂量掂量觉得还不如他们的话，那就洗心革面好好伺候我，不要最后落得被天下人耻笑的下场！"

面对着武则天这样一番凛凛的教训，大臣是什么表现？大臣乌泱泱全跪下了，给武则天磕头，说："唯太后所使。"太后，我们坚定地跟你走。确实，面对着武则天的超强能力与高压手段，群臣已经没有还手之力了。那么，武则天称帝是否就一帆风顺了呢？她的下一个阻力又将来自何方？

第二十章

燕啄皇孙

在电影《疯狂的石头》中,一块无意之中发现的宝石引起了各路人马的激烈争夺,彼此打得头破血流。其实,古往今来人们的欲望都是相似的,武则天时代也出现了这么一块石头,因为这块石头,一大批李唐皇族身首异处。只不过当时人们争夺的,不是这块石头,而是石头背后隐藏的皇权。

一、疯狂的石头

这块石头是什么样子的,又是怎么出现的呢?说起来这块石头的价值不在于它的材质,而在于它的形象。这是一块很普通的白色石头,不普通的是它上面有八个紫红色的字:"圣母临人,永昌帝业。"垂拱四年(688年)四月,一个叫唐同泰的雍州人献给武则天这样一块石头。唐同泰声称,这块石头是他从洛水里打捞上来的。这块石头一出来,马上就引起了朝野上下的轰动,中国古代讲天人感应,"河出图,洛出书"是圣人出现的标志,所以这是一个大祥瑞啊。大臣们赶紧拍马屁,纷纷上表祝贺,说上天降下这样一个祥瑞,是因为太后"皇业高于补天,母德隆于配地",就是说武则天的功业是乾坤合德,把皇帝和圣母这两个角色合二为一了。而且，他们说，献上这块石头的唐同泰本身也是祥瑞，为什么呢？因为这个人姓唐，名字叫同泰，表明李唐王朝和武则天是一荣俱荣的关系。另外呢，这个人的籍贯是雍州永安县，"永安"和那石头上写的"永昌帝业"是一回事啊。所以说，虽然只是一块石头，里头包含着好几层祥瑞呢。

现在科学昌明，人们都不信祥瑞之说了，所以对古代的所谓祥瑞也就不免产生怀疑，这块石头是不是真的啊？它怎么就出现得那么巧呢？根据《旧唐书·武承嗣传》的记载，这块石头确实是假的，它是武承嗣伪造的。武承嗣不是武则天的侄子吗？他一心盼着武则天赶快建立武家王朝，他好当接班人，所以就找了这么一块石头，在上面刻上了字，又把紫石一类的矿石磨成粉末，填到刻好的笔画当中，这么一来，这块瑞石就新鲜出炉了。然后他又找了一个人，让他把石头献给武则天。我怀疑甚至连唐同泰这个名字都是假的，是为了配合这个祥瑞起的名字。

那武承嗣造假是原创呢，还是武则天授意的呢？这就很难说了，但是可以肯定的是，武则天决定好好利用这块石头。怎么利用呢？既然大臣都已经表态了，武则天也就顺水推舟，把这块石头命名为"宝图"，后来又改叫"天授宝图"。大臣不是说天降瑞石意味着武则天把皇帝和圣母这两个角色合二为一了吗？武则天就给自己加了一个尊号"圣母神皇"。给自己上尊号，本来就是一件可笑的事，更加荒唐的是，皇帝在位的情况下，皇太后居然自称"神皇"，这更是亘古未有的奇事，这个名号太富有刺激性了。但这还不算完呢，武则天随即颁布诏令，说她要在十二月的时候亲临洛水举行受图大典，然后祭祀上天，答谢上天赐下宝图的恩典，祭祀之后，还要在她的和尚情夫薛怀义主持修建的明堂里接受百官朝贺。这可是一系列大典，因此武则天特别要求各州的都督、刺史及李唐宗室、外戚等，要在典礼举行之前的十天到洛阳集合！

二、宗室联反

这道诏令一出来，谁反应最强烈呢？李唐宗室。他们首先坐不住了，他们觉得，太后用意不善啊。唐高宗死了以后，武则天废了一个皇帝，软禁了一个皇帝，杀了一个顾命大臣，现在又搞自我造神运动，这一系列活动含义太明显了，傻瓜都明白她的真实目的是想要改朝换代，何况是在政治旋涡中摸爬滚打的李唐宗室呢。现在，武则天又让他们到洛阳集合，李唐宗室认为这恐怕是想要趁机把他们一网打尽。与其坐以待毙，不如铤而走险。他们之中，有人就开始暗中运作，想要造武则天的反了。

那在当时的李唐宗室中，谁最有能力造反呢？总的说来，谁跟皇帝的血缘关系近，谁的地位就高，实力相对也就更强。跟皇帝血缘关系最近的当然就是皇帝的儿子了，这个时候，唐朝前三代皇帝活着的儿子一共有十个。其中，唐高祖的儿子活着的有四个，唐太宗的儿子活着的有两个，唐高宗活着的儿子有四个，但是武则天生的两个儿子李哲和李旦都处于囚禁状态，另外两个庶子也早被监视起来了，基本可以忽略不计。这样一来，十个人当中还有活动能量的只剩下了六个，李唐宗室如果还想有所作为，希望就寄托在这六个人身上了。

这六个人之中，唐高祖的儿子韩王李元嘉声望最高。这个人早年就号称神童，相传可以同时左手画圆，右手画方，目数群羊，口诵经史，兼成四十字诗，而且足书五言绝句，六件事一起完成。唐高宗死后，武则天为了安抚宗室，让李元嘉晋封太尉，这是全国最高的官职。李元嘉之外，第二号人物就是唐太宗的儿子越王李贞。他以才干见长，当时官封太傅。这两个人最先动了起来。

怎么行动呢？他们分三步走。第一步是恐吓宗室诸王，使他们深信自己除了造反别无选择。韩王李元嘉让自己的儿子李譔给越王李贞写了一封信，说："内人病渐重，恐须早疗，若至今冬，恐成痼疾，宜早下手，仍速相报。"这看起来是普普通通的一封家书，内人就是指妻子，说我妻子病了，而且病得挺重的，得早点治，如果拖到今年冬天，恐怕就治不好了，所以咱们得早点动手，你接到信之后，给我一个回话。实际上这封信可不同寻常，这个内人不是指他的妻子，而是指身居大内的武则天，说武则天脑子有病，她想把我们干掉，而且她这个想法越来越迫切了，所以我们恐怕得早点下手控制她，如果到了今年冬天，也就是武则天召集我们到洛阳集合的时候，恐怕就来不及了。所以你接到我的信之后，同不同意，干不干，给我一个回话。这两个人达成一致意见之后，再由李元嘉给宗室们传话，说："大享之际，神皇必遣人告诸王密，因大行诛戮，皇家子弟无遗种矣。"武则天这一系列活动早就引起宗室的疑虑了，现在德高望重的韩王李元嘉又传出话来，宗室就更像惊弓之鸟了。好多人都相信，自己伸头也是一死，缩头也是一死，哪能坐以待毙呢！这样一来，恐吓实际上也就是动员了。在韩王李元嘉牵头之下，宗室之间的反武则天同盟就结成了。

第二步是伪造玺书，以皇帝的名义要求宗室起兵。李譔先伪造了一封皇帝玺书给李贞的儿子李冲，说："朕被幽絷，王等宜各救拔我也。"李冲接到这封假信之后，觉得还不够明确，这里只提到皇帝，没有宗室的事儿啊，他怕宗室还下不了决心，因此自己又伪造了一封皇帝玺书，说："神皇欲倾李家之社稷，移国祚于武氏。"武则天要改朝换代了，江山要成武家的了，这样一来，李家的人就谁也跑不掉了。他把这封玺书转发给各个宗室成员，让他们依照皇帝的旨意，一同出兵。接到玺书之后，宗室之中也确实群情激奋，比如说唐高祖第七女常乐公主就对使者说:"你回去告诉越王,如今他只许向前,不许后退。你们宗室诸王如果还是男人的话,早该起兵了,还能等到今天吗?我常听老人说,隋文帝杨坚篡夺北周的天下时,尉迟迥作为周皇室的外甥,仍然起兵相州,维护周皇。你们都是宗室皇亲,难道就不能学学尉迟迥吗?"这番话说得慷慨激昂。唐代女子的果敢和坚毅由此可见一斑。中国能在唐朝出现历史上唯一的女皇帝,也是这种时代风气使然吧。

到这两步为止,韩王和越王做得都不错,如果宗室成员真的能够像他们想象的那样群起响应的话,也确实能对武则天形成很强的威慑力。因为他们联络的这些宗室都担任州刺史,他们所在的州,就分布在洛阳的东南西北四面,可以形成对洛阳的包围。

但是,就在他们即将迈向关键的第三步——起兵的时候,出事了。出了什么事呢?有人告密了。告密的人正是韩王李元嘉的侄子李蔼。李蔼也是这次宗室谋划政变的一个核心人物,什么事都没瞒过他,他曾经跟李贞说过,只要四方一起响应,肯定能够成功。可是真到了关键时刻,李蔼害怕了,他一想到起兵失败的后果,就不寒而栗。一旦失败,武则天会怎么对待他们呢?是剥皮还是抽筋?结果是越想越害怕,为了保全自己的性命,李蔼做了一件背信弃义的事情,把宗室起兵的计划全盘报告给了武则天。

堡垒最容易从内部攻破,李蔼这么一告密,宗室可就麻烦了。他们约定的起事时间还没有到,准备工作也没有做好,怎么办呢?越王李贞的儿子博州刺史李冲觉得事情已经是箭在弦上,不得不发,自己就先行动起来了。垂拱四年(688年)八月十七日,李冲就在准备不充分、跟其他宗室也没沟通好的情况下,率领五千人马在博州起兵了。博州就是现在的山东聊城,他想打过黄河,可还没到黄河边,就在博州下属的武水县遇到了顽强的抵抗。武水县令本来是李冲的下属，可他觉得李冲造反，这是跟国家作对，不能与之同流合污，于是就把城门给关起来了，闭门拒守。李冲没有办法，只有打了。当时正刮南风，李冲想顺风点火，火攻南门，等南门被烧坏之后，五千人马蜂拥而入，这城不就拿下来了吗？可也不知道是天意还是巧合，刚刚还刮南风呢，火一点着，突然又变成刮北风了，没烧到城门，反而把自己人给点着了。整个队伍全乱了，更重要的是人心也散了。给李冲带兵负责攻城的将领董玄寂说："琅邪王与国家交战，这是造反呀。"李冲一听他这么动摇军心，气坏了，马上把他给杀了。这一杀不要紧，招募来的五千人马呼啦一下子跑得差不多了，李冲几乎成了光杆司令，就剩下几个家僮、奴仆跟着他。

李冲一看大势已去，只好返回博州。博州城的守门人一看这位落魄王爷带着残兵败将垂头丧气地回来，觉得这真是天降富贵，正好拿他的人头向朝廷邀功请赏，一刀下去就结束了李冲的性命。此时距起兵只有七日，武则天派来的镇压部队还没有到，李冲已经命丧黄泉了。

李冲失败了，其他诸王怎么样了呢？李冲起兵之前，曾经派人分报诸王，告诉他们自己已经起兵了，希望他们接到信后也立刻起兵接应，共取东都。但是我们知道，古代通信系统不发达，诸王得到消息的时间相差很大，而且都还没准备好，一接到消息都慌了神，谁都不敢动。只有李冲的父亲越王李贞，因为是父子之亲嘛，不得不硬着头皮帮忙，他就在当刺史的豫州，也就是现在的河南汝州起兵了。可是李贞起兵的时候已经是八月二十五日了，他们刚刚打下一个小城上蔡，李冲败亡的消息就传过来了，而且，武则天也派出了十万大军前来镇压，李贞只有五千兵马，两军相差如此悬殊，这不是以卵击石吗？所以他第一个反应就是把自己绑了，去洛阳宫向武则天请罪。正在这时，他手下的一个县令带了两千兵马赶来帮忙，李贞一看这支人马又来了精神，又不想投降了。要说他这人也真不大聪明，五千人的时候，他嫌人少，现在增加两千人，他就觉得人挺够用了，接着跟朝廷打吧。他封锁了李冲失败的消息，声称李冲已经攻破数州，拥兵二十万，正赶来会合。

怎么打呢？李贞的策略就是关起豫州城来，在这儿守城。他的人马不是加起来有七千吗？为了鼓舞士气，他一下子任命了五百多个官儿，其余的战士也都戴上了避兵符，相当于护身符，说只要戴着这符，就刀枪不入，他还找了一帮道士和尚念经作法，祈求神灵庇佑，说只要他们一念，敌人就打不进来了。可是避兵符也好，道士念咒也好，一遇到真刀真枪，马上就失灵了，战士一看，还是该死的死、该伤的伤啊！所以，没有人再信李贞的话了。豫州城的老百姓，还有他的七千士兵，纷纷弃城逃跑。眼看回天无力，李贞的左右对他说："王岂能坐待戮辱！"李贞长叹一声，和妻子、儿女、女婿一同自杀，从起兵到失败，前后不过十七天。

三、燕飞来，啄皇孙

原来是热热闹闹、轰轰烈烈的宗室联合造反，到最后只剩下了李贞父子起兵，而且两个人起兵加起来的时间还没超过一个月，造成的社会影响远不如四年以前的李敬业叛乱。这说明经过几年的统治，武则天对全国的控制能力更强了。那么，武则天会怎么处置其他的宗室呢？她要想当皇帝，这些李唐宗室肯定得消灭，血统就是原罪啊。但她是不是真像宗室所猜测的那样，想要趁他们到洛阳来参加典礼的时候一网打尽呢？那倒不尽然。因为那样杀害宗室没有理由，一下子打击面太大也容易引起动荡。那她召集李唐宗室到洛阳来究竟是干什么？武则天很可能是使了兵法三十六计中的一计：打草惊蛇，引蛇出洞。我吓唬吓唬你，让你感觉我就要杀你了，你不甘心，就要造反。好，你一造反，我可就有杀你的理由了。实际上，形势也是完全按照武则天的预期发展的。

武则天决定好好利用李贞父子这个谋反案，把宗室都网罗到这个案子里。武则天找了监察御史苏珦来审理此案。按照她的想法，经过这么多年的教诲，大臣们应该对她的用意心领神会，而且尽力执行才是。没想到苏珦是个书呆子，他居然说找不到其他宗室诸王和李贞父子有牵连的证据。这让武则天太郁闷了。但是在内心深处，武则天还是敬重这种认死理的耿介之士的，她还有别的人可用，也就不想为难苏珦了，于是给苏珦扣了一顶大帽子，说"卿大雅之士，朕当别有任使，此狱不必卿也"，把他打发去河西做监军了。

那不用苏珦用谁呢？武则天换上了一个大名鼎鼎的人物。此人姓周名兴，绰号"牛头阿婆"，慈眉善目，却又心如蛇蝎，是所谓"酷吏"的代表人物。经过周兴一番审讯，李唐宗室谋反案很快就有了结果，越王父子八九月间败亡，随后，宗室的核心人物韩王李元嘉父子、告密者李蔼的父亲鲁王李灵夔以及慷慨激昂的常乐公主等人，全部被逼自杀。为了表现自己赏罚分明，武则天给告密者李蔼升了官，不过，即便出卖父亲，李蔼还是换不来武则天的真正信任和原谅，几个月之后，他也被打发到地下跟被他出卖的父亲、叔叔见面去了。

可是事情并没有结束。武则天真正的目的是给她自己登基称帝扫清障碍，她要张开大网，把对她构成威胁的宗室一网打尽。垂拱四年（688年）十月、十一月、十二月，唐高祖的儿子霍王李元轨等一批近支宗室纷纷被处死，其中还包括唐太宗的女儿城阳公主的儿子，也是武则天爱女太平公主的丈夫薛绍。太平公主纵然集万般宠爱在一身，但是在武则天心中，儿女情长怎能敌得过英雄大业！不过，为了爱女，武则天还是慈悲了一下，没有将薛绍斩首，而是杖打一百，让他饿死在狱中，保留了全尸。

接下来的两年里，高祖的儿子舒王李元名和太宗的儿子纪王李慎也被牵扯进来。他们两个是老实人，当年李贞父子和他们联络起兵的时候他们就坚决拒绝了，但是，知情不报也是罪过，他们终究在劫难逃。至此，高祖二十二子，太宗十四子，已经无一存活。

前面我们说的十位亲王中，现在只剩下唐高宗的四个儿子了。其中，李哲和李旦是武则天亲生的，继续囚禁，两位庶子李上金和李素节就没有这种待遇了。天授元年（690年），武则天派周兴诬陷他们谋反，两个人被押解到洛阳受审。李素节本来是舒州刺史，离开舒州的时候，他正好赶上一家人出殡，死者家属哭声震天，李素节听了长叹一声，说：能够病死多幸福啊，还有什么可哭的呢！李素节的想法不是没有道理，还没走到洛阳，他就被缢死了，病死对他来说真的成了一种奢望。紧接着，李上金也被逼自杀。《旧唐书》所记载的一百多个非正常死亡的李唐皇族中，在武则天掌权时期被杀的就占到六成。所以，《资治通鉴》在记载这一段历史的时候说了一句："唐之宗室，于是殆尽矣。"被控谋逆的李唐皇族中人均被开除出宗籍，改姓为虺，以庶人之礼下葬。虺是指毒蛇或者蜥蜴一类的爬行动物。看到子孙如此受辱，李唐王朝已入土的三位帝王如果地下有灵，不知会作何感想？

当然，李唐宗室中也有人侥幸活下来了，谁呢？千金公主，一位七十多岁的老太太。这老太太跟武则天关系一直不错，就是她向武则天推荐了薛怀义——武则天的第一个面首。这千金公主七十多岁了，颤巍巍地跪在武则天面前，说：我当您的女儿怎么样？千金公主跟武则天是什么关系？千金公主是唐高祖的女儿，她和武则天是姑婆婆和侄媳妇的关系，一个七十多岁的姑婆婆，屈尊跑到六十多岁的侄媳妇面前，要求认人家做干妈，这姿态够低的吧。武则天笑纳了，说：得了,你既然是我的女儿,我给你改个封号,原来不是叫千金公主吗,现在你就叫延安公主算了,就能一直平平安安活下去了。就是这样一些对武则天无法构成任何威胁,又对她极尽谄媚之能事的宗室,才能度过如此严酷的武周革命时期。

镇压宗室以后,武则天原计划的拜洛水、受宝图的大典如期举行。第二年正月初一,武则天第一次穿上了天子专用的衮冕祭祀上天,她手执镇圭,行初献之礼,皇帝亚献,太子终献。武家王朝已经呼之欲出。

漫漫人生路,步步有玄机。改朝换代哪有那么容易!回首自己在唐高宗去世后这几年的历程,武则天还是比较满意的。废黜李哲,囚禁李旦后,她在李家当家主妇的地位已经毋庸置疑;而平定扬州叛乱和诛杀裴炎则使她确立了在大臣面前的无上威严;铲除李唐宗室又让她离帝位更近了一步。现在,经过她这只大燕子的一阵猛啄,李氏一族就只剩下老弱病残了。她已经不用再顾虑来自这些人的反抗。

李唐宗枝被飞燕啄尽之日,也就到了武太后展翅高飞之时!那么,武则天究竟是怎么登上帝位的呢?

第二十一章

女皇登基

我们都知道,在清东陵里,慈禧的定陵石刻与众不同。别的石刻中,龙凤呈祥的图案都是龙在凤上,只有慈禧陵反其道而行之,是凤在龙上。这件事情一直被人们津津乐道。其实,这个图案的原创者不是慈禧,而是比慈禧早生了一千多年的武则天。而且,慈禧虽然控制中国五十年,毕竟只是一个掌权的太后,说她是凤在龙上,其实有点牵强;而武则天则是实至名归,真正做到了强凤压龙,当了皇帝!下面我们就来看看武则天是如何一步步实现她称帝登基的最高目标的。

一、标新立异的改革

武则天不是用暴力手段先镇压了李敬业造反,然后清洗了朝廷中的反对派,又基本上把李唐宗室一网打尽了吗?但是,她知道,暴力只能使人畏惧,绝不能使人信服。怎样才能让人真心实意地信服自己的权威呢?武则天决定好好粉饰一下自己,把自己打扮成一个圣天子。武则天的这个粉饰工作是通过两件大事实现的,一件是建明堂,另一件是造新字。

明堂是什么东西呢?它是中国儒家经典里记载的一种非常神圣的

建筑。传说最早的明堂是由轩辕黄帝亲手建造的,它上可通天,下可达人。按照《周礼·考工记》的说法,天子受命于天,代天治人,因此像朝会、祭祀、庆赏、选士等一切大典都应当在明堂举行,以便沟通天人。随着儒家学说的强势推广,关于明堂的说法也广为流传。大家都知道的北朝民歌《木兰辞》里就讲:"归来见天子,天子坐明堂。"可见,受这种文化传统的影响,历朝历代的人们都把明堂和天子的身份联系在一起。

不过虽然有这么一个儒家传统,可是从汉朝结束之后,就没有哪位天子真正在明堂里待过。为什么呢?明堂的建筑式样失传了,后人已经不知道怎么建明堂了。这可太遗憾了,所以好多皇帝在任时都想把明堂修起来,自己也享受享受"天子坐明堂"的快感。武则天的丈夫唐高宗也是其中之一,他也想当儒家圣王,打算修明堂,还找了一帮儒生来给他论证设计方案。没想到人多嘴杂,每个人依据的经典也不一样,讨论来讨论去,讨论了几十年,唐高宗都死了,明堂的样子还没出来。现在武则天想当亘古第一个女皇帝,她下定决心要把明堂建起来,让它成为一个标志性建筑,用人人可见的形式来昭告天下,自己就是传说中的儒家圣王!这个明堂究竟怎么修呢?为了避免再出现唐高宗那样的结局,武则天根本不和那些泥古不化的儒生商量,她直接找以贯彻领导意图坚决、办事干净利落著称的北门学士,让他们马上拿出一个方案。武则天告诉他们,这个明堂不需要面面俱到地符合经典记载,只要富丽堂皇就可以了。有了这样的指示就好办了,学士们马上设计好了明堂的结构。设计方案出台后,武则天让自己的和尚情夫薛怀义督办,率领几万劳力,大干快上,垂拱四年(688年)二月动工,到当年的十二月,用了不到一年的时间,就把明堂建成了!

这新修的明堂什么样子呢?按照《旧唐书》《新唐书》《资治通鉴》

《唐会要》等书的一致记载，它坐落在原来洛阳行宫的正殿乾元殿的位置上，共分三层，下层代表春夏秋冬四季，中层代表十二个时辰，上层代表二十四个节气。三层共"高二百九十四尺"，折合现在九十多米，相当于故宫太和殿的两倍高。李白有一句诗说"危楼高百尺，手可摘星辰"，才一百尺的高楼就让他感觉可以摘到星星了，那么近三百尺的明堂岂不是要把天都捅一个窟窿。别忘了这可是在一千多年前的唐朝啊。更吸引眼球的是明堂外的装饰，明堂中层外面装饰着九条金龙，众星捧月似的捧着一个圆盘，圆盘上头就是明堂的最上层。上层的宝顶之上，立着一个高达一丈多的铁凤凰，铁凤凰遍身涂满黄金，昂首振翼，让下面的九条巨龙全都黯然失色！

明堂修好后，转过年来，也就是垂拱五年（689年）的正月，武则天率领皇帝李旦和皇太子在明堂祭天、祭祖，宣布改元"永昌"，接受百官的朝贺。"天子坐明堂"的景象终于呈现在人们面前了，只不过，坐在明堂里发号施令的不是皇帝，而是皇帝的母亲圣母神皇。可是，面对如此富丽堂皇的明堂、如此古老的儒学传统和如此强悍的武则天，还会有谁怀疑她不应该成为天子呢？

就是在明堂里，武则天又发布了一道诏令：改革文字！我们知道，文字的改革从古到今一直在进行，像我们现在使用的简化字就是文字改革的产物。但是，武则天改革文字可不是出于简化汉字、规范汉字的目的，我们不是讲过她特别迷信文字的力量吗？给每个孩子起名字都有特别的含义。现在，她要改革一些关键字，让这些字都具有某种特别的含义，人们一看这些字，就会树立起正确的人生观和世界观！载初元年（690年）的正月，武则天颁布了第一批新文字，一共有十二个，都是常用字：天、地、日、月、星、君、臣、载、初、年、正和照。后来，又增加了"证""授""圣""国""人"等字，到底一共造了多少，现在众说纷纭。这些字都太有意义了。比如"君"

字就是"天下大吉"四字合成的，意思是当君主的人就是最吉庆的，所有吉祥的事都围着他转，相当于清朝说圣天子百灵相助。跟君相对的是臣，"臣"怎么写呢？用"一"加"忠"，要求臣子一心一意忠实于君主。这些字从载初元年（690年）到神龙元年（705年）在全国推行，现在成了我们给这一时期古书断代的重要依据。

　　武则天的这些新字，究竟改得好不好呢？有一派人说好，民国妇女运动先驱张默君曾经写诗高度评价："天马行空天运开，天教渊度倚惊才。大周文字分明在，独创千秋史乘来。"她认为武则天这些新字就像武周王朝一样，必将彪炳史册，辉耀千秋。可是也有人说这些字不好，因为这些字太不符合文字发展的客观规律。随着武则天统治的结束，人们渐渐就不认识这些字了，到宋朝已经基本失传。可是只有一个字，绝对不会消失，这个字就是"曌"。只要中国历史还存在，我们就得面对这个字，因为中国历史永远都绕不过这个人物：武曌，武则天。

二、祥瑞满天飞

　　修建明堂、改革文字，武则天在一步步树立自己的权威，但是，按照古代中国的政治传统，统治者要想取得合法的统治权，不能光靠这些自我炒作，还需要天意和民心的支持。合法的统治者必然是天命所归，民心所向。武则天如何在这两方面做文章呢？

　　有一句诗叫作"天意从来高难问"，意思是说天意高深莫测，很难揣摩。但是中国古代发展出一套天人感应理论，说天和人是息息相通的，天的意志必然会通过一些具体的、看得见摸得着的事情表达出来。这些事情在中国古代就叫祥瑞。有了这套具有可操作性的理论，接下来的就是技术活了，只要多出几个祥瑞就可以啦。所以从武则天想要当皇帝开始,祥瑞就连续不断地涌现出来。比如说垂拱二年(686年),雍州的新丰县发生地震,地块往一处一挤压,涌出一个土堆来。这就是祥瑞啊,这个土堆不能叫土堆了,应该叫庆山,吉庆之山。所以,新丰县马上被改名为庆山县。我们前面讲过的唐同泰从洛水里找出的石头,上面写着"圣母临人,永昌帝业",这也是祥瑞。武则天接受了这块宝贝石头,给它改名叫"天授宝图"之后,自称"圣母神皇",马上又出现了彩云绕太阳的天象,这也是祥瑞,这叫作"庆云抱戴太阳",万物生长靠太阳,一切都围着太阳转,这太阳就是武则天。

为了证明自己是天命所归,武则天不断地抛出祥瑞,甚至主管教育的国子祭酒上任第一天,按照惯例应该开讲儒家五经,到武则天这时候改了,不再讲儒家经典,而是改判祥瑞案三道了,拿三个祥瑞来,解释解释这些祥瑞都是什么含义。这做法就太厉害了,用官方的手段对祥瑞加以理论化的阐释,一下子就使得祥瑞的意义深刻起来了。所以在这段时间祥瑞层出不穷,对祥瑞的解释也是五花八门,但是官方总会有一个大的指导方针,引导大家对祥瑞进行解释。当然,这种解释必然是有利于武则天称帝的。

武则天虽然利用儒家的天人感应理论,但是,她也觉得这里头有问题。传统儒家教义特别反对女人执政,说"牝鸡之晨,惟家之索"。武则天派人翻遍了儒家典籍,也没有找到哪一句说女人可以当皇帝。而且当时还有人打着儒家学说的旗号肆无忌惮地反对武则天当政。比如说前面提到的垂拱二年(686年)新丰县有山涌出,群臣纷纷恭贺说这是天降祥瑞,没想到有个叫俞文俊的儒生却上书说无故涌出土山,就像人身体不适才会长瘤子一样,哪里是什么祥瑞,明明就是灾变!如今太后大权独揽,反易阴阳,故此天降灾变警告,望太后退回后宫,否则必遭天谴。这可让武则天太难堪了,所以她觉得,要想靠儒家学说来表达让一个女人当皇帝的天意，确实有难度。

那怎么办呢？我们知道唐朝的主流信仰是儒释道三家并存，各占一席之地，既然儒家学说有问题，就再看看佛教和道教吧。显而易见，在这两家中，道教也不行。道教的始祖是太上老君，姓李名耳，李唐皇室称其为祖先，用人家的祖宗来革人家子孙的命，这怎么都觉得别扭。所以，剩下的只有佛教了。不过说起来，武则天和佛教的渊源也是最深的，她母亲杨夫人就是虔诚的佛教徒，她自己年轻的时候又在感业寺当过尼姑，对佛教的感情本来也十分深厚。后来她收了薛怀义做面首，不是也把他放到寺里头当和尚吗？现在想利用佛教了，怎么办呢？她就找薛怀义，交给他一个任务，让他去搞一个佛教界的理论研讨班。研讨什么呢？就专门研讨佛教经典里面有没有哪一条记载女人可以执政。接到任务后，薛怀义马上本着有条件要上、没有条件创造条件也要上的精神投入到工作中去了。最后，在他和东魏国寺的和尚法明的不懈努力下，终于找出了一部经典，这部佛经名叫《大云经》，全称为《大方等无想大云经》。

《大云经》一出来，武则天的眼睛都亮了。为什么呢？因为里面讲了一个天女"净光"的故事，故事说："佛告净光天女言，天女将化为菩萨，即以女身当王国土。"据说这位天女前生是国王的夫人，后又转生为菩萨，菩萨又转生为一个女人统治一方国土，然后这个女人再转化为佛。这故事的前半段简直就是武则天经历的翻版嘛，后半段又正符合武则天的理想。武则天大喜过望，终于找到一个经典支持女人当皇帝了。可是高兴过后，武则天觉得还有问题，有什么问题呢？第一，她觉得普通老百姓文化水平比较低，而《大云经》写得过于高雅晦涩，要是老百姓看不懂怎么办？第二，这个净光天女的事情虽然写得天花乱坠，可是她知名度太低，没多少人听说过。知名度太低就不利于发动群众了，怎么办呢？

武则天那么多大风大浪都经历过了，这两件小事对她来说那还不是小菜一碟吗？她马上就想出主意来了，又把薛怀义叫来，让他组织一帮和尚，给《大云经》做个注释，要把它写得浅显易懂，让老百姓都能明白。很快这注释就出来了，叫《大云经疏》，相当于我们现在的经典普及本。这本书的非凡之处在于把民间流行的弥勒崇拜和宣扬女主天下的经文结合到了一起。按照佛教教义，"弥勒"义为"慈悲"，普救众生，是在将来继承释迦牟尼佛位的"未来佛"。从南北朝以来，弥勒佛在民间就受到广泛崇拜，人气很高。所以现在《大云经疏》就把弥勒佛和净光天女的故事糅合在一起，说太后就是弥勒降生，必当取代大唐皇帝，成为人世之主。弥勒佛化身为太后来当皇帝，最后还会成佛。佛意如此，万不能违。

《大云经疏》一出来，武则天十分满意，立即颁行天下，并要求各州都建一座大云寺，寺内各藏一部《大云经》，由高僧开坛讲解。一时间，东起渤海，西止流沙，南抵五岭，北至大漠，《大云经》和《大云经疏》一起传遍全国各地，经过佛教徒这么一炒作，一下子就把女主正位的舆论推向了新高。

天降祥瑞，佛出宝典，武太后天上人间忙得不亦乐乎。经过上上下下几番艰苦努力，她终于得到了儒、释这两大思想体系的认可。现在天意昭昭，就差民心了。

三、声势浩大的请愿

民心是怎么表达的呢？民心是通过大规模的请愿活动表达出来的。载初元年（690 年）九月三日，一个七品芝麻官，侍御史傅游艺率关中父老数百人伏阙上表，请求武则天顺应天意民心，自己当皇帝，改唐为周，同时让现任皇帝李旦改姓武。武则天当然是早就盼着这一天啦，但是也不能显得太心急呀，中国古代不是讲三让而后受之吗，所以这次她没有答应。虽然拒绝了群众，但也不能伤了群众的心，怎么办呢？武则天提拔傅游艺当了正五品的门下省给事中，一下子升了十阶。

在这样的诱惑之下，第二轮大规模的请愿马上出现了。上一次是以李唐皇室的老家关中人为主，这次的主要人物就变成洛阳百姓了，再加上番人胡客、和尚道士，一共一万二千人，上表请求武则天登基为帝。这一次请愿不仅人数多，而且包含僧俗胡汉各种力量，代表性比第一次广泛多了。可是武则天觉得还没到火候呢，又一次谦虚地否决了。

第二天，请愿的人又来了，而且，大批文武官员也加入了请愿的行列，一共六万多人发动了第三波劝进的浪潮，他们"守阙固请"，摆出一副不达目的誓不罢休的架势，聚在宫外不肯走。这些人推举出自己的代表来，与武则天对话。他们说："今天命陛下以主，人以陛下为母⋯⋯陛下不应天，不顺人，独高谦让之道，无所宪法，臣等何所仰则！"如今上天命令您当天下之主，我们都把陛下您视作我们的母亲，可是陛下您既不应天也不顺人，只是一味地谦虚，您把我们置于何地？代表发言之后，好多老百姓也在下面嚷：接受我们的请求吧！就在这个时候，有人大声喊：看呀！有只凤凰朝宫里飞去了！接着又有人喊：红鸟！这么多红鸟都落到朝堂上了！一时间下面是万民欢呼，上面是百鸟朝凤，天人合一的景象表现得淋漓尽致。在这种情况下，一个关键人物出场了。因为这场改天换地的活剧，没有他配合表演就无法完成。谁呢？皇帝李旦。李旦也加入了请愿队伍，坚决请求母亲当皇帝，自请降为皇嗣，同时还要求改姓武。现在，三让而后受之的传统禅让仪式已经一步不落地完成了，武则天终于站了起来，说："俞哉！此亦天授也！"中国历史上独一无二的女皇帝就此诞生了。

四、一代女皇

这时的武则天已经六十七岁了。她十四岁进宫，三十二岁当皇后，四十岁与唐高宗并称二圣，五十岁晋升天后，六十岁成为皇太后，如今，经过了半个多世纪的奋斗，在六十七岁的年纪，她终于君临天下。武则天自称是周王朝的后裔，因此改国号为周，实行周历，以十一月为岁首正月。武则天为什么自称周王朝的后裔，这里面又隐藏着她怎样的心路历程呢？

众所周知，周的统治者姓姬，大名鼎鼎的周公就叫姬旦，而武则天姓武，怎么会是姬姓的后代呢？按照武则天的说法，迁都到洛阳的周平王生了一个小儿子，掌纹自然形成一个"武"字，所以就叫他姬武，他的后人就改姓武了，所以说武家是从姬家来的。从这里我们可以看出武则天出身小姓寒门的悲哀，她的祖先没有什么特别的光荣能让她夸耀，她只好跟周王朝攀亲戚。当然，武则天跟周朝攀亲也不是只有这一个理由。我们都知道夏商周三代，周朝享国最久，一共统治了约八百年，武则天希望自己建立的武周王朝也像周朝一样，能够长长久久地传承下去。

此外，周朝是儒家学说最认可的朝代，在儒家的传统认识里，周朝实行的是王道政治，是儒家的理想型政治。而武则天最缺的就是儒家的认可。你们既然说周朝最好，周朝实行王道政治，那好，我就是周朝的继承人！出于多种考虑，武则天改国号为周，定都洛阳，自称"圣神皇帝"。原来的皇帝李旦降为皇嗣，不光身份降了，名字也变了，而且是姓和名一块变，改名武轮。

女皇的登基大典选在九月九日。这一天是重阳佳节，挑选这个日子来举办登基大典，也是大有深意。根据《周易》的说法，单数为阳，双数为阴。九是最大的阳数，九月九日是重阳节，也是一个最为阳刚的日子。武则天选择在这一天登基，可能正是对她阴柔的女性身份的一种补充吧。她要尽量淡化自己的女性身份，给自己赋予更多的阳刚之气。武则天为什么要这样做呢？我们承认，武则天在一定程度上是男尊女卑观念的挑战者，但是不可否认的是，她自己也是在这样的传统思想中长大的，男为阳，女为阴，男主外，女主内，这些思想不可能对她没有影响。她一直在和这样一些观念斗争，但是，斗争之中又有妥协，有些妥协是她有意为之，有些则是本能地进行着。没有人能真的和传统决裂，甚至像武则天这样伟大的女皇也是如此。

九月十三日，武则天下令按天子之礼在洛阳立武氏七庙，以父亲武士彟为太祖孝明高皇帝，又尊西周的周文王为始祖文皇帝。武氏子弟如武承嗣、武三思等都封为王，姑姐都封为公主，天下所有武姓人氏也一概免除赋役，武家王朝嘛，武家人肯定得沾点光。既然改唐为周，长安的李唐太庙自然是不能保留了，武则天把它改为享德庙，继续供奉唐高祖、太宗、高宗的牌位，因为武则天宣称她的皇位正是继承李唐三圣的。继续承认自己作为李家媳妇的身份，以母亲的身份取代儿子成为皇帝，可能是武则天为了取得最广泛的支持所做出的最好选择。可是，这种身份同样隐含着矛盾，武则天的政权既然来源于李家，来源于母亲的身份，那么，政权又会归向哪里呢？这些矛盾从武则天改唐为周的那一天起就存在了，此后还要一直发展下去，但是，武则天当时并没有想清楚。

当然，没有想清楚也并不要紧，跟着感觉走，本来就是武则天的一贯作风，她最善于在行动中随时抓住时机，调整战略，有的时候，解决问题的思路不正蕴含在问题之中吗？那么，当了皇帝的武则天还会遇到什么问题呢？

第二十二章

风声鹤唳

武则天以六十七岁的高龄，终于改唐为周，君临天下。但是一个女人称帝，仍有很多人非常不满。特别是一些怀念李唐王朝的大臣，更是阳奉阴违，伺机而动，对武则天的统治构成了潜在威胁。武则天自然不会放过这些人，但是，怎样才能发现这些隐藏的敌人呢？

垂拱二年（686年）三月的一天，在洛阳城的朝堂里，忽然立起一个四四方方铜铸的大家伙，有点像今天邮局前面立着的邮筒，只是它的四个侧面分别涂着青、红、白、黑四种颜色，显得过于花哨了。这是个什么东西呢？来往的官员都不免多看上几眼。正在这时候，一个人骑着一匹高头大马在朝堂前停了下来，马上又把人们的眼光吸引了过去。为什么呢？因为从马上下来的，不是整日在这里进出的文官武将，而是一个衣衫不整的农夫。别看他不修边幅，眼睛里却露出一种急切、贪婪的光芒。官员们不由得在心里打起了鼓，这是个什么人呢？

这是一个告密者。而那个四四方方花里胡哨的铜家伙，名字叫作匦，是一种告密用的工具。这两者都是武则天的新发明。朝堂里窃窃私语的官员无论如何也不会想到，告密和随之而来的刑讯逼供，即将成为武则天手里一把锋利的匕首，让他们在此后的十多年里，每天都活得战战兢兢，如履薄冰。

告密和刑讯逼供可都不是什么好事，武则天为什么要鼓励呢？关键是反对武则天的力量太强了。武则天一个女人当皇帝，太颠覆传统了。当时的大多数官员都是受儒家教育成长起来的，而儒家学说的两大观点都对武则天当皇帝不利，一个是强调忠君，一个是反对女人干政。从忠君这个角度说，武则天手下的官僚都是在李唐王朝成长起来的，自然有忠于李唐王朝的义务。从反对女人干政这个角度讲，以一个男人的身份侍奉女主，也让不少的官僚羞愤交加，毕竟那时候还没有女强人这一说，女上司更是闻所未闻。这样一些传统观念太根深蒂固了，所以武则天虽然没少笼络大臣，但是大臣中间始终有一部分人无法接受她的武周政权。更重要的是，许多她亲手提拔上来、视为心腹的大臣也不买她的账，像李敬业叛乱、裴炎逼宫，一个个严重的打击竟然都来自自己人，这让武则天非常紧张。有道是明枪易躲，暗箭难防，怎样才能让躲在暗处的敌人现身呢？

武则天想来想去，觉得只有发动群众了。我们现在不是经常说，群众的眼睛是雪亮的吗？就让群众去揪出混杂在人群中的异己分子吧。可是，统治者高高在上，哪能听到普通老百姓的心声呢？不要说老百姓了，中下级官员都没有什么机会见到皇帝，整天围在皇帝身边的就是那些高级官员。而武则天凭经验知道，这些人正是最不可靠的。怎么办呢？武则天当年建言十二事不是有一条叫作"广言路"吗？她现在要真正建立一套有效的机制，把"广言路"落到实处！

一、告密吃香

怎样才能把"广言路"落到实处呢？武则天采取了两个措施。第一个措施是建立匦检制度，第二个措施是鼓励当面告密。作为打击潜在敌人的重要手段，这些措施其实在武则天称帝之前已经开始实行了。

先说匦检制度。这个匦就是我们前面提到的那个铜家伙，它是一个铜做的超大型意见箱。这个意见箱分成四个格子，四面正对着东南西北四方，分四个方面接受天下人提的意见。面朝东的格子是青色的，求功名的人可以毛遂自荐；面朝南的格子是红色的，主要接受人们对朝政的意见；面朝西的格子是白色的，受理人们的申冤请求；面朝北的格子是黑色的，接受人们的告密。意见投进去之后就拿不出来了。这个铜匦设计得相当周密，功能也齐全。武则天在谏官系统设置了一些新官位，叫作补阙和拾遗，让他们做知匦使，每天傍晚开匦箱，把意见汇总上报，不得延误。

看到这么个奇思妙想的玩意儿，大家也许会认为武则天还是一个发明家。其实设铜匦这个高明的主意，还真不是武则天想出来的，而是一个叫鱼保家的小伙子想出来的。这个鱼保家的父亲鱼承晔就是裴炎谋反案的主审官，也算是武则天的铁杆追随者。鱼保家有点歪才，因为喜欢搞发明创造，还曾经帮李敬业制造过兵器。李敬业失败之后，他就失业了，又把自己的聪明才智奉献给武则天了。武则天拿到这个设计方案后太高兴了。那时候她还没有称帝，李敬业反叛刚刚结束，裴炎也才伏法不久，武则天正觉得天下人都在和自己作对呢。她非常想知道谁是潜藏的危险分子，但是她只有一双眼睛，哪里看得过来这么多人啊，现在有了这个意见箱，不就等于平白长出了千手千眼吗？

武则天马上下令按照鱼保家的图纸制造。垂拱二年（686年）三月，铜匦终于铸成了，马上就摆到朝堂里去了。不久，一封告密信就塞到了朝北的黑格子里。告什么呢？这封信密告鱼保家曾经给李敬业叛军制造兵器，杀伤官军甚众。鱼保家即刻伏诛，成为铜匦的第一个受害人，真是搬起石头砸了自己的脚。鱼保家这件事情一出来，武则天和天下的野心家可是皆大欢喜啊。从武则天的角度讲呢，鱼保家这样隐藏的异己分子不是被抓出来了吗？匦检制度算是初见成效。从野心家的角度讲呢，原来告密真的有用啊！马上就能看到人头落地。这些人从此一发不可收拾。野心小点儿的，就想通过告密把自己仇家的脑袋塞到铡刀下；野心大的呢，就想要把别人的乌纱帽戴在自己脑袋上。整个铜匦里塞进来的都是告密信，其他三个格子的意见箱几乎都被闲置起来了。

第二个措施是武则天想出来的，鼓励当面告密。铜匦放在朝堂里，什么样的人才能把意见塞进去啊？还是那些朝廷里的官员，他们识文断字，又整天在那儿来来往往，塞进去很容易。可是光有这个意见箱还不够，万一有外地老百姓想要告密，又没有进京的路费怎么办呀？或者，万一告密者不会写字呢？这些武则天也想到了。她下令："有告密者，臣下不得问，皆给驿马，供五品食，使诣行在。虽农夫樵人，皆得召见，廪于客馆，所言或称旨，则不次除官，无实者不问。"（《资治通鉴》卷二〇三）什么意思呢？哪个老百姓要想告密，就找当地的基层长官，跟他说自己要告密。这个长官绝对不允许质问告密者想告谁的密、告哪方面的密，他什么都不能问。他能干什么呢？他必须立刻提供给告密者一匹高头大马，而且按照五品官的政治待遇，把告密者安安全全地护送到洛阳，让告密者去见武则天，当面告密。

这样一来可就不得了了，不仅谁都可以告密，而且告密者的待遇还特别好。告密的人如果说的是事实，查有此事，怎么办？马上加官晋爵，赏！如果告完了，一查，没这回事怎么办？没这回事也不罚，还是把告密者平平安安地给送回家去。这种只有赚没有赔的生意谁不想做呀？无数在正常制度下根本没有可能当官的野心家兴奋得不得了，马上，四面八方的告密者蜂拥而至，云集洛阳。

武则天这下可忙起来了，天天亲自接见各地前来告密的老百姓，告得有理，马上提拔当官，告得纯属子虚乌有，武则天也和颜悦色，赏赐后让他走人，决不让一个人失望。可能有人就不明白了，在洛阳往铜匦里投告密信的当然以官员为主，武则天想通过他们了解点朝廷里的情况无可厚非，但是从全国各地赶来的这些草民知道什么呢？难道武则天指望他们揭发什么在基层酝酿的阴谋？其实，这就是武则天的高明之处。让老百姓告密有两个好处：首先，可以利用大规模的群众运动造声势，形成对官员的震慑力；其次，可以从这些人里挑出她想要的刑侦人才。因为有人告密就得有人审讯啊，得为自己挑选一些司法干部了。

二、酷吏横行

这些被武则天挑中的人才有个统一的称号——酷吏。所谓"酷吏"，按照字面解释就是执法严酷的官员。但是光这么解释还不够，酷吏本质上是一群特务，他们的严酷，不是我们今天说的"执法必严"的加强版，而是严刑逼供，滥杀无辜，是残酷。根据新旧《唐书》的《酷吏传》记载，武则天前后任用的酷吏一共有二十七个。这些人都是什么来历呢？举两个例子大家就知道了。

第一个是侯思止。此人最早的身份是卖饼的，小生意人，跟武大郎做的是一个买卖。大家知道武大郎卖炊饼那是起早贪黑，老实本分，这才能勉强养家糊口。可是侯思止偏偏是个好吃懒做的人，日上三竿还不起床，这饼当然就卖不出去了，最后生意做不下去了，就改行投奔一位将军，当了仆人。有了落脚地，他心思可就活动起来了，虽然目不识丁，却浑身是胆。武则天鼓励大规模告密，他听到消息之后，马上就去告本州刺史和李唐宗室谋反。当时武则天正在大肆诛杀宗室，对他的告密颇为赏识，立刻提拔他当了五品的游击将军。这是一个散官，有待遇，但是没职责。对于一个奴仆来说，这也算一步登天了。可是，侯思止并不满足，他去拜见武则天，点名要到御史台做侍御史。这次连武则天都吃惊了，要知道，御史台负责监察百官，可是当时的要害部门，侯思止大字不识一个，怎么干得了呢？于是武则天就问他：你不识字，连公文都看不懂，怎么能做御史呢？侯思止既然口气这么大，肯定是有备而来啊，他马上对武则天说：陛下知不知道有一种神兽叫獬豸啊？武则天说知道。侯思止又说：獬豸的本事是用犄角顶邪恶的人。獬豸这东西识不识字呢？它不识字，但是它可以凭借本能去辨别善恶。我不识字，难道我就不能凭借本能去分辨好人坏人吗？一番道理讲下来，一下子就说到武则天心里去了，真有点醍醐灌顶的感觉。武则天想，我为什么需要酷吏啊，不就是因为他们不受任何传统的束缚，能够为我办事吗？如果一个人知书达理，行政经验丰富，就不能让他去监察部门工作，相反，他就应该变成被监察的对象了。行，就是文盲侯思止了，让他凭直觉去抓那些对我不满的人吧。一下子，武则天就把他提拔成侍御史了。

再举一个武则天称帝之后提拔起来的酷吏。这个人叫作来俊臣，就是后来导演"请君入瓮"的那个家伙，这也是一牛人。来俊臣的出身还不如侯思止呢。他的亲爹姓蔡，是一个赌徒，输给了另一个姓来的赌徒好多钱，房子也输了，地也输了，没钱还债了。正好他的妻子本来就和来赌徒私通，来赌徒就让他拿妻子抵债。这个女人当时已经怀孕了，孩子当然也说不清楚是谁的，到来赌徒家就生下了一个儿子，取名为来俊臣。父母是孩子的第一任教师啊，来俊臣生在这么一个赌徒的家里，所受的教育可想而知。长大之后，他整天游手好闲，杀人放火，无恶不作，最后锒铛入狱。

说起来，来俊臣的告密经历还颇为曲折。在他关进监狱的时候，武则天已经发布诏令让大家都来告密，来俊臣觉得这是一个改变命运的机会啊,他就在监狱里头提出申请,说自己也要告密。监狱的领导当时心里就打鼓了,朝廷确实说人人都可以告密,可是这个"人人"包括不包括犯人啊?他一时拿不准,只好请示本州的刺史。这个刺史恰好是李唐宗室,平生最看不起来俊臣这类小人了,就把来俊臣拉过来责打一百大板,仍旧遣送回牢房。来俊臣在武周革命之前的第一次告密就这样失败了。等到后来武则天改朝换代已经完成,当年的刺史因为是李唐宗室也早做了刀下鬼,来俊臣再告密,已经没有人敢阻拦了。来俊臣于是再次告密。这一次监狱领导再也不敢拦他,乖乖地把他送到了武则天身边。来俊臣见到武则天,赶紧诉苦,说自己当年本来就是想要把宗室造反的阴谋报告给皇帝的,结果受到了宗室刺史的蓄意打压,所以一直被关在监狱里。如今幸好这些图谋不轨的宗室都被皇帝铲除了,自己的冤屈才能得以伸张。武则天一听,不错啊,别看是个死刑犯,说话倒头头是道,语言表达流畅,逻辑很清楚,是个可造之才。再仔细看看,这个来俊臣长得还不错,面若桃花,武则天一向是喜欢美男子的,于是,大笔一挥,来俊臣也当了侍御史。

通过这两个例子,我们就知道所谓酷吏都是些什么人了。我给他们总结了"四无三有"。"四无"是什么呢?无身份、无道德,在正常情况下无出头之日,更重要的是,在朝廷里绝对无依无靠,只能认武则天一个主子。那"三有"又是什么呢?有野心、有胆量、有破坏力。武则天要的就是这样的人。

三、鬼朴来了

武则天为什么要用酷吏呢?她是要震慑那些对她的统治心存不满的人。按照她的想法,有了告密制度,就不怕抓不着反对派;有了酷吏,就不怕制伏不了反对派。武则天利用酷吏打击反对派是分两个阶段进行的。第一个阶段是在称帝之前,也就是从废黜中宗李哲到武周政权建立,武则天当太后的这个阶段。这个时期打击的主要对象是那些反对她当皇帝的李唐宗室和大臣。为了达到这个目的,武则天在酷吏的协助下,把有可能对她形成挑战的李唐宗室基本上斩尽杀绝,那些以李唐老臣自居的大臣也受到很大打击。在这六年多的时间里,武则天一共任用了二十四位宰相,其中被杀、被流放的就有十七人,自然死亡的三人,只有四个人一直做到了武则天称帝之后,其中还有两个是她的侄子。第二阶段是从武则天建立政权到来俊臣被处死,主要解决的问题是如何防止李唐王朝复辟。这个阶段打击的主要对象是那些对于李唐王朝还抱有幻想、心存留恋的反对派官僚。这一阶段一共是七年时间,这两个时期一共制造了四十多起大案,我们最熟悉的武则天时期的宰相如狄仁杰、魏元忠,都曾经因为酷吏下过大牢,九死一生。

那么酷吏究竟是怎么审案子的呢?按说这也是一千多年前的事了,本来一些细节今天已经很难知道了,但俗话说,三百六十行,行行出状元,酷吏之中也有能人,有一个酷吏就把他们的实践经验做了理论总结。谁呢?就是来俊臣。来俊臣在大牢里待了若干年,对犯人心理了如指掌,当官以后,又很快摸清了皇帝的心理,通过换位思考,融会贯通,他很快掌握了其中的奥妙,写成了一部专著,名叫《罗织经》。这本专著流传下来,成为人类有史以来第一部制造冤狱的"完全攻略"。

《罗织经》讲的是什么内容呢?首先是办案的原则。来俊臣说:"事不至大,无以惊人;案不及众,功之匪显。上以求安,下以邀宠,其冤固有,未可免也。"要办就办大案子,只有这样才能震慑天下,而且便于邀功请赏。至于说刻意办大案会有冤枉好人的可能,来俊臣觉得那是不可避免的,不必操心。另外,什么是好人,什么是坏人啊？来俊臣说了，这本来就没有什么固定标准，二者是可以互相转化的，得辨证地看问题，而关键就是看能不能为皇帝所用。如果这个人的存在对皇帝有利，坏人也是好人；如果对皇帝不利，好人也是坏人。这么一来，酷吏办案的原则就明确了，那就是根据皇帝的需要去打击那些对皇帝不利的人，打击得越深入越好。

那怎样才能办成一件牵连人数众多的大案子呢？来俊臣设计了六个步骤。

一、确定目标。看准了哪个人对皇帝不利，锁定他，立刻实施打击。

二、群起而攻之，由特务们从四面八方发出告密信件。他在全国各地收买了几百个无赖，一旦想诬陷谁，就指使这些无赖差不多同一时间分别去告发。有关部门看到这些背景、身份完全不同的人都众口一词地揭发一个人，能不重视吗？肯定要立案调查。

三、逮捕人犯。根据皇帝的旨意，拘押被诬陷的对象。

四、刑讯逼供。施用酷刑审讯人犯，取得理想的口供。对于酷刑，来俊臣可是专家。他有一句名言："人可以接受死亡，却不能忍受痛苦。"什么样的痛苦是人所不能忍受的呢？举几个例子。比如先把犯人的腰固定在桩子上，然后几个人拽着他脖子上的枷锁使劲，拽到什么程度呢？直到最后犯人用脖子、腰的力量把这个木桩子给拔出来。这叫"驴驹拔橛"。还有，让犯人把枷举到头顶，然后往枷上摞砖头，这叫"仙人献果"。这是些有名字的刑罚。没有名字的也不少，比如说，往鼻子里灌醋；给人犯戴上铁箍，像孙悟空一样，然后再往铁箍里面加楔子。说起来都让人毛骨悚然。但是来俊臣还不满足。《孙子兵法》里讲战争的最高境界是"不战而屈人之兵"，同样道理，在来俊臣这样一个刑讯"大师"看来，最高境界也不是让人犯把所有的刑罚都试一个遍，而是让他们一到公堂，套上枷锁，还没有上刑就自动招供。为此，他又研制出一套巨型枷锁，分为十种不同款式，只要给犯人套上不同款式的枷锁，犯人的反应就像枷锁的名称一样：定百脉，动弹不得；喘不得，喘不上气来；突地吼，嗷嗷大叫；着即承，马上胡乱承认罪行；失魂胆，魂飘魄散；实同反，承认与别人一起谋反；反是实，承认自己组织谋反；死猪愁，你就是死猪也会发愁；求即死，只求速死；求破家，这个最厉害，只要把巨枷往犯人头上一套，犯人立刻就说，把他们全家老小全部杀光吧，千万别让他戴这玩意！这十套大枷确实收到了威慑的效果，只要威胁人犯要套枷，对方就会吓得魂飞魄散，甘愿自诬。如此审案自然事半功倍，大大提高了结案的效率。

五、顺藤摸瓜。人人都有亲朋好友，在人犯丧失斗志之后，逼迫他们攀扯更多的人定罪。

六、伪造口供。把被告口供整理编撰，使之互相吻合，毫无破绽。

经过这么六个步骤，一件谋反案就可以做成了。

但是，我们知道，总会有硬汉，有的时候即使用尽了酷刑，人犯还是不招供，这样是不是就没办法了呢？来俊臣的办法多的是。大家还记得张虔勖吗？就是当年和程务挺一起勒兵入宫废黜中宗李哲的将军。武周政权建立后，他也落到来俊臣的手里，来俊臣无论怎么折磨他，他都不肯承认谋反，还要求换主审官，惹得来俊臣怒从心头起，下令将他乱刀砍死，然后伪造供词，最后照样结案。

甚至有的时候，连刑讯这套程序都免了。举一个例子。武则天登基前后固然是大开杀戒，但是也不能把所有的人都处死，有些人罪行轻一点，或者是死刑犯的家属，就被流放到南方边疆去了。这样的人叫作"流人"，总数也有几万人。到了长寿二年（693年），武则天登基三年之后，忽然在民间流传开一条谶语，叫作"代武者刘（流）"，这就跟当年"女主武王"的流言一样，统治者当然很紧张。有人就跟武则天说，将要取代您的可能是一个姓刘的人，也可能是那些被流放的人，这些人恐怕想造反复辟。

武则天一听，当即派了一个叫万国俊的人去岭南审理。这万国俊是何许人啊？他也是一个大名鼎鼎的酷吏，《罗织经》的第二作者，以心狠手辣著称。他去之后，把岭南所有的流人都召集到了广州，没做任何审讯，就假托皇帝旨意，让他们集体自杀。流人不服啊，一时间哭声震天，局面眼看要失控，万国俊生气了：让你们自己死你们还不领情！他把这些流人驱赶到水边，一声令下，杀！流人马上人头落地。三百余人无一幸免，顷刻之间河水都被染红了。万国俊回到洛阳汇报说：："所有流人都心怀怨望，意图造反，所以臣就把他们当场诛杀了。"武则天觉得他当机立断处置得体，还给他升了官。既然万国俊声称岭南流人都想造反，武则天不免又想了，其他的地方也难保流人不想造反啊！马上，第二批酷吏又被派到其他五个流人集中的地方。这些酷吏一看，万国俊杀人升了官，自己也开始杀吧，就争先恐后地杀人。最多的一个杀了九百人，最少的也杀了五百人。这就是历史上臭名昭著的"六道使事件"。消息传出，朝野震惊。酷吏势如狼虎，法律形同虚设。武周的刑罚枉滥已经到了无以复加的程度。难道这就是武则天想要看到的局面吗？

这时候，朝廷里的有识之士开始上书要求整顿酷吏，重建法制。与此同时，武则天自己也在思索了。酷吏究竟给她带来了什么好处呢？有一个好处是显而易见的，酷吏确实震慑了整个朝廷。直接反对或者威胁武则天统治的人被消灭了，暗中不满的人也都噤若寒蝉，这使得武则天的统治在短时间内稳定下来。但是，酷吏也给她带来了损失，朝廷上君臣一体的和谐局面不见了。皇帝对大臣充满了猜忌，大臣也是风声鹤唳，草木皆兵，连生命都不能得到基本保障，还怎么能够指望他们一心为国家操劳呢？当时审理朝廷官员的制狱建在丽景门之内，这本来是个很好听的名字，可是老百姓都管它叫"例竟门"，意思是一进去就再也别想活着出来了。官员们每天早晨上朝之前都要和妻儿诀别，说现在走了，不知道晚上还能不能回来，如果不回来，这就是他们最后一次见面了，永别了。在宫门负责引导官吏入见皇帝的宫婢给这些官员起了个外号，叫"鬼朴"，看见官员进宫，就说，"鬼朴来了"，意思是"又有送死的来了"。

君臣之间如果没有信任，就不可能缔造一个良好的政府，也不可能建立一个强大的国家。前路还长，面对这样的信任危机，武则天该如何处理呢？

第二十三章

请君入瓮

有一个成语叫作"请君入瓮",意思是以其人之道还治其人之身。这条成语说的其实就是武则天手下的两个酷吏周兴和来俊臣的故事。这到底是怎么回事呢?

一、以其人之道还治其人之身

武则天依靠酷吏解决了反对派,坐稳了女皇的宝座,一支酷吏队伍也就应运而生。那么,武则天会不会重赏酷吏,把他们真正当成心腹呢?不会。刚当上皇帝不久,武则天就拿大名鼎鼎的酷吏周兴开刀了。

周兴是雍州长安人,从小学习法律,长大后就混了个司法小吏的官职。虽然都是吃皇粮的,但是,唐朝官和吏可是界限森严。吏的地位很低,就是衙门里跑腿打杂的。那时候,当官的责打小吏是家常便饭。如果哪个官居然不打小吏,倒成了罕见的善行,要被记载在史书里。虽然周兴明熟法律制度,在唐高宗时代也曾受到赏识,但是,由于出身低微,他始终没有得到提拔,一直在衙门里忍气吞声。他做梦也没想到,有一天,这个等级森严的社会,会在武则天的手下发生天翻地覆的变化。

武则天要改朝换代，昔日趾高气扬的王公贵族纷纷落马，小人物的上升之路却变得空前宽广。献祥瑞呀，告密呀，都可以当官。周兴原本就是有野心的人，觉得天生我材必有用，在这个特殊的年代里，他的司法才能终于有机会发挥了。周兴经手的第一件大案，就是前面讲过的宗室谋反案。这个案子让一大批宗室人头落地，为武则天称帝扫除了障碍。周兴也因此成为武周建国的一大功臣。当时很多人私下议论周兴大量制造冤假错案，他听了哈哈一笑，在衙门口贴了两行大字：

被告之人，问皆称枉。
斩决之后，咸悉无言。

真是一副十足的无赖相。武则天当皇帝之后，周兴又投其所好，建议废除李唐宗族的宗正属籍，剥夺他们的皇室成员资格。周兴办案手段高明，又能上体天心，所以深得武则天的赏识，很快从一个不入流的司法小吏升到四品的秋官侍郎、文昌右丞，升官的速度飞快。不仅如此，武则天还赐他姓武，这在当时是了不起的殊荣，周兴俨然就是酷吏中的大哥，周兴自己也得意扬扬。

可是俗话说"人无千日好，花无百日红"。周兴的好日子在天授二年（691年）就到头了。当时来俊臣已经是酷吏里的后起之秀，和周兴一块儿审案子，也一块儿吃饭，两人关系不错。有一天，正吃饭呢，来俊臣说话了："现在犯人都不肯招供，您是老前辈，有什么办法吗？"周兴哈哈大笑，说："这简单。你找一个大缸来，四周围上炭，把炭火生得旺旺的，请他进去坐会儿，到时候，让他招什么他就招什么啦！"来俊臣不由得叫一声好，马上叫手下人搬来一口缸，眼看炭火已经烧起来了，来俊臣站起身来，朝着周兴深深一揖："奉皇帝圣旨查办老兄谋反一案，烦请老兄入此瓮！"周兴当场就吓呆了，扑通一声跪倒在地，说道："你要我招什么？我都招。"案子不费吹灰之力马上就结了，谋反罪按律当斩，武则天念周兴有功，破例流放岭南。但周兴作恶多端，结怨太多，半途为仇家所杀。这就是著名的"请君入瓮"的故事，之所以流传至今，也反映了老百姓的一种愿望：多行不义必自毙，恶人自有恶人磨。

二、恶人自有恶人磨

收拾了老资格的酷吏周兴，同样也是酷吏的来俊臣会不会有兔死狐悲之感呢？他没有。他觉得自己有两大优势，一定可以立于不败之地。哪两大优势呢？

第一，他忠诚于皇帝。来俊臣在自己的《罗织经》里首先就讲忠君。忠到什么程度呢？"虽至亲亦忍绝，纵为恶亦不让。"就是可以置伦常于不顾，也可以置良心于不顾。只要有利于皇帝，没有他不可以干的。一个人主动把自己置于狗的位置，难道还不能讨得主子的喜欢吗？何况，他是武则天从死刑犯里直接提拔上来的，武则天就是他的重生父母，他怎么会不忠诚呢？

第二，他专业素质高。上一章讲过，来俊臣已经把刑讯逼供上升到理论的高度了，连周兴这样的老手都被他玩弄于股掌之间，其他人就更不在话下了。天授二年（691年）周兴死后，大的案子基本都是来俊臣经办的，也都没有什么差池。

因为有这样两大优势，来俊臣觉得自己绝不会失宠。延载元年（694年），来俊臣因为贪污被贬官，可是没过多久就被重新起用，这让他的信心更坚定了。跟当年武则天的第一个支持者李义府一样，来俊臣也开始飘飘然了，觉得武则天既然用得着他，就得罩着他，从此更加胡作非为了。

他都干了些什么坏事呢？首先是任意夺人妻女。只要是来俊臣看上的人，也不管人家是未出阁的姑娘还是已嫁人的媳妇，一定要弄到手里。要是人家不给怎么办呢？客气一点，他就假传圣旨，让对方自动把人送给他；要是这家人不识相，他就告人家谋反，把人家全家杀光，然后把人弄过来，被他弄得家破人亡的人家不计其数。他的妻子就是这么娶来的。这位来夫人出身于大名鼎鼎的太原王氏，那是头等的贵族，唐朝非常讲究等级门第，按道理讲，无论如何不会嫁给来俊臣这样的人。本来这位王小姐已经嫁给一个叫段简的人了，但是因为太漂亮，被来俊臣盯上了。来俊臣就到段家去，假传圣旨，说皇帝已经把王氏赏给他了。段简虽然明知道这纯属胡说，但是又怕来俊臣诬陷他谋反，只好把夫人拱手送他。死囚犯出身的来俊臣，也就因此成了太原王氏的女婿。

其次，肆意陷害大臣。来俊臣的职业不是查办谋反案吗？如果没人谋反他岂不就失业了？所以他整天琢磨制造嫌疑犯。谁对皇帝有威胁，或者哪怕是谁不买他的账，他就诬陷谁谋反。后来他胆子越来越大，也懒得绞尽脑汁了，干脆找了若干块石头做成靶子，石头上面一一写着当朝官员的名字，然后和自己的党羽一起从远处拿小石子砸这些靶子，砸中谁就拿谁开刀。这石子可是不长眼睛，谁知道砸中哪个？所以朝廷上人人自危。这还不算，来俊臣连武则天硕果仅存的几个亲人都惦记上了。他跑到武则天跟前，说武则天的儿女、侄子们全都不可靠。他这样像疯狗一样乱咬人，能不招人恨吗？

一个人如果让所有的人都记恨，恐怕就没什么好下场了。可是，真正让来俊臣陷于灭顶之灾的倒不是他的仇家，而是他的下属兼朋友——酷吏卫遂忠。这是怎么回事呢？前面不是说过来俊臣的办案步骤吗？他在全国各地招一帮流氓，想要打倒哪个人，就让这帮流氓一起诬告，最后把这个人置于死地，这就是所谓的"罗织"。卫遂忠就是他豢养的流氓之一。此人聪明伶俐，能说会道，很得来俊臣的赏识，也算是来俊臣的死党。

有一天，正逢来俊臣宴请妻子的族人。太原王氏是名门望族，大家正济济一堂，举杯畅饮，卫遂忠突然不请而至。来俊臣觉得他身份太低，上不了台面，就吩咐管家说：就说我不在，别让他进来！

卫遂忠也是粘上毛比猴子还精的人，一眼就看出来其中的原委了，这可太伤自尊了！他径直闯了进去，指着王氏的鼻子就是一通狂骂，说你有什么了不起呀，有你们家人在我就不能进来？小心我把你们一家都修理死！王氏原本是名门淑女，居然在众目睽睽之下被来俊臣的小喽啰一顿羞辱，回屋痛哭不已。来俊臣也很生气，命人把卫遂忠捆起来痛打了一顿。卫遂忠这下子可被打清醒了，赶紧跪地求饶。来俊臣也还真饶了他。为什么呀？因为有道是兄弟如手足，妻子如衣服嘛。兄弟是事业上的好帮手，而且只要坐在这个位置上，还怕讨不到老婆？所以他教训了卫遂忠几句就让他走人了。王氏夫人被人白白地羞辱了一番，心想自己在丈夫心目之中的位置不过如此，羞愤交加，没过几天，自杀了！即使是这样，来俊臣也没当回事儿，因为他又发现新目标了。上次他看上的是段简的妻子，这次他又看上段简的妾了。倒霉的段简只好又乖乖地拱手相送。本来是左拥右抱，一下子成了孤家寡人。所以老百姓常讲"丑妻近地家中宝"，妻子丑一点，耕地离自己近一点，都好照顾，不容易被别人盯上。段简倒好，娇妻美妾，现在都成别人的了。来俊臣不断发现新目标，并没有把妻子的死当回事，可是卫遂忠寝食难安了。他是来俊臣的心腹，知道来俊臣心如蛇蝎，虽然现在没有找自己的麻烦，但难保哪天不翻旧账。怎么办呢？

卫遂忠索性一不做，二不休，去给来俊臣下绊子了。他知道来俊臣是武则天身边的红人儿,直接跟武则天说来俊臣谋反未必起作用,所以他决定曲线救国,去求见武则天的侄子魏王武承嗣。他问武承嗣:"您可知上次来俊臣掷石头砸中的是谁的名字?正是魏王您呀!他准备告您谋反呢!"这句话可把武承嗣吓坏了。他也曾经风闻来俊臣在武则天面前说自己的坏话,现在从来俊臣的心腹卫遂忠口里再听说,他就更深信不疑了。俗话说,先下手为强,后下手遭殃。武承嗣立刻行动起来了。

他先是以带头大哥的身份联络了武家子弟和太平公主,因为当时太平公主已经嫁到武家,算是武家的人。后来为了增强实力,又把皇嗣李旦也拉了进来,最后干脆连禁军将领也给拉上了,说:来,我们一块儿告倒来俊臣!这些人本来不是一个阵营的,彼此有诸多矛盾,但是在痛恨来俊臣这一点上却空前一致。反正来俊臣让大家都人心惶惶的,现在正好趁着人多势众,一起打倒他。

联络好了之后,就以魏王武承嗣为首,这些人联名上奏,控告来俊臣。既然这么多人联名上告,那就立案审理吧。一审起来,这罪名可就多了,行贿受贿、欺男霸女已经算是小意思了,更重要的罪状是来俊臣想要自己做皇帝!证据是什么呢?来俊臣曾经把自己比作十六国时期的后赵皇帝石勒!这石勒原本是个奴隶,后来从奴隶成了将军,又从将军晋升为皇帝。来俊臣自比石勒,不就是要谋反吗?谋反就得判处死刑啊,这个处理意见就上报给武则天了。

武则天怎么处理呢?她对来俊臣还是相当有好感的。她知道来俊臣得罪的人很多,但那都是自己让他干的。至于说来俊臣想要当皇帝,武则天无论如何是不相信的。何况来俊臣还是个美男子,武则天对于美色总是很感兴趣。她想保住来俊臣,因此迟迟没有答复。然而越是这样,那些告来俊臣的人越害怕呀,要是来俊臣不死,接下来就轮到这些人吃不了兜着走了。宰相啊,武则天的面首啊,都被动员起来游说武则天，可是武则天就是不处理。

常言道，恶人自有恶人磨。最后结束来俊臣性命的还是酷吏。这个酷吏名字叫作吉顼，也是一个美男子。此人曾经和来俊臣共事，心机深沉，胆略非凡，当时也正得武则天信任。

神功元年（697年）六月的一天，武则天骑马到禁苑散心，吉顼为她牵马。骑了一会儿马，武则天问："最近外面有什么动静吗？"吉顼回答道："大家都在议论皇上怎么还没判来俊臣死刑呢。"武则天说："来俊臣有功于国，朕不能不考虑啊。"吉顼朗声说道："来俊臣纠结不法之徒，陷害忠良，他们家收受的贿赂有如山积，被他迫害而死的冤魂充塞道路，这样的人是国贼，是公害啊。陛下，您哪能对这样的人心存恻隐呢？"

这话还真把武则天说动了。武则天沉默了一会儿，终于长叹一声说："只好这样了！"吉顼这句话为什么这么起作用呢？有两点原因：第一，他没有提来俊臣谋反，他知道武则天不相信他谋反。但是他所开列的来俊臣的罪状却都是真的，单凭这些罪状已经足够判处来俊臣死刑了。第二，吉顼也是个酷吏，连他都跟武则天说，不能再让来俊臣苟活于人世，武则天也就意识到了，天下人已经万般厌恶来俊臣了，如果这时候再保他，只能是引火烧身。没办法，借他的脑袋来平息民愤吧！来俊臣自己在《罗织经》里也说过，要"善归上，罪归下"，有好处时要让皇上做好人，有罪过时做臣子的应承担下来，现在，就让他实践自己的理论去吧。神功元年（697年）六月初三，武则天终于下令将来俊臣斩首。

斩首那天，洛阳城的老百姓倾城而出，都来看热闹。来俊臣人头刚一落地，百姓就蜂拥而上，把来俊臣的尸体挖眼剥皮，连五脏六腑都掏了出来。这情景太让人震撼了，武则天还真没想到来俊臣如此让人痛恨，她不由得暗自庆幸，幸好把他处死了，否则这种郁积的愤怒要是爆发到自己头上,岂不是大麻烦!她赶紧和来俊臣脱清干系,亲自写了《暴来俊臣罪状制》,列举了来俊臣的种种罪状,最后说:"宜加赤族之诛,以雪苍生之愤。"摇身一变,又成了一个替天行道、为民申冤的好皇帝。

既然要当好皇帝,光杀死来俊臣还不够,还要进一步证明自己是被蒙蔽的,没有责任。怎么才能做到这一点呢?武则天找大臣谈话了。她说:"过去周兴、来俊臣审讯的时候,每次都牵扯好多大臣,我也不是没有怀疑过,可是派身边的大臣去复查,回来都说确实如此。我再问那些受审的人,这些人自己都承认谋反,那我也就只好相信了。可是周兴、来俊臣死了之后,也就不再有谋反案了,这样看来,以前那些案子恐怕也有冤枉的吧。"她这明摆着是在装糊涂,大臣也不知道说什么好,就都不说话。沉默了一会儿,一个叫姚元崇的大臣说话了:"从垂拱年间以来,所谓的谋反案基本都是周兴他们诬告出来的。当时陛下让大臣去复查,这些大臣还不是泥菩萨过江——自身难保,怎么敢真的去查?那些被诬陷的人如果翻供的话,会吃更多的苦头,还不如早点死了算了,所以只好承认谋反。现在全仗老天保佑,陛下终于看清楚了周兴、来俊臣他们的嘴脸,把他们正法了。臣敢以全家族一百多口人的性命向您保证,从今再也不会有人谋反了,如果再有人谋反,请陛下问臣的罪!"武则天赶紧顺坡下驴,说:"姚爱卿说得对!以前那些宰相只知道顺着朕,险些让朕成了滥用刑罚的人。现在姚爱卿所说的才是我真正想听的话呀!"一下子把责任推了个精光。武则天和姚元崇之间的这次对话,成为武则天结束酷吏政治的一个标志。这个姚元崇是谁呢?他就是后来辅佐唐玄宗,开创了开元盛世的大名鼎鼎的宰相姚崇。

三、酷吏时代的终结

周兴和来俊臣都死于酷吏之手,是不是因为恶有恶报呢?其实没有这么简单,关键是武则天想要除掉他们了。不光是周兴和来俊臣,新旧《唐书》所记载的二十七个酷吏不是被处决,就是承受不了内心的压力自杀或者发疯,没有一个善终。那么,武则天为什么要把这些帮她打江山的功臣送上断头台呢?

两个原因。第一,她已经用完这些人了。她利用酷吏来打击反对派,巩固了武周的江山。但是,一旦统治真的稳定下来,这些人的历史使命也就结束了。而且,这些人的存在还会成为她的负担。为什么呢?首先,这些人会有损于她的形象,让人们觉得她是淫刑之主;其次,这些人势力太大,都侵夺了武则天的神圣皇权了。来俊臣死后,礼部侍郎马上向武则天自首,说他过去迫于来俊臣的压力,每年都要任命几百个来俊臣的亲信。武则天质问他为什么拿国家官职做人情,侍郎说:"臣负陛下,死罪!臣乱国家法,罪止一身;违俊臣语,立见族灭。"可见皇帝的威力还比不上来俊臣,武则天一生追逐权力,怎么能容忍这样的事情呢?既然酷吏已经失去了利用价值,留下来有百害而无一利,那么,"狡兔死,走狗烹"也就不可避免了。

第二,酷吏自身素质太低了,缺乏转型的可能。酷吏大多出身社会底层,好多人甚至大字不识一个,这样的文化素质让他们没法胜任别的工作。比如说之前提到的文盲酷吏侯思止就经常闹笑话。他在洛阳当官,洛阳有一个地名叫白司马坂,侯思止不太认字,把"坂"字看成谋反的"反"字,还以为是一个叫白司马的谋反了,在这儿被砍的头。当时有一个将军叫孟青棒,他又以为是一种刑具,用来打人的。所以一审问囚徒他就说:"若不承认是白司马,就让你吃孟青棒。"犯人莫名其妙，后来知道是这么回事，好多人都在心里窃笑。长寿元年（692年），曾经帮助武则天平定李敬业叛乱的魏元忠也被人告发谋反。侯思止提审魏元忠时，又露怯了，对魏元忠呵斥道："急认白司马，不然，即吃孟青棒。"魏元忠一听，忍不住哈哈大笑。侯思止太生气了，心想一个犯人竟敢笑他，就把魏元忠的脚绑起来，拖着他走。魏元忠说："我命薄，骑驴摔下来了，脚却被鞍镫挂住了，所以被驴拖着走。"侯思止更生气了，接着又是一顿暴打。魏元忠终于发火了，说："侯思止！你要杀我就杀，说什么谋反不谋反！你好歹也是国家官员，居然说什么白司马、孟青棒，总有你吃亏的时候！"侯思止不懂啊，以为白司马、孟青棒是犯忌讳的话，吓坏了，连忙给魏元忠松绑道歉，说："思止死罪，幸蒙中丞指教！"这件事一下子传开了，连武则天听了也忍俊不禁。这样素质的官吏，怎么可能不被淘汰呢？等着拿脑袋祭旗吧。

从废黜中宗李哲到处死来俊臣，酷吏政治持续了十四年之久。唐朝以来，任用酷吏一直是人们批评武则天的主要罪证。那么，回首这段血腥而又纷繁的历史，我们究竟应该怎样评价武则天的酷吏政治呢？

必须承认，酷吏政治有它极其恶劣的一面。首先它严重破坏了司法制度。唐代号称律令制社会，武周王朝的司法体系承自唐朝，本来也很完备，但是在酷吏横行的时代，原来的法律条文和司法原则都成了一纸空文，无法再发挥应有的作用。其次，酷吏政治也破坏了人心。君臣之间互相猜忌，大臣为了自保，只能装聋作哑，苟且偷生。当时的宰相苏味道有一句名言，说别人要是问你问题，绝不能正面回答，要模模糊糊地回答。可即是不可，不可即是可，凡事无可无不可，所以就留下来一个成语叫作"模棱两可"。连宰相整天说话做事都似是而非，公事还能办好吗？所以在武则天手下虽然有不少很能干的大臣，但是再也找不到魏徵那样的直臣了。

但是，在另一方面，我们也要看到，酷吏对于武则天的统治发挥了积极的作用。一般来说，如果是开国皇帝，必然都有自己的佐命功臣；如果是女主执政，又都会有外戚帮忙。武则天既是女人又是开国皇帝，可是她既没有佐命功臣也没有得力的外戚，而她遇到的阻力又那么大，怎么办呢？只能是任用酷吏了。通过让酷吏杀一批人来震慑天下，武则天迅速地稳定了统治，国家没有发生更大规模的动乱。正是因为有酷吏帮助，武则天才能"计不下席，听不出闱，苍生晏然，紫宸易主"（《资治通鉴》卷二〇五）。没有经过大规模的流血战争，老百姓安安稳稳，天下就改朝换代了。在这个过程中，不仅武则天是赢家，天下的老百姓也是赢家。

此外，酷吏虽然在一定时期内横行霸道，但是，他们行使的主要是监察司法权，而不是行政权。影响最大的酷吏周兴、来俊臣，都没有当过宰相，因此也就不可能从根本上左右国家政局，这使得酷吏的危害被降到最低。即便是在司法领域里，酷吏打击的对象也主要是可能对武则天构成威胁的中高级官员，基层社会受到的震动不大，从而在很大程度上保持了社会整体的平稳发展。更重要的是，从任用酷吏到结束酷吏统治，武则天始终把握着政治进程。她深知，酷吏固然是开创和巩固政权的重要工具，但是要坐稳江山，绝不能仅凭暴力威慑。

那么，武则天究竟依靠什么人来治理国家呢？

第二十四章

大柱擎天

毛泽东同志有一段话评价武则天，非常精辟。他说武则天既有容人之量，又有识人之智，还有用人之术。上一章讲到她任用酷吏稳定政权，但是，只有酷吏不可能维持一个国家的正常运转，她还要任用一批真正的人才来治理国家。

一、英雄不问出处

中国古代讲为政之道，唯在得人。用人好坏是国家发展的关键。用人先得从识人开始。我们前面讲过武则天赏识魏元忠的事情，但是，识人不能光靠统治者一个个地发现人才，更重要的是要建立一种有效选拔人才的机制。怎么选拔人才呢？武则天把重点放在科举上。

武则天对科举有三大贡献：第一是提高了进士科的地位；第二是充分发挥了制举的作用；第三是开创了武举。

先说进士科。唐代的科举分为常科和制科。每年举行的考试称为常科，由皇帝下诏临时举行的考试称为制科，制科又叫制举。常科里面比较重要的有两种，一种是进士，一种是明经。进士科侧重考察文学才华，明经科侧重考察儒家经典。本来进士的级别比明经低一点，但是，从武则天统治开始，进士的前程明显好于明经，逐渐变成科举考试里最重要的一科了。武则天为什么要提高进士科的地位呢？传统说法是说武则天自己爱好文艺，所以重视进士。但是，作为一个政治家，武则天恐怕不会在这样大的事情上表现出这么强烈的主观色彩，主要原因还是进士科有利于人才的选拔。为什么呢？明经科主要考经典记忆，需要熟悉儒家经典，那家里至少得有经典才行吧。当时印刷术不发达，读书都是靠家传手抄，普通老百姓家藏书少，因此这种考试明显对世家子弟有利。但是进士科就不一样了，进士科考文才，文才固然也需要知识积累，但更重要的还是靠天赋灵气。好多寒门小户，家里没有太多的书，但是子弟凭着一股灵气，一种天分，也能够在诗文方面有所造诣，在进士科中崭露头角。因此相对来说，进士科更具公平性。武则天提高进士科的地位，拓宽了广大寒门子弟上升的道路，选拔人才的面儿也就更广了。这是武则天对科举的第一大贡献。

第二大贡献就是充分发挥了制举的作用。既然已经有了每年一次的常科了，为什么还要再搞制举呢？这里有三个缘故。首先，制举和现实联系紧。常科有固定的出题套路，和现实联系很少，就像如今的高考命题一样，讲究规范化。但是制举就不一样了，它是临时命题，题目往往紧贴现实，甚至就是专门找一个国家急需解决的问题问考生，考生的实际行政能力一下子就能检验出来。其次，制举的考生范围广。常科考试只能是白丁（无官者）参加，制举就不一样了，白丁可以参加，现任官员也可以参加，这就把选择面放大了。再次，制举考试起效快。常科考试考中了，相当于现在的大学毕业，并不能立刻当官，还要再经过有关部门的筛选；但是制举过关，马上就可以当官，类似于现在的招聘干部。这样一来，选拔的人才可以直接投入使用。

因为制举有这么多好处，所以从武则天当太后临朝称制开始，制举平均一年半举行一次，频率远远高于唐朝任何一位皇帝。特别是她称帝之前和打击酷吏的时候，人才需求量大，更是连年举行制举。另外，武则天为了拉近考生和自己的距离，还亲自主持殿试。所谓殿试，就是皇帝在大殿亲自主持的考试。唐朝第一次殿试是在显庆四年（659年），由唐高宗主持，但是规模不大。载初元年（690年），武则天即将称帝，为了收买人心，在洛城殿亲自主持考试，一时间各地精英云集洛阳，考生有上万人之多，连续考了好几天。这次殿试给世人留下的印象太深刻了，以至于《资治通鉴》干脆抹杀了唐高宗主持的那次殿试，称殿试就是武则天开创的。

第三大贡献是开创了武举。武则天认为，有一些人虽然没有什么文化，但是有胆量、有武功，这样的人，也应该有出头之日。所以武则天又开创了武举，让武艺超群的人都来参加考试。

这样一来，有这三个方面，唐朝的科举考试就算完备了。而后的历朝历代，科举制都是选拔人才最重要的方式，一直到清朝，都是以此为格局丰富发展，这是武则天在科举考试方面的贡献。

那么科举考试是不是选拔出天下俊杰了呢？还真选拔出来了。载初元年（690年）那次殿试就发现了一匹"千里马"，名叫张说。张说当时刚刚二十二岁，虽然是"初生牛犊"，武则天还是一眼就看出他是个人才，亲自点评他为第一名，比现在的高考状元还厉害。武则天对他的才华赞不绝口，把他写的文章贴在尚书省，让朝廷百官都去阅读，一时间传为美谈。张说文武双全，出将入相，前后当了三任宰相，一直到玄宗朝还活跃在政治舞台上，可见武则天的知人之明。

尽管如此，武则天觉得用人渠道还不够多。怎样才能发现更多的人才呢？她又想出了一个办法，鼓励人们互相推荐和自我推荐。垂拱元年（685年），武则天平定李敬业叛乱后就下诏，让"文武九品已上官及百姓，咸令自举"。此后，这样的诏令没少颁布。另外，前面曾经讲过武则天下令铸造铜匦，虽然说铜匦主要是用于告密的，但是铜匦朝东的那个青色的格子，就是用来接受毛遂自荐的信件的。人们要求官，可以往这里投自荐信。这些推荐方法是否帮武则天选拔出了人才呢？也选出来了。比方说武则天时期最有名望的宰相狄仁杰，曾经推荐自己的儿子当地官（户部）员外郎，结果他的儿子很称职，武则天非常高兴，说狄仁杰是内举不避亲。当然，狄仁杰推荐的可不光是自己的儿子，武周一朝，经他推荐而当了大官的就有几十人。

为了选拔贤才，武则天极力拓宽用人渠道。不过用人渠道多了，也产生了一些问题，主要的问题就是官职不够了。当时人有个对比，说"乾封以前，选人每年不越数千；垂拱以后，每岁常至五万"，从唐高宗到武则天以太后身份临朝称制的前后二十年间，有资格当官的人一下子激增了十余倍，原有的官位不够了。怎么办呢？两个办法：第一是增加新的职位，第二是大量试官。什么叫试官呢？凡是毛遂自荐上来的，或者别人推荐的，就先给他一个官试试，看他行不行。

试官的人太多了，刻薄的人就编了一首歌谣挖苦武则天："补阙连车载，拾遗平斗量。欋推侍御史，碗脱校书郎。"什么意思呢？"补阙"多得一车一车推过来；"拾遗"像米粒一样，可以一斗一斗地去量；你拿耙子一搂就有好几个侍御史；校书郎就像用碗扣出来的，随便扣多少是多少。总的意思就是官太多了，一板砖下去能拍死三个大官。当时有个才子叫沈金交，听了之后觉得好玩，又给补上四句："评事不读律，博士不寻章。面糊存抚使，眯目圣神皇。"成了一首打油诗，而且把武则天也给编派进去了。这下可不得了，公然说皇帝是有眼无珠的老糊涂，这不是诽谤吗？马上就有御史把他抓起来了，请求武则天裁决。武则天听了之后哈哈一笑，说："只要你们不滥就行了，还怕人说吗？别治罪了，放了他吧。"跟当年赞赏骆宾王如出一辙，这就叫容人之量。

武则天这样用人岂不是太没有原则了？这倒也不尽然。为什么呢？因为武则天还留了一手呢。你想当官吗？容易，我可以马上让你来试试，可是如果你不胜任呢？那对不起，轻者贬官，重者杀头。这样一来，有真才实学者快速升迁，尸位素餐者难以久留，这就叫作"求才贵广，考课贵精"，宽进严出。剩下的都是经过大浪淘沙的金子了。用这些人治理天下，还能治理不好吗？

二、君子满朝

那么，武则天究竟都用了什么人才呢？举三个例子。

第一个是娄师德。娄师德是在唐高宗时期考中的进士，后来投笔从戎，在东边打契丹，在西边打吐蕃，都立下了赫赫战功。武则天时期曾两度拜相，也算是个出将入相的能人。为什么说他是金子般的人才呢？娄师德最大的特点就是能忍。举一个例子。娄师德的弟弟到地方去当刺史，临走的时候，娄师德找他谈话，说：我当宰相，你又当刺史，我们是光宗耀祖了，可是得有多少人忌恨咱们啊，你可千万别闯祸。他弟弟赶紧说：我一定夹紧尾巴做人，决不给哥哥闯祸。娄师德就问了：你怎么才能做到不给我闯祸呢？他弟弟说：谁要是往我脸上吐唾沫，我自己擦干就是了，决不跟他争执，这总行了吧？娄师德长叹一声：这就是给我闯祸呀！别人往你脸上吐唾沫，说明他恨你，你要是再去擦，那不就激怒他了吗？他弟弟说：那我应该怎么办啊？娄师德说：人家啐你，你也不要有什么反应，这唾沫等一会儿自己就干了，你擦它干什么！有一个成语叫"唾面自干"，就是这么来的。

有人就问了，武则天难道就用这样的人才治理国家？这不就是唯唯诺诺苟且偷生嘛！再讲一个故事，大家就会知道娄师德不是蝇营狗苟只知保命的人。这是发生在狄仁杰和娄师德之间的故事。狄仁杰当宰相是娄师德推荐的，但是狄仁杰并不知道，还老觉得娄师德窝囊，常挤对他，娄师德也从来不说什么。后来武则天看出门道来了，想给娄师德打抱不平。有一天，她找到狄仁杰，问他：你觉得娄师德这个人怎么样啊？狄仁杰说：他当个边将倒是能够谨守边疆，其他的才能我就不知道了。武则天又问：娄师德有知人之明吗？狄仁杰说：我跟他共事这么长时间，没看出来。武则天就说了：可是我知道你狄仁杰正是娄师德推荐的呀！说完拿出娄师德当年推荐他的奏章给他看。狄仁杰一下子非常惭愧，到处跟人说："我被娄公包容了这么久，自己居然不知道，看来我比娄公差远了！"

我们应该怎么评价娄师德呢？在武则天改朝换代，朝廷动荡不安的情况下，娄师德一方面守卫边疆，另一方面还能不计个人得失，举荐人才，这是相当了不起的。他忍辱负重到了窝囊的地步，固然是为了保全自己，但是也在客观上维持了朝廷的稳定。正因为有这样的正人君子始终掌握朝政，武周政权才能最终摆脱酷吏的影响，走上正轨。所以，如果用一个词给娄师德作总结的话，那就是"仁而有忍"。因为仁慈，所以忍让。

第二个人是徐有功。徐有功一直在司法部门工作，他最大的特点是勇。怎么个勇法呢？举一个例子。当年越王李贞、李冲父子谋反，被株连的人很多。有一个小官在李冲造反前曾经帮他收过债，也跟他通过信，后来就被人告发了。当时是酷吏当道，就判了这个小官死刑。徐有功坚持认为这个小官并非谋反的魁首，因此不应处死。武则天正想杀人立威呢，很是生气，就质问徐有功：那你说什么是魁首！这哪里是问题呀，分明是威胁嘛。可是徐有功不慌不忙，引经据典地给武则天讲课了。他说：所谓"魁"，就是大帅；"首"呢，就是首谋。要说这个案子有魁首的话，那就是李冲了，这个小官顶多算个支党，怎么能按魁首治罪呢？当时满朝文武一共好几百人，听着君臣两个人辩论,都吓得腿发抖,脸发青,可徐有功始终气定神闲。最后的结果怎么样呢?武则天还真被他说得心悦诚服,徐有功的大名从此也就不胫而走。

再举一个例子。长寿二年(693年),皇嗣李旦的妃子窦氏家出事了。他们家的一个奴隶告窦妃的母亲夜里诅咒皇帝。为什么诅咒皇帝啊?说她是想让武则天死掉,好让自己的女婿当皇帝。当时刚刚有一个婢女告窦妃本人诅咒武则天,武则天已经把她暗杀掉了,现在又把她妈牵出来了。草率一审之后,就按谋反罪判处死刑。窦家人觉得冤枉啊,听说徐有功正直,就向他喊冤了。当时窦老太太已经定案,眼看押赴刑场,命悬一线,徐有功挺身而出,要求缓刑。紧接着,为窦老太太鸣冤的奏章就送到武则天面前了。武则天当时正想打击儿子李旦的势力呢,哪能容忍徐有功捣乱?大笔一挥,说徐有功阿附窦家,判处绞刑。徐有功正办公呢,手下人泪流满面地把这个消息告诉他了。徐有功听到这个消息,轻轻叹了一口气,说:"死就死吧,也不是只死我一个。难道这世界上还有永远不死的人吗?"照旧吃饭、睡觉。有人认为徐有功的镇定是装出来的,谁听说自己要被绞死了还能睡得着呢,就去偷窥了,结果发现徐有功真睡着了,还打呼噜呢!这个消息马上就传到武则天的耳朵里了。武则天听了之后不禁感慨万千,她虽然为了巩固政权杀人如麻,但是从心里还是敬重徐有功这样的君子的。于是她再次召见徐有功,劈头就问:"卿近来审理案件,为什么错放了那么多人?"徐有功答道:"臣下失察放错了人,是臣下的小过错。但是对生命的慈悲,却是君主的大德啊,请陛下三思。"武则天听了,沉默了很久。最后,窦老太太终于没有被处死。

说到这儿,我们觉得徐有功勇敢吧?在酷吏横行的司法部门工作,他居然敢屡屡跟皇帝唱反调,真是一个顶天立地的硬汉啊。可是,这只是徐有功的一面,他还有另一面呢。徐有功第一次被革职之后不久，武则天又起用他当侍御史。徐有功接到任命书就哭了，他说："野鹿本在山间游走，可是生命却掌握在厨子的手里，我就像那鹿一样啊。陛下如今任命臣做法官，臣必定要守正执法，总有一天会触怒陛下，身首异处，请陛下收回成命吧！"

  为什么要讲这个故事呢？我想说明徐有功并不是不怕死，相反，他太爱生活，太爱自由了，但是，正因为如此，他才不能容忍有人因为他怕死，而失去自由，失去生命。为此，他不惜自己慨然赴死。这就叫作仁而有勇。正因为有他这样的司法官员，武则天时期的司法部门才能最大限度地保持公正，不会完全被酷吏控制。

  武则天一朝还有一个大臣最受倚重，这个人就是大名鼎鼎的狄仁杰。狄仁杰在民间知名度太高了。他不仅是个清官，还是个神探，有关狄仁杰的断案传奇不是借助小说《狄公案》广泛流传吗？那他究竟是不是神探呢？还真是。《旧唐书·狄仁杰传》载，狄仁杰"仪凤中为大理丞，周岁断滞狱一万七千人，无冤诉者"，说他一年判了一万七千件积压案件，没有一个人事后喊冤的，那还不是神探吗？神探最重要的素质是什么呢？是有智谋。我们就先从狄仁杰的智谋说起。他前后当过两次宰相，第一次当宰相的时候，因为被来俊臣陷害，被关进监狱了。当时只要承认自己确实谋反，就算是坦白从宽，可以从轻发落。因此在受审的时候，狄仁杰就说："大周革命，万物惟新，唐室旧臣，甘从诛戮，反是实！"现在已经改天换地了，我们这些唐家老臣可不就是该死？你说我谋反，那我就是谋反了。狄仁杰自己先承认了。这样一来，来俊臣觉得这是个软蛋，也就放松警惕了。狄仁杰从衣服上撕下一块布，把自己的情况写在上面，然后塞到棉袍里，找了个机会跟管事儿的说："天热了，能不能让我的家人把棉衣服拿回去，换件单的？"管事儿的一听，这又不是什么大问题，换吧。狄仁杰的儿子把棉衣拿回家，看到了信，这个儿子像他爸爸，也非常聪明，马上求见武则天，说要告密，因为当时只有说告密才能见到武则天。武则天接见他之后，他就把情况一五一十跟武则天说了。武则天召见狄仁杰，问他：你既然没谋反，为什么要承认啊？狄仁杰说：我要不承认，早被打死了。武则天想想也是，就把他从轻发落，贬官了。从这件事可见狄仁杰的智慧。

那狄仁杰是不是只有这些自保的小智慧呢？也不是。他的智慧是建立在仁的基础之上的。当年，越王李贞父子谋反，被牵连判死刑的老百姓就有两千人之多。狄仁杰知道他们没有罪，但是他也知道武则天正想杀人立威，怎么办呢？想来想去，他给武则天写了一封密信。他说这些老百姓都是被牵连进这个案子的，不是真正做了什么坏事，他想为他们申冤，又害怕陛下认为他替恶人说情，可要是不替这些人说情，又害怕没有体现出陛下珍惜生命的胸怀。因为是密奏，并没当众驳武则天的面子，又夸武则天爱惜生命，把武则天夸得心里暖洋洋的，最终，这些老百姓都没有被处死，而是被流放戍边了。到底是什么挽救了这两千条性命呢？狄仁杰的智慧固然重要，但更重要的则是狄仁杰的一片慈悲之心。

狄仁杰宦海沉浮，拜相时间才不过三年多，却独享大名，号称武周第一贤相。为什么呢？因为他以其大智慧办了两件大事。第一件大事是劝说武则天重新立庐陵王也就是被废掉的中宗李哲做太子，这个我们后面再讲；第二件大事就是推荐了张柬之等一些英才当宰相。武则天要狄仁杰举荐贤士，狄仁杰答道："要论写文章的好手，咱们朝廷里已经够多的了。但是，如果陛下要的是济世安邦之才，那么臣推荐荆州长史张柬之，其人虽老，有宰相之才。"正是得益于狄仁杰的大力推荐，张柬之才在八十高龄当上了宰相。这个张柬之是谁呢？就是后来发动神龙政变推翻武则天、复辟李唐的第一功臣。不仅张柬之，后来在唐玄宗时期，发挥重要作用的姚崇等好多宰相都是狄仁杰推荐的。当时人们就说:"天下桃李,悉在公门矣。"所以,如果用一个词来描述狄仁杰的特点,那就应该是"仁而有智"。

孔子说,仁、智、勇是三达德,能有这种品德的就是君子。娄师德有仁,狄仁杰有智,徐有功有勇,所以武则天不就是君子满朝了吗?

正因为武则天任用了很多杰出的人才,所以她的统治时期,才能上承贞观之治,下启开元盛世,推动了社会的发展。那么,武则天又是怎样对待这些帮助她坐稳江山,把国家治理得井井有条的人才的呢?

娄师德是善始善终,寿终正寝。徐有功虽然三次都差一点被杀头,但是在最后关头总能幸免于难,最后官至司仆少卿,去世后被追赠为司刑卿。狄仁杰就更不用说了。武则天对他的敬重已经到了无以复加的程度,她不像对一般大臣那样直呼其名,而是管狄仁杰叫国老,狄仁杰每次觐见,武则天都要免去他跪拜之礼,说是见到狄公下拜她也会感觉疼痛,可谓百般礼遇,体贴入微。狄仁杰七十一岁去世,武则天非常难过,她说:"狄公一去,朝堂仿佛都空了。"三个人可以说都是生荣死哀。相反,同样是大臣,周兴、来俊臣这样的酷吏武则天是用完就杀,毫不留情。

那么,武则天为什么要这样做呢?我想,这就是武则天用人的原则,利用小人而信用君子。虽然因为改朝换代而不得不利用酷吏杀人立威,但是,在朝廷高层始终有一批优秀官员主持朝政。这些武则天亲手提拔、任用的优秀人才有如擎天大柱,撑起了武周的天空,也让中国历史光彩夺目。

唐朝有名的政论家陆贽对武则天有一番评价,他说,武则天"课责既严,进退皆速,不肖者旋黜,才能者骤升,是以当代谓知人之明,累朝赖多士之用"。唐朝另一著名宰相李绛也说:"天后朝命官猥多,当时有车载斗量之语。及开元中,在朝赫赫有名望事绩者,多是天后所进之人。"毫不夸张地说,正是武则天的知人之明、识人之智和容人之量,为开元盛世的到来储备了人才。那么,已经是满朝君子的武则天还会遇到什么问题呢?

第二十五章

夺嫡大战

中国古代是家天下,开国皇帝打下来的江山最后都要传给子孙,让皇权在同一个家族里绵延下去。这个制度已经实行了几千年了。可是,这个制度到武则天时却遇到了困难。什么困难呢?就是皇位不知道传给谁好。按照传统传给儿子吧,儿子是跟随父亲姓李的,虽然在武则天登基之后慑于淫威改姓了武,但是,一旦让他当了皇帝,恐怕还得恢复李姓。恢复李姓也就等于恢复了李唐王朝,这样一来,武则天苦心孤诣建立起来的武周王朝岂不就一代而亡了吗?如果传给侄子呢?侄子倒是姓武,让侄子做接班人,武家天下肯定能传承下去,可是,侄子和自己的血缘关系要比儿子远。这可真是个两难选择。怎么办呢?武则天一时也拿不定主意,只好先拖一拖再说。

怎么拖呢?一般人当了皇帝不是要立太子吗?武则天登基,却没立太子,她给原来的皇帝李旦安了一个封号,叫皇嗣。这皇嗣的身份可太微妙了。它看起来好像是由原来的皇太子改名而成,但是和太子又有很大区别,因为皇太子意味着其是皇位继承人,而皇嗣只不过意味着其是皇帝的儿子,是不是有资格继承皇位还不一定呢。这个名号一出来,所有人都知道皇帝心中的矛盾了。既然继承人是谁还不确定,有人就想努力谋求这个位置。谁呢?武则天的侄子,武承嗣。武承嗣在武则天登基之后，受封为魏王，官拜首席宰相——文昌左相（尚书左仆射），他觉得自己是武家的嫡系继承人，当武周太子是名正言顺。有了这样的想法，他自然就把皇嗣李旦看成了眼中钉、肉中刺，一场惊心动魄的夺嫡大战也就此展开。

一、武承嗣的野心

这场争夺战一共分为两个回合，第一回合发生在天授二年（691年），也就是武则天当皇帝的第二年，由武承嗣首先挑起。武承嗣一看姑姑武则天找了三拨人上表劝进，一下子就当了皇帝，他觉得群众运动就是有效，自己也想模仿一下，让武则天立自己当太子。可是武承嗣自己不好出面啊，于是就派人找来洛阳人王庆之，让他以基层百姓的身份，联络数百人，上书请求废掉皇嗣李旦（武轮），改立武承嗣为太子。

立太子正是武则天当时比较头痛的问题，现在居然有人上书，武则天立刻接见了他。问他："皇嗣我子，奈何废之？"王庆之回答说："神不歆非类，民不祀非族。"王庆之说，当今天下是谁的天下？是武家的天下，武家天下怎么能让李家人当继承人呢？这句话太有杀伤力了，武则天心里很郁闷，就挥挥手说：你下去吧。王庆之是带着任务来的呀，哪能这么轻易就下去呢？他当即就跪在地上，说陛下您要是不答应我的请求，我就一头碰死在地上。武则天一看这老百姓政治热情太高了，太有觉悟了，大为感动，说这么大一件事，我怎么能当即答应你呢？这样吧，我给你一张盖了章的纸，这就好比一个特别通行证，你什么时候想见我，就拿这张纸给守门的人看，他就会让你进来。

送走王庆之后，武则天就找宰相来商量了。她找的是文昌右相，也就是尚书右仆射岑长倩。岑长倩当时也算是武周王朝政府班子中仅次于武承嗣的第二号人物了。因为劝进武则天登基有功，颇受武则天的赏识重用，让皇嗣李旦改姓武就是他提出来的。按照武则天的想法，岑长倩和自己还是比较有感情的，于是赐他姓武，所以岑长倩当时又叫作武长倩。但是岑长倩一听王庆之的动议，马上就跳起来了。他是武则天的心腹，但他也是李唐老臣啊，对李唐王朝一直心存好感。他拥戴武则天，一方面是因为武则天的能力了得，另一方面也是因为反正武则天要把皇位传给儿子，最后不还是李唐的天下吗？他当初一定要让李旦改姓武，正是想给李旦上一道保险，让他顺利接班。现在武则天居然跟他商量要把皇嗣废掉，立自己的侄子武承嗣，这大大突破他的心理底线了。他马上断然拒绝了："皇嗣现在住在东宫里头，好好待着没有犯任何错误，怎么能说废就废啊！再说了，立谁当储君这是国家大事，哪能由一个老百姓在那儿瞎议论。臣建议好好惩戒一下这个百姓，以儆效尤，以后看谁还敢再瞎议论这件事。"岑长倩一表态，其他宰相也都随声附和，事情就先压下去了。

可是武承嗣不甘心，他太郁闷了，眼看到手的鸭子哪能就这么飞了！他也看出来了，李旦本身没什么能力，关键是有一帮忠于李唐的大臣死保他，要废掉李旦，必须首先除掉这些大臣。第一个要除掉的就是岑长倩。武承嗣决定调虎离山，以吐蕃犯边为名，让岑长倩出征吐蕃，这样就把他调离朝廷了。岑长倩率军刚一走，武承嗣就奏上一本，说岑长倩谋反！谋反在任何时候都是重罪呀，更何况是在武周政权刚刚建立这样的敏感时刻，岑长倩又是第二号宰相，领兵出征在外，如果真要谋反的话，这可是挺大的威胁，所以岑长倩稀里糊涂地就从半路给召回来了，回来就直接进监狱了。当时的司法部门可是掌握在酷吏手里，几番大刑伺候，岑长倩就从人犯变成了犯人，被定了死罪，同时被处死的还有跟岑长倩关系密切的几十个大臣。

这下子武承嗣可得意了，只要他动动嘴，宰相就人头落地啊，看看谁还敢再反对他！现在李旦的保护伞倒了，赶快趁热打铁，让王庆之再去请愿吧。武则天不是特许王庆之可凭印纸随时求见吗？王庆之就在武承嗣的指使之下一次次地求见，终于把武则天给惹烦了。武则天经过几十年的努力，刚刚当上皇帝，还没过足瘾呢，王庆之整天问她死了之后让谁接班，这算怎么回事嘛。何况立子还是立侄，武则天自己还没拿定主意，正在闹心，怎么能受王庆之的要挟呢！武则天马上找来了凤阁侍郎李昭德，让他杖责王庆之一顿，给他个教训。

这个李昭德可不是一般人物，此人一向号称个性鲜明、气势凌厉。他对李唐王朝很有感情，对武承嗣则是深恶痛绝。得此命令，李昭德乐坏了，马上叫左右把王庆之架出宫门外，朗声宣布："此贼欲废我皇嗣，立武承嗣！今奉皇帝圣旨予以惩戒！"话音一落，左右乱棒齐下，打得王庆之七窍流血，死了。眼睁睁地看着头目被当场打死，请愿团狼狈四散，一下子走了个精光。打死王庆之，李昭德回报武则天："启奏陛下，您交代的任务我圆满完成了！"

武则天心里忽然一震，就问李昭德："你把他打死了？"李昭德说是啊，我看您让他纠缠得不胜烦恼，就想好好给他一个教训，看以后哪个刁民再敢胡言乱语，议论立储大事！武则天摇摇头说："其实王庆之说的也有道理啊，武承嗣他毕竟跟我一样姓武啊，难道就不应该继承我武家江山吗？"李昭德算是找到劝谏的机会了，说："天皇高宗皇帝是您的丈夫，皇嗣是您的儿子，陛下您拥有这万里江山，应该传给子孙做万代的家业啊，怎么能传给侄子呢？自古以来从没有听说过哪个侄子当了皇帝，还给姑姑立庙祭祀的。再说了，陛下您受天皇的托付，天皇把两个儿子交给您，可是您现在却想把江山传给武承嗣。您真要这样做，那天皇得不到祭祀，可要变成饿鬼啦！"

这话说得很在理，而且有三层道理。第一层，继承的道理。古往今来，继承的顺序都是由亲到疏，家产当然应该传给亲生儿子，怎么能传给侄子呢？第二层，祭祀的道理。古代人对身后事比现代人要看得多，一个人死后如果得不到祭祀，就会变成孤魂野鬼。可是按照宗法制的原则，人们只能祭祀自己的父系尊长及其配偶，即自己的父母、祖父母、曾祖父母，有谁会祭祀自己的姑姑呢？第三层，感情的道理。李昭德说了，武则天的江山是高宗皇帝临终时托付给她的，就算退一万步说，武承嗣日后感激武则天把江山传给他，破例祭祀武则天这个姑姑，他也绝不可能祭祀高宗皇帝啊，那高宗皇帝岂不是成了饿鬼吗？这是用夫妻之间的感情来打动武则天。这三层道理犹如剥茧抽丝，层层深入，句句在理，特别是最后一层，确实把武则天打动了。三十年的夫妻啊，当初高宗把她从感业寺拯救出来，交给她权力，也算是她再生的恩人，她怎么能忍心让唐高宗变成无人祭祀的饿鬼呢？武则天长叹一声，不再说话了，武承嗣第一次夺嫡的美梦就此告终。

这还不算，没过多久，李昭德又密奏武则天："魏王承嗣权太重。"武则天说："吾侄也，故委以腹心。"李昭德不以为然地笑笑说："自古以来为了权力，儿子杀父亲的事儿都屡次发生，何况侄子和姑姑之间的这种感情？您看现在武承嗣又是魏王，又当宰相，权力太大了，陛下就不担心有一天江山落入他的手中吗？"

这句话太有震撼力了，简直是醍醐灌顶啊。武则天自己的皇位就是从儿子手里夺来的，她怎能不明白其中的厉害呢？马上，武承嗣就被罢相了。这下可好，武承嗣夺嫡未果反丢官，真是偷鸡不成反蚀把米，赔了夫人又折兵。这么一来，李旦的位置也就保住了。所以这夺嫡之争的第一回合算是武承嗣失利，李旦胜出。

二、李旦的桃花劫

可是不能高兴得太早,第二回合的斗争马上又开始了。只不过这次挑起战火的不是武承嗣,而是一个和皇位没有任何关系的女人。这是怎么回事呢?一言以蔽之,李旦走桃花运了,有个女人对他动了心。这个女人名叫韦团儿,是武则天身边的户婢,所谓"户婢",就是掌管宫中门户的宫女。韦团儿长得有几分姿色,又聪明伶俐,很得武则天的赏识。她每天引领李旦朝拜武则天,一来二去,竟然爱上了这位落难皇帝。其实这也很正常啊,宫里本来就是女人多,男人少,资源一稀缺,就容易成为抢手货,何况李旦温和内敛,宫廷失势又给他增添了一层落魄王孙的颓唐感,颇有一些打动人心的魅力。更重要的是,在后宫里头,通过巴结皇位候选人来改变命运,本来就是宫女和不得志妃嫔的行业秘密,当年武则天不就是走的这条路吗?

李旦此时虽然地位不稳,但名义上毕竟还是皇嗣,皇位的第一继承人,胸怀大志的韦团儿想要拿下这只潜力股,静等日后升值。可是李旦现在正有如惊弓之鸟,哪还敢在太岁头上动土,勾引母亲身边的婢女啊?所以无论韦团儿怎么百般引诱,他都装聋作哑,只当是"你的柔情我永远不懂"。

李旦的这种态度可把韦团儿给惹火了,这简直太没面子了。韦团儿下定决心,无论如何也不能让李旦日子好过。怎么才能做到这一点呢?韦团儿把怨气全撒在李旦的两个妃子身上了。这也很容易理解,按照韦团儿的想法,李旦为什么不喜欢她呀,不就是因为身边有那两个女人吗?韦团儿向武则天报告说,李旦的两个妃子在宫里实施厌胜,说她们在院子里埋了一个桐木做的小人儿,上面刻着武则天的名字和生辰八字,整天诅咒这小人儿,想要通过这种手段咒死武则天。

大家想一想，这可是我们第三次提到厌胜啦。头一次是武则天诬告唐高宗的王皇后搞厌胜，第二次是宦官王伏胜诬告武则天搞厌胜，现在又是韦团儿诬告李旦的妃子。那厌胜怎么处理呀？前面也说过，厌胜虽然在法律上是重罪，但是按照后宫不成文的惯例，究竟怎么处理还要看最高统治者的意思。武则天诬告王皇后厌胜，直接结果是王皇后失宠，但是没受到任何实质意义上的处理。王伏胜诬告武则天厌胜，结果是唐高宗想要废掉武则天，但是最后也不了了之。这次武则天会怎么处理李旦的两个妃子呢？武则天是一脸的高深莫测，并不急于做出决定。马上，新年到了。

长寿二年（693年）正月初一这天，武则天在万象神宫（也就是明堂）举行祭天祭祖大典。这次大典可是不同寻常，武则天作为初献，第一个捧上祭品，她的侄子魏王武承嗣作为亚献，第二个捧上祭品，她的另外一个侄子——梁王武三思作为终献，最后一个捧上祭品。这可是一个大大的变动啊，因为就在四年以前，身为太后的武则天第一次启用万象神宫来举行祭祀大典的时候，作为亚献的还是皇帝李旦，终献是李旦的儿子，当时的太子。现在一切都变了，武则天由太后变成了皇帝，李旦由皇帝变成了皇嗣，而且，更重要的是，他这个皇嗣已经失去了追随皇帝祭祀的资格，这意味着他恐怕连皇帝的继承人也当不了了！

武则天为什么要这样做呀？当然，根本原因还是武周政权先天性的矛盾始终存在：立儿子，跟自己不是一个姓，以后武周政权难以为继；立侄子，可以继续武周政权，但是侄子跟自己关系不亲，自己落不着什么好，还得把自己的丈夫高宗皇帝搭进去。武则天就在这两难的选择当中左右摇摆，现在因为韦团儿的诬告，她的心理天平又偏到侄子这边来了。她这思想一摇摆不打紧，那对李旦可就是九级地震啊，虽然李旦此刻并不知道骚扰过自己的韦团儿已经在武则天面前告了状，但是他还是感觉到自己的位置岌岌可危了。

按照惯例，第二天是正月初二，李旦的正妃刘氏和德妃窦氏要去嘉豫殿给婆婆武则天拜年。临行之前，李旦对她们千叮咛万嘱咐：目前形势严峻，千万小心。两个妃子也谨小慎微，跪拜如仪，大殿之上，武则天微笑着目送她们退出。星星一眨眼，人间已千年。武则天一眨眼，两个妃子也就此不见了。大变活人的游戏武则天玩儿成了，但若干年后重登大宝的李旦可没能再把她们变回来。上穷碧落下黄泉，两处茫茫皆不见。二妃尸骨无存，只能招魂安葬。李旦的正妃刘氏出身名门，温柔贤惠，是唐高宗亲自选的媳妇。当年，李旦完婚之后，唐高宗高兴地大会亲朋，说："阿轮（李旦最初的名字是李旭轮，所以小名叫阿轮）是我最小的儿子，所以我最宠爱他，最近一直替他挑选媳妇，没有挑着好的，后来就选中了刘家的姑娘，自她嫁过来之后，我发现这姑娘非常孝顺，我特别满意，所以今天我请大家来一块儿乐呵乐呵。"德妃窦氏也出身显赫，是唐高祖窦皇后的族人，为李旦生下了后来大名鼎鼎的李隆基。她们可能至死都不明白，自己到底做错了什么。

可怜李旦当时在东宫里等啊等，从早晨等到晚上不见妃子回来，从晚上等到深夜还不见回来，等到第二天，李旦终于明白了，妃子是回不来了。虽然明知道是武则天下的毒手，可是李旦哪有什么力量跟自己母亲叫板呢？也许，这正是母亲对自己的一个考验，或者，是一个引蛇出洞的陷阱。为了自保，李旦严令手下，包括一群没有成年的小儿女，不得谈论刘、窦二妃之事，自己每天照样到武则天身边请安问好，表面上举止如常，仿佛根本没有发生过什么，其实整天战战兢兢，不知道头顶上的利剑什么时候会掉到脑袋上来。

就在这时候，韦团儿得罪人了。有人告发她诬告皇嗣妃，那个所谓厌胜的证据小桐人根本就是韦团儿埋的。武则天马上把韦团儿给杀了。现在真相大白，所谓厌胜纯粹是冤假错案，武则天会不会给两个妃子平反昭雪呀？那是不可能的。其实，震慑李旦、防范他复辟本来就是武则天当时的重点工作之一，韦团儿和所谓的厌胜事件，不过就是她手中运用的棋子罢了。试想，武则天在后宫摸爬滚打五十多年，自己也亲手炮制过厌胜事件，她岂能不明白其中的奥妙？从一开始她就未必相信韦团儿，只不过是借刀杀人罢了，现在韦团儿也完成历史使命了，所以干脆一杀了之。但是，震慑李旦的工作还没有完成，怎么能给他的妃子平反呢？

不仅妃子没有平反，李旦的处境反而更糟了。他的五个儿子原本都封为亲王，现在一律降为郡王，随父幽禁，不得迈出宫门一步。两个月后，两个官员未经武则天允许，私下探望李旦，也被腰斩于市。腰斩是一种将人犯从腰部斩为两段的酷刑，武则天这样做，显然是要杀一儆百。她的目的也确实达到了，从此再也没有人敢去探望皇嗣了，李旦接触文官武将的途径被完全斩断了。身边除了宦官宫女，就只剩下一帮乐工，每天弹琴唱歌，陪他解闷了。

按说到这一步，武则天震慑皇嗣的目的已经完全达到，李旦也不可能再组织任何力量图谋复辟，武则天应该可以罢手了。可是，前面不是说过吗，武承嗣正眼巴巴地盯着太子的位置呢！现在发生的一系列的事情已经明显反映出武则天心思有变，李旦地位不稳，武承嗣就想再加把劲，干脆把李旦拉下马算了。就这样，一纸密信告到武则天面前，说皇嗣李旦想要谋反。这个告密人是谁呢？史书没有交代，但我想应该是武承嗣指使的。

接到告密，武则天立刻派人审理，派谁呢？就是前面曾经提到的酷吏来俊臣。来俊臣在东宫架起刑堂，当时李旦身边只剩下些乐工了，他就打算从这些人身上打开缺口。刑具马上摆满了一地，看着就让人毛骨悚然。这可到了李旦一生中最危险的时刻：上有疑心重重的母亲，中有虎视眈眈的魏王，下有心狠手辣的酷吏。而李旦这边接受考验的并不是什么铁骨铮铮的仁人志士，只不过是些可怜的乐工，从来没有人要求他们有什么政治觉悟。在当时，这些乐工都是贱民，按照贵族社会的偏见，他们甚至连正常的人都不算，怎么能要求他们为李旦舍生忘死呢？来俊臣一声令下：大刑伺候！大殿里顿时鬼哭狼嚎乱成一片，屈打成招基本上已成定局了。李旦绝望了，心想得了，明年今日就是自己的周年祭日了。

就在这个时候，忽听一人朗声说道："皇嗣没有谋反！"说话的是谁呢？是一个叫作安金藏的太常乐工，他的父亲原来是安国的首领，投降了唐朝，所以他就以安为姓了。他并没有受过多少儒家教育，但是，越是简单的心灵就越容不下丑恶，安金藏慢慢攥紧手中的佩刀，大叫道："皇嗣的确没有谋反，你们如果不信，我安金藏愿意剖心证明！"说罢，反手一刀，直刺自己的腹腔！刹那间鲜血四溅，五脏六腑都流了出来，把来俊臣都吓呆了。

眼看势头不好，武则天安插在东宫的眼线早又发动起来。听说安金藏如此义气，武则天心中也是五味俱全。罢了罢了，当年那个闹着"不肯去阿母"的小阿轮的身影又在她眼前晃动，她心想，难道她们母子至亲，竟及不上安金藏和他的君臣义气吗？武则天立刻命人将安金藏抬进宫来，让最好的外科医生给他做手术，务必救活他年轻的生命。安金藏幽幽魂魄，终于又重返人间了。

武则天听说安金藏苏醒过来了，便亲自来探望他。她叹了口气说："吾有子不能自明，使汝至此。"最终，武则天母性的本能战胜了对绝对权力的追求，她决定放过李旦，皇嗣谋反案也就此不了了之了。

两个回合下来，可以看到，在争夺太子之位这个问题上，李旦始终处于守势，武承嗣始终处于攻势。但是，李旦这个皇嗣的头衔虽然屡次摇摇欲坠，关键时刻却总有贵人相助，最终能够化险为夷。看来，无论是官心还是民心，基本上还是倾向李唐的多些。

夺嫡之争看似告一段落了，但是武则天毕竟没有立下太子，究竟是武家人还是李家人会接武则天的班，武则天心里没有答案，群臣心里更是没有底。武周的万里江山，究竟会由谁来接掌？对于太子之位的争夺，究竟会往什么方向发展呢？

第二十六章

重立庐陵

武则天的侄子武承嗣为了能当上太子,使尽了浑身解数,连出狠招,把皇嗣李旦也折腾得死去活来。但是,每次就在他快要成功的时候,总有贵人出手接招,搭救李旦,使他化险为夷,保住皇嗣之位。这样折腾了几遭之后,武承嗣都老了,他的姑姑就更老了,解决接班人的问题已经是迫在眉睫。对武承嗣和李旦来讲,这意味着夺嫡之争到了最后的关键时刻。那么武承嗣会想出怎样的点子,来打动武则天呢?

一、立子还是立侄

武承嗣非常着急,他就开始催武则天了,不停地在她面前吹风、鼓捣,说:"自古天子未有以异姓为嗣者。"这话对呀,因为中国古代是家天下,皇帝姓武,继承人就应该是武家人,肥水不流外人田,所以姓武就是武承嗣的最大优势。为了强化这个优势,武承嗣也没少忙活。长寿二年(693年),他牵头搞了个五千人的请愿,要求武则天加尊号为"金轮圣神皇帝",武则天原来叫圣神皇帝,这时候成了金轮圣神皇帝。第二年他又牵头搞请愿,这次是两万六千人,又给武则天上了一个"越古金轮圣神皇帝"的尊号,名头越来越吓人。这当然是投武则天所好，让她看看，到底是谁维护她的利益，谁才是她最忠诚的支持者，还不得是她的娘家侄子吗？这么几番表演之后，武则天的心思又活动了。我们讲过，每次武则天心里一活动，大家就得忙活，李旦就得倒霉。可是这一次不同，为什么呢？因为这时候的宰相是足智多谋的狄仁杰。

狄仁杰看出武则天的心思又活动了，还没等武则天来征求他的意见，他理好发言思路，就先找武则天沟通去了："陛下现在享有的江山，是高祖、太宗皇帝打下来的呀，高祖、太宗皇帝为什么那么拼命去打江山啊？不就是为了给子孙挣下一份家业嘛。高宗天皇大帝去世时，也是亲手把这个江山托付给了您，想让您传给儿子。陛下现在却想把江山社稷传给外人，这也太违背天意了吧。您怎么对得起他们呢？何况姑侄和母子比较起来哪个更亲啊？陛下立子，则千秋万岁后，配食太庙，子子孙孙会永远祭祀您。要是立侄呢？从古到今，臣真是没听说过侄儿做天子后，在太庙里祭祀姑姑的。"

大家回忆一下，这不老调重弹，还是当年李昭德那一套话吗？一个是继承顺序问题，一个是身后祭祀问题，一个是亲情关系问题。不同的只是狄仁杰的身份比较特别。狄仁杰号称国老，是武则天最信任的大臣，而且跟武则天年龄相仿，说起话来就有点老头老太太拉家常的味道，所以武则天容易接受。

但是，尽管如此，武则天还是把国老给怼回去了，她说："这是朕的家事，用不着你操心。"狄仁杰多聪明啊，马上就反驳了，说："王者以四海为家，四海之内，什么事情不是陛下的家事呢？再者说了，君为元首，臣为股肱，您就好比一个人的头，我们大臣就好比一个人的四肢，我们本是一体之人，更何况我还是个宰相，岂能不过问呢？"武则天哪里辩论得过狄仁杰啊，当下说不出话来，让他走了。人走了之后，武则天心里那个烦啊。

俗话不是说吗，日有所思，夜有所梦。武则天整天为立嗣的事情苦恼，翻来覆去地想：立子，立侄，立子，立侄……连做梦都忘不了。圣历元年（698年）的一天，七十五岁的武则天做了一个怪梦，梦到一只鹦鹉，羽毛华丽，色彩斑斓，但是两个翅膀都折了，想要飞，怎么也飞不起来。武则天一下子吓醒了，怎么最近总做怪梦呢？这个梦是什么意思呢？一个人闷着也是闷着，再一看，上朝的时间快到了，得了，还是一会儿去问问狄仁杰吧，这个国老天文地理的什么都知道。武则天觉得狄仁杰聪明，就让他解梦。狄仁杰说："武是陛下的姓，这只鹦鹉就是陛下啊，折断的两个翅膀就是陛下的两位爱子啊。如果陛下起用两位皇子，那就会双翼复振，您又可以展翅高飞了。您看，现在庐陵王还在房州呢，是不是应该把他接回来？"武则天本来就已经觉得狄仁杰上次分析得在理了，再一听狄公解梦，她又是比较迷信的一个人，心里就更动摇了。

说到这儿我们就有一个疑问了。狄仁杰不是武则天最信任的大臣吗？他应该忠诚于武则天，忠实于武周王朝啊，怎么他一个劲儿忽悠武则天立儿子呢，立儿子以后不就恢复李唐王朝了吗？其实，这个问题并不矛盾。为什么呢？首先，武则天自己也承认，武周是继承唐朝建立的，江山是高祖、太宗打下来的，她又是从高宗手里接过来的。武则天这个大周皇帝，相当于一个代儿子持家的寡妇呀。正是从这个意义上讲，狄仁杰认为，她的政权具有合法性，所以他忠诚于武则天，勤勤恳恳地帮着她把这个家管好。但是既然你是代行家长职权，是替儿子看守家业，那么等你到时候了，这份家业是不是还应该回到儿子手里啊？回到儿子手里就是还要恢复李唐王朝，所以忠实于武则天和恢复李唐王朝本身是不矛盾的。当时不仅狄仁杰是这样想的，好多大臣都这么想，所以他们都在撺掇武则天立儿子。

二、男宠的枕边风

但是，让武则天接受武周政权一代而亡这个事实还是太残酷了，感情上她还是转不过弯来，打不开这个心结。狄仁杰固然在逐步推动，武则天还是迟疑不决。就在这种胶着状态下，有一个意想不到的外力又把事情向前推进了一步。这个外力是从哪儿来的呢？起风的地方，就是唐朝东北部的一个少数民族——契丹。契丹本来是臣服于唐朝的，唐朝被武周取代之后，又臣服于武周，臣服了一阵子，他们逐渐强大了，就想摆脱中央王朝的影响，起兵反叛。反叛需要一个理由啊，名不正则言不顺，他们就以李哲、李旦被废为借口，发兵围攻幽州，并发布檄文说："何不归我庐陵王？"这一句话，对契丹的首领来讲其实只是个借口，嘴上说一说嘛，不过，它对武则天的震动是相当大的，这也是民意调查啊。她想，大周王朝取代李唐王朝已经这么久，但是，老百姓依然没有忘记李唐王朝！连边疆的老百姓都还忘不了李唐王朝，这是不是就意味着民心所向啊？看来，武周政权从李唐那儿来，还得回到李唐那儿去。

就在武则天这种心理状态下，又有人最后推了一把，彻底把这个传子还是传侄的问题解决了。谁呢？武则天的男宠张易之、张昌宗兄弟。这对宝贝儿是太平公主孝敬给母亲的礼物。兄弟俩都长得花容月貌，时人说他们就像两朵出水芙蓉。武则天当时已经步入晚年，对待他们的心情，既像小女孩哄洋娃娃，又像老奶奶疼孙子，是一种既复杂又暧昧的心态，给他们穿熏香的衣服，让他们涂脂抹粉，整天跟他们厮混在一起。这样一来，张氏兄弟一下子身价倍增，连武承嗣、武三思这样的大人物都得巴结他们，给他们牵马拉缰，像奴才一样。可是张家兄弟也不傻，他们知道自己的权势完全是从武则天这儿来的，人们对他们客气，不过就因为打狗也要看主人嘛。但是，主人已经七十多岁了，风烛残年，谁知道还能罩着他们多久呢？两朵芙蓉花想想觉得挺害怕的，就想找高人指点指点，今后的路怎么走。

真是想睡个好觉了就有人送来枕头，在他们寻找高人的时候，有个人主动来找他们来了。谁呢？吉顼，就是最后扳倒来俊臣的那个人。吉顼本来也是从酷吏起家，但是，因为文化程度比较高，早早地认清形势，成功转型了。所以在来俊臣死后他没有受到什么牵连，反而成了武则天的心腹，并且和武则天的两个男宠也打得火热。吉顼是个明白人，他看清了李唐复辟已是人心所向，在路线之争的大是大非面前，他知道自己该举什么旗，但他也知道武则天还下不了最后的决心。这个时候，如果有谁在武则天这个心灵天平上再加一个砝码，这个天平会立刻完全倾斜到李唐这边来，就肯定能立功，其功至伟啊。可是心里虽然这么想，他掂量掂量，又觉得自己还不够资格成为那个最后的砝码。那谁够格呢？想来想去，他就想到了这二张兄弟，觉得他们是武则天面前最得宠的人，由这两朵芙蓉花跟武则天吹吹风，那会非常起作用的。所以，他就来找张家兄弟了。

有一天，三个人在一起吃饭。酒过三巡，吉顼看着张家兄弟，推心置腹地说：你们兄弟现在这样享受荣华富贵，这么得宠，可是你们现在所得到的一切并不是凭你们自己的功劳得来的，你们也没有什么过人的品德，天下人肯定嫉妒你们啊。如果你们这个时候不立下大功，以后怎么保全自己啊？兄弟我不才，每次一想到这件事，就替你们哥儿俩发愁。饭局上的二张正琢磨这事呢，忙问计策。吉顼就说了，现在天下的老百姓并没有忘记唐朝，包括各级领导干部，都想恢复庐陵王的地位。咱们的主上春秋已高，偏偏又没看中武家哪一个人可以接班。如果这个时候你们建言说服她，让她重立庐陵王，就等于建下奇功一件，这以后不仅能够免祸，而且还可以永葆富贵啊。

大家会觉得，吉顼的想法是不是和狄仁杰的一样啊？不一样。狄仁杰是出于公心，而吉顼则有贪图私利的意思了。狄仁杰出于公心，所以他最关心的是李家人继承还是武家人继承这个问题，至于李家的两个儿子之间的安排，狄仁杰并没有介入。他之所以提出让庐陵王回洛阳，主要是想加强一下李家的力量。但是吉顼就不一样了，他贪图的是个人富贵，所以他不光想让武则天放弃武家人，进而还想让武则天放弃皇嗣李旦，重立庐陵王。为什么要重立庐陵王呢？因为李旦当时就是皇嗣，皇嗣和太子之间的地位差异非常模糊，李旦由皇嗣升为太子，是顺理成章，而立早已被贬的庐陵王则意味着有拥立之功，所以他宁可拥护庐陵王。公心私心，判然有别。但是无论如何，从吉顼的建议可以看出，当时的有识之士都认为应该把庐陵王接回洛阳了。

张易之兄弟听了吉顼的建议，连连点头。当天，枕头风就吹过去了，他们对武则天说，不如把庐陵王召回洛阳，立他当太子！武则天一听，惊呆了。连洋娃娃都说要她召回庐陵王？这简直就像项羽当年四面楚歌一样啊。看来，立儿子当继承人真的是人心所向，大势所趋了。但是武则天转念一想，不对呀，这两个洋娃娃哪里有这样的头脑啊，肯定背后有高人指点。一问，果然是吉顼在背后指使。武则天就把吉顼给叫来了。吉顼赶紧给武则天开了一个利弊的单子，让武则天自己权衡。其实武则天考虑这么久了，主体思路已经明确，现在既然明白是大势所趋，那就顺水推舟吧。

三、庐陵王东山再起

圣历元年（698年）三月，武则天托言庐陵王有病，派人将他一家接回洛阳，整个行程高度保密，滴水不漏，连狄仁杰都不知道。有一天，狄仁杰奉旨进宫，武则天主动跟他提起了庐陵王。狄仁杰又是一通慷慨陈词，一定得接回庐陵王。武则天微微一笑："既然你那么思念庐陵王，那我把他还给你得了。"然后指着一个帘子，说，"你看那是谁？"这时候帘子拉开了，狄仁杰一看，这不就是那个十多年前心浮气躁的年轻皇帝吗？现在已经像个小老头了。狄仁杰忍不住老泪纵横，跪倒在地。那这样一来，也就等于天下人都知道庐陵王回到洛阳了。武承嗣终于明白自己是没有希望了。这么多年的努力一下子成为泡影，落选了，还怎么玩儿呀？武承嗣受不了这个打击，积郁成疾，怏怏而死了。

我们总结一下，武则天为什么回心转意，最终决定立自己的儿子当继承人呢？我认为，主要有三点原因。

第一，立子符合武则天的长远利益。就像狄仁杰、李昭德等人反复分析的那样，如果立儿子做继承人，既符合继承传统，又顺应了母子亲情，而且死后还能够永远得到祭祀，可以说是生死俱荣。如果立侄子呢？恐怕自己百年之后，儿子首先就要被斩草除根。而且，就算是甘愿断子绝孙，自己恐怕也无法在侄子们的祭祀体系中占据一席之地。试想，如果让小武当了皇帝，那么被祭祀的首先就是武承嗣的父亲。当年，为了多分家产，这个同父异母的哥哥曾经给了年幼的武则天多少白眼啊。后来她当了皇后，还想报仇雪恨，要把老武除掉呢。如今，难道能让自己辛辛苦苦得到的江山辗转落到他的手中？

第二，立子是人心所向。反对武则天当皇帝的大臣固然已经都被酷吏杀死了，剩下的这些大臣确实都不反对武则天当皇帝，但是，不反对武则天，并不意味着不反对武则天的侄子当皇帝。事实上，这些大臣认可武则天的一个基本前提，正是武则天最后会把政权交给儿子。不仅大臣这样想，老百姓也这样想，中央、地方一条心啊。唐朝前三位皇帝都算励精图治，给老百姓留下了美好的印象，按当时的说法，叫"未厌唐德"。因此，武则天取代李唐，也就算不上替天行道，只能说是能干的主妇代行家长职责。可是，按照一般的伦理观念，一个寡妇从丈夫的手里接过家门钥匙，替自己的儿子主持生活，怎么能够转手就把钥匙塞给娘家人，让他们来继承家产呢？

第三，武家子弟缺乏人才，难成大业。武家的第一候选人武承嗣和第二候选人武三思基本上没多大能耐，除了巴结武则天之外就没干过什么正经事。兄弟两个虽然都不止一次当过宰相，但是每次都过不了多久就被罢官，根本没有领导才能。其他的武家子弟就更不堪了。举一个例子。武则天的堂侄河内王武懿宗身材矮小，相貌猥琐，长得不好看倒也不算他的错，最要命的是他胆小如鼠。神功元年（697年），武则天让他带兵讨伐契丹，武懿宗率领十万大军出发了。离前线还有很远呢，听说有几千契丹骑兵要来，他吓得丢盔弃甲，落荒而逃。自武周建立以来，甚至从唐朝建立以来，国家就没打过这么丢人的仗，所以当时的那些才子都嘲笑他。有一个叫张元一的人，甚至当着武则天的面写打油诗，讽刺武懿宗，说："长弓短度箭，蜀马临阶骗。去贼七百里，隈墙独自战。忽然逢着贼，骑猪向南窜。"什么意思呢？握的是长弓，射出的是近箭。本来是匹很小的蜀马，也要找个台阶才能骑上去。敌人远隔七百里之遥，自己却绕着城墙跟自己打仗玩儿。听说敌人真的要来，却吓得丢盔弃甲，骑着猪急急忙忙向南逃窜。武则天虽然也是个聪明人，一下子却真没听懂，就问道："懿宗有马，为何要骑猪而逃？"张元一答："豕（即猪的意思）屎同音，武将军吓得屎尿齐出，岂非骑猪而逃？"可见时人对武懿宗的鄙视。武懿宗虽然遇到敌人胆小如鼠，遇到老百姓可就心如蛇蝎了。武则天派他去安抚被契丹残害的河北老百姓，结果那些被契丹裹胁走、现在又逃回家园的人，居然被他统统安上谋反的罪名给杀了。杀人的时候，武懿宗先要把人胆割下来，然后再砍头，血流成河，哀声动地，惨不忍睹，河北的老百姓恨透了他。像这样的武家子弟，你就算把铁桶一般的江山给他，他又怎么守得住呢？

所以，在这些因素的共同作用之下，武则天终于决定让儿子继承自己的帝业了。可是，第二个问题马上又出现了：让哪个儿子继承呢？庐陵王李哲当年当过皇帝，皇嗣李旦也当过皇帝，可是现在太子的位置只有一个，到底给谁呢？两人各有优势。李旦的优势是资格比较老，当过好几年的傀儡皇帝，又当了多年的皇嗣，在武周朝的待遇一直比拟于皇太子；庐陵王李哲的优势是年纪大，而且又是唐高宗选定的皇太子。武则天左右为难。在这种情况下，幽居深宫的皇嗣李旦主动让贤了，他再三上书恳请逊位于庐陵王。武则天权衡利弊，终于做出了决定，复立庐陵王为太子，并恢复了他出生时的名字——李显。这时已经是圣历元年（698年）九月，距离李显回京已有半年之久。

两个答案选一个，为什么是这个结果？武则天放弃李旦，改立李显，是不是就因为李显是哥哥，符合立嫡以长的原则呢？其实没有那么简单。武则天首先是个政治家，考虑她的一切活动，都不应该忽略政治意义。那么，立李显究竟有什么政治意义呢？我想有三个方面。

第一，李显在朝廷中没有任何势力。李显是在文明元年（684年）被拉下皇位，贬往地方的，他离开洛阳已经整整十五年。朝廷里没有多少人了解他，他也几乎不认识任何权臣。如果让他当太子，就好比扶起来一个光杆司令。李旦就不一样了。他一直待在洛阳，是这十多年来拥护李唐的大臣心目中的一面旗帜，虽然武则天后来切断了他和大臣的交往，但是，拥护他的势力一直存在。武则天一生追求权力，让本身就有势力的人当太子对自己继续控制权力有利，还是让没有势力的人当太子对自己有利呢？柿子得拣软的捏，当然是让没势力的人当太子啦。

第二，李显跟武家的人没有仇。为了争夺太子之位，武承嗣、武三思等武家子弟反复陷害李旦，李旦也算是九死一生。如果他以后当皇帝，肯定不会轻饶武家子弟。李显就不一样了。他被贬是武则天做出的决定，与武家子弟无关；贬往房州之后，他又一直待在那个地方，跟洛阳缺乏联系，这么多年远离名利场，和武家子弟没有直接的冲突。所以他当皇帝，对武家子弟的威胁不大。武则天让儿子继承自己的皇位，并不意味着她不惦记娘家人，自己就姓武啊，她希望百年之后武家人依旧能够有相当的势力。那当然是选择李显更有保证一些。

第三，李显更有可能对武则天感恩戴德。在武周时期，李旦一直是皇嗣，如果立他为太子，属于顺理成章，不足为奇。李显就不一样了。他被废掉之后待遇一直很低，被淘汰了也没看到复活机制，从来没有想过自己哪一天可以东山再起，现在武则天把他重新立为太子，对他而言真是一步登天，他当然会感恩戴德。这一点，武则天和张易之兄弟以及吉顼的想法是一样的，有私心。出于这三个原因，武则天立李显为皇太子了。

可事情总是复杂的。复立李显之后，武则天并没有完全摆脱心中的矛盾。她已经认可了李姓做皇帝，将来恢复李唐政权；但在同时，她又不愿意让自己毕生奋斗的心血付之东流，她还想让武家享有她称帝期间已经享有的一切权力。怎么办呢？武则天采取了两个措施。

第一，抬高武氏子弟的地位，授予他们军政要职，从中央到地方都有人事安排。武家子弟中两个人出任宰相，另外还有四个人分别掌握着并州、洛阳和长安的军事大权，兵马得捏在自己人手里。

第二，弥合李武两家的矛盾。圣历二年（699年）腊月，武则天赐太子李显姓武氏，本来就是一家人嘛。同年六月，又命李显、李旦、太平公主与武三思等武家子弟盟誓，告天地于明堂，发誓彼此永远互帮互扶、和睦相处，这个誓文还被铭刻在铁券上，希望他们能够永远执行。

久视元年（700年）十月，武则天宣布恢复李唐王朝使用的夏历。走到这一步,天下人都明白了,武则天确实是要放弃自己的大周朝了。什么时候恢复李唐,就看武则天能活到多大岁数了。

到此为止,武周王朝的两大问题,酷吏问题和立嗣问题都解决了,武周王朝完全走上正轨,武则天总算可以松一口气,像其他这个岁数的老年人一样颐养天年了。心境轻松的武则天会用怎样的方式来谱写自己的晚年乐章呢?

第二十七章

嵩呼万岁

大家可能知道一个成语叫作"嵩呼万岁"或"山呼万岁"。这个成语是怎么来的呢?根据史书记载,当年汉武帝巡游嵩山,忽然听到远远传来呼喊"万岁"的声音。汉武帝就问随行人员,这是谁喊的呀?随行人员哪敢造次,说谁也没喊啊!汉武帝觉得挺奇怪的。这时候,有人就解释了,说这不是人喊的,是嵩山喊的。汉武帝龙颜大悦,马上命令祭祀山神。从此就有了"嵩呼万岁"这个成语,大声呼万岁也就成了臣民觐见皇帝的固定仪式。其实,这嵩山跟皇帝的渊源相当深,它不仅对汉武帝喊过万岁,还对武则天喊过万岁呢。这是怎么回事呢?

一、封禅嵩山

前面说过,武则天当皇帝之后,面临的最重要问题就是稳定统治。她不断打击敌对势力,并广纳贤才,反对派终于销声匿迹,国家发展也走上正轨,武周王朝开始出现政局稳定、国泰民安的局面。这时候,武则天想要展示一下自己的胜利成果了。怎么展示呢?她想到了封禅这个途径。封禅可是中国古代最重要的祭祀大典。皇帝通过封禅，一方面可以向上天寻求进一步的保佑；另一方面也可以昭告天下，我就是得天命的真龙天子，谁要是反对我，无异于自取灭亡。

大家肯定还记得，这已经不是武则天第一次封禅了。乾封元年（666年）正月初一，她第一次参与封禅，以皇后的身份追随唐高宗封禅泰山，充当亚献，想来还不过瘾。这一次，时隔三十年，天册万岁二年（696年）腊月，她要以皇帝的身份进行封禅大典，做正正经经的第一号主持人。而且，上一次是封禅东岳泰山，这一次，她要封禅中岳嵩山！有人就问了，封禅一般不都在泰山吗？没错，中国历史上一共有七位皇帝曾经封禅，秦始皇、汉武帝、汉光武帝、唐高宗、武则天、唐玄宗、宋真宗，其中六位都是封禅泰山，那武则天为什么如此与众不同呢？我觉得，武则天换地方，选择嵩山封禅，一共有四个原因。

第一个原因，嵩山自然条件好，古人认为它处在大地中心，这个想法由来已久，是当年周公测日影得出来的。在天下之中的这个位置，平地耸起高峻的山峰，这就是一个天然形成的通天柱。封禅是要干什么呢？不就是要和天沟通，向上天汇报成绩吗？在这里向天汇报，天应该听得更清楚啊。

第二个原因，嵩山本来就是周王朝的圣山，当年周武王、周成王都祭祀过嵩山。武则天既然自称是周朝的后裔，武姓就是从周朝姬姓那儿来的，那么周朝的先王就是她的祖宗，祖宗崇拜什么，后代也得崇拜，自然就要追随周朝，崇拜嵩山了。而且，当时还有一个传说，说嵩山神就姓武，是武则天的本家，既然是本家，还能不保佑武周王朝吗？从这个角度考虑，武则天也想抬高一下嵩山的地位。

第三个原因，嵩山离洛阳比较近，一共七十公里的路程，交通便利。武则天封禅的时候已经七十三岁了，当年交通条件肯定没有现在这么好，不过从洛阳走到嵩山，总比走到泰山少折腾一点儿。这也是可以理解的事情。

第四个原因，也可能是最重要的原因，涉及武则天个人的经历和心理。当年，武则天曾以皇后身份跟着李治封禅泰山，祈求上天保佑李唐王朝。现在武则天自己以周代唐，改朝换代了，再去泰山祈求上天不再保佑李唐王朝，改成保佑武周王朝，岂不是有点儿别扭？所以干脆改封嵩山，和李唐王朝划清界限，也是和以前的皇后身份断绝关系。

出于这样四个原因，武则天把嵩山改称神岳，到嵩山封禅去了。中岳嵩山，古有"嵩高唯岳，峻极于天"的说法，不似其他山脉那样一山独秀，而是分为太室山、少室山二山，中间隔有数里的山谷平地，相望不相连。天册万岁二年（696年）腊月初一，武则天带领大队人马，从神都洛阳浩浩荡荡地出发；腊月十一日，亲行登封大礼，在太室山祭天；十四日，在少室山祭地；十六日，接受群臣朝觐；二十日回到洛阳，整个过程历时二十天。封禅完毕，为了纪念这件事，武则天就把年号给改了，原来叫"天册万岁"，这时候改为"万岁登封"，嵩山所在地嵩阳县改名登封县（今河南省登封市），意思是登嵩山封禅，阳城县改名告成县（今登封市下属的告成镇），意思是大功告成。嵩山的山神也被尊为神岳天中黄帝，这可是五岳山神中第一个称帝的。

封禅让武则天大大地风光了一把，现在，她当皇帝是正式取得上天的认可了。可还有一个问题。改朝换代在中国古代是经常发生的事，如果是男性改朝换代成功了，他的阻力不会那么大，关键武则天是女性，女人当皇帝毕竟有点离经叛道，她还想借着封禅突出一下女性的地位，消除人们对于女皇帝的疑虑。所以，武则天决定再封一批女神仙。嵩山山神不是已被封为神岳天中黄帝了吗，一个人多孤单啊，武则天又给他找了位夫人，封为天中黄后，和他一起接受人们的崇拜。传说大禹的儿子启就是在嵩山出生的，启是夏朝的开国之君，可是他的母亲生下他之后，就化作了石头。这是多伟大的母亲啊，武则天加封她为玉京太后。另外，启的母亲没了，是他的姨妈把他抚养长大的，这位姨妈后来就成了少室山的山神。多么伟大的姨妈啊，武则天给她加封为金阙夫人。一时间女神仙大行其道，在嵩山上一走，每走几步就能碰上一位女神仙。武则天这样抬高妇女地位，用意很清楚，连女神仙都可以存在，我当女皇帝又算得了什么？

封禅之后，武则天踌躇满志。现在，她已经是历史上唯一在泰山之外举行封禅大礼的君王，也是唯一的女性封禅者，真是天地之间唯我独尊啊。在这样的心情之下，她大赦天下，免除了天下百姓整整一年的租税，另赐百姓大酺十天，就是普天之下放长假，都在家喝酒吃肉，来庆祝当今皇帝的盛典。

二、金简祈福

封禅确实给武周政权带来了好运。此后一两年，武则天彻底结束了酷吏政治，也最终选定儿子李显作为自己的接班人，武周政权步入正轨，似乎一切让她头疼的问题都解决了。可是，旧的问题解决了，新的问题又出现了。什么问题呢？年龄。武则天老了。

武则天当皇帝的时候已经六十七岁，即使按照今天的标准，也已步入花甲之年。当上皇帝之后，武则天并没有停下奋斗的脚步。虽然都说工作是最好的抗衰老剂，但是，衰老只能延缓，不可避免。武则天一生跟大臣斗、跟丈夫斗、跟儿女斗，甚至跟命运斗，每一次斗争都以她的胜利告终，但是，她唯独不能战胜自然规律，她一天比一天更加衰老，特别是在用人政策问题和继承人问题基本解决之后，工作上松了一口气，武则天的衰老似乎也加剧了。圣历二年（699年）二月，武则天生病了。本来，头疼脑热的事谁没有，这次生病怎么就证明她老了呢？要知道，这可是史书第一次记载武则天生病，生病能够被载入史册，可见病势不轻。这一年，武则天已是七十六岁的高龄。这场疾病对武则天的打击非常大，她恐怕第一次真正意识到自己已经来日无多。和生命相比，以前的一切追求都显得黯淡了。长生不老一下子成了她的最大梦想。那么，怎样才能长生不老呢？这时候，嵩山又发挥新的功能了。

现在人们都知道嵩山是佛教圣地，因为有大名鼎鼎的少林寺。其实，嵩山也是道教圣地，有现在全国规模最大的中岳庙。道教追求长生不老，正符合武则天当时的愿望，所以她把希望寄托到道教上了。刚才不是说武则天在圣历二年（699年）生病了吗？病急乱投医，当时女皇正在嵩山，她就让大臣阎朝隐向嵩山之神祈祷，求山神保佑她快点好。阎朝隐拍起女皇的马屁来毫不含糊，一接到命令马上就去了，在祭台之前斋戒沐浴，然后他就趴在祭台上祈祷了。祭台一般摆什么祭品？三牲，就是一些动物的肉。这时候阎朝隐祈祷了：我就是那祭品，我愿意用自己年轻的生命去换皇帝陛下的生命。可能是阎朝隐的虔诚感动了神灵吧，武则天的病居然有所好转。我们都知道武则天利用佛教夺取政权，因此积极扶植佛教，但是佛教讲涅槃，讲永恒，不讲长生不老。哪一种宗教讲长生不老？道教。这次生病之后，武则天的信仰就发生了一定的转变，对道教的热情也空前高涨起来。

她的这种信仰转变是怎么表现出来的呢？武则天做了这么几件事。

第一件：服用丹药。圣历三年（700年）五月，就在她生病的第二年，武则天开始服用洪州道士胡超给她炼制的长生药。胡超说，这个仙丹可是没少费他的心思，他炼了三年才炼成。三年炼成的仙丹效果当然应该很好吧？俗话说信则灵，武则天一这样想，药效就容易表现出来，当真感觉身体有了好转。从此，武则天就对炼丹着了迷，甚至她的面首也一定要学会炼丹才能得宠。这是后话。

第二件：改元"久视"。这可是一个极富道教色彩的词，《道德经》

是道家的第一部也是最重要的一部经典，里头有这么一句话："有国之母，可以长久；是谓深根固蒂，长生久视之道。"武则天就从这里抽取了"久视"两个字，希望这个年号可以让她长长久久地活下去。

第三件：嵩山投金简。所谓金简，就是一张金子做的名片，但是，这个名片不是给人的，而是给道教神仙的，而且，名片上不仅有本人的姓名、从事什么职业、担任什么职务等基本信息，还有这个人对神灵的请求。投简是一个道教仪式，是给人们去病免灾的，武则天投金简可是当年的一个大活动。久视元年（700年）七夕佳节，武则天让帮她炼丹有功的道士胡超替她到嵩山谢神，在封禅台的北面投下一个金简。金简上镌刻着铭文：

> 大周国主武曌好乐真道长生神仙，谨诣中岳嵩高山门，投金简一通，乞三官九府，除武曌罪名。太发庚子七月甲申朔七日甲寅。小使臣胡超稽首再拜谨奏。

三官九府是什么呢？所谓三官，就是天官、地官、水官，道教的三位神仙，九府就是各路神仙的洞府。意思是说大周皇帝武曌崇奉道教，希望长生不老，因此到中岳嵩山投下这枚金简，请求天官、地官、水官及其他各路神仙除去武曌的罪名，实现她的愿望。

这个金简到底是赎罪简还是祈福简，学术界一直争论不休。我个人觉得，武则天当时的心境非常复杂，这两种说法都有道理。为什么？首先，武则天有没有赎罪的想法啊？当然有了。她当时已步入暮年，又是病魔缠身，心里当然比较迷信，觉得自己一生有很多罪过，可能正是这些罪孽在向她勾魂索命，所以希望得到神灵宽恕，不要再追究她的责任。武则天究竟想要免除自己的什么罪名呢？我个人认为，在生命接近尾声的武则天看来，自己一生的所作所为恐怕有太多的不当之处，从勾引李治到杀害亲生女儿，从大开杀戒到包养面首，按照传统礼教，都算是罪行。当然，最离经叛道的还是改唐为周、女主天下了。回首往事，武则天觉得不胜惶恐，她希望天官、地官、水官这三位道教神灵能够免除她的罪名。所以说，这确实是个赎罪简。但是，武则天为什么要赎罪？她的最终目的还是希望求得神仙原谅，保佑她长生不老，所以从终极目的来说，这又是一个祈福简。这个金简对于我们了解武则天晚年的心境太重要了，可是早在四五十年前，全世界没有一个人知道这个金简。为什么？因为金简是在1982年被登封县一个种树的农民偶然捡到的，后来才保存到河南博物院，现在是国家一级文物。

武则天的理想既然已经转变为长生不老，有些想升官发财的人就又开始打算盘了。当时有个人叫朱前疑，上书说"臣梦陛下寿满八百"，武则天很高兴，便让他当了拾遗，是个八品官。这个人深受鼓舞，一想，当官挺容易啊，没过多久又说"臣梦陛下发白再黑，齿落更生"，武则天一听更高兴了，让他当了驾部郎中，驾部郎中已经是五品官了。这个人再接再厉，又说他听见嵩山喊万岁，武则天说，好啊，嵩山喊万岁是好事，又赐他一个绯算袋。算袋是什么？是一个小挂件，绯算袋就是红色的算袋，这样的装饰品在唐朝只有高级官员才能佩戴。单靠说这种鬼话就能步步高升，也可以看出女皇当时对长寿的渴望都到了犯傻的程度。

三、沉湎享乐

理想的变化自然也会引起心境的变化。什么样的变化呢？武则天从原来的热心政务变得贪图享乐了。武则天本是一个精力充沛的人，按照现在的说法就是一个工作狂。当年还在当太后的时候，连一个太学生请假回家她也要直接过问，可见工作的细致程度。但是，接连几场大病下来，武则天对人生的意义产生了怀疑。她想，再玩命地工作有什么意思啊，就想把过去为工作所牺牲掉的休闲娱乐统统找补回来，抓紧时间纵情声色。旅游啊，宴会啊，逐渐成了武则天晚年生活的主旋律。说起来武则天的品位还确实不错，她建立了一个叫控鹤监的机构，广选美少年充实其中，还豢养了一帮文人墨客，陪着她搞旅游，开宴会。这个宴会其实有不同的开法，有人开起来很粗俗，就知道猜拳行令，吆五喝六的，武则天是很风雅的人，她觉得这样没意思，她要有点文化品位，一边喝酒还得一边赋诗，搞得像个文化沙龙。兴之所至，武则天有时也会举办赛诗会，由她宠爱的才女上官婉儿做评判，看谁写得又快又好。上官婉儿是被武则天杀死的宰相上官仪的孙女。她继承了上官仪风雅的基因，虽然当年不到一岁就被没入掖庭，没受过什么正经教育，但是长大之后照样锦心绣口。武则天特别善于发现人才、使用人才，就让她当赛诗会的裁判。相传婉儿出生之前，母亲曾经做了一个梦，梦见神仙给她一柄大秤，说她生的这个孩子以后要去衡量天下，可是生出来是个女孩，后来又没入掖庭了，上官夫人也没把这梦当回事。现在，这梦不是应验了吗？婉儿虽然没能衡量天下，但是毕竟她能衡量诗人了，哪个写得好，哪个写得不好，她一句话说了算。这样的宴会当然是气氛越轻松越好，所以皇帝啊，大臣啊，男宠啊，宫女啊，甚至一些商人，都坐在一起，忽略了尊卑名分。有位大臣看不下去了，跟武则天说，您收敛收敛吧。武则天对他粲然一笑，说，你老了，以后这样的宴会活动就别参加啦。她照样我行我素。

在这种情况下，嵩山又开始发挥它的第三个功能了。什么功能呢？按照现在的说法就是避暑胜地的功能。嵩山离洛阳约七十公里，因为处在风口上，又是山区，海拔高，温度要比洛阳低五摄氏度左右,夏天的时候轻风习习,流水潺潺。武则天整天待在宫里多闷啊,就在嵩山搞起了旅游开发。久视元年(700年)三月,武则天在嵩山石淙河畔修建了一座三阳宫,四月入住,一住就是四个月。第二年,也就是长安元年(701年)五月,武则天又一次驾临三阳宫,住到七月才回洛阳。武则天为什么这么喜欢这个地方?说来这三阳宫畔的石淙河就是拍摄电影《少林寺》的外景地,"林间小溪水潺潺,坡上青青草",牧羊女和小和尚的故事就是在这儿发生的。这么好的风景,又是三教荟萃的人文圣地,皇帝能不开发利用吗?

大家可能还记得,武则天年轻的时候不仅会写诗,想要取悦唐太宗,还苦练过书法。现在,她用不着取悦任何人了。在没有压力的心境下,写出来的东西也就格外潇洒。圣历二年(699年),武则天驾幸嵩山,特地去寻访传说中周灵王的太子晋升仙的地方。太子晋是周太子,武则天也一直自称是周室之后,那周太子就应该是武则天的祖先了。传说这位周太子后来成了神仙,飞升而去。当神仙可是武则天当时的最大梦想,于是武则天为他立庙,亲自作文刻碑,表达了她对神仙世界的向往。《升仙太子碑》至今仍保留在河南偃师缑山,笔力雄健,《宣和书谱》赞曰:"凛凛英断,脱去铅华脂韦气味。"这是历史上首次以今草入碑,在书法史上也算开风气之先。当然了,武则天一生中突破的传统太多了,这种小小不言的突破又算得了什么呢?此刻的武则天追求的就是活并快乐着。

四、调和李武

武则天到晚年是不是只知道享乐了?那倒不然。武则天是什么人啊?她首先是一位杰出的政治家,即便是饮酒赋诗,也保持着高度的政治敏感,知道国家面临的主要问题是什么。当时政治生活中最大的问题是什么呢？稳定问题解决了，用人路线问题解决了，接班人问题也解决了，最大的问题就是李家和武家关系的问题。武则天已经确定了让儿子当继承人，还想让侄子继续手握大权。其实这是办不到的。如果解决不好，就会埋下日后动乱的伏笔。李武两家到底怎么定位，当时有识之士都是忧心忡忡。当年劝武则天杀掉来俊臣，又劝武则天重立庐陵王的吉顼也是这些有识之士之一。他说："臣今远离阙庭，永无再见之期，愿陈一言！"武则天说，那你说吧。吉顼道："合水土为泥，会引发争执吗？"武则天答："不会。"吉顼道："如果分一半塑为佛祖，另一半塑为道家的天尊呢？"武则天答道："那就有争执了。"吉顼再拜说："臣也以为有。宗室、外戚若能各守本分，则天下安。现在太子已立，外戚仍居王位，陛下若不处置而任其发展，他日必有祸乱！臣担心的就是这件事。"这一番话的确是发自肺腑，说完之后，吉顼的眼泪都流下来了，用期待的眼光看着武则天。武则天半天没说话，最后，她叹了一口气说："朕也知道，可是事已至此，又能如何！"

不好解决也得解决，当皇帝不能撂挑子啊。怎么办呢？武则天现在不是经常游山玩水、饮酒赋诗吗？每次气氛都轻松愉快，武则天就想用这种方法来调解李武两家的矛盾。俗话说，酒越喝越厚，在一块多玩几次，矛盾不就解决了吗？在这种心境之下，武则天就把李武两家聚到一块搞联谊活动了。比如说在久视元年（700年）七月，武则天第一次到三阳宫避暑，即在石淙河的一块巨石之上大摆宴席。宴请的是些什么人呢？第一个就是太子李显，第二个是相王李旦，第三个就是梁王武三思，以下还有大臣狄仁杰、姚元崇，男宠张易之、张昌宗兄弟。一时间真是母慈子孝，君臣和谐。这件事在历史上就称为石淙宴饮。喝得兴起，武则天豪兴大发，提议即席赋诗，作《石淙》一首：

三山十洞光玄箓,玉峤金峦镇紫微。
均露均霜标胜壤,交风交雨列皇畿。
万仞高岩藏日色,千寻幽涧浴云衣。
且驻欢筵赏仁智,雕鞍薄晚杂尘飞。

女皇都带头了,随从人员肯定纷纷响应。十六个人,一共写成了十六首诗,这些诗都刻在石淙河边的石壁之上,现在还能看得清清楚楚。

到此为止,武周一朝的用人路线和传位问题都已解决,李武两家矛盾在缓和之中,武则天也步入风烛残年的怠政时期了,她开始颐养天年。如果没有意外,武则天的政治生命会随着自然生命一起结束,到时候,太子李显就可以顺利接班了。但是,就在武则天晚年耽于享乐的心境之下,一种新的势力忽然在政坛崛起,让政治形势急剧复杂起来,也让武则天的命运再次发生逆转。这究竟是一种什么势力呢?

第二十八章

小宝兴衰

大家恐怕都听说过灰姑娘的故事，贫寒的灰姑娘凭借美貌打动了王子，最后终于嫁进皇家，过上了幸福的生活。因为男权社会的传统，这样的故事代代相传，甚至今天还有人说，干得好不如嫁得好。可是大家想过没有，如果灰姑娘变成"灰小伙"会怎样？武则天时期就有这么一个"灰小伙"，叫作冯小宝，他也凭自己的身体条件进入皇宫，上演了一部男版的灰姑娘传奇。

一、小混混一步登天

这冯小宝是何许人也？他本来是在洛阳城市井之中靠卖野药为生的小货郎，想来为了宣传药效，还得把自己锻炼得精神一点，相当于老北京天桥上卖大力丸的，卖药之前还要先比画几招。正因为从事这种职业，冯小宝身体结实魁梧，又能说会道，被一所豪宅里的侍女看上了，成了侍女的情人。这个侍女的主人是谁呢？说起来大家肯定有印象，就是在宗室谋反案之后为了保命，主动要求当武则天女儿的千金公主。这个侍女偷偷把冯小宝领到公主府幽会，不小心被千金公主发现了。起初千金公主自然是勃然大怒，但是看看跪在地上的冯小宝一表人才，千金公主也就原谅了他，不仅没有惩罚他，还把他留用了。留用之后，经过一番检验，千金公主觉得冯小宝确实是难得的人才，公主本人当时不是正在努力讨好武则天吗？有了这样的宝贝，怎么能据为己有呢？于是又把他包装包装，孝敬武则天了。

武则天当时已经是太后，高宗去世了，再也没有能够真正约束她的人，而且她又刚刚平息了李敬业叛乱，正需要好好放松一下，于是也就笑纳了。可是，礼物虽然是好礼物，武则天也有点犯难。怎么安排他呢？直接让他进宫有点不妥，毕竟高宗尸骨未寒，自己作为太后多少要顾及点影响。想来想去，武则天有主意了。唐朝宗教气氛浓厚，和尚、道士经常出入宫廷，武则天便令冯小宝出家为僧，赐名怀义，这样进宫就方便了。可是还有一个问题，小宝出身太低微了，虽然武则天不拘一格用人才，但是说起来是一个江湖卖药的，让人不舒服。怎么给他换个出身呢？当时武则天的小女儿太平公主已经出嫁了，丈夫叫作薛绍。武则天灵机一动，让薛绍认了小宝做叔叔。这样，小宝就改姓薛了。经过这两度包装，冯小宝摇身一变成了薛怀义，而且很快当上了洛阳名寺白马寺的住持。丑小鸭终于成了白天鹅，从此薛怀义经常出入武太后的寝宫。人人都知道薛怀义的身份、地位非同寻常，尊称他为薛师，不敢直呼其名。就连在朝廷里威风八面的武承嗣、武三思兄弟，也甘心在他面前低三下四，跟奴才似的。

二、太后的"贤内助"

冯小宝开始得宠的时候，也正是武则天向皇帝之位发起最后冲刺的时候。武则天还活着的两个儿子，李哲已经被她废为庐陵王，发配到房州囚禁起来了，李旦虽然名义上还是皇帝，但是也被软禁在宫里，政务上一点都插不上手。所有反对她当皇帝的人，武则天都有信心搞定。人，她是能摆平的，但是当皇帝需要天命所归，怎么摆平这个天呢？这时候，冯小宝被派上用场了。整个朝廷里，没有谁比他和太后的心贴得更近，太后的事业就是他的事业。谁也别把他仅仅看成一个男宠，他也要有所作为，为太后排忧解难，当太后的"贤内助"。怎么才能当好"贤内助"呢？冯小宝做了三件大事。

第一件是建明堂。我们讲过，明堂是儒家经典所记载的天子布政之所，非常神圣。武则天要把明堂建起来，以证明她统治的合法性。这个大工程的主持人就是冯小宝。让一个男宠去主持修建儒家圣物真够离经叛道的，但是，武则天用人眼光一向准确，冯小宝果真不负重托，不到一年就把明堂修成了。新修的明堂宏伟壮丽，有大概三十层楼那么高，起名叫万象神宫，武则天在那里祭天、祭祖，接受百官朝贺，大大出了一把风头。更加绝妙的是，冯小宝还在明堂背后修建了一座天堂，贮存佛像，遮风挡雨。这个佛像有多大呢？据说一个小指头就能装好几十个人，所以天堂盖得极其高大壮丽，一共五层，才到第三层就已经比明堂还要高了。武则天为什么要修建这么宏伟的天堂呢？一方面是因为冯小宝的宗教情结，另一方面，恐怕还是武则天此时想要利用佛教为自己当皇帝服务。

冯小宝做的第二件大事，就是在佛教经典中找到了能支持武则天当皇帝的理论。我们前面讲过，经过刻苦攻关，以冯小宝为首的和尚终于在浩如烟海的佛经里找到了一部《大云经》，经里记载女主统治国家，最后又成佛。这就名正言顺地为武则天当皇帝提供了经典依据。但是，冯小宝并没有止步，为了普及《大云经》，他又带领一帮和尚炮制了解释经典的《大云经疏》，用通俗易懂的语言把晦涩的经文加以演绎阐发，并和当时流行的弥勒信仰结合起来，称唐室衰微，太后就是弥勒下生，必定取代唐朝的统治。武则天当皇帝的理论难题解决了，冯小宝也因此顺理成章地成为武周建国的大功臣，官拜正三品的左威卫大将军。

冯小宝做的第三件大事是帮助武则天讨伐突厥。冯小宝既然已经是大将军了,当然要建立军功。当时突厥常常威胁北部边疆,而武则天忙于改朝换代,对于武将不大信任,因此冯小宝又被派上了用场,去帮武则天讨伐突厥。第一次是在永昌元年(689年),也就是武则天称帝的前一年,武则天委任冯小宝为新平道行军大总管讨伐突厥。冯小宝本来是个卖药的小混混,哪里知道怎么打仗啊,可是俗话说,无知者无畏呀,他还真就去了。他的运气太好了,突厥是游牧民族,逐水草而居,来无影去无踪,冯小宝到了前线,正好突厥兵走了。没找到敌人那就凯旋吧,回来以后,对武则天他可不这么说。他说,敌人闻风丧胆,听见他的名字就害怕了,所以他还没到那儿,他们已经望风而逃了。武则天也很高兴,当下封他当了二品的辅国大将军。

既然冯小宝打突厥有功,以后对付突厥的事就交给他了。延载元年(694年),也就是武则天当上皇帝的第五年,冯小宝又被派出去讨伐突厥了。这次,他的头衔是伐逆道行军大总管,两位宰相当他的幕僚,率领十八位将军出征。要说老天真是太照顾冯小宝了,也不知道为什么,他运气特别好,还没等出发,敌人已经无影无踪了,所以冯小宝又是毫发无损,再立新功。当然啦,他给武则天的理由仍然是,"敌人一听说我的名字就吓跑了"。

第二次讨伐突厥可以说是冯小宝一生事业发展的巅峰。他既是武则天的男宠,又是白马寺的住持,同时还是朝廷里威风凛凛的大将军,真是炙手可热。

三、一错再错

可是，人往往取得了一丁点儿成就，就会飘飘然，甚至连一些大贤大德都不例外，更不要说冯小宝这样一个没什么底蕴的市井小混混了。他很快就忘乎所以了，一次次地犯错误。他都犯了什么错误呢？归结起来一共有三类。

第一类错误：小人得志，骄横跋扈。从他当了面首，就开始犯这类错误。冯小宝当了和尚以后，就得住在寺里，他觉得寺里闷得慌，太寂寞，不甘心，怎么办呢？他就私自剃度了好多小流氓当和尚，每天也不在寺里念经，而是跑到街上去，骑着高头大马，在洛阳城里横冲直撞，路上的行人纷纷躲避。谁要是躲得不够及时，马上就被他们打得头破血流。然后，他们把人扔在路边，扬长而去，根本不管别人死活。看到道士，冯小宝更是分外眼红，一定要把人家抓过来，剃光头发，陪他一起当和尚，有时候连道教的高级人物也不能幸免。当时有一位著名的道士，叫作侯尊，是弘道观的观主，有一次不小心被冯小宝看见了。冯小宝才不管他是谁，马上把他拉进寺里去，强迫他当了好几年的和尚，直到冯小宝死后，这人才出来，重新蓄发当道士。

冯小宝对官员也挺不客气的。当时有一位御史看不过他的所作所为，多次依法弹劾他，冯小宝一怒之下，把这个人堵在路上，打了个半死。这类为非作歹的事情干多了，有时候也会碰钉子。有一天，冯小宝带着自己的一帮喽啰进宫，在门口遇到了宰相苏良嗣。冯小宝骄横惯了，觉得他是宠儿啊，他得先进门啊，根本没把苏良嗣放在眼里。要知道，唐代的宰相非常威风，号称"礼绝百僚"，哪里容得下一个男宠如此无礼！苏良嗣勃然大怒，当即叫左右把冯小宝揪过来，劈头盖脸一顿暴打，把冯小宝打得满地找牙。冯小宝自从进宫，哪里受过这种委屈啊，跑到武则天面前哭诉，说是可忍孰不可忍。没想到武则天心里非常明白，公私分得很清，摸着冯小宝的光头说："孩子你记住，北门才是你出入的地方，南衙是宰相理政的地方，你没事到那里闯什么祸呢？"当然，能够这样跟冯小宝叫板的人少之又少，特别是随着冯小宝地位的提高，宰相也奈何他不得。在出征突厥期间，李昭德以宰相的身份充当冯小宝的幕僚，因为一言不合，冯小宝挥拳便打，李昭德那么有性格，这时候也只能惶惧求饶，可见冯小宝的威风。

第二类错误：任性使气，得罪女皇。冯小宝是武则天的第一个男宠，本来就是唯我独尊，缺乏竞争上岗意识。可是，随着武则天从太后变成皇帝，她的胃口也变大了，不再满足于只有一个"后宫佳丽"了，她身边的男宠逐渐多了起来，她慢慢移爱于一个叫作沈南璆的人了。这沈南璆是一个御医，给武则天看病的，想来功夫了得，武则天慢慢就喜欢起他来了。

皇帝身边多了一个人？这对冯小宝的打击可太大了，他为武则天立了那么多功劳，武则天怎么可以移情别恋呢？冯小宝一气之下，耍起了小性子，干脆不进宫见武则天了，整天待在白马寺里，和他剃度的那些小流氓胡闹。闹来闹去，又引起不满了。有一位御史叫周矩，看不下去了，毕竟冯小宝可以随意出入宫廷，要是和这帮小流氓搞什么阴谋危害皇帝怎么办呢？于是他上奏武则天，说薛师每天都纠集一些不法和尚在那儿操练，万一他对皇帝有什么不良的企图，大家就防不住了，要求审问冯小宝。武则天当时也正生冯小宝的气，就批准了，说：你先回去吧，我马上让他过去受审。周矩刚刚回到御史台，冯小宝骑着高头大马也来了。进门后他不是跪地受审，一看那儿有一张床，下了马就躺在床上了，袒胸露腹，旁若无人。见冯小宝目中无人，周矩气坏了，招呼手下过来，就要把冯小宝押上公堂。没想到冯小宝一跃而起，骑着马扬长而去。周矩真是被气了个七窍生烟。没办法，向武则天汇报吧，武则天听完汇报后笑了，说：这和尚疯了，你也不必再审问他，就把他剃度的那些小流氓处理掉就可以了。周矩没办法，只好先把那近千个和尚都给流放了。武则天的态度表明，虽然冯小宝任性引起了她的不满，但是念及旧情，武则天还是愿意保护他的。不过，冯小宝并没有体会到这点，他不仅没有因此收敛一下，反而沿着错误的道路越走越远了。

他犯的第三类错误，也就是最严重的一类错误，是公私不分，火烧明堂。证圣元年（695年）正月十五日是中国传统的上元佳节。朝廷取消宵禁，百姓家里也是张灯结彩，天下狂欢。冯小宝为这个节日做了精心准备，他指挥手下在明堂的地上挖了一个五丈深的大坑，坑里面预先埋上佛像，装上机关，然后，用丝绸在坑上搭了一座宫殿。皇帝也得过节啊，武则天来到明堂之后，冯小宝指挥手下将佛像从坑底徐徐拉起，一直拉到彩绸搭建的宫殿之中。从旁边看起来，活像是地底踊出佛像。这景象难道不神奇、不壮观吗？可是武则天看了之后没什么反应，冯小宝可是太失望了。他是用心血去做的，武则天怎么没反应呢？不过他还留着一手。他早就杀了一头牛，用牛血画了一尊二百尺高的大佛，把这张佛像张挂在天津桥上。他对武则天说，这是他割破膝盖，用自己的血画成的。武则天哪信啊，不要说割破膝盖，就是割破主动脉，也没这么多血啊。所以武则天还是淡淡一笑，没理会。

这可太伤冯小宝的心了，他想，他为武则天做了那么多事，就因为那么一个御医，武则天就要把他打入冷宫吗？太不公平了！小宝这次真的吃醋了，他一夜都没睡着。第二天是正月十六，就在夜里，天堂忽然起火了。火借风势，迅速蔓延，很快天堂就成了一片火海。当初建天堂的时候，所费以万亿计，府藏为之枯竭，耗费了国家多少财富啊，如今只剩下一片锦灰堆。这还不算，大火又继续蔓延，把明堂也给点着了。烈火熊熊，把神都洛阳照耀得如同白昼。这场大火一直烧至天明，明堂和天堂一起化为灰烬。这火是怎么着起来的呢？冯小宝放的。他无法忍受武则天冷落他，就想既然武则天不再在乎他了，他就做一件大事，让武则天看看他的厉害。小混混的想法是，也许只有干出这么一件惊天动地的大事，武则天才会注意到他的存在。

可是这件事他大大地办错了。明堂和天堂能随便玩没了吗？他犯了公私不分的错误。对于武则天而言，明堂是她得天命的标志，是她号令天下的场所，是大周王朝的象征。明堂顶上一凤压九龙的造型，更是她自身的写照，这些是她毕生追求的东西。相对于这些而言，和冯小宝之间微不足道的私情算得了什么呢？但是，冯小宝天真地把这两者混为一谈了，为了引起皇帝的注意，他不惜烧掉她心中最神圣的东西。这一次，皇帝很生气，后果很严重。

四、小宝之死

武则天怎么处理冯小宝呢？会不会立刻杀了他呀？武则天当时还真没杀！不仅没杀，她还说，这个天堂和明堂要重修，重修这个工程的主持人还是冯小宝——薛怀义。

我们刚才不是说武则天生气了吗？以她的脾气，为什么不杀冯小宝呢？我觉得，这里面有两个原因。

第一个原因，武则天要遮羞。她不能公开惩办冯小宝，天下人都知道冯小宝是她的面首，现在如果昭告天下，说冯小宝因为争风吃醋火烧明堂，我们必须予以惩处，这也太没面子了吧。不仅不能公开他的罪行，还要尽可能地帮他脱清干系。怎么脱清呢？说这是天火？不行。如果是天火，那不就意味着遭天谴了吗？只能归罪于人。那应该归罪于谁呢？武则天诿过于工匠，说他们用火不慎，点着了天堂里的大佛，大佛含麻较多，属于易燃品，导致火势迅速蔓延。也就是说，这件事和冯小宝毫无关系，一切谣言纯属捕风捉影。

第二个原因，武则天对冯小宝还是有一定感情的，舍不得下手。自冯小宝从垂拱元年（685年）进入武则天的后宫，到证圣元年（695年）的正月，已经过去了整整十年。人生有几个十年啊，冯小宝跟着她一起经历了改朝换代的种种风浪，为她登基称帝没少操劳。这次放火，也是多情所致，只有多情，才会嫉妒嘛，想想这些，武则天不愿意太过绝情。

因为有这样一些考虑，所以武则天不仅没有杀冯小宝，还昭告天下，要重新修建明堂和天堂，仍然让冯小宝来当项目负责人。那两个人的感情是不是恢复如初了？不可能，无论是武则天还是冯小宝，谁也不可能真正忘记这场明堂大火。

对于武则天来说，明堂是她得天命的标志，突然被烧了，怎么解释这场火灾呢？当时大臣就分成两派了。一派说这就是上天降灾示警，皇帝应该反省自己，谢罪于天。另一派就是马屁精了，说这哪里是天谴啊，这是祥瑞！为什么呢？有人说，当年周武王伐纣，军队过河时便有天降大火，结果武王伐纣成功了，所以明堂失火是说明大周朝也会发旺啊！还有人说，当年弥勒成佛时便有天魔烧宫，这说明陛下真是弥勒佛啊！两种意见，都挺有道理的，武则天信哪个啊？虽然武则天爱听好话，但她其实更相信前者。她的心里，很长一段时间都摆脱不了天谴的阴影。

那冯小宝呢？其实他心里也并不平静，天天琢磨这个事情。他知道自己这个娄子捅大了，以他对武则天的了解，他不相信武则天会真的饶了他。人在不安的情况下会有两种反应，有人更加小心翼翼，而有人就会破罐子破摔，显得更加狂妄。冯小宝属于后者。于是，他在武则天面前更加放肆了，经常出言不逊。到了这一步，武则天再也不想容忍他了。而且，武则天开始觉得他是一个危险分子了，为了防备他突然发疯，利用随便出入皇帝寝宫的特权搞恐怖袭击，谋害自己，武则天秘密挑选了一百多个健壮的宫女，组成一支宫廷女子特警队，整天跟在自己身边，以防不测。

你想，两人的关系都到这份儿上了，冯小宝会是什么结果呢？证圣元年（695年）二月四日，火烧明堂半个多月之后，冯小宝死了。怎么死的呢？史书上记载了三种说法。

第一种说法见于《实录》，后来又被《资治通鉴》采纳，说冯小宝是被武则天的堂侄武攸宁暗杀的。暗杀的地点，就在洛阳宫城内的瑶光殿。瑶光殿四面环水，景色清幽。有一天，武则天约冯小宝来这儿见面，冯小宝乘兴而来，没想到等他的不是女皇，而是女皇的侄子武攸宁。武攸宁一看见冯小宝，不容分说，率领壮士一拥而上，将他扑倒在地，冯小宝虽然练过几招拳脚，但哪里敌得过大内高手？双拳难敌四手，一顿劈头盖脸的毒打之后，冯小宝当即毙命。

第二种说法见于《旧唐书》，说冯小宝是被武则天的女儿太平公主的乳母张夫人率领壮士暗杀的，具体情节和武攸宁的故事基本一样。也是说武则天召唤冯小宝到瑶光殿幽会，冯小宝屁颠屁颠来了，没看到武则天，倒看见太平公主的奶妈张夫人了。张夫人率领的壮士一拥而上，把冯小宝扑倒在地，一阵乱棒打死。

第三种说法见于李商隐所写的《宜都内人传》。宜都内人是武则天的宫女，她规劝武则天，男为阳，女为阴，武则天如果用男宠，那就是以阴求阳，自毁长城。因此必须去除男宠，培养自身的阳刚之气，只有这样统治才能长久。武则天听了之后觉得有道理，因此就下令杀了冯小宝。按照这种说法，武则天对冯小宝就是明杀，不是暗杀了。

那么，这三种说法究竟哪种可靠呢？

我个人认为，首先，第三种是明显不可信的。为什么呢？有两个理由。第一，武则天不可能公开处决冯小宝。冯小宝的身份是男宠，相当于现在有的公司老总的"小蜜"。试想，一个"小蜜"如果非要插手公司事务，而且企图危害老总，那老总应该怎么办呢？他很难请求司法帮助，因为公开这种关系对自己影响不好。怎么办呢？只好雇凶杀人。武则天也是如此。即使有必要杀死冯小宝，她也不希望把事情公之于众。第二个理由是《宜都内人传》是李商隐写的一部小说，虚构成分太多了，可信度不高。因此，第三种说法首先被排除了。

那第一种说法和第二种说法呢？我觉得，这两种说法都记载了武则天雇凶暗杀冯小宝，符合一般情理；另外，《实录》和《旧唐书》的可信度难分高下，因此很难确认哪一种更可信。不过雇凶暗杀情人属于绝对隐私，当然要找更亲近的人来操作。谁信得过呢？把武攸宁和太平公主相比，太平公主更信得过一些。根据史书记载，太平公主是武则天最宠爱的女儿，而且有权谋，小心谨慎，不该说的话从来不说，不该做的事从来不做，深得武则天的信任。因此，我个人认为太平公主参与的可能性更大一些，也许太平公主受武则天的委托，就指使自己的奶妈张夫人，领了一帮高手，消灭了冯小宝。冯小宝"香消玉殒"后，武则天派人把他的尸体送回白马寺，在那里焚尸造塔，整个人就这么消失得无影无踪。

那么，我们今天应该怎样评价冯小宝其人以及他和武则天的关系呢？我觉得，今天必须明确三点内容。第一，中国古代的皇帝一向号称后宫佳丽三千人，武则天也是皇帝，她包养男宠，正是仿效了以前皇帝的传统做法，虽然谈不上品行高尚，但是也不应该作为特例受到特别的批判。第二，冯小宝的主体身份就是男宠，虽然他帮助武则天改朝换代，但是，并没有很深地涉入国家政治，他没有当过宰相，没有主持制定过任何大政方针，在这一点上，武则天基本做到了公私分明。第三，武则天对冯小宝有着很强的控制力，从他发迹到最后灭亡，都是武则天一手操纵，他的活动范围和活动能量都被有效地控制着。

换言之，如果武则天的男宠就只有一个冯小宝，那就仅仅是一个私生活问题，根本不会对她的统治造成太大的影响。但是，冯小宝死了，风烛残年的武则天会安于寂寞吗？她的不甘寂寞又会造成什么新的问题呢？

第二十九章

二张乱政

武则天生命中的第一个男宠销声匿迹后,张易之、张昌宗兄弟迅速崛起,成为武则天的新宠。这兄弟俩不但模样俊俏,而且出身也好,富有艺术才华,少了冯小宝身上的俗气。那么,这两个人会不会接受冯小宝的教训,安分守己呢?他们的所作所为,又会给武则天的统治带来怎样的影响?

一、莲花似六郎

张昌宗是唐高宗时代的宰相张行成的族孙,是官宦人家出身,风度翩翩,温文尔雅,吹拉弹唱样样精通,跟冯小宝一比,有一种别样的风情。更难得的是张昌宗对兄弟特别友爱,自己得宠之后不忘提拔兄弟,又向武则天推荐了自己同父异母的哥哥张易之,兄弟俩一块儿伺候女皇。武则天晚年心境改变,开始沉湎于享乐,这两兄弟的到来可以说是恰逢其时。根据《资治通鉴》的记载,这小哥儿俩涂脂抹粉,身着锦绣,小鸟依人一般陪伴在武则天的身边,老太太特别开心,给兄弟两人都封了三品官。

张氏兄弟既然已经取代了冯小宝的位置,一帮小人自然又是趋之若鹜，争着为他们牵马执鞭。当时仆人称呼主人为郎，张易之行五，张昌宗行六，这帮趋炎附势的小人就管他们叫五郎、六郎，赤裸裸地表明甘心当他们的奴才。武则天的侄子武三思本来就是拍马屁高手，一看现在这帮人都像苍蝇一样围着二张兄弟转，他也不甘落后，这时候奏上一本，说张昌宗他不是人。不是人，是什么呢？是神仙王子晋的后身，那是神仙啊。武则天晚年特别喜欢神仙，也想当神仙，一听这话特别高兴，当即就让张昌宗穿上羽毛做的衣服，骑在木鹤上吹笙，样子真是飘飘欲仙啊，武则天先过了一把眼瘾。

圣历二年（699年），为了让更多的美男子汇聚到自己的身边，也为了让张家兄弟再过一把当官的瘾，武则天设置了一个机构叫作控鹤监，后来改名奉宸府，让五郎张易之当长官，张昌宗当然就是首席成员。武则天本来就是风雅之人，奉宸府不仅吸收美男子，还吸收文学之士，一时间也是人才济济。当时人人都明白，奉宸府在老太太心目中那可是非同寻常的，有些利欲熏心的人为了巴结武则天，削尖了脑袋也要钻进奉宸府，甚至公开向武则天毛遂自荐，有的说我比张昌宗还漂亮，有的说我比冯小宝还结实。这么一来，奉宸府的名声自然就大受影响了。有的大臣就给武则天上书说，男宠有这么几个人就可以了，不要整天海选美少年啦，这样影响多不好啊！

武则天想想，这也有道理，怎么办呢？为了掩人耳目，武则天就让张易之兄弟领衔编书，书的名字叫《三教珠英》，实际上是一本诗歌集，表现的是儒、释、道三家的思想。因为编诗歌集需要有一些诗人参与，所以当时好多文人就汇聚到二张兄弟的麾下了，像著名诗人宋之问、杜审言（杜甫的爷爷），都是《三教珠英》编辑部成员，在二张手下做事。后来也因为有这么多文人在身边，所以二张的人脉越来越广，甚至连宰相也开始巴结他们。当时有位宰相叫杨再思，人称"两脚狐"，狐狸不是四只脚嘛，杨再思跟狐狸一样狡猾，但是他站着走路，两只脚，所以就管他叫两脚狐。杨再思怎么巴结张昌宗的呢？他听别人夸说六郎张昌宗长得齿白唇红，面似莲花，当时他就跟人家急了，说："应该是莲花似六郎，你怎么能说六郎似莲花呢！"极尽谄媚之能事。可见二张当时在朝廷里头势力之大。

俗话说，一人得道，鸡犬升天，二张得势，他们的亲戚也都跟着沾光了。我们知道，唐朝也好，武周也好，官吏都是由吏部来选拔，这些官员的候选人都集中到首都，吏部再去挑选。当时有资格当官的人很多，但位置空缺少，僧多粥少，所以有一个姓薛的候选人就打起了张家兄弟的主意。张昌宗的弟弟张昌仪当时担任洛阳县令，有一天在上班的路上，这姓薛的候选人就拦路行贿，塞给张昌仪五十两金子，对他说，张大人，您给我帮个忙，我今年想当官。张昌仪也是见钱眼开，很高兴，一下子就答应了，把写着薛某人个人简历的条子交给天官（吏部）侍郎。谁知道这天官侍郎是个马大哈，把字条给弄丢了。他赶紧再去问张昌仪。张昌仪一听就火了，说我就见过这人一面，我怎么能记住他叫什么名字？拿了人家的钱就得办事呀，反正他姓薛，这样吧，你把姓薛的都录取上不就得了？天官侍郎没办法，回去数了数，姓薛的候选人一共六十多个，得了，都当官吧。

二、面首也干政

花儿为什么这样红？二张兄弟贵宠一时，倒不完全是老女皇的感情因素所致。事实上，老太太把这对宝贝当眼线用了。武则天晚年多病多灾，已经很难像当年那样对外廷明察秋毫，二张也算是替她多长了两双眼睛和四只耳朵。老太太还是不愿放权呀！有了这种身份，二张逐渐突破男宠的限制，自然就参与到朝政中来。他们参与的大事一共有三件。

第一件是重立庐陵王李显当太子。这件事我们前面讲过。张家兄弟受宠太过，而武则天年事已高，他们恐怕自己在武则天死后受人报复，于是听从了吉顼的主意，向武则天吹枕边风，劝说武则天放弃自己的侄子，召回庐陵王李显，立他做太子。武则天也就真听了这哥儿俩的话，最后把自己的亲生儿子李显给接回来了。当然，狄仁杰等宰相也劝过武则天召回庐陵王，不过二张说话其实是最管用的，对李显绝对有拥立之功。二张兄弟这样做固然说明他们当时头脑还比较清楚，知道为自己的将来打算，但是，立谁当太子是当时武周政权的头等大事，张易之兄弟能够在这个问题上发挥作用，可见他们的政治能量已经是相当了得。

张易之兄弟做的第二件大事是间接杀死了太子李显的嫡长子李重润、女儿永泰郡主和郡主的丈夫武延基。怎么回事呢？史料中主要有四种记载。

第一种见于《资治通鉴》："太后春秋高，政事多委张易之兄弟；邵王重润与其妹永泰郡主、主婿魏王武延基窃议其事。易之诉于太后，九月，壬申，太后皆逼令自杀。"按照这种说法，是武则天亲自下令，逼迫三个年轻人自杀的。

第二种说法见于《旧唐书·武承嗣传》，说李重润兄妹和妹夫武延基"话及张易之兄弟出入宫中，恐有不利，后忿争不协，泄之，则天闻而大怒，咸令自杀"。

第三种说法见于《旧唐书·张易之张昌宗传》，说武则天让太子李显处置他的儿女和女婿，李显逼迫他们自杀。

第四种说法见于《唐永泰公主墓志铭》，说公主是因为早产而死。

那么，到底哪一种合理呢？我觉得四种记载都对，把它们拼到一起就是一个完整的故事了。长安元年（701年），李重润和妹妹、妹夫私下议论二张兄弟出入宫廷参与朝政的事，言辞之间非常不屑。几个年轻人的私密话，说着说着，不知怎么就说岔了，声音越来越大。被同父异母弟弟李重福听到了。李重福娶了张易之的外甥女，大概就是通过这个渠道，这些话传到二张那里去了，哥儿俩就一起找武则天倾诉委屈。上了年纪的人脾气本来就阴晴不定，何况武则天又是一个从来不允许别人挑战她的权威的强人，一听二张告状，血压一高，火腾地就上来了，这不是针对我吗！刚把你们的父亲扶上太子之位，你们难道就想翻天！她马上把太子李显叫来，劈头盖脸就是一顿骂，让他回家好好教训孩子。其实，到这时候，我觉得无论是二张兄弟还是武则天，都没有真的想把这几个年轻人怎么样。二张只是不想让别人欺负他们，武则天在气头上也只想让儿子好好教训一下孙子孙女，但是，对太子李显来说，可就不一样了。回首幽禁在房州的十五年，他真是不寒而栗啊，好不容易熬出头，他怎么敢再触怒母亲？而且，万一他娘就是用这个事情来考验他的忠诚度呢？必须要有所表示！

　　人被逼急了就会失去理性。干脆，让他们去死吧！可是，怎么下得了手呢？李重润才十九岁，尚未娶妻生子，永泰郡主年仅十七，新婚一年，已经怀孕，即将临产。但是，如果不让他们死，自己恐怕就地位难保了！思前想后，李显最后还是狠下心肠，下令赐李重润和武延基自尽。永泰郡主即将临产，让她生下孩子再死吧。可是，永泰郡主听说哥哥和丈夫同时毙命，一下子承受不了打击，早产了一个死婴，自己也死了。真是一句戏言，四条人命啊。怪谁呢？《旧唐书·武承嗣传》点出了这种私下里的话是怎么被二张兄弟知道的。《资治通鉴》认为元凶是武则天，所以直接说武则天逼他们自杀。《旧唐书·张易之张昌宗传》则指出了具体执行者，惊弓之鸟太子李显。而永泰公主的墓志，则交代了这个可怜的十七岁少妇的具体死因。可是，无论怪谁，死去的人永远不可能再活过来。而且，这两个自杀的男孩子地位都很重要，李重润是李显的嫡长子，如果没有特殊变故，以后就是李显的帝业接班人，而武延基是武则天的大侄子魏王武承嗣的儿子，对于武家来讲，也是长房长孙。现在因为二张兄弟的一句话就死于非命，谁能不恨他们呢？二张对李显本来有拥立之功，现在却变成功不抵罪了。

第三件事是陷害大臣。武则天虽然逼死了李显的一双儿女，也是自己的亲孙子孙女，但还政李显、回归李唐的决心并没有变。就在李重润兄妹死后一个月，武则天重返长安，大赦天下，改元长安。李显作为皇太子随行护驾。最小的儿子李旦也被委以重要军职，先是知左右羽林军事，这是当时北衙禁军的最高统帅，接着担任并州牧，这是李唐龙兴之地的最高军政长官，最后又被任命为雍州牧，直接护卫京畿之地。政治重心重返李唐的旧都长安，两个儿子也都做了妥善安排，回归李唐的态势已经相当明显。武则天甚至下令："自今有告言扬州及豫、博余党，一无所问，内外官司无得为理。"不再追究参与扬州徐敬业叛乱和李唐诸王起兵的罪过。人也老了，相逢一笑泯恩仇，得了，过去的是非恩怨武则天都不再追究了，当时的政治气氛显得相当好。投桃报李，李氏三兄妹李显、李旦和太平公主联合上表，请封武皇最宠爱的张昌宗为王。可因为张昌宗的资历和功绩还不够格，受封异姓王实在太扎眼了，最后改封国公。但是无论如何，儿女的态度是好的，所以一时之间也确实是母慈子孝，其乐融融。李显这时候真是松了一口气，他觉得，他付出了那么大代价，经受了那么多考验，看来没白忙活，总算快等到接班这一天了。可是就在这个当口，二张又捅娄子了。怎么回事呢？

长安三年（703年）九月，张昌宗忽然向武则天递上一张状纸，告宰相魏元忠和太平公主的情夫司礼丞高戬，说他们私下议论"皇帝年老，不如侍奉太子长久"。这个话当臣子的可是绝对不该说的啊，再说了，武则天虽然老了，对权力可是毫不放松，这样的言论当然犯了她的大忌。武则天反应非常激烈,就问,你们怎么知道的呀?张昌宗说,我是没听见,不过有人听见了,张说听见了。这张说大家肯定还有印象,他就是武则天第一次举行殿试时录取的第一名,武则天对他一向高看一眼,张说也因此被视为武则天的嫡系。另外,张说还是《三教珠英》编辑部成员,跟二张私交也不错,张易之兄弟就拿出他来做证。老太太一听还有人证,就信以为真了,马上把两个被告抓起来审问。

但魏元忠根本没说过这话,哪里肯认?这是要掉脑袋的呀。最后武则天就下令,第二天早晨上朝的时候,双方在朝堂对质,张昌宗和张易之兄弟作为原告,魏元忠和高戬作为被告,叫张说前来对证。张昌宗一听非常高兴,因为他早就和张说做好扣了,张说帮他做伪证,他帮张说升官。明天只要张说一出来,魏元忠就没有好果子吃了,等着定罪杀头吧。张昌宗这么恨魏元忠,是因为魏元忠把他们哥儿俩得罪透了。武则天有一次想让二张的弟弟张昌期当雍州长史,其他宰相都随声附和,说"陛下得人矣",只有魏元忠不给面子,说"昌期少年,不闲吏事",原来在岐州当刺史已经搞了个乌七八糟,老百姓都逃光了,现在怎么能再让他到雍州为害一方呢?就这样,魏元忠几次三番阻挡人家兄弟当官的路。另外,魏元忠为人耿介,老早就看二张不顺眼,在武则天面前提到他们俩时,左一个小人,右一个小人,二张怎么受得了啊?魏元忠既是宰相,又是太子左庶子,也就是东宫官僚,张易之兄弟想到自己因为间接杀死了太子的一双儿女,已经把太子得罪了,以后太子继位,魏元忠又是东宫的官僚,肯定还得接着当宰相,到时候君臣联合修理他们两个,这日子可怎么过呀?干脆,制造一个案子,把魏元忠给拖进来,顺便也把太子拖下水,一箭双雕不就得了?

第二天,朝堂之上,气氛是相当紧张。因为这个案子涉及面太大了,第一,涉及宰相魏元忠,第二,因为魏元忠说什么"不如奉太子长久",其实还涉及了太子李显。如果张说真的这么一做证,太子的地位可就又危在旦夕了。此时,那些拥护李唐王朝、希望李唐王朝的子弟顺利接班的大臣,在大殿外面可就着急了。武则天一宣张说进殿,他们就把张说围上了。凤阁舍人宋璟紧紧拉住张说的手,说:"名义至重,鬼神难欺,不可党邪陷正以求苟免。若获罪流窜,其荣多矣!"(《资治通鉴》卷二〇七)什么意思呢?这是在激励张说:做一个人,名节是最重要的,你可以欺骗人,但是你不能欺骗鬼神,你干什么事鬼神都在那儿看着呢,所以,你千万不能依附奸佞来陷害正人。如果你因为这件事得罪了皇帝,即使被流放边疆,那也是很荣耀的事啊。这是要张说珍惜羽毛,流芳史册。宋璟刚把张说放开,另外一个人又出来了,这个人也很有名,是大名鼎鼎的史学家刘知几,刘左史说:"无污青史,为子孙累!"说你千万不要让自己的行为玷污了历史,让你的子子孙孙都跟着你蒙羞。什么意思?刘知几等于在威胁张说,这笔杆子在他这儿握着,如果张说敢做什么对不起魏元忠的事,他就要把这件事记载在史书里头,让张说家世世代代都为此觉得羞辱。我们知道,张说虽然不是传统儒家意义上的耿介之士,但也是一个识大局顾大体的聪明人。他也明白,张氏兄弟虽然权倾朝野,但他们的富贵全部依附于武则天,没有根基,而武则天已经老了,大臣们又这么恨他们,如果现在党附于他们,一旦武则天死去,自己的下场可想而知。经过群臣这么一番激励,张说临时变卦了。

进殿之后,武则天问:"张说,据说魏元忠口出大逆不道之言的时候,你也在场?"张说一时没有回答,魏元忠这个铁打的硬汉也着急了,忍不住叫了起来:"张说,你难道要和张昌宗一起陷害我吗?"张说马上不高兴了,皱起眉头说:"魏元忠身为宰相,怎么也像街头巷尾的小人一样听风就是雨,你知道我要说什么吗?"这时候张昌宗等得不耐烦了,催张说快点说。张说下了决心,脸色一变,对武则天朗声说道:"陛下请看,在陛下面前,张昌宗尚且如此逼臣,可想而知他在背后有多嚣张!然而今日臣面对朝廷百官,不能不据实而言,臣实不闻魏元忠曾有此言,完全是张昌宗威逼臣做伪证!"张易之与张昌宗兄弟没有想到张说忽然反水,一下子蒙了,本能地大叫起来,说:"张说和魏元忠一同谋反!"一时间满朝哗然。

这下子连武则天都觉得奇怪了。你们刚刚说张说可以为你们做证,现在又说他谋反,这是怎么回事呀?张易之兄弟本来是脱口而出,并没有想清楚理由,现在武则天这么一问就有点着急了。不过张易之也算聪明,眼珠一转就想出一条罪状,说:"臣曾亲耳听到张说把魏元忠比作伊尹、周公,伊尹放太甲,周公摄王位,这不是想造反是什么?"说完理由以后还挺得意,心想自己怎么这么聪明,临时想出这么一句话来,伊尹和周公可不就是犯上的例子吗?张说一听心里就笑开了,小张就要吃没文化的亏喽。张说马上说了:"不错,当日魏元忠初登相位,臣前往道贺,确曾勉励他以伊尹、周公为己任,只因伊尹辅商汤,周公辅成王,皆事君至忠,古今敬仰。陛下用宰相,不学伊、周,又该学谁呢,我这样说有什么错吗?"

二张这下可傻眼了,张说是越说越来劲了:"臣岂不知今日附张昌宗立可拜相,附魏元忠立致族灭!但是,臣畏惧元忠冤魂不灭,不敢妄奏诬告。"话说得慷慨激昂,滔滔雄辩,恐怕连他自己都忘了曾经答应过二张兄弟做伪证的事。可是,武则天是多聪明的人啊,马上就猜到这事的前因后果了。看着自己的小情人被人耍弄,武则天又觉得自己的权威受到了挑战,大怒道:"张说,你这个反复无常的小人!也该一起治罪!"

最终,魏元忠被贬为从九品下的高要尉,从宰相被贬为副县长,到南方当县尉去了,张说和太平公主的情夫高戬也都被流放岭南。按道理，武则天已经够给两个小情人面子了。但是，二张不是被宠坏了的孩子吗？受人欺负，哪能就这样善罢甘休啊？没过几天，又找上魏元忠的麻烦了。魏元忠曾是太子左庶子，是东宫官僚的头儿，这次含冤被贬，东宫的几个下属就一起给他饯行。这本来是人之常情，可是二张不正找碴儿吗？一听说这件事，马上叫人化名"柴明"，诬告这几人与魏元忠谋反。

事情本来没那么复杂，闹到这一步，性质已经发生了几次变化。开始是诬告魏元忠身为大臣而有异心，打击对象主要是魏元忠；可是因为魏元忠的话是跟太平公主的情夫说的，所以又扯上了太平公主；而魏元忠本身是太子的人，又说了"不如奉太子长久"这样的话，那太子李显也就有干系了。到朝堂对质的时候，因为张说不肯做证，二张气急败坏，说魏元忠和张说谋反，这时候，案子已经升格为谋反大案。这个谋反案因为证据不足，最后含糊处理了，可是到了东宫官员为魏元忠饯行，又被重新提了出来。而且既然都是东宫官员，恐怕又会牵连太子。武则天会怎么处理呢？

既然谋反案已经报上来了，那就审吧。武则天让监察御史马怀素负责审理，而且，在二张的请求下，武则天还特地当面嘱咐马怀素："此案铁证如山，只要随便审审就可以了。"马怀素刚审没一会儿工夫，武则天就接连好几次派宦官来催促结案。这皇帝也做得太过分了，马怀素不干了，说必须找到原告"柴明"和被告对质才能结案。所谓的"柴明"，本来就是子虚乌有，这不是给武则天难堪吗？武则天气坏了，质问马怀素："你是不是想包庇叛逆？"马怀素回答："臣不敢包庇叛逆。魏元忠以宰相之尊被贬，几个朋友为他饯行，若说这就是谋反，臣实在不敢这样定案。陛下手握生杀大权，欲加之罪，圣衷独断即可，如果要臣来审理，臣不敢随便定罪。"话说到这个份儿上，武则天也明白了，指望马怀素妥协是不可能的了。怎么办呢？换个听话的大臣重新审？武则天倒是没少干过这样的事，可是，那都是在她统治不稳定的时候，为了建立政权、维护政权，她不得不杀人立威。现在，她不想仅仅为了两个不懂事的小情人就滥杀大臣。酷吏时代结束了，她也希望所有的官员都像马怀素这样奉公守法。最后，武则天妥协了，没有再追究下去。

可是，这次魏元忠的事情也确实把武则天的心情搞坏了。这次回长安，本来是想留下来，就在这儿实现政权交接的，没想到魏元忠一案，搞得自己和太子、大臣们的关系都很紧张。武则天很生气，说我还没死，你们就想和我叫板，我要让你们看看到底谁厉害！老太太一气之下，带着政府班子离开长安，又重返洛阳了！要知道，长安和洛阳可不是随随便便的两个城市，在当时人看来，那就是李唐和武周各自的象征啊！盼着武周政权顺利回归李唐的人们一下子都傻了眼，百转千回，女皇的心思难道又有变化？回到洛阳，武则天到底想做什么？她是不是又对太子心存疑虑了？太子究竟还能不能顺利继位？谁都没有把握。在这种情况下，二张一下子成了众矢之的，都是这两个坏小子搞的鬼！看来不把他们除掉，谁也别想有好日子过。

那么，大臣们会采取什么行动呢？在大臣和男宠之间，武则天又会做出怎样的选择呢？

第三十章

政坛博弈

张易之、张昌宗兄弟间接逼死了太子李显的子女,和皇室成员关系恶化。他们陷害宰相魏元忠,又与那些心向李唐、为人正直的大臣结怨。而武则天对二张兄弟的宠爱和纵容,更是导致了母子、君臣关系的紧张,使政治形势变得扑朔迷离,那么,倒张派的大臣们会对张家兄弟采取什么行动呢?在大臣和男宠之间,武则天又会做出怎样的选择?

一、拥张与倒张

拥张派都是些什么人呢?主要是两种势力,一种是文人出身的官僚,另一种是武家子侄。这些人为什么要攀附二张兄弟呢?我们先来看文人官僚,有三点原因。第一,他们大多是二张兄弟奉宸府的下属,修《三教珠英》的帮手,在同一个编辑部里待过,有工作上的关系,是同僚,所以彼此比较熟悉。第二,这些文人墨客和二张兄弟一样,都是武则天晚年懈怠朝政的产物。当时,大的事情都解决了,武则天开始想那些吃喝玩乐的事儿,一方面包养二张兄弟作为男宠,另一方面就是搞各种各样的文化活动,弄一些文人来陪着她开宴会赋诗。文人当然也想要升官，所以这些人虽然是大臣，但有几分弄臣的色彩，和张氏兄弟有惺惺相惜之感。第三，所谓文人无行，这些人本身道德品质比较差，没有什么操守，表面上温文尔雅，但为了眼前利益可以不顾名节。举一个例子，二张党羽里有一个叫李迥秀的，他有两个身份，第一个身份是宰相，第二个身份是情夫，他是张昌宗的母亲臧夫人的情夫。这个情夫是怎么当上的呢？当时张氏兄弟得宠，连带着他们的母亲也沾光了，被武则天封为太夫人。武则天推己及人，觉得我一个老太太既然喜欢年轻漂亮的男孩，别的老太太肯定也喜欢。于是就让二张兄弟的母亲也来挑选情人，看朝廷里哪个人好，她就把他送给她。李迥秀是制举出身的一个官僚，风流儒雅，一表人才，当时已经做到凤阁（中书）侍郎，一下子就被张昌宗的母亲臧太夫人看中了。跟武则天一说，武则天马上表态，小菜一碟，没问题，下敕让李迥秀当了臧太夫人的情夫。我们过去看戏，经常看到有奉旨成婚的，但是奉旨通奸，包"二爷"，这恐怕还是比较稀罕的。因为有这样的身份，李迥秀当然就成了奉宸府的成员，而且连升三级，很快当了宰相。当年唐太宗李世民曾找人画过一幅《秦府十八学士图》，二张兄弟搞模仿秀，也画了一幅《十八高士图》，李迥秀就是这"十八高士"之一。

　　武家子侄为什么要攀附张易之兄弟呢？我们说过，二张兄弟劝说武则天放弃侄子，立自己的儿子当太子，其实是损害过武家子侄的利益的。而且，他们还间接杀死了武家的长孙、武承嗣的儿子，即永泰郡主的丈夫武延基。两边有仇，怎么武家还会攀附二张呢？这也有两个原因。第一，武家兄弟出于对自己前途的担心，是不愿意看到李显当皇帝的，所以他们想要利用这二张兄弟阻止太子李显接班。第二，谄媚是武家兄弟的一贯作风，无论是冯小宝还是二张，只要是武则天身边的红人，他们都不遗余力地巴结，终极目的还是要巴结武则天，得一些好处。比如张昌宗是神仙王子晋的化身的这个说法，就是由武三思提出来的，武则天当时真高兴啊，而武三思也因此荣升《十八高士图》的榜首。

这两类人物加起来，在朝廷中占据了相当大的比例，某籍某系，拉帮结伙的。除了这些党羽之外，二张兄弟的本家也都跟着鸡犬升天。他们的弟弟张昌期出任汴州刺史，张昌仪为司府少卿、尚方少监，张同休升至司礼少卿，都是三四品的高官。

那么，倒张派都是何许人呢？其实人很多，在武则天长安年间，朝廷中好多正直的大臣心里都有倒张倾向，不过主要集中在两大部门。第一大部门就是太子府和相王府，因为他们的主君太子和相王受到二张的威胁最大。马善被人骑，人善被人欺，下属为了保护主君，肯定是要跟二张斗的。另一大部门就是刑部、御史台、大理寺，我们统称为司法部门。一提到司法部门，大家可能立刻会想到酷吏。没错，司法部门确实曾经是酷吏的大本营，但是，自从武则天结束酷吏政治后，这里就集中了一批作风强硬、执法严明的官员，他们深明时局，有正义感。日本学者把唐朝称为律令制国家，其实，武周时期也和唐朝一样，立法严谨，有法可依，酷吏政治结束后，人们重新恢复了对法律的信任，希望通过法律解决问题。在这种情况下，司法部门的官员一下子就站到了倒张斗争的第一线。最著名的人物就是宋璟。

大家都知道宋璟是后来著名的开元贤相，和姚崇齐名。其实，宋璟崭露头角是在武则天时期。他是进士出身，垂拱三年（687年），宋璟刚刚二十五岁，因为一篇《梅花赋》名声大噪，遂在政坛脱颖而出。按照今天的说法，《梅花赋》是一篇托物言志的作品，宋璟写道："万木僵仆，梅英载吐；玉立冰姿，不易厥素。"说梅花就是冰清玉洁、傲霜斗雪的一种植物，宋璟当然是用梅花来自比，他希望自己也有这样一种风骨。这种甘为公仆的自律追求，受到了武则天的赏识,到长安年间,宋璟已经做到了御史中丞,也就是御史台的实际负责人。

在民间,宋璟还有个外号叫作"有脚阳春",意思是他走到哪里就把春天带到哪里。但是,这个爱民模范也有铁腕的一面,对待二张兄弟和他们的党羽,就像秋风扫落叶一样无情。当时二张炙手可热,多数大臣巴结他们还来不及呢,宋璟偏不买账。人只要正直就会受人敬畏,他不巴结二张,二张倒主动来巴结他了。据《资治通鉴》记载,有一次,武则天大摆筵席请大臣吃饭,二张兄弟官都比宋璟大,理应坐在宋璟之上。但是,他们为了讨好宋璟,就把上座让出来,请宋璟去坐,一边让一边还说,宋公是当今天下第一人啊,怎么能坐在下手呢?谁知宋璟毫不领情,冷冷地说:"才劣位卑,张卿以为第一,何也?"一看话不投机,旁边一个官儿马上就出来打圆场了,说:"中丞奈何卿五郎?"我们说过,当时奴才管主人叫郎,但是张易之因为受宠,官称就是五郎,所以旁边那个官儿才有这么一问。可是宋璟打定主意不给面子到底了,就质问这个人,说:"足下非张卿家奴,何郎之有!"满座都大惊失色。

其实,光是这一顿饭,就已经能看出朝廷中两派势同水火的局面了。那么,当时拥张派和倒张派哪一方更占优势呢?很难说。因为二张兄弟都官至公卿,他们的党羽在朝廷中也颇有分量。但是,倒张派官员中也颇有一些杰出人物,而且,有一句话叫作"公道自在人心",他们还拥有来自老百姓的支持哪。

武则天还在长安的时候,因为魏元忠案件,有一个叫作苏安恒的平民就上书武则天,指责她委任奸佞,斥逐贤良。苏安恒甚至威胁说,事情如果发展下去,就会有人"争锋于朱雀门内,问鼎于大明殿前",也就是说人民要起义了。怎么解决呢?按照苏安恒的说法,就应该把二张兄弟杀掉。如果实在舍不得杀,也要贬官发落,不能再让他们手握大权，任意胡为。接到这封意见信，武则天是怎么表态的呢？她没理睬。这说明，指望武则天壮士断腕，亲手处理二张，很难办到。

长安的老百姓政治觉悟高，洛阳的老百姓也是位卑未敢忘忧国，他们找不到张易之、张昌宗兄弟，就想敲山震虎，先敲打敲打他们的弟弟。当时，二张的弟弟张昌仪刚刚建了一所豪宅，比宫殿还漂亮。这钱肯定是从老百姓那里搜刮来的啊，所以老百姓都对他恨之入骨，想要治一治他。据《资治通鉴》记载，有一天，张昌仪睡觉起来，发现自家大门上赫然写了一行大字："一日丝能作几日络？"什么意思呢？一天的丝线，你能打几天的结子？其实就是，我看你还能够再享受几天？张昌仪非常生气，吩咐家里的人赶紧擦去这句不吉利的话，同时让家里的保镖盯着点，看看是谁写的，再敢干的话，一定把他抓起来。家里是严防死守，到了第二天早晨，那行字又出现在大门上了。连续六七天，不管防守多么严密，每天早晨一醒来，大门上保准出现这行字。张昌仪终于忍不住了，他也提起笔来，在门口写了一句："一日亦足！"你不是问我还能享受几天吗？我告诉你，我活一天算一天，我享受一天算一天，我看你还怎么着！这是流氓嘴脸。可是他这么一写之后，果然那行字再也不出现了。这个段子意味着老百姓已经看透了，指望二张兄弟自觉收敛，不再干政，也是不可能的了。

张易之、张昌宗兄弟恃宠而骄，不大可能约束自己的行为；而武则天正宠爱二张，也不可能主动对他们实施打压。难道除了作壁上观，没有别的办法了？我们刚才不是说，当时是律令制社会吗？这个时候，司法官员们就行动起来了，想要通过法律手段解决二张问题。

二、张昌宗贪污案

怎么倒张呢？司法官员先从经济案入手。长安四年（704年），在自己的侄子梁王武三思的建议下，武则天在万安山修建兴泰宫。二张党羽揽下工程，由李迥秀主持修建。我们刚才说了，李迥秀没什么操守，为了当官，不惜给一个鸡皮鹤发的老太太当情夫，现在得到这么一个美差，有油水，能不利用吗？使用质次价高的建筑材料啊，收受承包商贿赂啊，弄一堆豆腐渣工程啊，今天我们能想象的问题，李迥秀都没少干。但出了经济问题谁也保不住，这一下就被司法部门抓到把柄了，弹劾他贪赃受贿。人赃俱在，李迥秀当即被罢相，到地方当刺史去了。倒张派搞掉李迥秀，一方面是敲山震虎，吓唬一下张家兄弟，取得心理攻势；另一方面，也确实剪除了他们的党羽，逐渐削弱了他们的势力。

但是，二张兄弟并没有收敛。相反，他们还顶风作案，又插手另一项大工程。当时，也是在武三思的建议下，武则天准备修建一尊巨佛。为此，国家财政部门还专门向天下的僧尼征收了十七万余贯的捐款。二张兄弟觉得这是个发财的机会，马上开始做起了木头生意，自己贩运木头，然后高价卖给工程方。这一票生意，终于把他们也给赚进去了。

长安四年（704年）七月，有人状告二张的三个弟弟张同休、张昌期、张昌仪贪赃受贿。于是，这小哥仨被收监候审，先进去了。审了一夜之后，二张兄弟就被兜出来了，张易之、张昌宗兄弟也被立案审查。几天之后，司刑正（大理正）的判决结果下来了，说张昌宗强买人田，按律可以罚铜二十斤抵罪。这个判决是轻还是重？轻，太轻了，是大事化小的做法。贪污受贿的大案审成了强买人田，而且只罚二十斤铜，这对于张昌宗算得了什么啊？武则天一想，这个司刑正很会办事，马上批准了，没当回事。但是倒张派的司法官员哪能善罢甘休啊？四天之后，御史台拿出了复核的意见："张家兄弟贪污赃款合计四千余缗，数额巨大，不是罚款就能解决的，按照法律，张昌宗应当免官。"

四千余缗就是四千万钱，这可是一个大数字。张昌宗毕竟少不更事，一听就急了，说："臣有功于国，犯这么一点错误不至于免官吧？"这是什么意思呢？唐朝的法律规定，如果一个人有功劳的话，即使犯了罪也可以减刑。张昌宗想要援引这项制度来保护自己。可是这话说得有点口不择言，你想想，一个靠色相侍人的男宠，哪怕真有什么功劳，也是讲不出口啊！武则天也觉得这个说法有点问题，就把这件事情推给大臣，问周围的宰相，说："你们说说，张昌宗可有功于国？"宰相们也是面面相觑，不好说。要是说张昌宗把陛下您伺候得很高兴，所以有功，这个话听起来实在是不怎么样。正在为难的时候，宰相杨再思说话了，就是那个曾经厚着脸皮说过"莲花似六郎"的，他这一次说："张昌宗为陛下合药，圣躬服之有验，此莫大之功。"武则天一听这话就笑了，赶紧顺坡下驴，就以这个名义赦免了张昌宗。这事儿她就想这么了结，但倒张派哪能善罢甘休呢？没过多久，两个重量级的人物，宰相韦安石和唐休璟，又介入进来，要求继续追查张家兄弟的罪行。这两个人为什么那么死心眼，一定要跟二张兄弟过不去呢？因为他们两个具有双重身份，是朝廷的宰相，同时也是太子府的官僚，一个是太子左庶子，一个是太子右庶子。我们刚才说了，太子府官员当时也是倒张派的主力。

他们穷追不舍，武则天怎么办呢？她这次也不想再费心跟大臣斗了，干脆，调虎离山，把他们调离算了。于是，武则天一纸调令，把韦安石派到扬州去做长史，又任命唐休璟为幽营都督、安东都护，把他支到东北去打契丹，让他们别管这件事了。这样一来，倒张派不仅没有扳倒二张兄弟，自己反倒损兵折将。怎么办呢？难道就任凭二张继续胡作非为？

三、神秘的飞书

长安四年（704年）十二月，洛阳城的大街小巷里忽然出现了一批飞书。所谓飞书，就是匿名传单。飞书上面写着，张易之兄弟图谋不轨，想要谋反！这飞书来无影，去无踪，今天在这里贴，明天又在那里贴，一时间街头巷尾议论纷纷。本来飞书没提出什么具体问题，而且既然匿名，也是不能作为立案依据的，但是二张兄弟还是吓坏了。为什么？他们心里有鬼啊。前几年刚进宫的时候，张昌宗觉得前途未卜，曾经找过一个叫李弘泰的术士看相。本来看相也没什么问题，关键是这个相士李弘泰张口就说卜筮得纯乾之卦，张昌宗当有帝王之贵。二张兄弟当时觉得这话说得没谱，就把他给打发了。现在洛阳城里出现飞书，小哥俩心里觉得不踏实了，是不是那个不懂事的相士把这件事给泄露出去了呢？怎么办？想来想去，坦白从宽吧，张昌宗马上扑到武则天的脚下，一把鼻涕一把泪的，把事情的经过原原本本地交代了一遍。武则天听完之后笑了，知道二张其实就那么回事，没那个本事去谋反。她说，宝贝没事，我保护你。

可是没过几天，匿名传单摇身一变，变成公开的了。有一个叫作杨元嗣的人可能是受了某人指示，状告张昌宗谋反："昌宗尝召术士李弘泰占相，弘泰言昌宗有天子相，劝于定州造佛寺，则天下归心。"什么意思呢？第一，张昌宗曾经找人看相，这是有不臣之心，这就是有谋反的动机呀；第二，张昌宗劝说武则天在定州造佛寺，这就是妄图利用宗教发动群众，换句话说，张昌宗还有具体的谋反行为。又有动机,又有行为,这不就是谋反吗?按照程序,谋反案得立案调查,于是武则天让宰相韦承庆、司刑卿崔神庆和御史中丞宋璟共同审理。韦承庆本身是二张党羽,他拿到这个案子之后,有心为二张脱罪,便称:"张昌宗既然已经主动交代了李弘泰的事,就算是自首,按照法律,不该定罪。"但宋璟却是反对二张的核心人物之一,他可不是吃素的,立即反驳,说,第一,张昌宗地位这么高,要是没有异心,让人看相干什么?!这说明看相本身就动机不纯。第二,他这个自首行为不是自发的,不是在看过相之后就来自首,而是被飞书所逼才自首的,这就不能算作自首。第三,谋反可是大罪啊,不管自首不自首,都得处死。所以小结起来,宋璟最后说道,臣觉得张昌宗应该判处死刑。

武则天不是要保护张昌宗吗?一看,症结出在宋璟这儿,干脆故伎重演,把他支走算了,就想派宋璟到扬州处理一些陈年旧案。没想到宋璟不听调遣,当即顶了回去:"州县的事情自有监察御史处理,臣是御史中丞,不该管这些小事。"这话说得也符合制度,武则天很郁闷,也没辙了,只好取消命令。但是,没过几天,武则天又想出一个辙,下了一道命令,让宋璟去审理幽州都督的贪污案。这次算是大案了吧,没想到宋璟还是不吃这一套,又顶回来了。他说:"中丞非军国大事,不当出使。"说幽州都督官再大,也只是一个地方官的贪污案,换言之,这是个具体案件,根本不需要我御史中丞去处理。还是不走。没办法呀,武则天是很尊重体制的人,再想了一辙,让宋璟陪同宰相李峤出使蜀地。你不是说御史中丞不办具体案件吗?这回不是具体事情了,是去访贫问苦,任务比较抽象;另外,你不是觉得御史中丞官挺大的吗?这次让你陪同宰相,级别也足够高,看你还说什么!没想到宋璟第三次顶回来了,说:"现在陇蜀无变,不知圣上为何要宋璟出使蜀地?臣决不奉制!"武则天这个郁闷啊。

宋璟既然铁了心要把这个案子办到底,他也就把底牌亮出来了。

他说:"臣知道张昌宗分外承恩,臣言发祸从,然而义激于心,虽死不恨。"宰相杨再思胆子小,看见君臣对峙起来了,赶紧叫宋璟出去。结果宋璟脸一板,眼一横,说:"天颜咫尺,亲奉德音,不烦宰臣擅宣王命。"我就站在皇帝面前,有什么话让皇帝跟我说,你一个宰相多什么嘴啊?皇帝有话她自己会跟我说。站在那儿不肯走。武则天真是服了这个人了。怎么办呢?把宋璟杀了,或者贬官?武则天可以那样做,但是我们在前面就说过了,武则天一生敬重耿介的大臣,她不愿意那样做。但是小情人呢,武则天还是想要保护的。怎么办才能既不亏待大臣,又不亏待情人呢?这是个矛盾。武则天想了想,忽然对宋璟笑了,说:"宋爱卿说得对啊,我不应徇私。让昌宗跟你回御史台受审吧。"宋璟一听喜出望外,看来皇帝想通了!马上,把张昌宗带回御史台受审。才进御史台的院子,宋璟就迫不及待地开审了。可是他急,武则天比他还急呢。宋璟一句话没说完,宫里来人了,说皇帝刚刚颁下特赦令,赦免张昌宗。等到宋璟反应过来,张昌宗早已经跑得无影无踪,气得宋璟大骂:"早知如此,一开始就该先把这小兔崽子打得脑浆迸裂!"

可是生气又有什么用呢?法律再大,大不过皇权。现在,武则天对二张的维护已经明明白白,有她在一天,就不可能动得了张氏兄弟。

但是,武则天这样的举动,也把自己推到空前危险的境地中了。武则天以前做任何事,都是态度鲜明,行为果断。可是这一次,她一方面想要保护张氏兄弟,另一方面又想维护正直的大臣,这样做其实是把自己置于两面夹击的位置上了。就好像一块木板放在一块冰和一堆火之间,想要隔离双方,让它们互不伤害,但是最后真正伤害的是自己。在母子、君臣关系都空前紧张的情况下,武则天又会遇到怎样的麻烦和伤害呢?

第三十一章

神龙政变

人口老龄化是现在全世界面临的一个大问题。好多人都觉得老年人什么也干不了,还需要别人的照顾。可是,这种观念要是放在武则天时代可就大错特错了。武则天八十多岁了,还牢牢地控制着权力,而最终迫使武则天放手的,居然也是一位八十多岁的老头。这是怎么回事呢?

一、二张的敌人们

我们上一章讲过,武则天晚年宠幸二张兄弟,引起了母子、君臣关系的紧张,特别是长安四年(704年)以后,武则天重病缠身,身边只有二张侍奉,跟外界的联系减少,对朝政的控制力也有所下降。而二张兄弟却逐渐突破男宠的限制,向朝政插手,使得政局更加变幻莫测。谁也不敢肯定太子李显还能不能顺利继位,二张已经成为一切矛盾的焦点。长安年间,不少大臣一直想通过司法努力解决二张问题,把他们送进监狱,或者干脆把他们处死,但是,由于武则天拼命维护,这条路显然走不通。怎么办?这时候就开始有人想到非法手段:干脆把二张给杀了吧。那么二张怎么杀呢?能不能搞一场暗杀?

搞暗杀倒是容易，杀死这两个小伙子，几个大汉上去就可以了，可是武则天怎么饶得了凶手呢？所以暗杀不好。

人多主意也多，有人就想了另外一条路子。什么路子呢？干脆搞一场宫廷政变，把这二张处死，同时也让武则天提前退位。这个时候到底谁想杀死二张兄弟呢？我们看侦探小说会发现，谁的利益受损，谁就有可能是凶手，这样的规律放在政治斗争里，其实也是一样成立的。

那么，一旦二张得势，武则天传位给儿子的既定方针发生改变，谁的利益会受到损害呢？我想，有两类人受损最严重。

第一类是李唐皇室，主要包括太子李显、相王李旦和太平公主。因为中国自古就是家天下，如果李显当不成皇帝，无论是哪一家哪一姓当皇帝，李唐皇室都会被视为新皇帝的巨大威胁，一定会被斩草除根。另外，太子李显的一双儿女、女婿、外孙都因为二张兄弟死于非命，太平公主的情夫被二张兄弟诬陷，远贬岭南，公主心里也深恨二张。国仇家恨汇聚到一起，自然彼此就有不共戴天之感了。

第二类人是跟张氏兄弟关系不好的大臣。武则天晚年对朝廷的控制力下降，朝廷中就开始形成不同的派系。有的趋炎附势支持二张，有的则是张氏兄弟的铁杆反对派。二张兄弟都是被宠惯了的小人，睚眦必报，快意恩仇，对于不喜欢他们的人或者他们不喜欢的人，报复起来非常恶毒。长安年间，魏元忠、唐休璟等一大批反对过他们的大臣，都被贬出了朝廷。可以想象，路线之争的结果，如果他们得势，剩下的人也就难逃被清洗的厄运。

这两类人受二张专权的冲击最大，自然就成为反对二张的主力。宫廷政变的思路一确定，两方面的人就分别动起来了。

羊群走路靠头羊，大臣这边的核心是张柬之。张柬之是个大器晚成的传奇人物。他出生于唐高祖武德年间，进士出身，说起来也是个政坛前辈，但是早年仕途一直不顺利，他一生真正得志是在六十五岁以后。细述张柬之的崛起，实际上他是得了三个贵人的帮助。

第一个贵人就是武则天。永昌元年（689年），武皇为建立大周开制举广纳人才，举行殿试。张柬之老骥伏枥，志在千里，以六十六岁的高龄一举高中，由此擢拜监察御史。此后的十年之间，他升任四品的荆州长史，相当于荆州的副市长。可以说，永昌元年（689年）的考试是他命运的第一次转折。荆州长史这个官职说大不大，说小不小，但是按照常理，这应该是他担任的最后一个公职了，因为当时的张柬之已经七十六岁了。

但是，就在这个年纪，张柬之遇到了他生命中的第二个贵人——国老狄仁杰。武则天让狄仁杰推荐人才，狄仁杰说："不知陛下要的是哪方面的人才？要是想找文学侍从，我们朝廷里已经够多的了。要是您想找济世安邦的奇才，臣推荐荆州长史张柬之，其人虽老，但有宰相之才。"武则天求贤若渴，马上把张柬之提拔为洛州司马，相当于让他从地方进入首都了。过了几天，武则天又要狄仁杰荐贤，狄仁杰说："前些日子臣推荐的张柬之，陛下还没有用呢。"武则天说："不是已经提拔他当洛州司马了吗？"狄仁杰道："臣举荐的是宰相人选，不是司马人选。"于是，武则天又让张柬之出任秋官（刑部）侍郎，进入中央机关工作了。

大家可能就觉得奇怪了，武则天不是号称知人善任吗？狄仁杰反反复复给她推荐张柬之，她怎么没有立刻提拔张柬之当宰相呢？我想，武则天这么做是符合用人原则的。宰相是百僚之首，负责国家全局工作，所以他必须经验丰富，无论是对地方工作还是中央工作都应该熟悉，然后才能通盘考虑，总揽全局。武则天是想一步一步地来，多考察几年。可是，武则天的所作所为固然符合用人程序，张柬之的岁数却在那里摆着呢，他还能活到考察期满的那天吗？

这个时候，张柬之生命中的第三个贵人出现了。长安四年（704年），武则天又让姚元之（姚崇）推荐人才。姚元之说："张柬之沉厚有谋，能断大事，且其人年老，惟陛下急用之。"武则天立刻召见了张柬之，拜为凤阁（中书）侍郎，平章政事。就这样，张柬之终于在八十来岁的年纪当上了宰相。

很显然，张柬之一生遇到的三个贵人中，武则天是最重要的。因为只有她才有对宰相的任免权，如果她不首肯，狄仁杰和姚崇是再怎么说也不能把张柬之举荐上来的。可是，虽然武则天对他有知遇之恩，最后张柬之却站到了武则天的对立面。他当宰相的时候，正是武周王朝的多事之秋，二张气焰熏天，国家前途未卜。对于张柬之这样一位正统儒家知识分子而言，当务之急就是除掉这两个小人，以清君侧，确保太子李显能够顺利继位，让皇位重新回到李唐后裔手里。

人在高位，心系朝廷。就这样，政治立场坚定、沉厚有谋而又身为宰相、手握大权的张柬之，成了朝臣之中反二张力量的核心。他是大器晚成，也是老而弥坚，有着岁月积淀而成的城府和政治智慧。但要发动杀死张易之、张昌宗兄弟的宫廷政变，此事非同小可，准备工作可不少。老谋深算的张柬之一共做了三方面的准备。

第一是策反官员。他策反的最重要人物是右羽林军大将军李多祚。张柬之为什么要发动他呢？李多祚的职位太重要了。政变必须靠军事力量，当时中央的军事力量一共有两支，一支叫作北衙禁军，驻守皇宫的正北门玄武门。玄武门里面就是皇宫，因此这支军队直接负责保卫皇帝的安全。另一支军队叫作南衙卫兵，驻守在皇宫以南的皇城，皇城是中央政府所在地，所以这支军队的主要职责是保卫政府。这两支军队中，北衙禁军直接负责保卫皇帝，保卫宫城，所以尤其重要，而这支军队的最高统帅就是左右羽林大将军。因为李多祚是两位最高统帅中的一员，所以只要能策反他，政变成功就有希望了。

怎么去做工作呢？李多祚是高宗时期投降的靺鞨人，一生经历概括起来，就是从奴隶到将军。张柬之就利用他的个人经历去打动他，问他："将军今日富贵，谁所致也？"李多祚是真性情的汉子，他流着泪回答："大帝也。"张柬之一听有门，决心摊牌，进一步说："今大帝之子为二竖所危，将军不思报大帝之德乎？"这李多祚虽然是一个粗人，但他也是聪明人，一听，马上就明白了。于是，他就对张柬之说："苟利国家，惟相公处分，不敢顾身及妻子！"当下就答应帮忙了。

手里有枪，心中不慌。得到军方配合之后，张柬之又利用在各处当官形成的人脉，把同僚发动起来。其中，最重要的有两个人，第一个是司刑少卿桓彦范，第二个是中台右丞敬晖。为什么要找这两位呢？桓彦范和敬晖也都曾受狄仁杰荐举之恩，又分别是张柬之在担任洛州长史和刑部侍郎期间的旧同僚，三个人意气相投，并且同出狄公门下，所以很快形成了一个核心集团。

张柬之做的第二项工作是加强军方力量。羽林军分为左右两支，其中，右羽林大将军是已经倒向张柬之一方的李多祚，左羽林大将军则是二张党羽、武则天的堂侄武攸宜。这也是张柬之的一步棋，让武攸宜担任左羽林大将军，可以稳住二张，也让武则天放心。不过，虽然让武攸宜当左羽林大将军，但下一个层级，也就是羽林将军，可都是张柬之的人马。长安四年（704年），张柬之利用宰相的用人权，把桓彦范、敬晖以及另外一些亲信像李湛、杨元琰等人，安插到左右羽林将军的岗位上。经过这么一番不动声色的安排，羽林将军这一层级已经完全变成了张柬之一派，而武攸宜则成了光杆司令。掌握了军队，政变就有了一半的把握。

第三项工作是联络李唐皇室。发动政变本来就是为了恢复李唐的统治，诛杀二张，必须打着皇室的旗号进行，否则就是犯上作乱。那怎么才能跟皇室，特别是跟太子李显取得沟通呢？当时，太子李显每天从玄武门出入给武则天问安。这可是好机会啊。桓彦范和敬晖作为羽林将军就带兵驻守玄武门，张柬之让二人利用工作便利，跟李显商量了政变计划。事关个人利益，李显当然是欣然答应了。这样一来，大臣这边的准备工作已经基本就绪。

与此同时，李唐皇室这边也开始行动了。当时，武则天活着的亲生儿女共有三个：太子李显、相王李旦，还有太平公主。为了共同的利益，这三个人也是空前团结，精诚合作。太子李显无疑是宫廷政变的旗帜。发动政变，诛杀二张，必须打着他的旗号进行。当然，政变的结果也必然是他当皇帝，李显的存在本身就会发挥作用。李显的下属，太子右庶子兼宰相崔玄暐也参加到了政变核心领导小组之中。相王李旦呢，自从武则天重立李显当太子之后他就掌握兵权，当时担任左卫大将军，是南衙卫兵的最高领袖。到时候，可以由他带领南衙卫兵控制政府，稳定首都。另外，相王李旦也给这个核心领导小组派出了一个成员，就是他的相王府司马兼司刑少卿袁恕己。

太平公主都干了些什么呢？史书上没有任何记载，但是，我认为太平公主发挥了相当大的作用，她主要负责策反大内里面的宫女，让这些宫女做内应。可不要小看宫女的力量，当年武则天就是从这些人身上打开突破口的，后宫的情报系统也是武则天随时监控皇帝的一个有力武器。现在，武则天卧病在床，和外界接触有限，全靠宫女向她反映一些外面的信息，如果没有宫女的帮助，她就会变成孤家寡人。这也正是太平公主所希望达到的效果。太平公主毕竟是武则天的女儿啊，经常出入内宫，在她的策动之下，一批宫女倒向了政变派，随时监视二张兄弟的一举一动，当然武则天本人也是被监视的对象。

有人就会问了，这大内秘事，史书没有任何记载，我是怎么知道的？我有三个证据。第一，近年来，洛阳北邙山上出土了十几方宫女的墓志，墓志里记载她们反武拥李，最后在政变中牺牲了生命。台湾学者耿慧玲还专门写论文探讨过这个问题，这些墓志说明确实有宫女参与了政变。第二，武则天晚年精力不济，太平公主作为她的爱女参与朝政，因此经常出入宫廷，帮她出谋划策，在宫廷中有很大的影响力。第三，政变之后，太平公主被封为镇国太平公主，而且丈夫和儿子都加官晋爵，一下子威风八面，说明她在政变之中确实是立下了非常大的功劳，才会得到这样的奖赏。把这三个证据联系到一起，我认为，太平公主确确实实参与了政变的准备，她的工作主要是策反宫女作为内应。这样的工作无人能够替代，因此非常重要又非常独特。

二、突发的政变

就在这一连串的活动之中，长安四年（704年）结束了。转过年来，正月初一，武则天改元神龙。人们常说新年有新的气象，但是，神龙元年（705年），武则天继续卧病长生院，身边只有张氏兄弟出入，没有丝毫还政儿子的意思。这时候人们就觉得更加紧张了，一旦武则天突然死去，二张会有什么样的行为？那么，忐忑不安的李唐皇族和大臣们，或者说这个政变指挥部，又会有怎样的举动呢？

神龙元年（705年）正月二十二日，政变爆发了。按计划，政变兵分四路。第一路，张柬之、崔玄暐和部分禁军将领率领北衙禁军直扑玄武门，控制住入宫的必要通道。第二路，右羽林大将军李多祚率领部分禁军将领赶赴东宫迎接太子，把太子迎到玄武门，号令天下，然后两路军队会合，攻占皇宫，杀死二张兄弟，再逼武则天退位。这两路是政变的主体。第三路，太平公主安排的宫女在宫内接应。第四路，相王李旦和他的司马袁恕己率领南衙诸卫控制中央各职能部门，杀死二张在政府机关的党羽，稳定京畿。整个计划看起来天衣无缝，处处都有谋划。但是,就在这紧要关头,却出了两个岔子,差点让政变毁于一旦。怎么回事呢?

第一个岔子居然是太子临阵掉链子。刚才我们不是说,第二路是张柬之安排李多祚率领几个禁军将领,前往东宫迎接太子出来号令部队吗?没想到事到临头,太子突然害怕了。一想到母亲的铁血政策,李显不由得腿肚子发软。虽然说二张在君侧,前途未卜,可是现在母亲毕竟还让他当着太子呢,又没有把他废掉,难道一定要走这一步吗?万一失败了怎么办?他越想越害怕,迈不开腿,反而下了个狠心,干脆,不走了!他一不走,外面的将领可着急了,现在军队都出来了,已经是箭在弦上,不得不发,如果太子不出面,这次出兵也就彻底失去了正义性,那不就是造反吗?怎么办呢?赶快劝他吧。

将领里头有一个王同皎,是太子李显的女婿,跟太子关系比较近,就由他来打头阵,这时候他说话了:"先帝以神器托付殿下,不料横遭幽废,人神同愤,至今已有二十三年了!好容易等到今天,北门、南衙禁军,都愿同心协力,诛杀奸佞,复李氏社稷,殿下怎么能在这个时候退缩不前呢?请殿下到玄武门号令军队吧!"这个道理李显不是不明白,可是他害怕呀。害怕又不好意思承认,怎么办呢?最后李显搬出孝道来了,说:"小人是该杀,可是皇上正在病中,会不会受惊呢?咱们还是先缓一缓,从长计议吧?"一看太子这么窝囊,将领们都急得像热锅上的蚂蚁,政变之中时间最宝贵,失去时机,可能就会前功尽弃。

眼看时间一点点流逝,另外一个将领李湛急了,他忍不住叫起来:"我们不顾身家性命来维护殿下,殿下何必要把我们置于死地!现在将士们都已经在这儿了,如果殿下执意不去,请您自己出来跟将士们说吧!"这话是什么意思啊?这是威胁啊。现在李显和所有的政变将士都是拴在一条绳上的蚂蚱,如果李显敢出来跟将士们说政变取消,你们回家吧,那将士们还不把他吃了!李显虽然窝囊,但是并不傻,他听明白了,这话里有火药味。他叹了一口气,终于跨上早就准备在那里的高头大马。李显一坐上去,有人赶紧在旁边狠狠抽了一鞭子,骏马长嘶一声,绝尘而去,将士们也赶快跟上,簇拥着太子直奔玄武门。第一个危机总算解决了。

可是,还有第二个岔子呢。老臣张柬之率领主力部队来到玄武门,本以为应该无人阻挡,没想到被一员大将挡住了去路。这员大将是谁呢?殿中监田归道。当夜是由他率领千骑在此执勤。大家可能又不明白了,刚才我们不是一直说玄武门的守军是羽林军吗,羽林军的将领从上到下都搞定了,怎么又冒出一个田归道率领千骑来挡路?其实,北衙禁军的主力是羽林军,但是,北衙禁军还有一支非主力呢,这支部队就叫作千骑,千骑挂靠在羽林军名下,不过它的将领由皇帝亲自任命,因此处于半独立状态。皇帝这样安排,为的就是让禁军内部互相牵制。按照张柬之他们当初的想法,既然有这么一种挂靠关系,千骑将领就应该听羽林大将军的,所以没有特别关照。没想到田归道认死理,无论张柬之怎么对他晓之以理,动之以情,他就是不让进。玄武门可是通往禁宫的必经之路啊,如果僵持不下,政变又是前途未卜。怎么办呢?正在这时,太子赶到了。太子一出面,田归道没主意了,他本来就不是二张的同党,刚才不让张柬之进去也只是职责所在,现在太子来了,太子就是未来的皇上,他得罪不起啊。这样一想,田归道一咬牙,说这样吧,对方妥协,他让太子一行进去,但是他的兵不能跟着他们走。这在当时已经是最佳方案了,将士们一拥而入,第二个麻烦解决了。

进入玄武门之后,将士们的目标很明确,直扑武则天的寝宫迎仙宫。有的宫女一看见军队,想要进去通风报信,还没等走出门,已经被太平公主安插的宫女一刀捅死。张氏兄弟呢,当时正在迎仙宫外廊的屋子里睡觉，听见声音连忙披衣起床，刚刚走出屋门，就被杀死在廊下。张昌宗兄弟平常没事经常披着羽毛做的衣服，骑在木头仙鹤上装神仙，武三思还因此吹捧他们是神仙王子晋的化身，现在是真的驾鹤西去了。

杀死二张，张柬之带兵进入武则天的寝殿长生殿。老年人睡觉本来就轻，听见声音马上抬起了头，四下一看，只见一片刀光剑影。武则天心里一惊，问道："是谁在兴兵作乱？"一个苍老的声音回答道："张易之、张昌宗谋反，臣等奉太子令诛之，因为害怕泄露消息，我们事先没敢告诉陛下，真是罪该万死！"这话虽然说他们罪该万死，可是口气相当强硬。武则天看了看，原来是和自己同龄的老头子张柬之，心里叹了一口气，把头转向太子李显，说："原来是你呀！既然张家兄弟已经杀了，你就回东宫去吧！"真是虎老余威在，李显又吓得腿肚子发软，一句话也说不出来，真的就要往外走。这时候，桓彦范在旁边忍不住了，他说："太子怎么能再回去呢！当年天皇把太子托付给陛下，如今太子早已成年了，应该继承祖业。现在天意民心都还思念李唐，我们这些大臣才拥戴太子，诛杀陛下身边危害太子的奸臣。现在，请陛下传位太子，以顺天人之望！"武则天一听，不是那么回事了，她又环顾了一下，这次，她看见了李湛。武则天说："你也是诛杀易之的将军吗？我待你们父子不薄，你们就这样报答我吗！"李湛是谁啊？他就是武则天最早的拥戴者李义府的儿子。李湛脸红了，一句话也说不出来。武则天又对着崔玄暐说："别人都是受人推荐才到了今天这个位置，只有你是我亲自提拔上来的，你怎么也在这里呢？"崔玄暐是一个很老到的人，回答说："我也是在用自己的方式报答陛下啊。"听到这儿，武则天闭上了眼睛，不再说话。

至此，政变计划中的前三路都已经结束战斗，第四路也挺进得相当顺利，相王李旦和袁恕已派兵逮捕了二张兄弟的党羽，很快控制了全城。紧接着，政变的领袖们又派兵赶到张氏兄弟的豪宅，杀死了他们的三个弟弟，五兄弟的头都被割下来，悬挂在桥头示众。张氏兄弟卖官鬻爵，横行霸道，老百姓早就对他们恨之入骨，所以一夜之间，张氏兄弟尸体上的肉就被人们割光了。当年，武则天利用来俊臣也曾经引起民愤，幸好武则天自己纠正了错误，但是这一次，她已经没有机会再自我纠错了。神龙政变就这样结束了。

那么，我们应该怎样评价神龙政变呢？我想，至少能够得到三个结论。

第一，神龙政变直接针对的对象是张易之、张昌宗兄弟，并不是武则天本人。对于多数政变参加者而言，政变的目的只是为了扫除二张兄弟对政治的影响，结束武则天的统治只能算是政变的一个副产品。

第二，武则天既定的政治目标就是回归李唐王朝，政变并没有改变这个目标，相反，它只是提前实现了这个目标。

第三，政变是反对二张兄弟的大臣和受到威胁的李唐皇室成员合作的产物。在这次合作中，大臣中的核心分子发挥了主导作用，特别是张柬之、桓彦范、敬晖、崔玄暐和袁恕己，他们在政变后都受封为王，权倾朝野；而相王李旦和太平公主通过参与政变，势力也大为增强；而且政变本来针对的不是武则天，武则天娘家的势力也没有在这次政变中受到冲击。所以在政变之后，出现了群雄并起的局面。太子李显当了皇帝，他必须面对的，是种种崛起的势力，因此他只能在夹缝中求生存。换句话说，他这个皇帝还是很窝囊，不好当。

神龙政变标志着武则天政治生涯的结束，那么，政变后的武则天又会面临怎样的处境呢？她五十年的铁腕统治难道就这样黯然收场了吗？

第三十二章

白发余威

关于老虎,有两句话大家都非常熟悉,一句叫作"虎老余威在",另一句叫作"虎落平阳遭犬欺"。这两个说法看起来互相矛盾,但其实都有道理。那么,如果我们把武则天比作一只老虎的话,哪个说法更适合她呢?我个人觉得,两个说法各自反映了她退位后生活的部分状态。

一、虎落平阳

上一章讲过,武则天在神龙元年(705年)正月二十二日被政变推下台。政变第二天,武则天被迫下令太子李显监国。第三天,武则天下制传位给李显。第四天,李显正式即位。这已经是他一生中第二次当皇帝了,父亲和母亲都分别给过他接力棒,这份经历可是天下少有。上一次是在二十一年前,他继承父亲李治,当上了大唐帝国的第四任皇帝,而这一次,他继承的是母亲武则天,当的是大周的第二代皇帝。李显即位的第二天,武则天迁居上阳宫。上阳宫在洛阳宫城之西,因此又被称为西宫,是唐高宗调露元年(679年)修建的。当年唐高宗和武则天一起临幸洛阳,看上了这块南临洛水、北接禁苑的风水宝地，当即下令在此修建上阳宫。宫殿修得极其奢侈壮丽，属于国家级的大型工程项目，靡费了不少国家的财政收入，主持工程的司农卿韦机甚至因此被贬了官。当年，武则天就在上阳宫的正殿观风殿处理政事。现在，故地重游，但已经是虎落平阳、物是人非了。为什么说是虎落平阳呢？说三个表现大家就明白了。

第一，武则天迅速地衰老憔悴。作为一个女人，武则天本来是特别在意形象，注重养生化妆的。她当皇帝的时候，已经是六十七岁高龄的老人，但是因为有权力刺激，她丝毫也没有表现出衰老的迹象。六十九岁的时候，武则天还重新长出了浓密的眉毛，七十二岁的时候，又长出了新的牙齿，这一些反常的迹象也表明，权力是最好的保鲜药。尽管圣历二年（699年）以后她的身体状况欠佳，但是因为生性好强，在外人面前并不示弱，每次露面还是神采奕奕的。按照《资治通鉴》（卷二〇五）的说法，就是"太后春秋虽高，善自涂泽，虽左右不觉其衰"。因为她太擅长梳妆打扮了，所以即使身边的人都发现不了她的衰老，老太太驻颜有术。但是神龙政变后，武则天一下子受到巨大的打击，精神上垮下来，人也就整个衰老下去了。衰老到什么程度呢？《唐统纪》记载："及在上阳宫，不复栉沐，形容羸悴。上入见，大惊。"什么意思呢？武则天这时候就不再梳洗打扮了，所以非常衰弱，骤然衰老下来，以至于她的儿子李显看了都大吃一惊，产生了某种负罪感，觉得愧对母亲。

第二，武则天被看管起来，失去了人身自由。当年，武则天从儿子李显、李旦手里夺取皇位，李显被软禁在房州，李旦被软禁在洛阳，都是十几年不能迈出大门一步。现在，风水轮流转，轮到武则天自己品尝被软禁的滋味了。而且，看管她的将军，正是神龙政变的主要参与者之一李湛，也就是武则天最早的支持者李义府的儿子。世事无常，无论是当权与落魄，还是心腹与仇敌，都可以互相转化啊。

第三，武则天眼睁睁地看着她最为看重的武周政权，毁于一旦。创建属于自己的大周王朝，当皇帝，这是武则天一生的梦想，她也为此付出了巨大的代价。但是，从神龙元年（705年）二月四日起，中宗下诏改国号为唐，宗庙、社稷、陵寝、百官、旗帜、服色都恢复唐高宗去世那年，也就是永淳元年（682年）的制度。武则天创造的新字全部废除，只留下一个字，就是"曌"字，自己妈妈的名字做儿子的不能给改掉。李显重新确定长安的首都地位，神都洛阳依旧称为东都，武则天出生地北都依旧为并州大都督府。在新皇帝的统治下，佛、道二教的地位再次调整，太上老君又重新成为玄元皇帝。武则天是依靠佛教起家的，所以在她统治时期佛在道之上，现在人家李老君的子孙重新当皇帝了，当然太上老君的地位又给提上来，重新变成道在佛上了。这道诏令一下，就等于宣布武周王朝彻底灭亡了。那么，对于武周王朝灭亡这件事，武则天有没有心理准备呢？其实她是有的。我们讲过，武则天决定立自己的儿子李显做太子，其实就等于在心里接受武周王朝及身而止这个事实了。但是，当时她无论如何也没有想到，还没等她闭上眼睛，武周政权就灭亡了。对于一个毕生追求成功的英雄，还有什么比亲眼看到自己奋斗的结晶被毁灭更可悲的呢！

二、余威犹存

这样看来，在神龙政变之后，武则天的的确确是虎落平阳了。那么，是不是可以说，武则天半个世纪的风光就彻底化为乌有了呢？这也不尽然。我们不是还有一个虎老余威在的说法吗？五十年形成的威风，岂能真的就这么毁于一旦！我们可千万别把武则天想象成受儿子虐待的老太太。事实上，她对于自己的三儿子，也就是当朝天子李显还保持着相当大的威慑力。为什么这样说呢？我总结了四个表现。

第一，武则天依然享受皇帝的待遇。武则天是大周王朝的皇帝，现在中宗改周为唐，她就是一个亡国之君。历代亡国之君是什么待遇？我们最熟悉的南唐后主李煜，亡国之后被宋太宗赵光义毒死了，还有明朝的崇祯皇帝，亡国之时就吊死在景山上头了。可以说，这是历朝历代亡国之君的标准待遇。那么，武则天受到的是什么待遇呢？她的待遇可比其他亡国之君强多了，神龙政变后，中宗李显居然还给武则天上了一个尊号，叫作则天大圣皇帝。这可是中国古代绝无仅有的事情。有道是天无二日，国无二主，现在李显已经是皇帝了，武则天居然还叫皇帝！虽说上尊号不久，李显就恢复了唐的国号，但是武则天这个皇帝称号还继续保留。那么，她究竟是大唐则天大圣皇帝呢，还是大周则天大圣皇帝？没有人敢深究这个问题。反正皇帝这个尊号是保留下来了，这还不够威风吗？

另外，李显还定下规矩，每十天率领文武百官到上阳宫，看望武则天一次。当年，被儿子逼着退位的唐高祖没有享受到这等待遇。玄武门事变之后，李渊退位当了太上皇，马上就被送到大安宫软禁起来，李世民很少去看望他，李渊自己孤孤单单的，死得很凄凉。安史之乱以后，被儿子逼着退位的唐玄宗也没有享受到此等待遇。唐肃宗把他软禁到太极宫，也是不理不睬。有一次，唐肃宗抱着小公主上朝，还跟大臣解释，让他们别见怪，他实在是太爱这个孩子，舍不得放下她。这时候有人进谏，说当年太上皇抱着皇帝，也像皇帝现在抱着小公主这样啊，皇帝将心比心，怎么就不去看看自己的老父亲呢？这件事说明，唐肃宗也是很少去看望唐玄宗的。而中宗李显呢，不管心里对武则天是怎么想的，反正至少从制度上每十天就得去给武则天问安一次。这样一比较，我们就能看出来了，武则天虽然是亡国之君，但是待遇比一般太上皇还要好，这还不够威风吗？

第二，武则天得到了相当高的评价。神龙政变后，有一个重要的问题必须解决，那就是对武则天的评价问题，或者说武周王朝的历史定位问题。如果把武周王朝评价为伪朝，那么武则天也就是个篡逆的奸贼，相当于以外戚身份篡夺汉朝的王莽，按照当时的标准，就要被钉在历史的耻辱柱上了。如果说武则天不是篡逆的奸贼，那就必须得解释清楚，武周王朝跟李唐王朝到底是什么关系。作为儿子，李显究竟想怎么评价自己的母亲呢？看看李显的即位赦文就知道了。即位赦文是官方定评，有舆论导向作用，它会怎么解释武周政权呢？李显说，当年高宗"仙驾不追，逆臣开衅，敬业挺灾于淮甸，务挺潜应于沙场。天柱将摇，地维方挠，非拨乱之神功，不能定人之安危矣"。也就是说，高宗死后，李敬业在江淮地区造反，程务挺想要在塞北地区接应，国家面临着空前危机，武则天在这种情况下挺身而出，挽狂澜于既倒，扶大厦之将倾，拯救了国家，这才应天顺人，登基称帝的；而在国家安定下来之后，武则天又"凝怀问道，属想无为"，当皇帝当累了，厌倦大宝，于是又主动逊位给李显，命他光复李唐，继承祖业。这个赦文在此刻出台，是什么意思呢？它的中心思想，就是说武则天绝不是一个篡夺李唐天下的人，只是在国家面临危难的时刻，替儿子代管了十几年的江山社稷；因此，武周王朝也不是伪朝，只是李唐王朝的一个变体。这个意思简单说起来，就是周唐一体，母子相承。正因为如此，武则天"在朕躬则为慈母，于士庶即是明君"，当年挽狂澜于既倒，当然是明君，现在又主动逊位给儿子，所以又是慈母。这样一来，武则天高大的形象保持住了，而神龙政变干脆给一笔勾销了，既然都说武则天是主动逊位的了，哪里还有什么政变呢？

第三，武则天的身后安排非常妥善。刚才我们分析过了，武则天退位后，照样保持着皇帝的名号和尊严。但是，武则天当时已经是气息奄奄，病入膏肓了。俗话说，人走茶凉，在她死后，人们会怎样看待她呢？对这一点，武则天临死之前肯定没少考虑。神龙元年（705

年)十一月二十六日,政变发生十个月之后,武则天终于走完了她漫长而又传奇的一生,病死在上阳宫的仙居殿,享年八十二岁。她一生发布的最后一道制书,也就是遗制,专门对身后事作了安排。遗制说:"祔庙、归陵,令去帝号,称则天大圣皇后。"什么意思呢?就是说,武则天要求取消自己的皇帝称号,重新回到高宗皇后的身份上来;等她死了之后,葬入唐高宗的陵寝,把神主(灵位)也放在李唐的祖庙之中。怎么理解武则天这个遗制呢?可能有人就认为武则天投降了,放弃了自己毕生追求的东西。

其实,这是一种非常现实的考虑。因为如果恢复唐高宗皇后的身份,即使以后人们对她的评价发生逆转,也会对她手下留情。说得直白一点,就是只要和唐高宗合葬,就永远没有剖棺戮尸的可能了。这份遗嘱是武则天经过深思熟虑的结果。那么,遗嘱能否被遵照执行也就关系到武则天身后的长远利益。那么,中宗君臣会不会尊重她的遗嘱呢?当时确实有一些人是反对执行遗嘱的。有一位大臣就说了,武则天不能归陵。为什么呢?因为夫为妻纲,所以唐高宗是尊,武则天是卑,唐高宗的乾陵已经封闭起来了,封闭得非常结实,如果要合葬的话,就必须把墓门凿开,这一凿不就惊动了高宗的灵魂吗?怎么能以卑动尊呢?所以,还不如另外选择一块好地方安葬武则天呢!这话说得冠冕堂皇,但其实包含了以后重新评价武则天的意思。那么,面对不同意见,唐中宗李显是怎么决定的呢?他坚决维护母亲的遗嘱,亲自护送灵柩返回长安,开启乾陵,把武则天安葬在了唐高宗的身边。这也促成了一个奇迹,使得乾陵成为中国唯一安葬着两位皇帝的陵寝。不仅如此,李显还在《则天大圣皇后哀册文》中,重申了对她的评价,称她:"英才远略,鸿业大勋。雷霆其武,日月其文。"这样一来,武则天地下有知,也会感到非常欣慰吧。事实上,武则天的陵寝也确实非常安稳,到现在一千三百多年过去了,乾陵始终保存完好。这在唐朝皇帝的陵寝中是独此一份。

第四，武则天的家族继续受到尊重。神龙政变刚刚结束，中宗李显夫妇就和武则天的侄子梁王武三思交上了朋友。李显多次到武三思家微服私访，跟他商议国家大事。韦皇后更是和武三思成了一对棋友，有一次，武三思进宫和韦皇后一起打双陆（一种棋类游戏，有赌博的性质），中宗李显就站在旁边给他们数筹码算输赢。在这种情况下，以武三思为首的武家子侄继续加官晋爵，武三思升官当到一品的司空，太平公主的丈夫武攸暨也荣升为一品的司徒，爵位也由安定王（郡王），升格为定王（亲王）。武则天活着的亲人继续风光，死去的祖宗也没受太大的影响。当年，武则天称帝时把唐朝高祖、太宗和高宗三代神主迁到崇尊庙，现在，轮到李显把武周的祖宗搬家了。但是，李显在崇尊庙里供奉的是武家的七代神主，比武则天当年给李唐祖宗的待遇可优厚多了。中宗李显还特地下制，要求"武氏三代讳，奏事者皆不得犯"。任何人奏事都不得犯武氏三代讳，也就是武则天的爸爸、爷爷、太爷爷的名字，都不能在任何奏书里出现，表现对他们的极大尊重，对武家祖宗的关照可谓无微不至。

三、生荣死哀

虎老余威在，说了武则天这四个表现之后，可能大家就要感到奇怪了。为什么武则天能够打破亡国之君身后命运凄惨的规律呢？她何以能够做到死生俱荣？我个人认为，一共有四个因素。

第一，神龙政变的性质。我们上一章说过，神龙政变的第一目的是结束二张兄弟对政治的干扰，推翻武则天的统治只能算是政变的副产品。正因为如此，在武则天因为政变退位、迁居上阳宫的时候，许多人表现出了深深的惋惜眷恋之情。比如说宰相姚元之，也就是后来著名的开元贤相姚崇,在送别武则天的时候,忍不住呜咽流涕。当时张柬之就提醒他,说:"今日岂公涕泣时邪!恐公祸由此始。"姚元之回答说:"元之事则天皇帝久,乍此辞违,悲不能忍。且元之前日从公诛奸逆,人臣之义也;今日别旧君,亦人臣之义也,虽获罪,实所甘心。"什么意思呢?我姚元之侍奉则天皇帝这么长时间了,辞别旧君,我实在悲不能忍。而且那天我和你们一块儿去诛讨二张,这是从国家利益进行考虑的,我觉得这是大臣应该做的事情。今天我洒泪辞别旧君,这也是一个大臣应该做的事情。如果我因此获罪的话,那么我也心甘情愿。姚元之的态度,代表了当时一大批臣子的立场。他们并不反感武则天,相反,因为武则天知人善任,给了他们施展才华的空间和机会,因此他们对武则天有相当的好感。按照当时人的说法,就是"则天皇帝在西宫,人心犹有附会;周之旧臣,列居朝廷"。朝廷里的大臣还是大周培养起来的那批人,他们对于武则天是有感情的,在这种情况下,根本不存在君臣上下一致反对武则天、报复武则天的可能。

第二,政变后的形势。我们说过,神龙政变是一场各种势力联合发动的政变。政变的主导人物并不是后来的唐中宗李显,而是一些有地位、有权谋的大臣。另外,李显的弟弟相王李旦与妹妹太平公主也出力颇多,这些人在政变后都有很大的势力。大臣中,以张柬之为首的五位核心人物都受封为王,相王加封为安国相王,太平公主加封为镇国太平公主。对于势单力孤的皇帝李显而言,这些人权力的发展都是很大的威胁。如果过分强调神龙政变的正确性,就等于凸显了五位大臣的功劳,会使他们更加功高难制。在这种情况下,李显只能扯拉虎皮,做大旗,强调自己是接受了母亲的禅让,让自己的权力更具有合法性,同时,也尽可能地淡化神龙政变的作用,通过这样的方式降低权臣和弟弟妹妹的影响力。

第三，亲情和利害关系。李显是武则天的亲生儿子，母子之间有着天然的感情。当年，武则天放弃侄子，把李显从房州接回来立他当太子，是出于这种感情，现在，轮到李显来处理母亲地位问题的时候，这种感情同样在发挥作用。面对着精神受到巨大打击、身体极度衰弱的老母亲，李显不可能完全无动于衷。另外，李显是武则天立的太子，正是凭着这种身份，他才能成为政变拥护的对象，在政变之后顺理成章地当上皇帝。如果现在他否认武则天的合法性，也就否认了自己太子身份的合法性，那样，他当皇帝的基础就更不牢靠了。李显怎么能做这种傻事呢？所以，无论是于情还是于理，李显都得接着推崇武则天。

第四，武则天的杰出智慧。武则天当年建立武周政权，并没有跟李唐王朝决裂。她承认自己继承了唐高祖、太宗和高宗的统治，而且，她也继续保留了对这三位皇帝的祭祀。这使得她和李唐王朝的和解相对容易。更重要的是，武则天在遗制中主动提出恢复唐高宗皇后的身份，葬入唐高宗的陵寝之中。这就使得她重新从一个皇帝变回了妻子和母亲。通过这样的一番努力，原本离经叛道的武则天又重新回到了传统的轨道上，在这个轨道上，她就是唐高宗的合法妻子，是儿子的亲生母亲。一个人可以不接受前朝的皇帝，但是谁能不接受自己的母亲呢？不仅李显必须接受，李显之后的李旦也必须接受，李旦之后的皇帝还要继续接受，因为他们都是武则天的直系子孙，血浓于水啊。

此外，武则天的遗嘱还特别提到两件事情：第一，赦免王皇后、萧淑妃两族以及褚遂良、韩瑗、柳奭等人的亲属；第二，赐魏元忠实封百户。临终以前，武则天为什么会想到宽恕这两批人呢？王皇后和萧淑妃等人是她最早的敌人，也是她上升之路的第一批牺牲品，而魏元忠则是最后一个被她冤枉的大臣。这等于说，对于这些曾经得罪过她的人，武则天已经从头原谅到尾了，她原谅所有的人，这些人难道就不能原谅她吗？那么，他们到底原谅武则天没有呢？王皇后、萧淑妃等人的族人在历史上没有留下痕迹，魏元忠的表现却被记载下来了："元忠捧制，感咽涕泗。"魏元忠感动得哭了，在这一刻，他记住的只有武则天的好处。讲到这里，我们不得不佩服武则天的政治智慧，这份智慧一直保留到她生命的最后一刻。就是这份政治智慧，帮助武则天度过了政变之后最艰难的岁月，维护了自己的地位和尊严。

正是出于这样复杂的原因，武则天避免了一般亡国之君的命运悲剧，以八十二岁的高龄寿终正寝，生荣死哀。大臣崔融在《则天皇后挽歌》里写道："前殿临朝罢，长陵合葬归。山川不可望，文物尽成非！"武则天当完了皇帝，终于以一位皇后的身份归葬到唐高宗的陵寝中，她再也看不见她曾经统治过的山河大地，一切都已经物是人非了。如今，时隔千载，回首往事，回望乾陵，我们更会有物是人非之感。既然如此，这个以叛逆传统开始，又以回归传统告终的一代女皇，会带给我们怎样的思索和启迪呢？

第三十三章

无字丰碑

在武则天和唐高宗合葬的乾陵,立着两块石碑。西边的那块属于唐高宗,上面刻着唐高宗的丰功伟绩。东边的那块属于武则天,八米的石碑高大巍峨,但是上面竟然一个字都没有,这就是著名的武则天无字碑。

一、悠悠千载无字碑

那么,武则天为什么要立这样一块无字碑呢?人们给出了多种解释。

第一种,武则天觉得自己功劳太大了,无法用文字概括。

第二种,恰恰相反,武则天觉得自己罪孽深重,不敢写出来。

第三种,武则天觉得千秋功过,自有后人评说,因此干脆留下一片空白。

那么,这三种说法哪种合理呢?其实,这三种说法没有一个是正确的。因为这块碑是武则天死后立的,和武则天本人的真实意志没什么直接关系。那么,这块碑为什么空无一字呢?这还要从中国古代的皇帝陵寝制度说起。本来,中国古代的皇帝陵寝是不立碑的。因为皇帝的功德太大了，不是一块碑所能概括得了的。但是，武则天不是一个喜欢标新立异、经常离经叛道的人吗？唐高宗死后，武则天觉得有必要表彰他的丰功伟绩，因此就突破了帝王不立碑的传统，给高宗立了一块碑，上面刻了一篇她亲自撰写的文章，叫作《述圣记》，表达了她对唐高宗的敬仰之情。这块碑一立起来，马上又成为新的传统。武则天去世后，中宗李显也想给她立一块碑。

但是，选好了石头，刻好了图案之后，麻烦也就出现了。怎么评价武则天呢？武则天退位后，唐朝就进入了政局最动荡的时期。从神龙元年（705年）到先天元年（712年），也就是武则天去世前后的八年时间里，一共爆发了七次政变。皇帝也像走马灯一样，从武则天换成了中宗李显，又换成了殇帝李重茂，再换成睿宗李旦，最后才稳定到玄宗李隆基。所有的政治势力都轮番上台表演，而各个派系对武则天也都有不同的认识和评价，在这种情况下，光是武则天的尊号就换了若干次，先后叫作则天大圣皇帝、则天大圣皇后、天后、大圣天后、天后圣帝、圣后，直到唐玄宗天宝八年（749年）才最终改成了则天顺圣皇后。这时离武则天去世都已经过去四十多年了。在这么漫长的时间里，没有人能够给武则天一个确定的评价，所以刻碑的事也就一拖再拖，最后不了了之，形成了我们今天看到的无字碑。

这样看来，有关无字碑的浪漫说法不成立了，但是，从精神实质的角度上说，武则天这位空前绝后的女皇帝屹立在历史长河中，就像高大的无字碑矗立在乾陵一样，一直不断地引起后人的兴趣和思索。那么，后人眼中的武则天到底是什么样子的呢？意大利著名的历史学家、哲学家克罗齐有一句名言："一切历史都是当代史。"人们看历史的视角和方式会随时代的变换而变化。对于武则天的评价正是如此。在唐朝，特别是唐前期，因为武则天之后所有的皇帝都是她的直系子孙，也因为唐朝儒家正统思想并不浓厚，所以对武则天的看法相对比较积极。但是到了宋朝，特别是南宋以后，随着程朱理学逐渐深入人心，武则天和传统礼教的冲突变得明显起来，对她的评价也大为降低。明末清初的思想家王夫之甚至说武则天是"鬼神之所不容，臣民之所共怨"。而近代，受女权运动的影响，人们又把武则天和妇女解放运动联系起来，开始给她作翻案文章。经过这样反反复复的涂抹，武则天的故事越来越传奇，但是离真相可能也越来越远了。有人说，武则天是中国历史上被歪曲得最厉害的人物。但是我想，也正是这一千多年来见仁见智的评价，使得武则天成为中国历史上知名度最高的皇帝之一，在很多人心中激起了探索的无限欲望。对她的评价，也就"横看成岭侧成峰，远近高低各不同"了。那么，我们今天应该如何评价这位中国历史上独一无二女皇传奇的一生，以及她长达半个世纪的统治呢？

我个人认为，武则天一生最大的特点在于她的矛盾性，不仅她的政绩是矛盾的，她的性格也是矛盾的。

二、是非功过任评说

武则天的政绩如何呢？我从四个角度来讲。

第一个角度：经济状况。武则天时期的经济状况，是经济发展与民户逃亡并存。咱们今天谈经济发展，特别关注 GDP，古代没有 GDP，但是也有两个重要的参数，一个是人口数字，一个是粮食储备。根据《唐会要》对户口数的记载，永徽三年（652 年），也就是武则天当皇后的前两年，全国共有三百八十万户，而到武则天退位的神龙元年（705 年），全国户数已经增加到六百一十五万户，五十三年之间户数增长了近一倍，这在整个中国古代社会也是不多见的。再来看粮食储备情况。同样据《唐会要》记载，武则天退位的前一年，

也就是长安四年（704年），一位官员在给武则天的上书中说："神都
帑藏储粟，积年充实。"充实到什么程度呢？一个考古发现解决了这
个问题。1971年，在洛阳发掘出了唐朝含嘉仓的遗址，这个仓库里
有两百九十个储藏粮食的洞窟，每一个洞窟能够储存五十多万斤粮
食。也就是说，这个仓库充实起来之后，总共容纳的粮食数量是七万
两千五百吨，这可是一个了不起的数字。通过这两个数字可以说，武
则天统治时期，经济取得了长足发展。

但是，特别矛盾的是，武则天时期也恰恰是均田制开始瓦解、逃
户问题非常严重的时期。什么是逃户呢？逃户是指脱离了户籍的老百
姓。什么是均田制呢？大家可千万不要以为均田制就是国家平均分配
土地，均田制的真实含义是国家把荒地分给老百姓，同时通过户籍制
度把老百姓牢牢地控制在土地上，不许他们迁移，让他们缴纳赋税，
为国家提供兵役和劳役。这个制度从北魏开始实施，到武则天时期已
经明显不适应经济的发展了，所以许多老百姓就开始脱离户籍，离开
家乡到其他地方去开荒种地，或者到城市谋生。我们固然可以说均田
制瓦解、逃户出现从根本上促进了生产力的发展，但在当时，它毕竟
引起了政府收入的减少和社会不安定因素的增加。武则天时期所谓的
"剑南遁逃，中原亡命"，很大程度上都和逃户有关。所以说，当我们
讲到武则天统治下经济发展状况时，我们的心中是矛盾的。

第二个角度：政治状况。武则天时期的政治是任人唯贤与酷吏政
治并存。武则天在政治方面最值得后人称道的就是她的用人方略。她
完善了科举制，鼓励自荐或者推荐人才，留下了很多佳话。长安二年
（702年），武则天派一位侍御史到河北办事。此人能力有限，到了当
地之后理不出头绪来。怎么办呢？他就问地方人员，这里有没有人才
啊？当地人说有啊，张嘉贞就很厉害。于是侍御史就把张嘉贞给找来
了，向他咨询，结果张嘉贞给他分析得非常透彻。侍御史特别佩服，

就对张嘉贞说：干脆你替我写个奏章给皇上吧。武则天看了奏章之后非常高兴，就问这个侍御史：你最近怎么进步如此明显呢？侍御史是个忠厚人，说：这不是我写的，是一个叫作张嘉贞的人写的。他是个人才，请求陛下把我的官转给他当吧，他可比我强多了。武则天听了之后就笑了，说："朕宁无一官自进贤耶！"意思是我一个堂堂皇帝，难道就没有一个官可以进贤吗？很快提拔张嘉贞当了监察御史，那位能够推荐贤才的侍御史也升官了。这个张嘉贞是何许人呢？他就是唐玄宗开元年间著名的宰相。我们前面也说过，后来辅佐唐玄宗的著名宰相像姚崇、宋璟、张说等人都是武则天赏识提拔起来的，可以说，武则天给开元盛世的到来做了人才方面的准备。在这方面，武则天的贡献连她的政敌也不得不加以肯定，后世对武则天用人方面最经典的评价就是"当代谓知人之明，累朝赖多士之用"。这是一个相当高的评价。

但是，武则天同时也是一个任用酷吏的皇帝，酷吏制造了大量的冤案，破坏了法制，更破坏了君臣之间的相互信任，无论有多少理由，我们都必须承认，这种酷吏政治即使在中国古代社会，也是非常黑暗的。所以说，当我们谈到武则天的政治成就时，我们也是矛盾的。

第三个角度：文化方面。武则天促进了文风昌盛，但是也在一定程度上消磨了尚武精神。武则天富有文艺才华，她非常热衷于各种文化活动，赛诗、书法等，不一而足。特别到了晚年，她更是把大部分精力都投入到奖赏文化活动中。传说武则天游龙门，就是现在洛阳旁边的龙门石窟，她诗兴大发，命众官赋诗纪胜，诗先成者赐予锦袍。这锦袍可是当时的高级时装，大臣们都跃跃欲试，马上就写。有一个叫东方虬的人先写成了，三步两步跑到武则天御座跟前，把诗呈给武则天。武则天一看挺好，就亲自把锦袍披到东方虬的身上。然而东方虬还没坐稳当，有个叫宋之问的诗人也写好了，把诗献上。武则天一看，这诗写得文理俱美，比东方虬写得好多了。难道因为一两分钟的时差，就让宋之问屈居第二？这可不是武则天的风格。武则天从御座上下来，走到东方虬面前，亲手从东方虬身上夺回锦袍，改赐宋之问，群臣一片沸腾。这就是"龙门赋诗夺锦袍"的故事。俗话说，上有所好，下必效焉。武则天这么热衷于诗歌创作，当然促使一批文人才子潜心于诗歌创作，中国古代诗歌的经典形式律诗，也就是五律和七律，在这个时期定型了。到唐玄宗时代，已经发展到"五尺童子耻不言文墨"的程度。说一个小孩，都以不谈写诗作文章为耻。现在说到白居易的诗通俗易懂，常常引用唐宣宗这句诗："童子解吟长恨曲，胡儿能唱琵琶篇。"说的是当时的小孩子都能够背诵《长恨歌》，胡人也能够吟诵《琵琶行》。如果没有对诗歌举国若狂的热情，再通俗的诗也无法这样深入人心吧？现代学者把唐朝称为诗的国度，武则天无疑就是这个诗国的重要缔造者。

但是，对于文学的推崇在一定程度上意味着民族尚武精神的消磨。试想，一个"五尺童子耻不言文墨"的社会，谁还愿意当一介赳赳武夫呢？所以在武则天统治时期，汉族将领的短缺问题已经非常突出，将军们在战场上的表现远不及太宗时期有勇有谋。这种情况发展下去，到唐玄宗时期，领兵作战的将军就主要是胡人了。这在一定程度上促使了安史之乱的爆发。所以说，文化的发展同样是一柄双刃剑。

第四个角度：社会方面。武则天时期，社会结构调整与血腥杀戮并存。前面讲过，在唐高宗统治之初，朝廷还掌控在关陇贵族集团手里，他们势力强盛，甚至不把皇帝放在眼里。正因为如此，唐高宗和武则天才一起展开了对他们的斗争，在废王立武的过程中，以长孙无忌为首的关陇贵族受到沉重打击。此后，武则天为了便于控制朝廷，一次又一次地清洗倔强难制的元老大臣，一次又一次地提拔根基浅薄的新锐后进。这样,经过武则天半个世纪的统治,中国社会发生了深刻的变化,皇帝的权力得到了空前的提高,贵族官僚的力量大为削弱,平民出身的官僚获得了很大的发展。特别是科举出身的官僚,在官僚队伍中已经占了很大的比重。可以说,武则天的努力使得中国社会的流动性大大加强,"朝为田舍郎,暮登天子堂"的梦想正是拜武则天所赐。但是,必须看到,这种社会流动是建立在残忍的血腥杀戮基础上的,是由无数人的鲜血铺就的。所以,当我们谈到武则天所造成的社会结构调整和社会流动时,我们仍然是矛盾的。

这样看来,武则天的每一项政绩都伴随着矛盾,借用林达先生的一句话说就是,每洒下一缕阳光,就投下一片阴影。

三、一半是火焰,一半是海水

再看性格。一个有吸引力的人必须是个性鲜明的人。武则天一千多年来被人反复评说,经久不衰,也必然有其特殊的性格魅力。那么,这种魅力在哪里呢?我觉得,她的魅力也在于她的矛盾性。这个矛盾性表现在两个方面。

第一方面,武则天是最自信的,但又是最不自信的。在一个男权社会里,武则天一路披荆斩棘,最后以一个女人的身份改换天命,当上了中国历史上独一无二的女皇帝,没有过人的勇气和超常的自信不可能做到。有一个故事在民间流传很广,非常鲜明地体现了这一点。故事说武则天在冬天想看百花盛开,于是就写了一首诗:

明朝游上苑,火急报春知。
花须连夜发,莫待晓风吹。

众花神看到这首诗都非常害怕，果然连夜开放，只有牡丹花不为所动。第二天清晨武则天去游禁苑，看到百花盛开，只有牡丹还是老样子，非常生气，下令把牡丹连根拔起，把秆烧焦，贬往洛阳，这就是洛阳名花焦骨牡丹的来历。这个故事当然只是一个传说，但是，这个故事编得非常贴切，把武则天不仅要管人，还要管天的大气概展现得淋漓尽致，说明在世人心目中，武则天确实是非常自信的。

但是，武则天也知道自己的所作所为有悖于传统观念，因此又非常不自信，充满了不安全感。举个简单的例子，武则天特别喜欢改年号，她一生一共改了三十二个年号。本来，唐朝皇帝的年号比较稳定，前两代皇帝各自都只用了一个年号，唐高祖的年号叫武德，唐太宗的年号叫贞观。唐高宗在立武则天当皇后之前也只用了一个年号，叫永徽。可是武则天参政以后，年号变动一下子就频繁起来了。武则天当了二十八年皇后，一共用了十四个年号，平均一个年号用两年；当太后五年，用了四个年号；当皇帝十五年，用了十四个年号，平均一个年号只用一年多一点，有的时候甚至一年就改三次年号。比方说696年，本来叫天册万岁，但是因为武则天登嵩山封禅，便改名叫万岁登封，刚叫了三个月，因为修建通天宫，又改名叫万岁通天。频繁地更改年号肯定会给政治运作带来麻烦，那武则天为什么还这么不厌其烦地改年号呢？就是因为她太不自信了、太焦虑了，不知道应该用什么方式来证明自己的合法性。所以说她是最自信的，又是最不自信的。

第二方面，她是最冷酷的，又是最温情的。武则天为了权力，甚至不惜杀死亲生儿女，对待反抗她的人更是从不心慈手软。所以，清朝的赵翼说她是"千古未有之忍人"。但是，同样是武则天，对狄仁杰却充满温情。她不让狄仁杰下拜，说那样会让她都觉得自己浑身疼；狄仁杰有一次骑马，帽子被风给吹下来了，她让太子李显去捡，说千万别折腾国老再去下马。这样的行为，就算是以爱护大臣著称的唐太宗也望尘莫及。其实，不光是对狄仁杰，武则天对小人物也常常表现出这种人情味。

《资治通鉴》记载了一个小故事。武则天不是佛教徒吗？为了表现好生的美德，她禁止老百姓宰杀牲畜，全国上下一起吃素，有些人就很不习惯，想方设法偷偷地搞一点儿肉吃。有一次，一个叫张德的小官生了儿子，很高兴，请同僚到家里吃饭，偷偷杀了一只羊款待客人。好长时间没有吃到肉了，大伙吃得都特开心。可是，有一个同僚不地道，吃的时候，他把一块肉揣到袖子里，吃完之后，回家就写了一个奏章，说张德这个人违反皇帝的禁令，私自宰羊吃肉，同时把这块肉作为证物交给武则天了。第二天上朝的时候，说完大事，武则天就对张德说："闻卿生男，甚喜。"张德当然表示感谢。武则天接着就问了："何从得肉？"张德一听吓坏了，赶紧叩头请罪。这时候武则天说了："朕禁屠宰，吉凶不预。然卿自今召客，亦须择人。"她说，她禁止宰杀牲畜那是在平时，如果谁家临上喜事或者丧事她是不禁止的，所以张德不用害怕。但是，张德以后选择客人可千万要慎重一点啊。说完之后，就拿出了他那个同僚的告状信。这个告密者当时真恨不得找一个地洞钻进去。

这个故事说明什么问题呢？其实有很多解读方式。既可以理解为武则天虽然用小人，但是心里其实鄙视小人；也可以理解为武则天在处理具体问题时，也是有灵活性的；还可以理解为武则天推卸责任，收买人心。但是，具体到当时当地，张德肯定会觉得皇帝充满人情味吧。武则天能够让那么多英雄折腰为她所用，一方面固然是她知人善任，能够赏识他们的价值，另一方面，肯定也和她的人性化管理有关系。

这样看来，武则天不仅政绩是矛盾的，性格也是矛盾的。借用一部小说的题目，那就是"一半是火焰，一半是海水"。正是这种强烈的矛盾性格使得武则天成为一个有血有肉的立体的人，让我们观之可亲，也拍案惊奇。

开篇处，我曾经提出三个问题：第一，武则天为什么能以一个女性的身份当上皇帝？第二，武周王朝如日中天，为什么又会及身而止，不能传承下去？第三，武则天作为亡国之君，为什么还会在唐朝乃至后世受到崇拜和敬仰？现在，我们可以一起回答了。武则天为什么能够当上皇帝？我总结了两句话。第一句："时势创造英雄。"第二句："性格决定命运。"具体说来，就是唐朝妇女相对宽松的生存环境，唐高宗身体长期多病，乃至贵族政治没落、平民势力崛起的整体社会条件都为她的成功创造了条件。但是，无论如何，武则天的成功还得首先归功于她杰出的才华、非凡的能力和永不言败的性格。

那武则天为什么又会失去皇位呢？我也总结了两句话。第一句："人是时代的产物。"第二句："人可以在一定程度上改变权力结构，但是很难突破文化传统。"武则天虽然当上了女皇，但是，她终究无法改变男权社会的传统，她最终还得回到这个文化传统中去，而这个传统只允许女人充当妻子和母亲。

第三个问题，武则天亡国之后为什么没有被彻底打倒呢？我仍然是总结了两句话。第一句："武则天回归妻子与母亲的身份，奠定了她在唐朝的地位。"第二句："武则天的丰功伟绩奠定了她在中国历史上的地位。"武则天之后的所有唐朝皇帝都是她的子孙，这使得她在唐朝一直享受着来自子孙的祭祀和崇拜。而她通过五十来年的努力，留下的是一个文化昌明、人人机会相对均等的社会。这样的社会奠定了此后中国历史一千多年发展的基础。正因为如此，武则天不会真的被历史抛弃。

武则天去世后，留下一个充满矛盾的国家。这个国家在此后近十年的时间里都笼罩在武则天的阴影之下。等到历史真的走出后武则天时代，也就迎来了辉煌灿烂的开元盛世。可以说，武则天一手拉住了贞观之治的余韵，一手又挽起了开元盛世的开篇。郭沫若先生曾经给武则天写了一副对联：

  政启开元，治宏贞观；
  芳流剑阁，光被利州。

郭老这副对联是为武则天的家乡写的，所以我觉得器局不免狭小，武则天真正的历史影响，我个人觉得，至少应该叫作：

  政启开元，治宏贞观；
  芳流华夏，光被九州。

后 记

  人真是一种害怕孤独的生物。两千三百多年前，孟子质问梁惠王"独乐乐，与人乐乐，孰乐"，梁惠王毫不犹豫地回答，"不若与人"。同样，当童话故事中的理发师知道国王长着驴耳朵的秘密后，他也无法容忍独享秘密的痛苦，到最后，哪怕是和一个树洞分享都会让他释然，让他快乐。我们这些以"传道、授业、解惑"为天职的老师又何尝不是如此？多年前，一位数学老师对我们全班同学说："你们学好了某定理多好啊，这样，放假回家，在火车上跟别人说起来，人家就知道你学过微积分了。"当时我们都笑了，笑老师的迂腐。直到有一天，我自己也当了老师，我才终于明白，在老师的心中，哪怕在火车上，传道也是一种本能的快乐。

  古人说，仓廪实而知礼节，衣食足而知荣辱。我们有幸生活在一个仓廪渐实、衣食渐足的时代。当贫寒饥馑离我们远去，物质生活逐渐丰稔的时候，人们有了更高的精神追求。就像一个与滔天巨浪激烈搏斗过的水手，当他终于游上岸来，喘息甫定，恐怕在刹那间的恍惚中会问自己："我是谁？我怎么会在这里？"那么，我们究竟是谁呢？我们究竟为什么以现在这种方式生活在这片土地上？要想回答这样的问题，我们只能去探询历史。我们民族源远流长的历史与文化，永远是我们追踪与诉求的无尽宝藏。这恐怕就是近年来传统文化复兴的原因。一个正在崛起的民族，就像一棵正在生长的大树，只有把树根更深地扎进泥土，才能让树枝更高地伸向蓝天。

我们这些校园里的讲者有传道的本能，象牙塔外的人们也有着了解历史与文化的需要，而《百家讲坛》的主创人员说："我们就是要搭建一座连接学者和大众的桥梁。"看起来，三方是一拍即合了。可是，当听众超越了朋友、学生的范围，而变成大众之后，我们这些习惯于在象牙塔里面对小众讲课的师者，不免要进行或多或少的改变，而我们都有幸得到了若干在大众传媒方面具有专业素养，更具有敬业精神的高参的帮助。制片人万卫在百忙中给节目以关心和肯定，策划解如光以一个长者的身份给予亲切关怀，还有导演高虹、制片吴林，他们都为节目的大局定调把关。当然，我接触最多的还是张长虹、魏学来和兰培胜三位了。就隋唐史的研究而言，当然我比他们更专业，但是，就如何才能让观众喜闻乐见而言，他们比我更专业。

当我接受《百家讲坛》栏目的任务后，我的想法是"让人们快乐地学习"；而当我请教他们几位如何才能讲好时，听到的建议竟然也是"心里想着人民"。这话听着幽默，却是真谛。正因为基本观念的一致，我们的合作才会像现在这样愉快而卓有成效。因为每次遇到小小的分歧，我们都会尊重对方的专业素质，追求"百虑而一致，殊途而同归"的妙境。

十年之前，我在洛阳的龙门石窟第一次瞻仰卢舍那大佛。佛的庄严与慈悲让我深深地震撼。据说，这尊佛是按照武则天的形象塑造的。这让我更多地思考武则天——这位空前绝后的一代女皇。破坏与建设、残忍与仁慈是那么矛盾地统一在她的身上。她是佛还是魔？抑或她什么都是？从她的经历推演出去，我们的传统文化又是如何呢？如果说它是严厉的，为什么会容忍武则天这样一位如此具有颠覆性的人物？如果说它是宽容的，为什么最终又把这个离经叛道的女人约束进了传统之中？中华民族历史上辉煌灿烂的大唐盛世就是在这样的矛盾中徐徐展开。也许，就是这样永无休止的矛盾在推动着我们生生不息，前进不止。

今天，当我把这本《武则天》呈现给广大读者的时候，我也在心里祈祷，希望创造了武则天这样一位奇女子的伟大历史，能够赋予我们深刻的思考能力和深厚的宽容精神，帮助我们走向美好而和谐的未来。

准备《武则天》的讲座时，除了爬梳史料，我还参考了大量前人的学术成果，如雷家骥、胡戟、赵文润、王双怀等学界前辈的作品，在此，一并致谢！

蒙曼
2007年12月

图书在版编目（CIP）数据

武则天 / 蒙曼著. -- 杭州：浙江教育出版社，
2021.7（2025.4重印）
ISBN 978-7-5722-1743-2

Ⅰ.①武… Ⅱ.①蒙… Ⅲ.①武则天（624-705）-
传记 Ⅳ.① K827=421

中国版本图书馆 CIP 数据核字 (2021) 第 083702 号

责任编辑	赵露丹	美术编辑	韩　波
责任校对	马立改	责任印务	时小娟
产品经理	康爱爽	特约编辑	孙雨晗

武则天
WU ZETIAN

著者	蒙曼
出版发行	浙江教育出版社
	（杭州市环城北路 177 号　电话：0571-88900883）
印　　刷	三河市中晟雅豪印务有限公司
开　　本	880mm×1230mm　1/32
成品尺寸	145mm×210mm
印　　张	12.25
字　　数	306 千字
版　　次	2021 年 7 月第 1 版
印　　次	2025 年 4 月第 17 次印刷
标准书号	ISBN 978-7-5722-1743-2
定　　价	55.00 元

如发现印装质量问题，影响阅读，请联系 010-82069336。